康德、儒家與中西融通

李明輝教授榮退誌慶論文集

彭國翔、張子立 合編

臺灣 學生書局 印行

康德、儒家與中西融通
李明輝教授榮退誌慶論文集

目　次

韓國儒學研究

儒學的現代詮釋與反思

立足儒學、融通東西
——李明輝教授與比較哲學

彭國翔[*]

從事比較哲學的一個基本前提，就是對於比較的雙方（或多方）都必須真正鞭辟入裡，否則難以真正有所成就。但如何真正落實這一點，其實並不容易。與其抽象地討論，不如以比較哲學領域卓有建樹的學者為例，來加以說明。在我看來，當代新儒學的一位代表人物李明輝教授，便是比較哲學領域的佼佼者之一。當然，對於李明輝教授來說，哲學的比較研究工作不僅在中西之間，也在於中韓之間。並且，他所從事的比較哲學的工作，是以儒家的文化和價值關懷為其立足點的。

一、深入西方哲學堂奧

和中文世界的"西方哲學"研究不同，自有"中國哲學"這一觀念和相應的學科建制以來，中國哲學研究就不是一個僅限於"中國哲學"的孤立行為，而是始終處在與西方哲學的關係之中。換言之，可以說"中國哲學"一開始就是某種比較哲學。迄今為止，無論就古典研究還是理論建構來說，在中國哲學領域取得巨大成就的前輩與時賢，幾乎無一不對西方哲學傳統有深

---

* 　浙江大學求是特聘教授

入的瞭解與吸收。在一定意義上，對西方哲學造詣的深淺，直接影響"中國哲學"的詮釋與建構。而李明輝教授對於西方哲學，尤其康德哲學的瞭解，可謂深入堂奧。

首先，其博士論文"Das Problem des moralischen Gefühls in der Entwicklung der kantischen Ethik"（《康德倫理學發展中的道德情感問題》，該論文 1994 年由中研院中國文哲研究所出版了德文本）即專門探討康德哲學中的道德情感問題。與一般僅在西方哲學或康德哲學脈絡內部研究康德不同，該文一開始即帶著中國哲學的問題意識。這當然是受到牟宗三先生的影響，因為牟先生曾據孟子學的傳統指出道德情感不必只是經驗層面的東西。李明輝教授的博士論文，正是在這一問題意識之下對康德道德情感問題進一步的深究精察。

其次，李明輝教授還有其他對於康德哲學的專論。比如"康德的《通靈者之夢》在其早期哲學發展中的意義與地位"（收入其《通靈者之夢》中譯本）、"《道德底形上學之基礎》一書之成書過程及其初步影響"（收入其《道德底形上學之基礎》中譯本）、"獨白的倫理學抑或對話的倫理學？——論哈柏瑪斯對康德倫理學的重建"（收入其《儒學與現代意識》，文津，1991）、"康德的'歷史'概念及其歷史哲學"（收入其《康德歷史哲學論文集》中譯本）、"康德的'道德情感'理論與席勒對康德倫理學的批判"（收入其《四端與七情——關於道德情感的比較哲學探討》，臺大出版中心，2005）、"康德的《何謂"在思考中定向"？》及其宗教哲學意涵"（收入其《康德與中國哲學》，中山大學出版社，2020）、"康德的'民主理論'與永久和平論"（收入李炳南編：《邁向科技整合的政治學研究》，揚智，2007）、"關於康德《論永久和平》的若干思考"（《中山大學學報》2016 年第 6 期）、"康德論同情"（收入其《康德與中國哲學》）、"康德哲學中的 Menschheit 及其文化哲學意涵"（臺灣《清華學報》，第 52 卷第 2 期，2022）等論文。

第三，李明輝教授還直接從事了許多康德學的翻譯工作，這種工作其實也正是深入康德的一個過程與途徑。康德本人的著作，李明輝教授翻譯了

《通靈者之夢》（聯經，1989）、《道德底形上學之基礎》（聯經，1990）、《康德歷史哲學論文集》（聯經，2002）、《一切能作為學問而出現的未來形上學之序論》（聯經，2008）及《道德底形上學》（聯經，2015）等。西方一些有影響的康德研究著作，李明輝教授的翻譯則有 L. W. Beck 的 "我們從康德學到了什麼？"（《鵝湖月刊》第 89 期，1982）、H. M. Baumgartner 的《康德〈純粹理性批判〉導讀》（聯經，1988）及 Günther Patzig 的 "當前倫理學討論中的定言令式"（收入其《道德底形上學之基礎》中譯本）等。

　　上述三個方面，都堪稱西方哲學的專業研究。就西方哲學研究本身而言，均有其獨立的意義。不過，李明輝教授並不限於西方哲學自身的視域。正是這些看似屬於西方哲學內部的專業研究，為其中西哲學的比較研究奠定了堅實的西方哲學方面的基礎。

二、緊扣中國哲學文獻

　　不論在兩種哲學傳統還是在多種哲學傳統之間從事比較的工作，必有賓主之分。也就是說，其中必有一種從事者最為熟悉的哲學傳統，構成其進行比較工作之 "宗主"。這種 "宗主"，可謂比較哲學工作的 "道樞" 和 "環中"。而所謂 "最熟悉"，兼指知識的掌握與價值的認同兩者而言，或至少具備前者。在現實的比較哲學領域中，從事者也大都有所 "主"，不歸於此則歸於彼。對中西哲學比較來說，要麼以 "中" 為主，要麼以 "西" 為主。李明輝教授中西哲學比較中的 "宗主"，至少就價值認同而言，則更多地在中國哲學，特別是儒家傳統。

　　就此而言，對西方哲學的深入瞭解，只是中國哲學研究或中西哲學比較的必要條件，如缺乏對中國哲學文獻的深度解讀，難免削足適履，將中國哲學的文獻塞入西方哲學的觀念架構，無法觸及中國哲學自身的義理系統。因此，具備良好西方哲學訓練的同時，還必須能夠深入中國哲學的文獻，緊扣文本，循其固有的義理脈絡而行，所謂 "批大郤，導大窾，因其固然"，方

可在"援西入中"的"雙向詮釋"過程中不致流於單向"格義"的"以西解中"。[1]

　　牟宗三先生晚年曾反復強調所謂"文獻的途徑"，即強調中國哲學研究必須基於對文本的深入細緻解讀。作為牟先生的高足，李明輝教授對此必定早有充分的自覺。而其相關的研究，對此更是有充分的反映。譬如，《孟子》"知言養氣"一章自古迄今號稱難解，李明輝教授在其"《孟子》知言養氣章的義理結構"一文（收入其《孟子重探》，聯經，2001）中，則梳理古代各大注家的解釋，辨析現代相關學者的論證，結合文字訓詁與義理分析，對該章的思想蘊涵進行了細緻入微的解說。其分析與論證步步立足文獻，如抽絲剝繭，環環相扣，不能不令人信服。

　　限於篇幅，這裡只能聊舉一例。事實上，在其"孟子王霸之辨重探"、"焦循對孟子心性論的詮釋及其方法論問題"（以上二篇收入其《孟子重探》，2001）、"劉蕺山對朱子理氣論的批判"、"朱子的'仁說'及其與湖湘學派的辯論"、"劉蕺山思想中的'情'"（以上三篇收入其《四端與七情——關於道德情感的比較哲學探討》）、"朱子論惡之根源"（《國際朱子學會議論文集》，1993）、"劉蕺山論惡之根源"（《劉蕺山學術思想論集》，1998）、"《論語》'宰我問三年之喪'章中的倫理學問題"（收入其《儒學與現代意識》增訂版，2016）等一系列論文中，這種對於中國哲學文獻及其義理的深度契入，所謂"牛毛繭絲，辨析毫芒"，均隨處可見。而這種對於中國哲學"直入塔中"而非"對塔說相輪"的學術態度和修為，尤其值得如今一些西方哲學出身的比較哲學研究者反省和借鑒。

三、遊刃於中西哲學之間

　　在具備西方哲學深厚素養的同時，以中國哲學為"宗主"，緊扣文獻，

---

[1]　關於這一點，參見彭國翔：《中國哲學方法論——如何治中國哲學》（上海：上海三聯書店，2020）。

從而充分把握中國哲學固有的問題意識，如此方可在西方哲學與中國哲學的比較研究，尤其是運用西方哲學作為詮釋中國哲學的思想資源時如"庖丁解牛"。李明輝教授之所以能夠在比較哲學領域中顯示出少見的遊刃有餘，正源於此。從第一部比較哲學著作《儒家與康德》（聯經，1990）到《康德倫理學與孟子道德思考之重建》（中研院文哲所，1994），以及一些相關的論文，那種遊刃有餘都有鮮明的體現。

如何在中西哲學之間左右逢源而不單向地"以此觀彼"或"以彼觀此"，我們不妨以有關"超越"與"內在"的討論為例加以說明。認為中國哲學的一個根本特徵在於"內在超越"，是現代學術建立以來許多中國哲學家在中西哲學比較眼光下的一個洞見。對此，一些學者有所質疑。從西方哲學傳統主流的角度來看，"超越"與"內在"有其特定的涵義，對"內在超越"說的質疑並非毫無道理。而李明輝教授先後發表的兩篇專論："儒家思想中的內在性與超越性"（收入其《當代儒學之自我轉化》，中研院中國文哲研究所，1994）和"再論儒家思想中的'內在超越性'問題"（收入其《儒學與現代意識》增訂版，2016），既有效地回應了質疑，消解了至少在中國哲學語境中"內在"與"超越"的矛盾，又使前賢的洞見獲得了具體充分的展開。在這兩篇論文中，李明輝教授兼顧中西而又不偏於一方的造詣，可以說得到了充分的顯示。

只有對中西哲學雙方都能"深造自得"，才能做到"左右逢其源"。而在中西比較哲學中達到"左右逢源"的境界，除了對中西哲學傳統雙方都要"入乎其內"之外，還需有充分自覺的方法意識。在"中西比較哲學的方法論省思"和"再論中國哲學的'創構'問題"（以上二文均收入其《李明輝新儒學論文精選集》，臺灣學生書局，2020）等文中，李明輝教授就具體表達了他對於從事中西比較哲學的方法論思考。其中諸多看法，例如必須正視概念在不同語言脈絡中的轉意，以及當在概念的"脈絡化"和"去脈絡化"之間的張力中謀求"超越客觀主義與相對主義"等等，對於比較哲學來說，都可謂真知灼見，足資玩味。

由於李明輝教授能夠遊刃於中西哲學之間，對中西哲學傳統都能夠鞭辟

入裡，所以，當面對學界中西比較哲學領域的一些似是而非之見時，李明輝教授常常義不容辭地進行一些正本清源的工作。例如，晚近中美學界多有一種用“德行倫理學”（virtue ethics）來詮釋的趨勢。雖然“德行倫理學”與儒家的倫理學之間不無可比性，但有些比較和詮釋的工作有時流入比附（forced analogy），甚至導致對於儒學的嚴重誤解。對此，李明輝教授已經發表了三篇論文，分別是“儒家、康德與德行倫理學”、“再論儒家、康德倫理學與德行倫理學”及“康德論德行義務：兼論麥金泰爾對康德倫理學的批評”（三文俱收入其《康德與中國哲學》），以條分縷析、抽絲剝繭的方式對於其中的問題做出了若干駁正。這一系列論文的發表，意在澄清儒學與德行倫理學之間的關係，既構成李明輝教授近年來學術工作的重要內容之一，同時也是中西哲學比較在倫理學和道德哲學領域的最新進展。

四、從中西到中韓

作為牟宗三先生的高足，李明輝教授自然深受牟宗三先生的影響。如果說圍繞康德哲學和儒家哲學進行的一系列比較哲學研究構成對牟宗三先生許多睿識洞見的進一步深細的展開，那麼，在儒學話語內部對於中國宋明理學和韓國儒學的比較研究，則意味著對牟宗三先生治學方法和精神的發揚。

原創性的哲學研究，常常來自對以往乏人問津的重要文獻的詮釋。牟宗三先生對於胡宏、劉宗周等人的詮釋之所以為宋明理學研究開闢了新的方向和領域，即是如此。而將這種“文獻的途徑”擴展到韓國儒學的文獻，直接處理韓國儒學的第一手文獻，從而致力於中韓性理學的比較研究，則既可謂李明輝教授對牟先生治學方法的伸展和落實，更意味著他在中西比較哲學之外另闢了自己的一塊學術園地。

自 2004 年以來，李明輝教授已經發表了一系列有關中韓儒學比較及韓國儒學的專題論文。與其中西比較哲學的若干成果一道，這些中韓比較哲學的成果，有相當部分輯入其《四端與七情——關於道德情感的比較哲學探討》一書。僅就題目而言，該書似乎回到了作者博士論文時期的主題，但中

韓比較哲學的豐富內容，卻使得道德情感的哲學問題在中、韓、西三方的深度互動中獲得了極大的拓展。

韓國儒學歷來以朱子學為重，《四端與七情》一書中韓國儒學的部分亦以朱學為主。但新世紀以來，李明輝教授又將研究擴展到了韓國陽明學的範圍，其“鄭霞谷對四端七情的詮釋”一文（韓國《陽明學》第 17 期，2006）對於韓國陽明學重鎮鄭霞谷的研究，正是這一動向的反映。

除此之外，其它諸如“李玄逸的四端七情論與‘道心、人心’問題”（收入吳震編：《宋代新儒學的精神世界——以朱子學為中心》，華東師範大學出版社，2009）、“韓元震的‘四端七情經緯說’”（收入黃俊傑編：《朝鮮儒者對儒家傳統的解釋》，臺灣大學出版中心，2012），以及“從朱子學看李星湖的四端七情論”（收入林月惠編：《東亞儒學與經典詮釋：韓國與越南儒學的開展》，中研院中國文哲研究所，2022）等論文，都是李明輝教授深入韓國儒學研究的表現。

五、向西方學界介紹中國哲學與儒家思想

除了上述幾個方面，迄今為止，李明輝教授的學術工作還包括向西方學界介紹中國哲學，尤其是儒家思想。如今，華人學界不乏曾有西方留學經驗並具備良好西文能力的學者，但是，同時能夠對中國哲學尤其儒家思想深入堂奧者，卻是鳳毛麟角。

李明輝教授曾於上個世紀八十年代在德國波恩大學（Rheinische Friedrich-Wilhelms-Universität Bonn）獲得哲學博士學位，其德語的掌握和運用自然不在話下。得益於此，他曾以德文發表了一系列的著作，向德語世界介紹中國哲學和儒家思想。其專著部分，除了從儒學的視角檢討康德哲學道德情感問題的那篇博士論文之外，還有 *Der Konfuzianismus im modernen China*（《儒家思想在現代中國》，Leipzig, 2001）及 *Konfuzianischer Humanismus: Transkulturelle Kontexte*（《儒家人文主義：跨文化的脈絡》，Bielefeld, 2013）；論文部分，則有如 "Die Autonomie des Herzens - Eine philosophische Deutung der ersten Hälfte von *Meng-tzu* 2A:2"（"心之自律：'孟子知言養氣章'的哲學詮釋"，1995）、"Mou Tsung-san und Kants Philosophie: Ein Beispiel für die Kant-Rezeption in China"（"牟宗三與康德哲學：康德在中國的吸納之一例"，1996）、"Das 'Konfuzianismus-Fieber' im heutigen China"（"今日中國的'儒學熱'"，1998）、"Schöpferische Transformation der deutschen Philosophie: Am Beispiel der Rezeption des Begriffes des 'Dinges an sich' bei Mou Zongsan"（"德國哲學的創造性轉化：以牟宗三對'物自身'概念的吸納為例"，1999）、"Das Motiv der dreijährigen Trauerzeit in *Lunyu* 17.21 als ethisches Problem"（"《論語》'三年之喪'的主題作為倫理學問題"，2003），以及"Kritische Bemerkungen zum Problem der Legitimität chinesischer Philosophie"（"對中國哲學的正當性問題之批判性評論"，2015）等。

　　除了德文著作之外，李明輝教授也有英文著作面世，有些是他自己撰寫的，有些是譯作。專著有 *Confucianism: Its Roots and Global Significance*（《儒家思想：其根源與全球意義》，Hawaii，2017），其中包含"The Debate on *Ren* between Zhu Xi and Huxiang Scholars"（"朱熹與湖湘學者關於'仁'的辯論"）、"Wang Yangming's Philosophy and Modern Theories of Democracy: A Reconstructive Interpretation"（"王陽明哲學與現代民主理論：重構的詮釋"）、"Introduction: Destinies and Prospects of Confucian Traditions in Modern East Asia"（"儒家傳統在現代東亞：其命運與前景"）、"Modern New Confucians on the Religiousness of Confucianism"（"現代新儒家論儒家的宗教性"）以及"Confucianism, Kant, and Virtue Ethics"這些曾經以論文形式單獨發表的文字。此外，他還有"Studies of Chinese Philosophy from a Transcultural Perspective: Contextualization and Decontextualization"（"從跨文化視野研究中國哲學：脈絡化與去脈絡化"，2016）、"Building Democracy: The Theory and Practice of Contemporary New Confucianism"（"建立民主：當代新儒學的理論與實際"，2017），以及"Mou Zongsan: Between Confucianism and Kantianism"（"牟宗三：儒家思

想與康德思想之間”，2021）等論文。這些著作，為英語世界中更為廣大的讀者群瞭解中國哲學和儒家思想提供了可靠的依據。

正如並非每一個種族意義上的德國人都天然懂得康德的哲學，種族意義上的中國人也並非天然都懂得中國哲學和儒家思想。尤其在經歷了漫長的對於傳統的批判乃至於摧殘的時期之後，除非經過中國人文學科的專業訓練，否則，連繁體字和古文閱讀都有困難的話，是很難真正掌握中國哲學和儒家思想的。但是，對於西方人士而言，這個稍加反思便可明白的簡單道理，往往卻很容易無形中被拋諸腦後。因此，在華人學者乃至在中文世界工作的西方人士向西方世界介紹中國哲學和儒家思想的那些著作之中，難免魚龍混雜，甚至魚目混珠。就此而言，像李明輝教授這樣真正深入掌握了中國哲學和儒家思想的學者所撰寫的著作，對於西方人士瞭解中國哲學和儒家思想來說，便格外的難能可貴，可收令“六耳獼猴”之流無所遁其形之效。

六、文化與價值關懷——比較哲學的動源

幾乎和純粹的比較哲學研究同步，自 1990 年以來，李明輝教授還不斷發表了其它一系列的著作，如《儒學與現代意識》（文津，1991；增訂版，臺大出版中心，2016）、《當代儒學之自我轉化》（中研院中國文哲研究所，1994）、《儒家視野下的政治思想》（臺大出版中心，2005）等專書，以及“‘內聖外王’問題重探”（收入《儒學與現代意識》增訂版，2016）、“為什麼要研讀經典？——以《論語》為例”（收入王偉勇編：《人文經典與創意開發》，里仁書局，2011）、“朱子思想與現代政治倫理”（收入陳來編：《哲學與時代——朱子學國際學術研討會》，華東師範大學出版社，2012）等論文。在這些著作中，儘管也隨處可見其比較哲學的功力，但更多的卻是其文化與價值關懷的集中反映。

比較哲學的動力來源可以是單純哲學的興趣，但是，在比較哲學領域內能有更大成就的學者，其比較哲學工作的“源頭活水”，往往更在於文化與價值的關懷。換言之，只有具備文化和價值上的深切關懷和堅定信守，其理

論工作方能獲得源源不斷的動力，不至於"其流不遠"。從上述這些著作可見，李明輝教授也正是這樣一位具有極強文化與價值關懷的學者。

　　對於一位學人來說，只有具備了文化和價值的關懷，以及對此關懷的高度自覺，在文化和價值上有自己堅定信守和鮮明的立場，學術思想工作才不會僅僅是一種"職業"，而是其畢生的"志業"。正是以其文化與價值的關懷作為自己學術思想工作的動力來源，李明輝教授在比較哲學的領域，才能數十年來連綿不斷地耕耘，取得了令人矚目的成就。由此，我們完全可以相信，儘管已屆"從心"之年，在立足儒學、融通東西方面，李明輝教授深沉、明晰而嚴謹的哲學思考，仍將一如既往地繼續凝結出累累碩果。

導　論

張子立[*]

　　綜觀李明輝教授的學術生涯，可謂著作等身，成果斐然。以哲學分科而言，涉及形上學、倫理學與政治哲學；從領域來看，橫跨康德，儒家與中西比較；若是考量到地域分布的話，除了中國哲學、英美哲學與歐陸哲學之外，也涉及東亞如韓國儒學之研究。就學術傳承而言，李教授作為牟宗三先生之親炙弟子，自然饒有建樹地繼承了牟先生之學問，特別是在吸收運用康德哲學這部分。整體而言，若考量研究影響與討論程度、學術主張代表性，以及當前學術趨勢等因素，依筆者之見，李教授學術工作最顯著之理論特色可歸結為以下四項：當代新儒學之論證與澄清，儒家自律倫理學之證成，康德、儒家與德行倫理學之同異，儒家實踐之落實問題。以下試分別說明之。

一、當代新儒學之論證與澄清

　　首先，李明輝教授之研究涉及當代新儒家各個代表人物，而主要集中在牟宗三與徐復觀二者。首先來看牟宗三研究方面。他特別就牟宗三透過康德對儒學所作的詮釋提出說明，指出其師所從事的並非一種專家式的詮釋，而是一種創造性的詮釋。（李明輝：《當代儒學之自我轉化》，中央研究院中國文哲研究所，1994 年，頁 26）李教授指出，牟宗三對中國哲學的詮釋，

---

[*]　復旦大學哲學學院研究員

預設了康德「超越的分解系統」，由此構成一個「兩層存有論」底思想間架，並借《大乘起信論》中的用語，以「一心開二門」來稱謂這個間架。（《當代儒學之自我轉化》，頁 62-64）牟宗三對儒家新外王的曲通理論，亦建立在此間架上。但是牟宗三對康德所提供的間架作了一項重要的修正，即是：他取消康德哲學中理性與直覺之對立性，而像菲希特（J. G. Fichte）一樣，將「智的直覺」視為實踐理性之表現方式。牟宗三提出此「理性的運用表現」與「理性的架構表現」之間架，除了要指出「科學一層論」之弊，還要對治他所謂的「泛政治主義」。所謂「泛政治主義」是指在當時的中國自由主義者中常見的一種政治觀點或態度，即是僅停留在理論理性的層面上肯定自由民主，而割截其上的道德理性之根源（《當代儒學之自我轉化》，頁 66-71）。

再者，牟宗三認為康德所謂的「物自身」，不應看作事實概念，更應視為價值概念。李明輝教授為此提供康德哲學中的依據。康德將「理體」與「現象」（Erscheinung）相對而言，可見他是將「理體」視為「物自身」的同義詞。既然「物自身」的概念必須透過「道德」與「自由」這類的倫理學概念才能確定，顯然就是一個具有價值意味的概念，而不是一個事實概念。事實上，康德也明白地將「物自身／理體」的概念所指涉的「智思世界」（intelligible Welt）理解為一個「目的王國」（Reich der Zwecke），可見即使按照康德本人的想法，此概念也是指向一個理想世界或價值世界。李教授補充道：確定「物自身」是具有價值意味的概念，對牟宗三之會通儒家思想與康德哲學至為重要。因為只有這樣，現象與物自身之區分才能是一個立體的區分，足以表示價值層級之高低；而儒家的道德理想主義只能在這樣一個立體的間架中凸顯出道德理想之超越性（《當代儒學之自我轉化》，頁 72-74）。

李明輝教授曾在〈徐復觀與殷海光〉一文中，討論二者在學術上的亦敵亦友的關係。他將新儒家與中國自由主義的爭論焦點歸納為兩個問題：(1)中國傳統文化是否妨礙科學之發展與民主政治之建立？或者是說，中國要現代化，是否必須先揚棄傳統文化？(2)民主政治是否需要道德基礎？換言

之，政治自由是否必須預設道德自由（意志自由）？徐、殷二人亦是在這兩個問題上針鋒相對。就「政治自由與民主是否需要道德基礎」問題，殷海光持否定態度，而徐復觀則給予肯定答案。但李教授指出，其實二人之間的對立似乎不像表面看來那麼嚴重。其一是因為徐復觀較強調民主政治須以道德為基礎，殷海光較強調道德之實現需要制度層面上的設計。其二則是殷海光在〈自由的倫理基礎〉一文中，已承認「心靈自由」或「內部自由」是包括外部自由在內的一切自由的起點（《當代儒學之自我轉化》，頁 113－114）。

至於「中國傳統文化是否妨礙科學之發展與民主政治之建立」的問題，殷海光持肯定答案，徐復觀則與其意見相左。根據李教授之觀察，這實肇因於兩人對傳統的看法不同。殷海光持「傳統底工具論」，徐復觀為「傳統底主體論」。首先，殷海光所理解的「傳統」是客觀存在的對象，本身欠缺自覺；但對徐復觀而言，傳統不是可任意處置的工具，而是代表某一民族之精神自覺，因而有其理想性。其次，殷氏將傳統視為一種靜態的存在，因而無視於其歷史性與生命性。但對徐氏而言，傳統是動態的，有其自己的生命，可自我成長、自我超越（《當代儒學之自我轉化》，頁 105－109）。此外，李教授藉由《殷海光的最後話語——春蠶吐絲》此文獻的記錄，提到殷海光對中國傳統文化的態度到晚年有明顯轉變，只是沒有足夠的時間來完成這種轉變。如果讓他有時間徹底思考此問題，則縱使不會完全同意新儒家的觀點，至少彼此的距離可能會進一步縮小（《當代儒學之自我轉化》，頁 122－127）。

李明輝教授曾做出如下評論：徐復觀的政治思想基本上依違於西方的自由主義與社群主義之間。一方面，徐復觀承認超越於歷史與社會之外的道德主體，肯定個人及其權利之優先性，並且承認「消極自由」所涵的基本人權。就此而言，他的思想近於自由主義。但另一方面，他不滿意自由主義僅停留於「消極自由」，而不涉入「積極自由」，強調個人與社群之間的平衡，並且重視傳統對於民主社會之建立與維持的意義。就此而言，他的思想近於社群主義（李明輝：《儒家視野下的政治思想》，臺大出版中心，2005

年，頁 256）。在李教授看來，徐氏這種「依違」為我們在自由主義與社群主義之外提供了第三種可能的思路（《儒家視野下的政治思想》，頁 253－256）。如果將儒學置於西方當代自由主義與社群主義爭論的脈絡中來為它定位，我們會發現：傳統儒學在倫理學的基礎與自我觀方面與自由主義有可以接榫之處，而在個人與群體的關係及對傳統的態度方面又與社群主義同調。自由主義著重個人對社會及歷史的超越性，社群主義則強調自我之形成必須內在於社會與歷史的脈絡；雙方似乎都將「超越」與「內在」對立起來。儒家「內在超越」的思想特色為自由主義與社群主義之爭論提出了一個可能的化解之道：或許雙方的爭執是一種可以化解的「背反」（antinomy），而非無法調停的「矛盾」（contradiction）（《儒家視野下的政治思想》，頁 235－237）。

二、儒家自律倫理學之證成

儒家作為一種自律倫理學，是由牟宗三先生首揭，並作為其哲學系統的一大特色。李明輝教授繼承此說，並做出許多補充。李教授點出，康德的「自律倫理學」所代表的是一種「倫理學的主體主義」。牟宗三在《心體與性體》中已經看出：儒家思想從孔、孟開始，便走向這樣一個思考方向，而這個思考方向經《中庸》、《易傳》發展至宋明儒學，代表儒家思想的主流。當然，儒家並未提出「自律」一詞，但孟子的「仁義內在」說實已包含康德「自律」概念所表達的思想。但牟宗三同時發現康德的哲學間架並不能完全順成「自律」之義。因為康德將「良心」與「道德情感」僅視為主觀的感受性，而將意志僅視為實踐理性，結果形成一個理性與情感二分的間架。牟宗三指出：若要極成「自律」之義，就得將康德所說的「良心」與「道德情感」上提至超越層面，使之在「心即理」的義理間架中成為一種「本體性的覺情」。因此，牟宗三對康德的「自律倫理學」所作的修正並不僅是為了使之合於儒學的義理型態，也為了順成康德倫理學之內在理路（《當代儒學之自我轉化》，頁 82－86）。

　　換言之，康德哲學蘊涵了一個理性與情感二分之主體架構。但康德既然主張道德的「應當」（Sollen）必然涵著「能夠」（Können），而康德的道德主體（嚴格意義的「意志」）只是實踐理性；這個主體雖是道德法則之制定者，它本身卻無執行道德法則的力量；這種力量落在「道德動機」（即道德情感）上。因此，康德的道德主體若無感性之助，其自身是虛歉無力的。這對於康德的「自律」概念（意志對其自己是一法則）是不夠的，因為道德法則並非外來的法則，而是意志自己制定的法則；意志能制定之，卻不能實踐之，這是說不通的（李明輝：《儒家與康德》，聯經出版事業股份有限公司，2018 年，頁 34）。

　　李教授發揮牟宗三對孟子「理義悅心」之超越性道德情感的強調，重申道德主體之所以具有自我實現的力量，可由「理義之悅我心，猶芻豢之悅我口」（《告子上》，第 7 章）這句話看出來。此「心」既不像康德的「意念」落於感性層面上，故應屬於智思層面，而與康德的「意志」屬於同一層面。但它不像「意志」，只是立法者；它本身也是活動原則，有自我實現的能力。這個「悅」表示「心」與「理義」（道德法則）之不二，相當於席勒所謂「對義務的愛好」。但在康德，活動原則只落在意念上，由於理性我和感性我之間的緊張關係，意念和道德法則之間只能言「敬畏」，而不能言「悅」；一言「悅」，便成了「神聖意志」（heiliger wille）。對康德而言，唯有上帝才具有神聖意志，因為上帝無感性之帶累，其意志必然符合道德法則，而毋需命令。康德認為：就我們人類而言，神聖意志只是個永遠無法達到的理想。但問題是，意志與道德法則之契合可從兩方面來說：首先由心與理義之不二，我們即可說兩者在本質上是契合的；在這個意義下，心之神聖性是個事實，表現在「理義悅心」之中。這時，主體本身是否有感性之帶累，並不相干。其次，縱使把這種神聖性視為我們人類的道德修養之理想，儒家亦承認其可實現性；此即孔子自言「七十而從心所欲，不踰矩」的境界。在此境界中，不單是孔子的一言一行，而是其全幅生命均契合於道德法則，而使感性生命不再成為道德實踐之障礙。但在康德，這卻是所謂「道德的狂熱」（《儒家與康德》，頁 39－40）。

　　對於牟宗三將朱子列入他律道德的相關爭議，李明輝教授亦作出補充說明。在朱子康德同為「尊性卑心而賤情」這一點上，李教授指出，這是屬於哲學人類學的層面，但康德講「自律」是以「倫理學的原則論」（ethische Prinzipienlehre）之層面而言。要判斷朱學是否屬自律型態，只要考慮「在朱子系統中的道德主體是否為道德法則（理）的制定者？」就康德而言，道德主體是嚴格意義的「意志」（相對於「意念」而言）。但朱子之「心」與「性」兩概念皆不足以擔當道德主體的任務。就「心」而言，它屬於經驗的、中性的、可善可惡之「氣之靈」，故不可能是立法者。而後者則「只是理」，而且非道德主體所制定之理，而是存在之形上根據；它落在個體上，即為其性。甚至仁、義、禮、智等道德之理，他也如此去理解。但是與「意念」相對而言的「意志」是「以理體或物自身底身分立法的道德主體」，故康德所謂「意志」既不同於朱子之「性」（因性不具主體之能動性），也異於「心」（因理對心而言是外在的、超越的）。其次，針對有論者依據朱子「心本具理」的說法，認定性理即是人本所內具的道德原則，因而「性即理」與孟子、陸、王並無差異之觀點，李教授也指出其問題所在。因朱子與陸、王雙方所肯定的「仁、義、禮、智皆心性所本具自具，不待外求」意義不同。在後者，「性即理」意指「本心即性即理」，故涵道德主體之自我立法，亦即自律之義。可是在朱子，「心」、「性」皆無立法之功能，故不能與孟子、陸、王混為一談（李明輝：〈朱子的倫理學可歸入自律倫理學嗎？〉，《鵝湖學誌》第 4 期，1990 年，頁 131－133）。

三、康德、儒家與德行倫理學之同異

　　對於近年來方興未艾的以德行倫理學（virtue ethics，亦譯為德性倫理學、美德倫理學）詮釋儒學之風潮，李明輝教授亦作出了回應。首先，針對標舉「德行」概念以批評康德倫理學的做法，李教授特別提到康德對「完全義務」（vollkommene Pflicht）與「不完全義務」（unvollkommene Pflicht）所作之區分。並指出康德所謂的「形式主義」並非要求意志不具有任何主觀

目的，而只是要求意志不預設任何特定的主觀目的。欲得知康德對「德行」的態度，就必須從其對於義務與目的之相關討論著手。因為康德在《道德底形上學》一書中，正式提出了「德行義務」（Tugendpflicht）的概念。在此書中，法權論與德行論具有一項根本差異：前者僅涉及外在自由（行動自由）之形式條件，而可維持其形式主義的特色，後者卻必涉及「客觀上必然的目的」，而包含一套「目的學說」。因為德行論若是無法提出一項基於實踐理性的客觀目的，實踐理性便無法對抗基於感性愛好的主觀目的。康德在此提出的「客觀上必然的目的」並非作為「目的自身」的人格，而是所謂的「同時是義務的目的」，包含「自己的圓滿性」與「他人的幸福」。他並引述康德的如下說法：「在倫理學中，義務概念會導向目的，而且必須根據道德原理，針對我們應當為自己設定的目的來建立格律。」而這種「同時是義務的目的」便是「德行義務」（李明輝，《康德與中國哲學》，中山大學出版社，2020 年，頁 25－39）。

　　基於「德行義務」的概念，李明輝教授嘗試代替康德回應麥金泰爾（Alasdair MacItyre）的以下批評：康德「將理性僅視為計算的，且因此不對目的加以考慮」。因為如上所述，康德的「德行義務」包含兩項「同時是義務的目的」，即「自己的圓滿性」與「他人的幸福」（李明輝，《康德與中國哲學》，頁 40）。依李教授之見，康德所謂「德行義務」可以被當作「不完全義務」的另一種表述。英國學者阿塔納蘇里斯（Natsika Athamassoulis）在其近著《德行倫理學》中的觀點亦與李教授不謀而合：阿塔納蘇里斯直言從德行倫理學的觀點批評康德倫理學的人忽略了康德晚年的著作，即《單在理性界限內的宗教》（1793）、《道德底形上學》（1797）及《實用方面的人類學》（1798）。她也注意到「不完全義務」在康德倫理學中的特殊意義，並在闡述康德的「完全義務」與「不完全義務」這組概念之後，特別強調：「由於對不完全義務的這種詮釋，新康德主義者毋須被束縛於無彈性的、約定俗成的與有限的規則，而是可以考慮道德生活之多樣環境。」而這包含以下的幾項意涵：

　　(1)　它容許對良好生活的多種構想；

(2)　「促進他人幸福」的不完全義務容許我們特別對待與我們親近的人
　　　（如親人、朋友）；

(3)　如果「無偏倚性」（impartiality）意謂：不對待他人不公，但容許
　　　不同的對待與特殊的考慮，則康德與亞里斯多德的理論都是無偏倚
　　　的。（《康德與中國哲學》，頁 47－48）

李明輝教授並以亞里斯多德為德行倫理學之代表，以康德為義務論倫理
學之典範，將兩者之間流行的理論區別歸納為三點：(1)義務論倫理學強調
「義務」（duty），德行倫理學強調「德行」；(2)義務論倫理學強調「原則」
（principle）或「規則」（rule），德行倫理學強調「性格」（character）；
(3)義務論倫理學強調「行為」（action），德行倫理學強調「行為者」
（agent）。就第一點而言，如上所述，康德之「德行義務」概念已不乏對
德行之強調。李教授進一步指出，康德於 1797 年出版了《德行論之形上學
根基》（Metaphysische Anfangsgründe der Tugendlehre）一書。在此書中，
康德不但對「德行」概念提出詳細的說明，還將「促進自己的圓滿性」視為
一項「德行義務」。這項義務包括：(1)陶冶自然的圓滿性，亦即陶冶我們
創造文化的才能；(2)陶冶我們內在的道德性，亦即陶冶我們的道德情感。
康德倫理學雖然不屬於以亞里斯多德為代表的「德行倫理學」（virtue
ethics），但是卻包含一套「關於德行的倫理學」（ethics of virtue）。就此
而言，以「義務」與「德行」的對比來區分義務論倫理學與德行倫理學，是
無意義的（李明輝：《李明輝新儒學論文精選集》，臺灣學生書局，2020
年，頁 96－98）。

就第二點而言，在康德倫理學中，道德原則是指「定言令式」
（kategorischer Imperativ），道德規則是由「定言令式」衍生出來的具體規
範。定言令式固然是康德倫理學的核心概念，但我們不要忘記：在康德的
「自律倫理學」中，定言令式來自道德主體之自我立法，在這個意義下，道
德主體是更為根本的。康德在《純粹理性批判》中談到人的「雙重性格」，
即「智思的性格」（inteligibler Charakter）與「經驗的性格」（empirischer
Charakter）。「智思的性格」即是道德主體，「經驗的性格」則是有待陶冶

的質素，包括我們的自然本能、社會習性，乃至道德情感。因此，我們很難說：康德倫理學只重視「原則」與「規則」，而不重視「性格」。澄清了前兩點，第三點自然也不難說明。因為在康德倫理學中，道德行為正是道德主體（行為者）的行為，故它不可能只重視「行為」，而不重視「行為者」（《李明輝新儒學論文精選集》，頁 98）。從李教授對以上三點的澄清來看，一般對康德義務論與德行倫理學所做之區分並不精確。

　　有鑒於中文學界一般以德行倫理學，特別是以亞里斯多德之德行觀詮釋儒家而反對康德哲學詮釋進路者，主要訴諸之論點即為：儒家實際上頗為注重「德行」之重要性，而康德倫理學因為並不重視此概念，所以也不適用於儒家。李明輝教授以上的論述內容，可以作為對這些觀點之回應，其核心要點可歸結為二：其一，既然康德的義務論倫理學與德行倫理學並非針鋒相對，那麼主張儒家為一種德行倫理學，而反對藉康德倫理學來詮釋儒家思想，也就大有商榷的餘地。其二，李教授的論證還嘗試做出如下澄清：雖然康德倫理學包含「德行」的概念，但這不足以使其學說從義務論轉變為德行倫理學；同樣地，在儒家倫理學中，我們可以發現「德行」的概念及其相關的特質，但決不足以證明：儒家倫理學屬於亞里斯多德意義下的德行倫理學（《李明輝新儒學論文精選集》，頁 101）。

四、儒家實踐之落實問題

　　從哲學論述的角度來看，要證成儒家所謂「仁」的普遍性，需要強調普遍人性不是一種靜態的性質，而是一個動態的發生過程。而此動態的發生過程可以從兩個角度來看。首先，就旁觀者的角度而言，當內在的道德法則經由道德情感之驅使而實現為行動之際，普遍人性得以展現而落實在現實生活中，其客觀性也可藉由外在觀察得到證明。例如，經由仁心之驅使，人們主動進行慈善捐款，援助天災受害者。此一善行正使仁心成為旁觀者可觀察之事實。其次，我們也可以從行為者的親身體驗，凸顯仁心作為道德或價值的事實，而不同於一般感覺經驗意義下的事實。此事實之確認，不是經由感官

經驗之對象化認知活動，而是透過對道德意識之自覺，對自身仁愛之情的體察，使整個實踐過程成為可以自我檢視、證實的存在體驗，其真實性也可藉以得到證明。在上述慈善捐款之例中，捐助者正是感受到被自己的惻隱之心所驅使，在此自覺之下而自發性地從事捐款行為。牟宗三對逆覺體證所提出之解釋，即涵蓋了這兩個層面的動態過程。他強調儒學乃成德之學，注重道德實踐，要把道德意識落實在行為中。道德應該是一個實踐問題，不是一個知識問題。對普遍道德意識之理解不是通過感性，而是與它「覿面相當」的親證，是實踐的親證；理解之即是證實之，即是呈現之（牟宗三：心體與性體（一），正中書局，1968 年，頁 168）。

　　不過以上說明充其量只解釋了「仁」如何具體化，對於「仁」之普遍性則尚未提出論證。我們永遠可以問：在實際生活層面如何找到對應於普遍道德傾向之事例？李明輝教授曾以「實踐的意義能否在超越歷史情境及社會條件的主體中充分顯現」為判準，區分黑格爾與康德的兩種「實踐」概念基本型態，並指出黑格爾的實踐概念欲在人的歷史性中尋求實踐之基礎，其問題在於如何保證價值規範（尤其是道德規範）的普遍效力，而避開相對主義的陷阱；而儒家及牟宗三的實踐概念與康德則屬同一類型，肯定一種超越的實踐主體為基礎，其用意即在防止陷入相對主義之泥淖。

　　李教授繼而分析此種實踐觀之優缺點。儒家的主流，從先秦儒學（荀子除外）、宋明儒學一直到當代新儒學，均屬於康德式的「實踐」概念系統。依這種「實踐」概念，儒家肯定道德主體在其獨立於歷史情境與社會條件的自由中已具有充分的實在性，這種自由又可作為其他一切人文活動之基礎。此種系統之優點在於：可以藉道德主體之超越性保住道德法則之普遍性與絕對性，以避免道德的相對主義。不過其必須面對的質疑是：如何能在現實層面，證實這種獨立於歷史情境與社會條件之超越而普遍的道德主體之存在？其實際展現究在何處？意識到此為儒家談論普遍人性必須面對之問題，李教授直言：「儒家和康德一樣，肯定道德價值底理想性，由於這種理想性與現實之間永遠有距離，故永遠會受到『能不能落實』的質疑，亦永遠有『如何落實』的問題。」（李明輝：《儒學與現代意識》增訂版，臺大出版中心，

2016 年，頁 41－46）從這個角度來看，在儒家與牟宗三的理論中，所謂「如何落實」的問題，事實上就是「道德意識之普遍性或超越性」如何展現、如何彰顯之問題。

李教授坦言，有鑒於上述關於康德與黑格爾兩種「實踐」觀之分析，可以說沒有一種理論（甚至是關於「實踐」的理論）能一勞永逸地解決所有實踐問題。在這方面，儒學的確需要自我充實，並且與其他學術合作；但儒家也毋須因此放棄其原有的實踐觀和理想主義（《儒學與現代意識》增訂版，頁 50）。質言之，對普遍人性最常見的反駁，就是現實生活中價值觀與倫理規範之相對性與多元性，這也使得倫理學上的相對主義歷久不衰。有鑒於此，若要證成人心的一致性，就必須指出現實層面存在一些價值上的共識。否則的話，即使在理論上得以融貫一致，對照現實生活中種種意見對立與分歧，仍會使普遍人性或人心一致性的說法成為抽象概念而不切實際。依李教授之見，儒家克服落實問題的關鍵在於：在理想主義的基礎上吸納對話原則，保持對生活世界的開放性，不斷向各門學術開放，與其進行對話。儒家在今天這種日趨多元化的社會，必須自覺地放下過去那種「作之君，作之師」，以及「一事不知，儒者之恥」的身段，使其理想向各門學術開放，與之進行對話。在另一方面，社會大眾及學術界亦須體認到：在這個時代，任何個人或團體都無法包辦一切真理，因此儒家理想之實踐不獨是儒者的責任；這樣才可避免對儒家的過分苛求（《儒學與現代意識》增訂版，頁 46－49）。

此一思路的理論意義在於：對普遍人性之肯認，除了「超越主體性」（transcendental subjectivity）的印證之外，還需要進一步加上對話中「互為主體性」的印證方式。掌握此問題脈絡，亦有助於我們了解為何阿培爾（Karl-Otto Apel）與哈柏瑪斯（Jürgen Habermas）仍認為康德的超越主體還只是獨白（monologue），而須經由理想溝通情境下的交往對話，形成一種互為主體性（inter-subjectivity），認為這才能建立一種真正具普效性的共識，作為倫理學之基礎。誠然，吾人自可對阿培爾與哈柏瑪斯之進路是否真能順成普效性共識予以檢視。李教授即指出，阿培爾與哈柏瑪斯的真理觀，

在於以共識形成或協商程序的合理性來界定規範的真實性。但問題是：一切道德規範均表示一種「應當」、一種理想性，這種理想性與現實之間永遠有距離，永遠有「如何落實」的問題，故絕不能化約為程序的合理性。無論是哈伯瑪斯的「理想的言說情境」，還是阿培爾的「理想的溝通社群」，其理想性均是就程序的合理性而說，決不等於道德意義的理想性。嚴格而論，哈伯瑪斯的「普遍化原理」只能作為一項民主的正當性原則，而無法作為一項道德原則，以取代康德的「定言令式」。當哈伯瑪斯將其「普遍化原理」當作一項道德原則時，這項原則本身就有「如何落實」的應用問題；但是當他將這項原則當作一項民主的正當性原則時，他便喪失了道德規範所涵的理想性格。如此一來，哈伯瑪斯可謂在理想性方面和具體性方面兩頭落空。（《儒學與現代意識》增訂版，頁 45−46）。

　　儘管如此，以尋求共識作為印證道德普遍性之對策，進而解決落實問題，仍是李明輝教授認同的方向。但有別於哈伯瑪斯之處在於：他認為理論前提還是需要回到普遍道德主體之自我立法，而非民主之正當程序。其方式為：除了從自我意識出發，經由思想上可普遍化程序的推導方式加以證立的康德「超越主體性」進路之外，還需藉由對話以尋求共識的「互為主體性」進路。「互為主體性」必須經由共識之檢證，其普遍性才不至於淪為個別自我之心理投射或自我想像（此為一種虛假的或無根據之普遍性）。如此一來，儒家一則可避免黑格爾式實踐觀所須面對的相對主義問題，二則經由共識證明普遍人性在現實上有對應物，以解決落實問題。

　　無庸置疑，李明輝教授之學術貢獻絕不只限於上述理論成果。例如他曾借助波蘭尼（Michael Polanyi）所謂的「隱默之知」（tacit knowing）詮釋孟子的良知（參李明輝：《康德倫理學與孟子道德思考之重建》，中央研究院中國文哲研究所，1994 年），也為儒家之宗教性做出諸多說明，解釋何以儒家能夠同時作為一種人文主義與道德宗教（《李明輝新儒學論文精選集》，頁 211−255）。他同時倡言儒家道德情感之先天性，以此釐清孟子與朱子先後天道德情感觀之差異，並以此為基礎探討韓國哲學中至關重要的四端七情之辯，獨具慧眼地看出李退溪雖推崇朱子，但其思路其實反而近於

陸、王（參李明輝：《四端與七情──關於道德情感的比較哲學探討》，臺灣大學出版中心，2005 年）。近年來，李教授亦特別關注康德之法政哲學，從而回過頭來反思牟宗三哲學系統中的一個內部理論問題，亦即：牟宗三論證「儒學開出民主」時使用了黑格爾的辯證法，但其論證所預設的義理架構依然是康德式的。他認為康德的法政哲學蘊含豐富的理論遺產，而且相比於黑格爾的法政哲學，根本是另一個思路，儒學欲開出民主，大可直接從康德哲學汲取資源，無需外求於黑格爾。因此李教授計畫在未來投入這方面的研究。事實上，他翻譯《康德歷史哲學論文集》與《道德底形上學》正是此方向上的預備工作（《康德與中國哲學》，頁 251－252，264－265）。除此之外，還有諸多值得探討的論點，但限於篇幅，無法在此逐一介紹。

最後，我們可以作出如下總結：李明輝教授之研究工作大體循兩條路線進行：在西方哲學方面，以康德哲學為起點，逐步延伸至其後的德國觀念論、德國當代哲學，以及當代英、美政治哲學研究；在中國哲學方面，則以比較哲學的進路，就形上學、倫理學、政治哲學等面向，利用西方哲學的概念與架構對儒家哲學進行詮釋與重建的工作。

2023 年正值李明輝教授從中央研究院中國文哲研究所榮退，並適逢其七十壽慶。為表彰李教授畢生致力於學術研究而累積之卓越成就與學術影響力，並提供相關領域學者在當代新儒學與中國哲學方面之研究參考，編者敬邀常與李明輝教授交相問學、素有情誼之學界友人與門生故舊，一起撰寫論文，集結成論文集，以紀念此一中國哲學界之盛事。參考李教授之上述學術成果，本論文集的主題訂為：**康德、儒家與中西融通：李明輝教授榮退誌慶論文集**。收錄論文之研究方向，主要分為下列三大子題：

一、康德與當代新儒學論衡

二、韓國儒學研究

三、儒學的現代詮釋與反思

作為本論文集第一部分，「康德與當代新儒學論衡」收錄了七篇文章，這些文章的論述內容乃以康德、牟宗三及李明輝教授之學術觀點為主題。首先，黃俊傑教授藉由〈李明輝先生的孟子學研究：命題與創見〉一文，立刻

將我們的焦點轉到李明輝教授本人的著述中。此文就李教授對孟子「心性論」與「政治論」之研究，歸納出 7 大命題，並在孟子學解釋史的脈絡中，釐定這 7 大命題的涵義及其理論意義，繼而申論李明輝孟子學研究之特色，以及其孟子學研究啟示當代學者的方法論問題。此 7 大命題之內容如下：

一、點出孟子道德思考中的「隱默之知」

二、孟子「性善說」是「道德普遍主義」

三、孟子以「心」定「言」，並以「心」定「氣」

四、孟子倫理學是「自律倫理學」

五、孟子「義利之辨」是「義務論倫理學」

六、詮釋孟子民本政治思想的「人權」概念

七、孟子「王霸之辨」中的政治理想主義

黃俊傑教授本身亦為孟子學專家，從其視角出發整理出的 7 大命題，實精準地將李明輝教授的孟子學研究特性全盤托出。陳喬見教授接力提出**「規範倫理學的類型學譜系與美德倫理學的定位──李明輝先生義務論和目的論『既窮盡又排斥』的二分法引發的思考」**，強調在現當代西方（主要是英語世界）的規範倫理學領域，長期占支配地位的類型學畫分是「目的論」與「義務論」非此即彼的二分法，其中最有影響力的倫理學理論是功利主義目的論和康德式義務論。隨著晚近五六十年來美德倫理學（virtue ethics，李明輝教授譯為「德行倫理學」，亦有「德性倫理學」之譯名）的復興，美德倫理學似已與前兩者成三足鼎立之勢，海內外不少學者亦從美德倫理學的進路來詮釋儒家倫理學。然而，新的三分法的分類依據頗受質疑，作為第三種獨立類型的「美德倫理學」何以可能仍成問題。其中李明輝先生堅持和論證的義務論和目的論「既窮盡又排斥」的二分法對美德倫理學的獨立性提出了嚴峻的挑戰。實際上，當代美德倫理學家們嘗試對「美德倫理學」的獨立性給予某種解釋和證成，這就改變了傳統二分法的譜系。在新的分類譜系中，美德倫理學的標誌性特徵得以呈現，此即「美德」概念在理論結構中「第一性」或「非衍生性」，以及美德的非工具性價值。

謝遠筍教授則從「道德情感」概念著手，來為**「論李明輝教授對道德情**

感的跨文化研究」鋪路。在此文中，謝教授深入討論李明輝教授的以下觀點：在康德晚期哲學中，判斷原則是實踐理性，踐履原則是道德情感。但康德在《純粹理性批判》裡提到每個人都有「智思的性格」與「經驗的性格」，這可能會導致一個理論上的難題：一個人做了惡，他卻不用負道德責任。「經驗的性格」並不能負責，它本身並沒有自主性；至於「智思的性格」亦不能為其說謊行為負責，因為它本身欠缺足夠的力量，將道德法則的意識轉化為具體的行為。這樣一來，「道德責任」的概念勢必兩頭落空。換言之，康德的這種情感與理性二分的主體性架構無法說明道德責任之歸屬，也無法證成其「應當涵著能夠」之洞見。牟宗三則提出「本體論覺情」概念，將情感與理性統合於道德主體中。孟子的「四端之心」表現出本心的主動性或者說意向性，而可歸諸現象學倫理學所謂的「情感先天性」（das emotionale Apriori），而視之為一種先天的意向性體驗。此即李教授援引謝勒現象學倫理學對牟宗三之「本體論覺情」所作的證成。然而，若從圓教的標準來看，這種證成仍是分解的，是分別說而非合一說，是別教而非圓教。牟宗三在《圓善論》中提出的「無情之情」才是道德情感問題的最終解決。但「無情之情」不在現象界，反而導致情感消失了。這也是需要思考的問題。

　　鄧安慶教授的研究，適時地將讀者的目光轉向對牟宗三與李明輝兩位新儒家代表皆影響甚鉅的康德哲學上。在「**對康德倫理學詞語進行元倫理學分析的意義**」一文，他以「道德實在論」、「美德倫理學」等思潮為例，指出二者都只談論自己意向中的康德倫理學，而很難共同聚焦於康德詞語本身的「所指」含義。他還討論了康德對 Sitten 和 Moral 所做的區分，反駁對此二者不做區分之見解，因為這樣才得以明確區隔康德所謂的倫理法則和道德法則、自律和他律。他的結論是：如果要真正進入康德倫理哲學系統，就必須有一個元倫理學語義分析的轉向，只要我們確立一個基本原則：以康德精心區分開的道德詞語的「字面義」，而不以我們自己的「理解義」去翻譯康德，我們就會開始一個新的局面；至於各人的「理解義」，那是研究的「結果」，而不能作為預設的「前提」，這樣至少能在同樣的詞語層面共同討論

康德倫理學。

劉梁劍教授則以〈道德學及其良知確證與道德能動性問題：牟宗三「道德的形上學」引發的思考〉一文接續討論牟宗三的「道德的形上學」。他認為「道德的形上學」貫通本體學與道德哲學，從道德哲學轉向道德學，這對於省思現代道德哲學的工作範式及道德哲學的根本問題多有啟發意義。通過闡發道德本心、逆覺體證、智的直覺等概念，牟宗三深化了熊十力的「性智」。但這同時也意味著，我們須以道德的方式把握本體。性智、良知、智的直覺是認識本體的途徑，對它們的探究可以說屬於廣義認識論的範域。熊十力和牟宗三的廣義認識論採取道德的、直覺的進路。為對治心學「超潔者蕩之玄虛」、「猖狂者參之以情識」的種種流弊，牟宗三表彰五峰、蕺山的思路，彰顯天道、性體的客觀意義，希冀以此來保障心體的客觀性。但是外部確證的進路並不能真正解決良知確證的難題。「道德的形上學」主張以道德心化生萬物。我們固然可以說本心是道德之創造，從而也在一定程度上回應了道德動力或道德能動性的問題，但是，如果說本心即是宇宙之生化，則不免「以心法起滅天地」。此外，從漢語哲學的角度看，牟宗三對虛詞「底」、「的」之分的自覺運用，啟發我們做哲學需要關注虛詞的哲學意蘊。

在〈超越的分解與辯證的綜和：牟宗三形而上學思考的基本原則〉這篇文章中，廖曉煒教授要探討的是：從 1930 年代末至 1940 年代初，牟宗三的哲學思考由自然主義、實在論的立場轉向以主體性為中心的先驗主義、理性主義的立場。此後，超越的分解與辯證的綜和即成為牟宗三形而上學思考的兩項基本原則。對牟宗三而言，辯證的綜和是從形而上學的角度思考成德實踐、乃至歷史文化問題的根本原則，辯證的綜和又必然預設超越的分解這一基本原則。因此，這兩項原則及其內在關聯可說是理解牟宗三哲學的一條核心線索。他在具體闡述超越的分解與辯證的綜和之具體意涵的基礎上，進一步解釋牟宗三宋明儒學詮釋的理論動機及其與乃師熊十力在形而上學思考上的細微差別。牟宗三晚期之所以對熊十力體用論之形而上學系統提出批評，其根本原因在於熊氏攝用歸體的形而上學系統，實已突破了牟宗三所謂

「超越的分解」這一根本原則。而在牟宗三看來，上述原則乃是從成德實踐的角度證成形而上學絕對不可違背的一項基本原則。

接下來，張偉教授從現象學的角度為我們剖析了**「自律的嬗變」**，其核心包括一個「靶子」以及針對它的三種批評——靶子是康德的意志自律，對康德意志自律的三種批評則分別來自新儒家、伯納德·威廉斯和馬克斯·舍勒。新儒家對康德自律概念的批評涉及自律倫理學中道德立法面與執行面的關係，以及道德主體中理性與情感的關係問題。著眼於其「理—情」二分之缺陷，試圖構建一個更為健全的道德主體性；威廉斯的批評則針對康德道德主體缺乏經驗性質，想要使道德主體性本身具有個性，強調「交互人格性自我」；而舍勒的批評轉換了「自律」的界定，藉由區分雙重自律，進一步在以人格本身作為自律之主項（或言道德主體）的基礎上，討論「人格自律」何以可能。通過討論威廉斯對康德的批評以及孟子和儒家對此批評的回應，張偉教授的發現是，舍勒所強調的「人格」本身所指的無非就是一種具備「內在化他者」的、有個性的、交互人格性的存在。道德主體或道德自我本質上是個「交互人格性的自我」，它在其自身之內包含有抽象化的、普遍化的和理想化的「內在化的他者」。而此「內在」之中已融貫有他異，因此它是「具體而真實的普遍」，絕非是「無個性的」道德自我。舍勒區分人格的雙重自律，實際上是要凸顯「人格」本身的發生性、歷史性與社會性，進而強調道德教育以及榜樣跟隨對於「人格生成」或「成大人」思想的重要性。在這一點上，孟子以及儒家顯然是近舍勒而遠康德的。與其說儒家倫理學是一種「德性」倫理學，還不如說是一種「人格」倫理學。尤有甚者，康德本人意義上的倫理學亦可詮解為一種「人格」倫理學。

如前述，李明輝教授之學術工作亦涉及東亞儒學，**「韓國儒學研究」**正是其中重點之一。身為李明輝教授之高足，呂政倚教授在這方面善紹其師，而提出了〈**韓儒丁時翰與李栻的「人性、物性同異」之辯**〉的研究成果。依呂教授之見，在丁時翰與李栻之間有關「人性、物性異同」問題的論辯中，李栻所論雖然多合於朱子，但其實他對於「理是否活動」，以及他根據朱子學而有的論述之間是否相合轍，並沒有很清楚的意識。李栻雖然在論辯

之初批判李栗谷的「理無為」之說，主張「理能活動」，但在詮釋朱子學的義理時，又不知不覺地回到朱子「理不活動」的立場。顯而易見，「理不活動」正是朱子的主張，而在朱子的理氣論中，天理正是超越的存有，因此，並不會如丁時翰所設想的，主張「理不活動」就落入佛、老「虛無寂滅之見」。反觀丁時翰，他在主張「理能活動」的前提下，其所理解的體用是直接體用，但朱子的理卻「只存有而不活動」，其體用是間接的體用；而李栻的「隱體用／顯體用」其實跟朱子的體用一樣，是間接的體用。因此，他每每質疑李栻的「隱體用」沒有作用。丁時翰所論雖然多與朱子不合，但在這場論辯中，他反而堅持了退溪學派「理能活動」的立場。雖然如此，由於朱子學系統本身的限制，他在回應李栻提出的心性關係問題時顯得猶疑不定，因此也無法證成他以「心」為核心的體用觀。

　　陳繪宇教授對韓國儒學的析論，則圍繞**「韓儒奇正鎮論四端七情」**而開展。蘆沙（奇正鎮號蘆沙）的思想反省自栗谷學派的「機自爾」及湖洛論爭的「理分隔斷」，強調理具絕對的主宰地位，並否定氣於天地間之地位。蘆沙對「四端與七情」及「理發與氣發」的理解是：「理發統四七，四端為純善、七情為氣發而兼善惡」。由他對「四端與七情」的看法而觀，似與退溪對四端七情之說明相似，但實大有差異，這是由於他要突顯「理發」的重要性。「理發」是指理之主宰、妙運，必須凌駕於氣發、四端、七情等一切之上，不應與氣發為相對的概念。而「氣發」則是指氣籠罩於理之主宰下運作，分有「理之直遂」與「理之不直遂」二狀況。理之不直遂即產生不善，此是指：氣於貫徹理之命令時，可能受制於自身的材質，而被動地發生過與不及，導致理之主宰不能直遂。由此，「不善」可歸咎於氣。至於「四端」，是指情「由中」向外展現，不受外物干擾，直接貫徹理之命令，故為「純善」。「七情」則指情感由「外感」而引發，在與外物交感之下，可能有無法貫徹理之命令之時，即可能發生理不能直遂之時，故說「七情為氣發，兼善惡」。四端與七情是「一情」，是理發之下的兩種表現，故「四端與七情」或「理發與氣發」，皆非倆倆相對。

　　林月惠教授大作〈利瑪竇對「性善」與「仁」之詮釋〉，開啟了本論文

集第三部分「**儒學的現代詮釋與反思**」之序曲。林教授指出，利瑪竇的《天主實義》作為學術傳教的代表作，以「容古儒、斥新儒」展開論述，呈現出儒家與天主教的思想交鋒。他的「性善」論證，引述亞里斯多德範疇論的邏輯思維、實體學的存在層級，以及靈魂論與德行論的倫理思維，有助於亞里斯多德與儒家思想的對話。但利瑪竇「以愛釋仁」的論述雖有來自天主教的新義，卻丟失儒家之「仁」的精義。其因在於他對儒家「愛親」、「惻隱」的理解有偏差，以及對「一體之仁」的排斥。利瑪竇將孩提之「愛親」與乍見孺子將入井之「怵惕」（惻隱），皆視為「經驗底事實」，以為這些天生的情感是本能的反應，同於禽獸，沒有道德含義。但對儒家而言，「愛親」與「怵惕」（惻隱）之情，不同於禽獸之本能反應，而是「仁」作為「人性」最本真的呈現之處，「愛親」與「怵惕」（惻隱）本身即是「無條件」的至善之心，人人固有之，必須視為「理性底事實」。利瑪竇類比地以「愛」釋「仁」，就儒家而言，從初始（愛親）到終向（萬物一體），均兩頭落空。若以天主教之「愛」全然取代儒家之「仁」，儒家思想的主體性隨之隱沒。唯有意識到彼此互為「他者」的豐富性與必要性，才能開啟真正的儒耶對話。以上分析之用意，是以對利瑪竇思想同情的理解為基礎，同時明確交代儒家之仁與天主教之愛的本質差異，以促進儒耶雙方之建設性對話。

　　〈「為何」與「如何」──對荀子秩序問題的反省〉乃林宏星（東方朔）教授詮釋荀子之最新力作。林教授強調，如何在一個混亂的世界中重建理想的秩序，是荀子和先秦諸子面對的共同課題。在荀子那裡，「治與亂」的問題呈現出理論上的「為何」與「如何」的思考：「為何」是探究亂的「根源」，「如何」是尋找去亂的「方法」，這些思考構成了我們理解荀子政治哲學的根本線索。荀子將天下「為何會亂」的根源指向「欲多而物寡」的矛盾，故惟有確立以聖王和禮義為核心的政治國，才能從根本上實現止爭去亂。荀子第一次明確地為政治國家之於秩序重建的可能性和必要性提出了邏輯清晰的辯護。然而在理論上，任何政治秩序的達成，對於統治者和被統治者而言，都要求權力具有道德基礎。在荀子的思想中，聖王、禮義即代表理想的秩序，而且是唯一的、完滿的標準。然而，當一個社會只受單一

的、排他的目標所支配，而這種目標又為君主的權力所獨佔，靠君主的權力意志來定於一是之際，則為了實現這種秩序目標，調動各種手段，甚至不惜動用酷吏和絞刑架，也便順理成章地獲得了正當性的名義。即此而言，荀子對「如何去亂」問題的回答便不能僅止於提出一套國家制度和法則規範，還必須要為這種國家制度、法則規範提供道德上的證成，惜乎荀子在君主權力的來源、轉移和制約等方面卻並沒有完成正當性的相關論證。

〈朱子「真知必能行」如何證成〉一文，乃由文碧方教授與洪明超博士共同執筆。兩位作者指出，朱子的「真知必能行」，人們多視其為一種認知命題，並常糾纏在程、朱所舉的經驗事例之中，故論說頗繁，且終究只能達到一種外在的證立。實際上，此命題是一個道德命題，必須回到朱子的心性論架構中來加以探究。其中，朱子的「心」才是證成「真知必能行」的關鍵所在。通過對朱子「心」之架構的討論，可知其「心」乃本具「性理」而同時能發用「性理」之「心」，是「心統性情」之心，是光明不昧的「心之全體」。「心」本具有「知」的維度，能知其本具之性理；又有能發用、活動的維度，能夠表現、呈現此性理。修身工夫的「主敬」和「致知」，亦是圍繞此心，要使此心的這種本然作用更有力、更順暢地實現出來。而「明德」則是這種「心」的更凝練的表達，明德「未嘗息」且「終不可絕」，能夠衝破氣稟之桎梏呈現出來，更把這種動力表現得淋漓盡致。此方是「真知必能行」的內在根據和真正動力。因此，只有借助此「統性情」之「心」，亦即「心之全體」，亦即「明德」，道德實踐上「真知必能行」的必然性才可能真正證成。

藉由〈論劉宗周之孟子學〉一文，陳士誠教授嘗試澄清劉宗周之學並不侷限於慎獨之密教，而是涵攝由孟子開啟的儒家心學，亦即所謂顯教之學。陳教授揭示劉宗周對孟子心學之理解，在重組其文本中解析出其倫理學結構。這是透過把劉宗周所言的「斷然規範」與動機連結到心之中來達成的，它表示三者間的統一；這統一非他，正是要強調人的無條件的道德自主。劉宗周常言「意」乃心所存，非心所發，此「存」即「操則存，舍則亡」中之「存」，並將此與孟子「心之官則思」中之「思」予以連結，乃謂心之操存

即可致其所思之實現，乃指本心在實踐上之自我實現，故不能因人之私意加存得此子，其論「意」即源於此孟子之說。劉宗周承孟子「思則得之」的倫理學概念，其基礎即在於：若言某人在倫理上有所不能者，則此人即在倫理上無責可承；因而本心之思，即是使人之倫理責任成為可能的先行條件。如是，宗周學在倫理學理解中完全可與孟子學相合，表述理與情統一於本心。

陳贇教授則別開生面地探討了「**儒家思想中的超越性問題**」。在陳教授看來，世界文明視域中的精神突破運動以超越性意識的興起為標識，其核心是突破自然節律所體現的宇宙論秩序，以及與之關聯的宇宙論王權所指向的集體主義生存樣式，由此而產生了以精神傳承為核心的歷史意識。但在中國思想中，超越性並非指向以心靈體驗作為位點敞開去身體化、去社會化、去宇宙化的作為終極根據的絕對者，而是走入歷史過程中文化宇宙的綿延，道體通過體道經驗而被納入歷史文化世界，參與超越性根據就是參與歷史文化宇宙的賡續。人性的自我理解並沒有拋開作為天地萬物整體的宇宙論視域，對人之區別於其他存在者的特異性的強調，與人作為會通萬物整體的宇宙論結構的凸顯被整合到一起，構成人性理解的背景。而作為根據的天道則被分化為不同層次，太一之天、乾元之天與在人之天，但對於它們的結構化理解，避免了「逃離」的形而上學。精神突破運動由宇宙論風格的真理分化出以啟示為特徵的救贖真理（以色列）和以哲學為符號的人學真理，二者分別側重神極與人極中的一極，以其中的一極為主去連接另一極，它們構成了兩種不同的超越性類型；而中國思想尤其是儒家哲學，則發展出在人極與神極兩者之間的居間性、均衡性為特徵的中道超越性類型。

接下來，我們連續推出兩篇探討儒學如何銜接自由民主之力作。首先是林遠澤教授為本論文集擘畫出「**儒家政治文化與華人民主政體的未來展望**」。在這個討論如何結合儒家思想以構思華人理想民主政體的藍圖中，林教授巧妙地結合理論與實務，試圖透過儒學與民主之四種關係模式的系統性區分，說明持民主轉型論的台灣模式、持儒學實用論的新加坡模式、持儒學揚棄論的西化模式與持民主取代論的中國模式，如何各自安排儒學與民主之間的關係，以使他們的社會文化背景能與國家政治制度的設計相一致。在初

步檢討這四種模式之後，林教授指出，從亞洲價值論、經由賢能政治論，走向新威權主義的中國模式，是一種走向歧途的國家發展。他們受到在合理的威權主義中的官僚技術主義之意識形態宰制而不自覺。而目前惟一有希望的台灣模式，其民主轉型之所以未竟全功，則由於尚未將自由、平等與友愛的西方啟蒙理念與儒家「天下為公」的大同理念結合在一起，以至於台灣的民主仍停留在以經濟的新自由主義為主的型態中。這種型態的自由民主已逐漸喪失其正當性，我們因而需要在個人自由的主觀權利保障之外，重新重視強調社會團結整合的社會主義思想。然而這正好不是要接受中國模式的正當性，而是主張台灣惟有重新找回儒學的內在精神，才能在二十一世紀為華人民主政體立下典範。

　　無獨有偶，曾國祥教授為本論文集所做的貢獻，在於藉由英國觀念論者格林（T. H. Green, 1836-1882）此他山之石，以攻儒家吸納自由主義之錯。其大作〈**積極自由與致善論自由主義：格林與新儒家的對話**〉探訪格林的自由理論，藉以彰顯其思想資產對於我們反思儒家與「自由主義家族」之關係，所可能帶來的哲學啟發。其研究目標有三項。首先，格林以致善論為基礎的自由理論，將有助於我們澄清「標準觀點」——儒家與自由主義格格不入——的若干偏失。其次，儘管格林所提倡的「自我實現的倫理」及其思想中的「具體個人主義」（embodied individualism）思維，基本上乃是對黑格爾的「實現原則」（the principle of realization）的闡發，但格林的道德思想依然保持康德的自主性（autonomy）原則，其有關國家職權的討論，基本上也遵循著自由主義重視個體價值與個人自由的哲學原則。因此，格林藉由共同目的（the common good）辯護積極自由的作法，並不會導致政治極權主義的後果，其所尋求的是一種「非宰制性的共同目的觀念」（a nondominant conception of the common good），是要在自由主義的框架中，闡述個人的道德能力及其具體體現（家庭、市民社會和國家），進而完成「致善論自由主義」的哲學方案。最後，本文試著重新評估當代新儒家以仁為「真正自由」的政治思想與格林「致善論自由主義」的相容性。基於格林與牟宗三在「自我實現的倫理」、共同目的、倫理公民、國家職責、積極自由、「具體個人

主義」等議題上都有相似之處，透過格林與牟宗三的哲學對話，有利於吾人從某種黑格爾式的「致善論自由主義」框架，反思「儒家自由主義」的可能性與合理性。

同樣藉助西方哲學的討論以省察儒學自身，張子立教授鎖定的課題是**「天道觀是否蘊涵『決定論兩難』」**。勞思光認為天道觀必附帶一種「決定論兩難」：若以天道已實際運行於世界，而決定了萬有之一切為前提，則人的一切行為皆已被決定，即無承擔責任之理由；若訴諸天理、人欲之二元性，則因人欲在天道範圍之外，亦有違天道決定一切之設定。為釐清天道觀是否蘊涵此兩難，該文從西方哲學「相容論」與「不相容論」之爭切入，點出決定論同時涉及「形上因果性」與「經驗因果性」。「相容論」主張決定論與自由意志或道德責任可以相容。因為基於情感、慾望或價值觀做出的選擇與行為，雖是一種經驗因果之決定，只要在不受控制或脅迫的情況下，則符合自願、自主之要求。「不相容論」對此並不滿意，另再補充「不那麼做」的能力為自由之條件。質言之，若藉由不「繞過」行為者的心理選擇過程，界定「不那麼做」的能力或自由，即可化解「相容論」與「不相容論」之對立，決定論也可解釋為動機與意志引發相應之行為，而與自主性並存。牟宗三從形上因果性解讀天道觀，指出天道決定萬物之存在；但就經驗因果性而言，則不決定人之思想與動機。分別從這兩種因果性來看天道觀，「決定論兩難」即可迎刃而解。但以上論點仍有「區隔存在與動機之隱憂」。為何天道只決定人之存在，而不決定人之思想與動機？在此天道觀與西方上帝觀同樣面臨「惡之歸屬」問題。有一種解釋是：因為受造物並非終極實在，所以必定不完美。若繼續追問：為何創造不完美又具自由意志的受造物？則可回應：天道若無創造活動，則流於抽象而無法落實，就無以證實天道之存在。嚴格而論，上述論證僅是提出一種思路而仍待補強細節。

整體而言，本論文集所收錄之文章主題，皆與李明輝教授研究工作相關。而導論中對李教授學術成果之介紹，也或多或少地對所收錄論文作出某種程度之回應。最後，謹以此論文集向李明輝老師祝壽，並期待持續看到李老師新的學術著作問世，以饗漢語學界與國際學界。

康德與當代新儒學論衡

李明輝先生的孟子學研究：
命題與創見

黃俊傑[*]

1.引言

　　李明輝先生好學深思，治學勤謹，數十年來專精於康德哲學、孟子學、當代儒學與韓國儒學等學術領域，以中文、德文、英文發表論著，著述宏富，嘉惠學林，卓然有所樹立，並有多種著作被譯為韓文與越南文，為國內外學界所仰望。

　　在明輝兄 2023 年 3 月屆齡榮退，進入孔子所說「從心所欲」的生命境界之際，我想將我數十年來研讀明輝兄的孟子學研究著作的心得加以整理，簡擇明輝兄在孟子學研究中提出的 7 大命題，先闡釋這 7 大命題的基本內涵，再從孟學詮釋史的視野，衡斷這 7 大命題之所以為孟子學研究的創見之理由，最後提出我學習明輝兄論著的心得與結論。

2.李明輝研究孟子學的進路

　　李明輝成長於臺灣，後留學德國，專攻康德哲學，學成後在中研院文哲

---

* 　國立臺灣大學特聘講座教授

所工作 30 年，並曾任教於臺灣大學、政治大學、廣州中山大學，以其學術成就曾獲臺灣的教育部學術獎與大陸的教育部長江學者講座教授榮銜。在孟子學詮釋史上，李明輝展開具有時間特色的（time-specific）與空間特色的（space-specific）孟子學研究，他的孟子學研究論著鮮明地表現在兩個研究視野之上：

第一，致力於開發孟子思想的現代啟示：李明輝研究儒學所關懷的中心問題是：「儒家思想究竟是中國現代化之阻力還是助力？它能否在經過轉化之後繼續維持其生命力？」[1]所以他關心儒學如何開出民主與科學、儒學的實踐問題等。在這項中心關懷之下，李明輝先生與鍾彩鈞先生在 1993 至 1994 年共同推動「孟子學主題研究計畫」，他曾解釋推動這個計畫的目的說：[2]

> 據筆者的淺見，孟子的心性論、乃至道德哲學，縱使放在現代學術的脈絡中，仍是極具意義的一套思想。當然，這需要經過一番重建的過程，透過現代學術的概念將孟子思想納入現代學術的脈絡中，使它與現代人的問題意識相激盪。〔……〕筆者相信：孟子思想就像過去其他具有原創性的思想一樣，在經過重新詮釋之後，可以提供許多可貴的思想資源，幫助我們去面對現代社會的種種問題。這正是我們推動「孟子學主題研究計畫」的主要目的。

上述的研究視野確實落實在李明輝的孟子學研究之上。他研究孟子學，特重孟子思想的「現代相關性」（contemporary relevance），所以他的孟子學研究常能「觀書不徒為章句」。他研究孟子性善論時，所關心的是性善論與現代民主政治的關連；他努力於從孟子學開發現代「人權」的思想資源，都是顯著的例證。

---

[1] 李明輝：《儒學與現代意識》（臺北：臺大出版中心，2016 年增訂一版），〈初版序言〉，頁 vi。

[2] 李明輝：《孟子重探》（臺北：聯經出版事業公司，2001 年），〈序〉，頁 ii-iii。

　　第二，會通中西，參照康德哲學而提出孟子學之新解：李明輝學問之旅始於康德哲學，他說：「康德哲學自始就是筆者的研究重點。其後，在筆者轉而詮釋中國哲學時，即使不直接借用康德哲學的概念與架構，也會以康德哲學為參照背景」。[3]康德哲學是李明輝研究包括孟子學在內的儒學傳統時最重要的思想資源，他的儒學研究自始採取比較的與跨文化的視野，[4]所以發為著述，常能尋幽訪勝，出新解於陳篇，言人之所未言。

　　李明輝研究中國哲學與孟子學之所以採取跨文化的視野，最重要的緣起是來自於他的業師牟宗三先生（1909-1995）的啟發，李明輝說：[5]

　　　　筆者在大學時代接觸了熊十力、唐君毅、牟宗三、徐復觀諸先生的著作，在研究所時代更有幸親炙牟先生門下，得以一窺中國哲學之堂奧。由於牟先生的教誨，筆者領略到：我們今日闡揚中國哲學，決不能迴避西方哲學之挑戰；中國哲學不能停留在傳統的形態中，而須與西方哲學相照面、相摩盪，始能開出新局面；而在這兩大傳統彼此會通的過程中，康德哲學據有一個關鍵性的地位。

這一段自述是李明輝哲學之路最精確的表白，而且牟先生的學術啟發，也呈現在他日後的諸多研究著述之中。

　　跨文化與比較視野的運用，使李明輝可以跳脫 20 世紀中外學者常見的「以西攝中」的窠臼，使他取得了豐碩的比較哲學研究成果。例如，他發掘孟子道德思考中的「隱默之知」，他將孟子人性論楷定為「道德普遍主義」（moral universalism），將孟子倫理學定性為「自律倫理學」，並析論孟子

---

[3]　李明輝：《康德與中國哲學》（廣州：中山大學出版社，2020 年），〈自序〉，頁1。

[4]　李明輝：《李明輝新儒學論文精選集》（臺北：臺灣學生書局，2020 年），〈前言〉，頁 1。

[5]　李明輝：《儒家與康德》（臺北：聯經出版事業公司，2018 年增訂一版），〈原序〉，頁 ii-iii。

「義利之辨」正是「義務論倫理學」（deontologist ethics）的基本立場，都得力於這種跨文化視野的交互比較與運用。

3.李明輝對孟子心性論的詮釋

　　孟子之學內外交輝，心性論是政治論之基礎，政治論是心性論之表現，兩者交互為用，不可分割。李明輝的孟子學研究也聚焦於孟子心性論與政治論。我首先將李明輝析論孟子心性論的諸多論述，歸納為 4 個命題，先綜述其論斷，再說明這些命題之所以為創見的理由。

(1)孟子道德思考中的「隱默之知」

　　所謂「隱默之知」一詞，是李明輝對波蘭尼（Michael Polanyi，1891-1976）的 "tacit knowing" 一詞的中譯，指出「隱默之知」是「道德普遍主義」（moral universalism）的出發點。李明輝指出：人的道德思考必有其人人所共有的「隱默之知」的面向，[6]西方傳統哲學從蘇格拉底、柏拉圖、笛卡爾、萊布尼茲都以不同方式觸及這個面向，[7]康德倫理學的「定言令式」更與孟子的「良知」概念互通，皆觸及人的「隱默之知」。[8]

　　李明輝接著指出：「《易傳》、《大學》、《中庸》底作者均注意到『隱默之知』底存在，而且在不同的認知階段見到『隱默之知』：它不但存在於反省之前的階段，亦存在於反省之後的階段。這與波蘭尼關於『隱默之知』的理論正好不謀而合。」[9]李明輝檢核中國傳統注釋《孟子》的學者，完全未能掌握孟子思考方式中的「隱默之知」的層面，他說：「孫星衍、焦

6　李明輝：《康德倫理學與孟子道德思考之重建》（臺北：中央研究院中國文哲研究所，1994 年），頁 15。

7　李明輝：同上書，頁 25-40。

8　李明輝：同上書，頁 41-70。

9　李明輝：〈先秦儒學中的隱默之知〉，收入《康德倫理學與孟子道德思考之重建》，第 5 章，頁 71-79，引文見頁 79。

循、俞樾對孟子性善說的誤解如出一轍，皆由於不了解孟子所謂『人之所不學而能者，其良能也；所不慮而知者，其良知也』之義；他們之所以不了解孟子此言，又是由於忽略了其中的隱默面向，故以為良知必待教而後有。」[10]李明輝解釋孟子所說的舜的行為說：[11]

> 當他（舜）居於深山中時，他對於「善」已有「隱默之知」，只是尚未自覺而已。焦循既然認為：「不學而能，唯生知安行者有之，不可概之人人。」他可能將舜視為特例，即視為「生知安行者」。然而，「生知安行」、「學知利行」、「困知勉行」之不同是才性（氣性）使然，而才性屬於自然底層面。但孟子說良知、良能，是從人性底超越層面上立論。在這個層面上，他肯定「堯舜與人同耳」（8.32）、「聖人與我同類者」（11.7）；換言之，他在道德普遍主義底立場上肯定良知、良能為人人所共有。

李明輝所開發的孟子道德思想中的「隱默之知」這個概念，是有關孟子思維方式研究的重要創見，也是李明輝孟子學研究的一大貢獻。

為什麼李明輝所說孟子思考方法所觸及的「隱默之知」，可以被視為是孟子學研究的創見呢？我認為，李明輝對孟子道德思考中的「隱默之知」的說法，在兩個意義上可以被視為創見：第一是他批判並超越傳統孟子注疏家如孫星衍（1753-1818）、焦循（1763-1820）、俞樾（1821-1907）對孟子的誤解。這一點在他的論文中已經有詳細論證，[12]我不再贅述。

第二，李明輝超越學者有關孟子思維方式的相關研究論述。舉例言之，

---

10 李明輝：〈孟子道德思考中的隱默之知〉，收入《康德倫理學與孟子道德思考之重建》，第 6 章，頁 81-92，引文見頁 88。

11 李明輝：〈孟子道德思考中的隱默之知〉，收入《康德倫理學與孟子道德思考之重建》，第 6 章，頁 81-92，引文見頁 88。

12 李明輝：〈孟子道德思考中的隱默之知〉，收入《康德倫理學與孟子道德思考之重建》，第 6 章，頁 81-92。

孟子思維方式以譬喻見長，最早注釋《孟子》的東漢趙岐（？-210）在〈孟子題辭〉中說：「孟子長於譬喻，辭不迫切，而意已獨至」，[13]民國安徽桐城人曾任臺灣兵備道的姚瑩（1785-1852）之孫姚永概（1866-1923，曾任北京文科學長）說：「有一句之譬喻，有雙排之譬喻，有連疊之譬喻，有全篇之譬喻，《孟子》七篇，大致已備」，[14]這種講法非常正確地說明孟子思想中的譬喻思維方式。我在舊版《孟學思想史論》卷 1 研究孟子思維方式時曾經指出：「『具體性思維方式』與『聯繫性思維方式』是孟子進行論述的重要基礎。『具體性思維方式』使孟子在鋪陳他的論點時，能以具體性展現多樣性與複雜性，並使抽象原則皆有其具體之理據，即事而言理，達到理事圓融之境界。這種思維方式的展開，又可細分為『類推論證』和『歷史論證』兩類，孟子靈活運用，證成他的主張；『聯繫性思維方式』則使孟子能看到生命的複雜性與超越性，使他論述中的人不淪為現實的奴役，而能自我提昇，『上下與天地同流』」，[15]但是，從東漢趙岐以下學者對於孟子思維方式的分疏，僅及於孟子思維方式中譬喻思維方式的運用等表現形式，而未及其思維方式背後如「隱默之知」的本質層次。李明輝雖然也強調孔孟思維方式「偏重具體性解悟」，[16]但是他不以此為已足，他再深入孟子思維方式之底層的「隱默之知」。就這一點而言，李明輝對孟子思維方式的解析可以說是超越形式，直探本質，他指出孟子道德思維方式中所潛藏的「隱默之知」的層次，確有創見。

(2)孟子「性善說」是「道德普遍主義」

李明輝解釋孟子心性論時，所提出的第 2 項命題是：指出孟子性善論是「道德普遍主義」（moral universalism）。他在許多不同論文中都提出這項

13　趙岐：〈孟子題辭〉，收入焦循：《孟子正義》（北京：中華書局，1987 年），上冊，卷 1，頁 18。

14　姚永概：《孟子講義》（合肥：黃山書社，1999 年），頁 8。

15　黃俊傑：《孟學思想史論》卷 1（臺北：東大圖書公司，1991 年），頁 27。

16　李明輝：《儒家與康德》，〈導論〉，頁 4。

命題，但以〈性善說與民主政治〉一文所說最為綱舉目張，他說：[17]

> 孟子的性善說基本上包含以下諸義：
>
> 1. 此說肯定人有一個超越自然本能的道德主體，即本心（或良知），而本心是道德法則（仁、義、禮、智）之根源與依據，故是純善。孟子即由此提出「仁義內在」之說。
>
> 2. 此說並不否認自然之性（小體）的存在，但同時肯定本心具有超脫於自然本能（耳目之官）之制約而自我實現的力量，這種力量是道德實踐之最後依據。
>
> 3. 本心可以在人的意識中直接呈現，表現為惻隱、羞惡、辭讓、是非等心。
>
> 4. 此說並不否定「道德之惡」的現實存在，它將「道德之惡」的產生歸諸本心因自我放失而為外物所牽引。但是「道德之惡」的存在並不足以否定本心之善，因為即使人陷溺於惡，其本心仍保有超脫於此惡的力量。
>
> 5. 此說固然肯定道德教育與道德修養之必要，但是道德教育與道德修養之目的不在於學習外在的規範，而在於護持或擴充本心之力量，使它不致放失。

在李明輝以上所提出的孟子性善說 5 項要義中，最關鍵的是第 1 點與第 5 點。第 1 點指出孟子肯定人有超越自然本能的道德主體，亦即本心或孟子所說的「良知」。這一點與牟宗三先生指出孟子思想之「仁義內在」「內在者是內在於心」[18]之說一脈相承，也與勞思光（1927-2012）先生以「價值

17　李明輝：〈性善說與民主政治〉，收入《孟子重探》，頁 133-168，引文見頁 146-147。

18　牟宗三：《從陸象山到劉蕺山》，收入氏著：《牟宗三先生全集》（臺北：聯經出版事業公司，2020 年 12 月二版），第 8 冊，頁 178。

意識內在於自覺心」[19]解釋孟子性善說，可以互相發明。第 5 點則針對從清儒以降對孟子性善說的誤解，而發揮撥雲見日之效果。

李明輝對孟子性善說的解釋之所以為創見，必須放在孟子性善說的解釋史來看。性善說是孟子學研究的核心課題，從梁啟超（1873-1929）、葛瑞姆（A. C. Graham, 1919-1991）到卜愛蓮（Irene Bloom, 1939-2010）、安樂哲（Roger T. Ames, 1947-）等人，都對孟子性善說有所論述；對於孟子與告子的辯論，黃彰健（1919-2009）、劉殿爵（D. C. Lau, 1921-2010）、陳大齊（1886-1983）、大濱皓（1904-1987）、史華慈（Benjamin I. Schwartz, 1916-1999）等人也都有所論述，我在拙書《孟學思想史論》卷 2，已有詳細的回顧，[20]為節省篇幅，此處不再贅述。在以上的學術史背景中，李明輝所提出的對孟子性善說的解釋，確實最為明晰，確係創見。

關於孟子性善論的解釋，最必須澄清的就是從清儒孫星衍、焦循、到20 世紀陳大齊（1886-1983）及傅佩榮（1950-）等人所持「孟子主張人性向上論」之說法，李明輝曾有專文釐清這個問題。他主張「承認人性本善，並不會使教化與教育成為不必要，其關鍵在於：所謂『不慮而知』的良知在常人只是一種未經反省的『隱默之知』，仍有待於提撕與護持，這便是教育與教化底真正意義之所在」，[21]他又進一步指出：「既然孟子底心性論屬於道德先天論，我們自不能忽略其中的隱默面向；而透過『隱默之知』底概念，我們足以否定上述的假定。因為縱然孟子肯定人人均本具可以隨時呈現的良知，這並非意謂人人均是現成的聖人；因為在一般人，良知之『知』僅是一種未經反省的『隱默之知』，有待於自我修證或學習，始能在自覺中貞定其

---

[19] 勞思光：《新編中國哲學史》（一）（臺北：三民書局，1983 年），頁 165。

[20] 拙書：《孟學思想史論》卷 2（臺北：中央研究院中國文哲研究所，2022 年增訂新版），頁 12-29。

[21] 李明輝：〈對於孟子「性善說」的誤解及其澄清〉，收入《康德倫理學與孟子道德思考之重建》，第 8 章，頁 105-116，引文見頁 111。

自己」，[22]這些論斷也已經濃縮在以上他闡釋孟子性善說的第 4 點與第 5
點。

(3)孟子以「心」定「言」，並以「心」定「氣」

　　李明輝重新詮釋孟子心性論時，所提出的第 3 項命題是：孟子「知言養
氣」說的核心在以「心」定「言」，並以「心」定「氣」。這項命題是李明
輝解釋《孟子・公孫丑上・2》「知言養氣」章時所提出。李明輝首先峻別
孟子與告子的「不動心」之差別說：[23]

> 　　從孟子「仁義內在」的觀點來看，道德的價值與是非之判準不在外在
> 對象之中，而在於「心」，而且此「心」是〈告子上〉第八章所謂的
> 「仁義之心」，亦即道德心。此「心」是道德法則之制定者，因而為
> 道德法則與道德價值之根源。至於告子的「心」，並非道德法則與道
> 德價值之根源，其作用僅在於認識客觀的價值或「義」。此「心」不
> 是道德心，而是認知心；或者不如說，告子係以認知心為道德心。因
> 此，告子的觀點是一種「倫理學的重智論」（ethical intellectualism）。
> 在孟子看來，告子既然在外在對象中尋求道德法則與道德價值之根
> 源，顯然他不知其真正根源之所在，所以孟子曰：「告子未嘗知義，
> 以其外之也。」在這種情況下，告子所認定的道德原則並非真正的道
> 德原則。以這種虛假的原則來把定其心，使之不動，正如王陽明所
> 說：「告子是硬把捉著此心，要他不動。」以這樣的「心」來統御
> 氣，也只是將氣硬壓下去，使之不能反動其心。

李明輝指出孟子「仁義內在」思想脈絡中的「心」是「道德心」，告子的

22　李明輝：〈對於孟子「性善說」的誤解及其澄清〉，收入《康德倫理學與孟子道德思
　　考之重建》，第 8 章，頁 105-116，引文見頁 115。

23　李明輝：〈《孟子》知言養氣章的義理結構〉，收入《孟子重探》，頁 1-39，引文見
　　頁 24。

「心」是「認知心」，是非常正確的說法。李明輝又解釋孟子所說的「知言」與「養氣」工夫說：[24]

> 我們可以將孟子的「知言」與「養氣」這兩種工夫總結如下：這兩種工夫均以「心」為主宰，「知言」是以心定言，「養氣」是以心御氣，主要工夫均在「心」上作，其效果則分別表現在於「言」和「氣」上。但是在告子的義理系統中，「言」卻是首出的概念，其是非正誤自有其客觀的標準，非「心」所能決定。如此一來，「心」不再是道德法則與道德價值之根源，其作用僅在於認識客觀的法則，奉之為準則，並且以此來控制感性生命（氣）。但是從孟子的觀點看來，告子既未能把握真正的道德主體（即在道德上能立法、能知是知非的「本心」），則已失其大本。故告子既不能「知言」，亦不能「養氣」。儘管他能先孟子而不動心，但這只是一時的表面效果，終究無法持久。由此可知，〈知言養氣章〉雖然主要在說明孟子的工夫論，但卻牽連到其整個義理系統；而透過本章之疏解，我們得以確定孟子義理系統的基本型態。

李明輝以上的解釋，在孟子學詮釋史的光譜中，顯然近於陽明學而遠於朱子學。他採取「心即理」的立場，楷定孟子「知言養氣」說是「以心定言」、「以心定氣」，彰顯孟子「心學」之核心價值，可稱為確解。

孟子「知言養氣」說應如何理解，是東亞孟學詮釋史之重大問題。程顥（1033-1107）就指示門人「宜潛心玩索」[25]〈知言養氣〉章，《朱子語類》第 52 卷更是全卷深究此一課題，朱子並自信地對門人說：「某說解字

---

[24] 李明輝：〈《孟子》知言養氣章的義理結構〉，收入《孟子重探》，頁 1-39，引文見頁 39-40。

[25] 程顥，程頤：《河南程氏遺書》卷第 18，收入《二程集》（北京：中華書局，1981 年），頁 205。

字甚仔細」。[26]但是朱子的詮釋激起中、日、韓各國儒者的批判，我曾研究這一段孟學詮釋史的公案指出：「朱子之詮釋方向，一言以蔽之，乃在於通過『窮理』以達『知言』，由此而臻於『養氣』之境界。朱子大致是本乎《大學》『格物致知』之立場，以重新詮釋孟學之精義於儒學復興之宋代。〔……〕朱子所持之理氣二分及心物二分之立場，就其系統本身而言，固自成一家之言，然其說自十六世紀以後，備受東亞近世諸儒之批判。此固因彼時朱子之學已由草莽一躍而至廟堂，時移勢易，朱學已成為官方意識型態，故抨擊政治弊病者乃兼及朱子之學；然亦因自十六世紀以降，宋世二元論之說漸失其活力，而為一元論之思維模式所取代所致」。[27]朱子以其「理」之哲學通貫他對《四書》的解釋，《四書章句集注》中「理」字共 299 見。[28]朱子以「窮理」釋孟子的「知言」，確於孟子學有所歧出。李明輝所提出孟子「以心定言」、「以心定氣」之說，可稱善解。

　　孟子「知言養氣」說不僅在中國說解紛紛，東傳朝鮮與日本之後也激起諸多論辯，我最近曾檢討韓、日儒者對孟子「知言養氣」說各種詮釋之得失。[29]在孟子〈知言養氣〉章中，最為難解的當是該章第二段孟子所引告子所說：「不得於言，勿求於心；不得於心，勿求於氣」這 16 字。就我所見中、韓、日儒者的詮釋言論觀之，李明輝的解釋最為諦當，他將告子的話詮

---

[26] 黎靖德編：《朱子語類》，收入《朱子全書》（上海與合肥：上海古籍出版社與安徽教育出版社，2002 年），第 15 冊，卷 52，頁 1716。

[27] 拙書：《孟學思想史論》卷 2，第 5 章〈作為生命詮釋學的孟子學（1）：朱子對孟子知言養氣說的詮釋及其迴響〉，引文見頁 246。佐野公治指出：朱子的《四書》詮釋典範，在 13 至 17 世紀的中國思想界，走過了從繼承、發展到揚棄的過程，其說甚是。見佐野公治：《四書學史の研究》（東京：創文社，1988 年），頁 6。關於韓、日儒者對孟子「知言養氣」說的解釋之分析，另詳拙書：《孟學思想史論》卷 3（上）（臺北：中央研究院中國文哲研究所，2022 年），第 4 章〈韓日儒者對孟子心性論的思考：以「知言養氣」說為中心〉，頁 189-244。

[28] 金觀濤、劉青峰：《觀念史研究：中國現代重要政治術語的形成》（香港：香港中文大學當代中國文化研究中心，2008 年），頁 40。

[29] 拙著：《孟學思想史論》卷 3（上），第 4 章〈韓日儒者對孟子心性論之思考：以「知言養氣」說為中心〉，頁 189-244。

釋如下：[30]

> 凡在思想或主張中能成其理者，我們便可以之要求於心，作為心之主
> 臬；凡能為心所接納之理，我們便可以之要求於氣，使之下貫於氣。

李明輝從語法和義理兩方面入手，經過細緻的分析，而獲得上述結論。

　　李明輝以上所提出關於孟子學中「心」與「氣」之關係的結論，可能必
須面對國外漢學界的異說而要有所回應。舉例言之，日本漢學前輩大濱皓
（1904-1987）曾經研究《孟子‧告子上》各章，認為孟子有關「心」與
「氣」關係的論說自相矛盾，他認為：孟子說「志壹則動氣，氣壹則動
志」，顯然承認「志」與「氣」相互限定。「志」一方面為「氣之帥」，一
方面又為「氣」所「動」，大濱先生認為這是孟子理論的矛盾。大濱皓又認
為：孟子一方面將「心」當作「氣之帥」，另一方面又讓「氣」與「心」相
互限定，但孟子並未陳述「心」與「氣」相通而被「氣」所動的理由。[31]大
濱皓的說法如能成立，則李明輝之說就須再商榷，但是，我曾駁斥大濱皓
說：「正因為（孟子）認知『志（心）』與『氣』會互相影響這項事實，所
以孟子才要特別強調『志，氣之帥也』，以及『志至焉，氣次焉』的以
『心』定『氣』工夫，孟子所提出的這兩個命題之間並無矛盾或破綻」，[32]
所以我認為李明輝以「心」定「氣」之說可以成立。

　　李明輝對孟子「知言養氣」論的詮釋，與王陽明（1472-1529）及陽明
學者血脈相承，時隔 500 載，但恍若相與磬欬於一堂之上。王陽明將孟子
所說的「集義」，裡解為「集義是復其心之本體」、[33]「集義只是致良

30　李明輝：《孟子重探》，頁22。

31　大濱皓：〈孟子と告子の論爭〉，收入氏著：《中國古代思想論》（東京：勁草書
　　房，1977 年），頁238。

32　黃俊傑：《孟學思想史論》卷2增訂新版，頁27。

33　陳榮捷：《王陽明傳習錄詳註集評》（臺北：臺灣學生書局，1983 年），卷上，
　　〈薛侃錄〉，第81條，頁107。

知」，[34]已寓有此意；黃宗羲（梨洲，1610-1695）《孟子師說》云：
「『集義』者，應事接物，無非心體之流行」，[35]梨洲將孟子「知言」理解
為「全將自己心源，印證群跡」，[36]均與李明輝之說聲氣相求。明末江右王
門章潢（本清，1527-1608）說：「人知孟子之長在養氣，不知其要在於養
心」，[37]清儒吳定（字殿麟，號澹泉，1744-1809）曾在所撰〈集義養氣
解〉一文中說：「集義所生，生諸中也。義襲而取，取諸外也。直養者，集
義於心以養之也。〔……〕今夫氣聽命於心者，聖賢也；心聽命於氣者，眾
人也。聖賢以心御氣，而不為氣御，以心移氣而不為氣移」，[38]凡此言論均
能得孟子「心」學之肯綮，但是皆吉光片羽，未及細論。我也曾經說：告子
的「不動心」所走的是「主客析離」的道路，而孟子的「不動心」是「主客
交融」的道路，[39]但是，就資料之扎實與論證之細膩觀之，李明輝在歷代
中、韓、日學者的孟子詮釋中，最為翹楚，當無疑義。李明輝業師牟宗三先
生 1985 年著《圓善論》巨著，[40]第 1 章〈基本的義理〉疏解《孟子・告子
上》共 16 章，一氣呵成，極具系統，但牟先生對最為難解的《孟子・公孫
丑上・2》〈知言養氣〉章卻未疏解，實屬憾事。李明輝的〈《孟子》知言
養氣章的義理結構〉[41]宏文，已經補足牟先生學問遺產的一大缺憾！

---

[34] 陳榮捷：《王陽明傳習錄詳註集評》，卷中，〈答聶文蔚二〉，第 187 條，頁 268。

[35] 黃宗羲：《孟子師說》，卷 2，收入《黃宗羲全集》（杭州：浙江古籍出版社，1985
年），第 1 冊，頁 62。

[36] 黃宗羲：《孟子師說》，卷 2，收入《黃宗羲全集》，第 1 冊，頁 66-67。

[37] 章潢：《圖書編》（臺北：臺灣商務印書館，1974 年景印四庫全書珍本五集），卷
15，頁 90。

[38] 吳定：〈集義養氣解〉，見《紫石泉山房文集》，收入《清代詩文集彙編》編纂委員
會編：《清代詩文集彙編》（上海：上海古籍出版社，2010 年據清嘉慶 15 年鮑桂星
科本景印），卷 1，頁 38，總頁 270。

[39] 拙書：《孟學思想史論》卷 1，頁 346。

[40] 牟宗三：《圓善論》（臺北：臺灣學生書局，1985 年），收入《牟宗三先生全
集》，第 22 冊。

[41] 收入李明輝：《孟子重探》，頁 41-67。

(4)孟子倫理學是「自律倫理學」

　　李明輝研究孟子心性論，所提出的第 4 個命題是：孟子倫理學是「自律倫理學」。這項命題在《儒家與康德》一書的前 3 篇論文中，獲得充分的發揮。

　　李明輝要論證孟子倫理學是「自律倫理學」，就必須先論證「儒家倫理學是什麼意義下的自律倫理學」這個問題。李明輝首先指出：「凡是以認知心來建立實踐法則者，均屬於他律道德，在此並無獨立意義的道德主體可言。反之，孟子真能依自律原則說道德。」[42]他這樣分別「他律道德」與「自律道德」，是來自康德哲學的啟發，但是，他又進一步指出孟子倫理學與康德倫理學的同中之異說：[43]

> 　　孟子學事實上打破康德倫理學中情感與理性二分的架構。在康德倫理學中，一切情感均被排除於道德主體之外，而道德主體（嚴格意義的「意志」）只是實踐理性。但在孟子，道德主體（本心）是理（仁義禮智），也是情（四端之心），這無異承認現象學倫理學所謂「情感先天性」的領域。

經過上述的分疏之後，李明輝就可以確認康德與孟子的倫理學同屬「自律倫理學」。

　　在李明輝解釋孟子倫理學的諸多言論中，最有代表性的是以下這一段說法：[44]

> 　　孟子與康德同樣肯定「自律為道德之本質」的立場，因而其倫理學同

---

[42] 李明輝：〈儒家與自律道德〉，《儒家與康德》，引文見頁 37。

[43] 李明輝：〈儒家與自律道德〉，《儒家與康德》，引文見頁 38。

[44] 李明輝：〈孟子與康德的自律倫理學〉，收入《儒家與康德》，頁 11-80，引文見頁 80。

屬自律倫理學。在這個前提之下，我們並不否定：孟子與康德的倫理學系統有其基本差異，各自表現出不同的型態。〔……〕此項基本差異在於兩者所根據的道德主體性之架構。康德的倫理學預設一個情感與理性二分的架構，而將一切情感（包括道德情感）排除於道德主體之外。孟子則採「心即理」的義理架構，從四端之心說本心，本心即性。但此項基本差異並不影響兩者之同為自律倫理學，因為其差異是在哲學人類學的層面，而非在倫理學的原則論（ethische Prinzipienlehre）之層面上表現。在後一層面上，這兩套倫理學相互對應，若合符節。因此，以「自律」概念來解釋孟子的倫理學，決非比附，而是相應的。此項分辨或許有助於澄清近年來有關以康德解釋儒家的合宜性問題之爭論。

以上這一段詮釋中，最關鍵的是指出「孟子則採『心即理』的義理架構」。[45]李明輝強調陸象山（1139-1192）與王陽明對孟子的詮釋，皆本於孔、孟及《中庸》、《易》傳思想的義理而發論，是對孟子思想的確解。[46]他引陸象山〈與李宰書〉的解釋，認為陸象山將「四端之心上提到本心的層面，本心即具仁、義、禮、智之理。此『具』並非在認知關係中的『具』，而是在道德立法中的『具』。四端之心為本心所發，仁、義、禮、智之理為本心所立，故心與理為一」。[47]

　　如果將李明輝對孟子倫理學的衡斷，置於孟子學詮釋史來看，就會發現他判定孟子倫理學是「自律倫理學」，與陸象山、王陽明一脈相承，而與朱子處於孟子學解釋史光譜的另一端。

　　我以上的說法可以進一步說明：朱子解讀孟子，基本上採取「性即理」

---

[45] 李明輝：〈孟子與康德的自律倫理學〉，收入《儒家與康德》，頁 11-80，引文見頁 80。

[46] 李明輝：〈再論孟子的自律倫理學〉，收入《儒家與康德》，頁81-106。

[47] 李明輝：〈孟子的四端之心與康德的道德情感〉，收入《儒家與康德》，頁 107-148，引文見頁 146。

之思想立場，例如朱子在《孟子・告子上・3》集註加一段「愚按」說：
「性者，人之所得於天之理也。生者，人之所得於天之氣也。性，形而上者
也；氣，形而下者也。人物之生，莫不有是性，亦莫不有是氣。」[48]朱子註
《孟子・告子上・6》又引程子「性即理」「才稟於氣，氣有清濁」之說，
並下按語云：「程子此說才字，與孟子本文小異。〔……〕二說雖殊，各有
所當。然以事理考之，程子為密。」[49]朱子注孟，卻引程子矯正孟子之說，
喧賓奪主，莫此為甚，但非常明確地顯示他對以「性即理」釋孟之堅定立
場。朱子基本上是本《大學》解《孟子》。朱子在〈胡子知言疑義〉中說：
「熹按：孟子盡心之意，正謂私意脫落，眾理貫通，盡得此心無盡之體，而
自其擴充，則可以即事即物，而無不盡其全體之用焉爾」，[50]已經將他以
「即物窮理」解孟的立場闡釋得非常清楚。

　　但是，陸象山則從「心即理」的立場解釋孟子，他說：「心於五官最尊
大。〔……〕存之者，存此心也，故曰『大人者，不失其赤子之心』。四端
者，即此心也；天之所以與我者，即此心也。人皆有是心，心皆具是理，心
即理也。故曰『理義之悅我心，猶芻豢之悅我口』。所貴乎學者，為其欲窮
此理，盡此心也。」[51]誠如牟宗三所說：象山揭示辨志、先立其大、明本
心、「心即理」、簡易、存養等六節，皆本於孟子。[52]

　　李明輝將孟子倫理學判定為「自律倫理學」，他的解釋遠紹陸象山與王
陽明「心即理」之立場，近承牟宗三的學說。牟先生說：「了解孟子的性善
說，才可了解並從而建立人的『真實主體性』（real subjectivity）。中國儒

48　朱熹：《孟子集注》，收入氏著《四書章句集注》（臺北：臺大出版中心，2016
　　年），卷 11，引文見頁 457。

49　朱熹：《孟子集注》，收入氏著《四書章句集注》，卷 11，引文見頁 461。

50　朱熹：〈胡子知言疑義〉，見《晦庵先生朱文公文集》，卷 73，收入《朱子全
　　書》，第 24 冊，頁 3555。

51　陸九淵：〈與李宰〉，見拙書《孟學思想史論》卷 2，附錄一〈中國孟學詮釋史文獻
　　選編註釋〉，引文見頁 521。

52　牟宗三：《從陸象山到劉蕺山》，收入氏著：《牟宗三先生全集》，第 8 冊，頁 2-
　　3。

家正宗為孔孟，故此中國思想大傳統的中心常在主體性的重視，亦因此中國學術思想可大約地稱為『心性之學』。此『心』代表『道德的主體性』（moral subjectivity），〔……〕這是中國思想的核心，所以是心性之學的正宗」，[53]李明輝對孟子「自律倫理學」的解析，可以說是對牟宗三以上這句話的最佳闡釋。

(5)小結

　　論述至此，我想將李明輝對孟子心性論各個面向的詮釋，再加以綜攝：李明輝研究孟子心性論，首先直探人之所以為人的「隱默之知」，李明輝指出「在人類底認知、藝術、道德、宗教等活動中均發現隱默之知」，[54]並指出孟子所說人之所以為人的「良知」、「良能」具有「隱默」的面向，係為「隱默之知」。所謂對於「善」的「隱默之知」，是人人生而所同具，所以李明輝接著解析孟子「性善說」，認為孟子性善論就是「道德普遍主義」，而人之所以同具普遍之「良知」與「良能」，關鍵在於其「心」。李明輝再解析孟子「心」學之內涵，指出孟子的「知言養氣」說之關鍵，在於以「心」定「言」，並以「言」定「氣」，孟子的「知言」、「養氣」工夫均在「心」上進行。李明輝認為在孟子思想中，「心」是人的「道德主體性」的代表，因此孟子所建立的倫理學是一種具有儒家文化特色的「自律倫理學」。以上諸說，均較前賢之說解為勝而有創新，為孟子詮釋學開新境。

4.李明輝對孟子政治論的新解

　　現在，我想探討李明輝對孟子政治論的研究，包括義利之辨、民本與「人權」思想、王霸之辨等重大議題。

---

[53] 牟宗三：《中國哲學的特質》，收入氏著：《牟宗三先生全集》，第 28 冊，引文見頁 72。

[54] 李明輝：《康德倫理學與孟子道德思考之重建》，頁 13。

(1)孟子「義利之辨」是「義務論倫理學」

「義利之辨」是《孟子》開卷第一義，公元前 320 年孟子見梁惠王（在位於370-319BCE）時，[55]東方霸業由梁國轉至齊國，在孟子見梁惠王前後10年間（323-314BCE），各國之間戰爭頻繁，孟子親見各國「爭地以戰，殺人盈野；爭城以戰，殺人盈城」，[56]發生戰爭共 28 次，[57]各國國內則「上下交征利」，所以孟子首揭「義利之辨」。朱子強調「義利之說乃儒者第一義」，[58]陸象山訪朱子並在白鹿洞書院講孟子「義利之辨」，諸生感動至有泣下者。[59]李明輝研究這個問題，首先歸納孟子「義利之辨」的意義如下：[60]

　　一、「義」與「利」是兩種不同質且不可相互化約的價值，而此處所言的「利」無分於公利與私利。

　　二、義利之辨主張「義」對於「利」之優先性（先義後利），而在肯定「義」的前提下，容許、甚至往往要求對於「利」的追求。

　　三、義利之辨所預設的倫理學觀點屬於當代英、美倫理學家所謂的「義務論倫理學」（deontological ethics），而非「目的論倫理學」（teleological ethics）。

---

[55] 錢賓四先生據崔述（1740-1816）《孟子事實錄》及江永（1681-1762）《羣經補義》，考訂孟子至梁當在周慎靚王元年（320BCE，魏惠王後元十五年），見錢穆：《先秦朱子繫年》（香港：香港大學出版社，1956 年），頁 355-356，其說蓋已成定論。

[56] 《孟子・離婁上・14》，見朱熹：《孟子集注》，收入《四書章句集注》，頁 396。

[57] 參看 Cho-yun Hsu, *Ancient China in Transition: An Analysis of Social Mobility, 722-222B.C.* (Stanford: Stanford University Press, 1965), p. 64。

[58] 朱熹：〈與延平李先生書〉，收入《晦庵先生朱文公文集》，卷 24，收入《朱子全書》，第 21 冊，頁 1082。

[59] 陸象山：〈白鹿洞書院講義〉，收入《陸象山先生全集》（四部叢刊初編縮本），第 2 冊，頁 182 下半頁-183 上半頁。

[60] 李明輝：〈儒家傳統與人權〉，收入《儒家視野下的政治思想》（臺北：臺大出版中心，2013 年），頁 71-98，引文見頁 89-90。

以上解釋中所謂「義務論倫理學」與「目的論倫理學」的異趣有待釐清，李明輝說：[61]

> 所謂「目的論倫理學」是堅持：道德義務或道德價值之最後判準在於其所產生的非道德價值（非道德意義的「善」）。換言之，這類倫理學將道德意義的「善」化約為非道德意義的「善」，如快樂、幸福、利益等。「義務論倫理學」則堅持「善」之異質性（heterogeneity），反對將道德意義的「善」化約為非道德意義的「善」。質言之，一個行為或行為規則之所以具有道德意義，其最後判準並不在於其所產生的非道德價值，而在於其自身的特性。在目的論倫理學當中，如果以最大的可能的普遍之「善」作為道德價值之最後判準，亦即以「功利原則」（principle of utility）作為最高的道德原則，便是「功利主義」（utilitarianism）。然而，義務論倫理學不必然排斥非道德意義的「善」，而只是反對以之為道德價值之唯一的或最後的判準，故仍可能接受功利原則作為次級或衍生的道德原則。

根據李明輝上述的區分，作為「義務論倫理學」的孟子「義利之辨」中，「義」與「利」是不同質的、不等價的、不可互相化約的，但是在堅持「義」先於「利」的前提之下，也可以接受對「利」的追求。孟子汲汲於「義利之辨」，所關心的問題是：「善的性質是什麼」，而不是「善能產生何種效益」，所以，李明輝將孟子「義利之辨」理解為一種「義務論倫理學」，並指出「義利之辨」是為了維護人格尊嚴，[62]言簡意賅，是非常正確的論斷。

　　在孟子學詮釋史上，當代學者對「義利之辨」，說解紛紛，或認為孟子

---

[61] 李明輝：《儒家視野下的政治思想》，頁 90。

[62] 李明輝：《儒家視野下的政治思想》，頁 94。

所說的「義」包括「利」，尤其是貨財經濟之「利」；[63]或從孟子的時空背景切入「義利之辨」的涵義；[64]或從義利的邏輯結構切入「義利之辨」提出新解；[65]或從政治思想角度切入區分類型，[66]但與李明輝的解釋之犀利相較之下，似尚有一間未達。我以前從思想史角度解析孟子「義利之辨」，亦曾說：「『義利之辨』這條思想線索所牽涉的，就是價值的『普遍性』與『特殊性』的問題。孔、孟、荀都認為具有『普遍性』的『義』不能與僅具『特殊性』的『利』混為一談，他們都主張『義』對『利』的優先性」，[67]但李明輝衡斷孟子「義利之辨」為「義務論倫理學」，較為明快，一針見血。

　　如果要對李明輝的詮釋加以補充，我大概可以從思想史視野提出一點意見：孟子在中國古代「義」「利」思想演變史上，居於分水嶺之位置：在孟子之前，春秋時代的人的共識是：「德、義，利之本也」、[68]「義以建利」、[69]「信載義而行之為利」、[70]「義，利之本也」。[71]孔子亦言「義以興利」，[72]但是孔子所說之「利」指人民之大利而言，此由孔子所說「見小

63　周策縱：〈孟子義利之辨別解〉，《書目季刊》27 卷 4 期（1994 年 3 月），頁 18-31。

64　侯家駒：〈孟子「義利之辨」的涵義與時空背景〉，《孔孟月刊》23 卷 9 期（1985 年 5 月），頁 29-33。

65　陳滿銘：〈「孟子」義利之辨與「論語」、「大學」——從義理的邏輯結構切入〉，本文有（上）、（中）、（下）三篇，分別刊於《孔孟月刊》41 卷 7 期（2003 年 3 月），頁 10-12、41 卷 8 期（2003 年 4 月），頁 6-10、41 卷 9 期（2003 年 5 月），頁 13-16。

66　葉仁昌：〈孟子政治思想中義利之辨的分析：四種主要類型的探討〉，《政治科學論叢》50 期（2011 年 12 月），頁 1-36。

67　拙書：《孟學思想史論》卷 1，第 5 章〈義利之辨及其思想史的定位〉，頁 157。

68　楊伯峻：《春秋左傳注》（臺北：源流出版公司，1982 年），上冊，僖公 27 年，頁 445。

69　楊伯峻：《春秋左傳注》，上冊，成公 16 年，頁 880。

70　楊伯峻：《春秋左傳注》，上冊，宣公 15 年，頁 760。

71　楊伯峻：《春秋左傳注》，下冊，昭公 10 年，頁 1317。

72　楊伯峻：《春秋左傳注》，上冊，僖公 9 年，頁 328。

利則大事不成」、[73]「因民之所利而利之」[74]等語可以推斷。孟子生於戰國時代，始以「義」優先於「利」，但是孟子並不反對因民之所利而利之，善夫蕭公權（1897-1981）先生之言也：「孟子尚『義』而斥『利』者，乃以仁義之名示推恩不忍之說，而以利之一名示自私交征之事。非謂仁者當國祇須具有不忍之心，不必實行利民之政也。」[75]

　　在孟子「義」「利」概念的解釋史中，宋儒特別強調「義」「利」概念與「公」「私」概念的結合，[76]例如朱子註《孟子・梁惠王上・1》說：「仁義根於人心之固有，天理之公也；利心生於物我之相形，人欲之私也。」李明輝的研究首先判定孟子倫理學是「自律倫理學」，所以他敏銳地指出：「在儒家的主流思想中，義利之辨不等於公私之分，因為這兩項區分並不在同一個序列上。義利之辨是基本的、原則性的區分，而唯有在這項區分的前提下，公私之分才有意義。」[77]李明輝這一項斷言，可以釐清宋儒所激起的糾葛，是正確的說法。

(2)孟子民本政治思想的「人權」概念

　　李明輝對孟子政治論所提出的第 2 項命題就是：孟子民本思想中潛藏「人權」之概念。首先，李明輝根據金耀基的說法將孟子民本思想歸納為以下 6 點：[78]

---

[73] 《論語・子路・17》，見朱熹：《論語集注》卷 7，收入朱熹：《四書章句集注》，頁 202。

[74] 《論語・堯曰・2》，見朱熹：《論語集注》卷 10，收入朱熹：《四書章句集注》，頁 272。

[75] 蕭公權師：《中國政治思想史》（臺北：聯經出版事業公司，1982 年），上冊，頁 139。

[76] 參看 Donald J. Munro, "The Concept of 'Interest' in Chinese Thought," *Journal of the History of Idea*, XL 1:2 (April-June, 1980), pp. 179-197，並參看 Donald J. Munro, *Images of Human Nature: A Sung Portrait* (Princeton: Princeton University Press, 1988), pp. 55-56。

[77] 李明輝：〈從康德的「幸福」概念論儒家的義利之辨〉，收入《儒家與康德》，引文見頁 197。

[78] 李明輝：〈儒家傳統與人權〉，收入《儒家視野下的政治思想》，引文見頁 96。

一、人民是政治的主體；

二、人君之居位，必須得到人民之同意；

三、保民、養民是人君的最大職務；

四、「義利之辨」旨在抑制統治者的特殊利益，以保障人民的一般權
利；

五、「王霸之辨」意涵：王者的一切作為均是為人民，而非以人民為
手段，以遂行一己之目的；

六、君臣之際並非片面的絕對的服從關係，而是雙邊的相對的約定關
係。

李明輝接著闡釋孟子民本思想所潛藏的現代「人權」思想資源說：[79]

在民本思想之中，人民尚未具有公民的身分而享有政治權利。因此，
第一代「人權」概念所包含的各種權利在民本思想中尚付諸闕如。但
就第二代「人權」概念而言，儒家民本思想所能提供的資源就豐富多
了。如上所述，儒家以保民、養民為人君最重要的義務。故無論是孔
子的「先富後教」，還是孟子的「有恆產者有恆心，無恆產者無恆
心」，其目的都在為人民提供基本的經濟與社會條件，作為文化創造
與道德教化的基礎。就此而言，儒家的民本思想與第二代「人權」概
念便不難銜接起來。

李明輝所討論的孟子民本思想與現代「人權」之關係，引導我們思考「人
權」理念的普世價值與文化特色之問題。1843 年，青年馬克思（Karl Marx,
1818-1883）曾經說「人權是文化的產物，而且只有爭取人權的人才能擁有
人權」，[80] 馬克思心目中的「人權」可能是指近代西方的「人權」概念而

79　李明輝：〈儒家傳統與人權〉，收入《儒家視野下的政治思想》，引文見頁 96-97。

80　Karl Marx, "On the Jewish Question," in his *Early Writings*, tr. by Rodney Livingston and Gregor Benton (New York: Vintage Books, 1975), p. 227。

言，是在近代西方歷史中個別公民為爭取自己的權益，而在與政治權威鬥爭之中，所爭取到的「人權」。這樣「人權」概念是近代西方文化的產物。

　　但是，孟子思想中的「人權」觀，有其作為普世價值的一面，就是孟子強調的作為人之尊嚴的「天爵」；也有其作為孟子政治哲學的特殊面向，這就是孟子所主張的人民主體性、政治之目標在於增進人民之福祉，以及民心之向背是政權合法化之基礎等三大命題。[81]孟子這一套「人權」論述，是在孟子所引用《尚書・泰誓》「天聽自我民聽，天視自我民視」的「天人合一」的氛圍中提出的，與近代西方市民與政府對抗的思想氛圍中，所形成的近代西方「人權」論述，有其文化背景之不同。

　　也許我們可以同意伯林（Isaiah Berlin，1909-1997）所說的，古代世界並未見有關「個人自由」（individual liberty）的清晰論述，[82]但是，孟子民本政治思想中，充滿著有關人性尊嚴的論述，確實可以作為今日「人權」論述的古代思想資源，也有歐洲學者致力於使孟子與現代人權理論對話。[83]

(3)孟子「王霸之辨」中的政治理想主義

　　李明輝對孟子政治論所提出的第 3 項命題是：孟子的「王霸之辨」是建立在「義利之辨」之上的政治理想主義，他說：[84]

　　　　我們可以將孟子的王霸之辨理解為一種基於義利之辨的政治理想主

---

[81] 拙作：〈儒學與人權：古典孟子學的觀點〉，收入劉述先編：《儒家思想與近代世界》（臺北：中央研究院中國文哲研究所籌備處，1997 年），頁 33-55。

[82] Isaiah Berlin, *Four Essays on Liberty* (Oxford: Oxford University Press, 1969), p. xl。

[83] 德國學者 Gregor Paul 曾主持一項由德國 Fritz-Thyssen Foundation 支持的 "The *Mencius* in the Context of the Human Right Debate" 研究計畫，參看 Gregor Paul, "The Human Rights Question in Context. Establishing Universal Ethics in the Context of Urban Culture: The Notions of Human Dignity and Moral Autonomy in Itō Jinsai's *Gomō jigi*," 收入 Chun-chieh Huang, Gregor Paul, and Heiner Roetz eds., *The Book of Mencius and Its Reception in China and Beyond* (Wiesbaden: Harrassowitz Verlag, 2008), pp. 75-95。

[84] 李明輝：〈孟子王霸之辨重探〉，收入《孟子重探》，引文見頁 65-67。

義。然而正如孟子的存心倫理學並不否認功利原則可作為衍生的道德原則，其政治理想主義亦承認政治領域可有其相對的獨立性及特有的運作邏輯。〔……〕政治運作固然不能違背道德原則，但也應有其現實的（例如經濟的）基礎。因此，孟子的王道政治其實不如一般人所想像的那樣不切實際。這是我們以「德治」或「道德政治」來概括孟子的政治思想時不可忽略的一個面向。但可惜的是，在朱子的詮釋中，孟子思想中的這個面向始終未受到應有的注意。日後有關孟子政治思想的一些質疑和爭辯或許正是肇因於此。

李明輝一再強調孟子雖然認為「王」與「霸」不同質，但卻同時承認現實政治的運作法則。

李明輝接著運用他嫻熟的康德哲學資源，對孟子「仁義之辨」提出新的詮釋，他說：[85]

朱子從「存心倫理學」的立場將王霸之辨理解為義利之辨在政治領域中的邏輯延伸。他以孟子所說的「由仁義行」與「行仁義」來解釋王霸之別。「由仁義行」與「行仁義」之區別是一切存心倫理學的基本預設。它相當於康德所謂「出於義務」（aus Pflicht）與「合乎義務」（pflichtmäßig）──或者說，「道德性」（Moralität）與「合法性」（Legalität）──之別。康德倫理學也是一種典型的存心倫理學。巧的是，康德在《論永久和平》中討論政治與道德的關係時，也提出「道德的政治家」與「政治的道德家」之區別。根據他的說明，「道德的政治家」是「一個將治國的原則看成能與道德並存的人」，而「政治的道德家」則是「編造出一套有助於政治家之利益的道德」。換言之，前者將道德視為政治的基礎，後者只是利用道德，以遂行其政治目的。如果朱子對於孟子王霸之辨的詮釋無誤的話，我們

---

[85] 李明輝：〈孟子王霸之辨重探〉，收入《孟子重探》，引文見頁 52-53。

　　便可以套用康德的概念說：王者屬於「道德的政治家」，霸者則屬於「政治的道德家」。

李明輝將孟子理想中的「王」，稱為「道德的政治家」，而將「霸」稱為「政治的道德家」，是切中孟子政治思想的神來之筆。孟子生於風雲變幻而征戰連年的戰國時代（463-222BCE）。我最近曾說：「孟子的『王』『霸』之辨，實質上是勾勒未來理想中的新『王』之『應然』（ought to be），以批判戰國時代當前齷齪的現實之『實然』（to be）。孟子的『王』『霸』論述呈現典型的儒家式的『反事實性』（counter-factuality）論述方式。」[86]孟子希望未來的「王」者行「王道」之政，是一種對作為東亞儒家「想像的共同體」之基礎的「三代」歷史記憶的鄉愁，也是一種對戰國亂世的批判，更揭示對未來政治的願景。孟子的「王道」理想東傳朝鮮與日本，激起千層浪花，朝鮮君臣與日本儒者爭論不休，反映孟子「王道」理想無可抗拒的魅力，我最近也有詳細討論。[87]李明輝以「王」者為「道德的政治家」，而以「霸」者為「政治的道德家」之說，是程顥（明道，1032-1085）〈論王霸劄子〉所說：「得天理之正，極人倫之至者，堯、舜之道也；用其私心，依仁義之偏者，霸者之事也」，[88]這句話的最佳詮釋。

(4)小結

　　綜上所述，李明輝以西方哲學作為資糧，進入孟子政治思想的世界，將雙方之同異並呈，得失兩存，不將東西海聖人心同理同之處，誤以為是南北海之馬牛風，所以每能出新解於陳篇。他將孟子所言的「義利之辨」定性為「義務論倫理學」；他從孟子民本政治思想中，汲取 21 世紀「人權」論的

---

[86] 拙書：《孟學思想史論》卷 3，第 2 章〈韓日儒者對孟子政治思想的論辯（上）：以「王道」理念為中心〉，引文見頁 61。

[87] 拙書：《孟學思想史論》卷 3，第 2 章〈韓日儒者對孟子政治思想的論辯（上）：以「王道」理念為中心〉，頁 51-129。

[88] 程顥、程頤：《河南程氏文集》卷第 1，收入《二程集》，頁 450。

靈感；他也從孟子「王霸之辨」中，看出孟子政治理想主義的願景。以上數端在孟子學詮釋史上，皆能推陳出新，獨樹一幟。

5.結論

　　孟子學是李明輝學問世界的重要組成部分，數十年來他在這個學術領域勤於耕耘，創獲甚豐。本文就李明輝對孟子心性論與政治論之研究，歸納 7 大命題，並在孟子學解釋史脈絡中，釐定這 7 大命題的涵義及其位置。終篇之際，想再就我平日誦讀李明輝著作所得的啟示，綜論李明輝孟子學論著的殊勝及其方法論的涵義。

　　首先，李明輝的比較哲學訓練扎實，著作自出胸臆，獨樹一幟。他好像一隻長了複眼的蜻蜓，同時審思康德哲學與孟子學，既能跨越文化的藩籬，宏觀康德與孟子同條共貫之契，又能同中見異，簡別康德與孟子分河飲水之別。在當代孟子學研究同道之間，李明輝以其複眼檢視東西哲思，發為著述，跳脫民國以來「以西攝中」之學術窠臼，邁入中西哲思交光互影之新境界，已經在中文學術界建立以比較視野弘揚孟子學幽光之新典範。李明輝曾經說：「今天致力於重建中國哲學者，不可不具備比較哲學（或跨文化哲學）的視野。對於比較哲學視野之重要性，中國的現代新儒學與日本的京都學派都提供了絕佳的例證」，[89]這是很有見識的意見。他畢生的研究論著，幾乎每一篇論文與每一本專著，都實踐了這一句話，印證了民國初年王國維（1877-1927）所預言「異日昌大吾國固有之哲學者，必在深通西洋哲學之人無疑也」[90]這句話的遠見。李明輝也以牟宗三為例，分析牟先生在比較哲

---

[89] 李明輝：〈牟宗三先生與中西比較哲學〉，收入氏著《李明輝新儒學論文精選集》，引文見頁 158。

[90] 王國維：〈教育偶感四則〉，見謝維揚、房鑫亮編：《王國維全集》（杭州：浙江教育出版社；廣州：廣東教育出版社，2009 年），第 1 卷，頁 137。

學研究的成就，鞭辟入裡。[91]

　　但是比較研究，其事大不易也。馬克思就曾經說過，中國哲學之於黑格爾哲學，就好像中國社會主義之於歐洲社會主義。[92]如果僅就中西思想之「異」而觀之，則如以橘子比蘋果，可資比較之空間不大；但如僅聚焦於兩者之「同」，則「天地與我並生，而萬物與我為一」，[93]亦無比較之可言。《莊子‧德充符》云：「自其異者視之，肝膽楚越也；自其同者視之，萬物皆一也」，[94]旨在斯言！在比較的與跨文化的研究之中，李明輝的孟子學研究典範也為此下學者開啟新的思考空間：中西思想的可比較性（comparability）何在？應比較什麼？比較至何種程度？採取何種方式進行比較研究？這些課題雖舊而實新，這是我們從李明輝的比較研究典範出發，可以再深入思考的方法論問題。

　　第二，李明輝的孟子學著作，除了西方哲學資源之外，尚能充分運用傳統中國學問之豐厚遺產，尤其嫻熟二千年來歷代孟子學從趙岐、朱子到焦循的注釋傳統，他甚至能指出焦循對孟子心性論之解釋，深受戴震之影響，《孟子正義》引用《孟子字義疏證》達18次之多，[95]所以他的寫作常能出新解於陳篇，充分運用傳統的《孟子》注疏，但不為前人注疏所框限。李明輝的孟子學研究常能從現代出發思考，使其孟子學研究可以古道照今塵，因此觀書不徒為章句，論事不謬於孟子，使其著作熠熠生輝，閃耀著來自孟子學

---

[91]　李明輝：〈牟宗三先生與中西比較哲學〉，收入氏著《李明輝新儒學論文精選集》，頁 157-172 及 Ming-huei Lee, edited by David Jones, *Confucianism: Its Roots and Global Significance* (Honolulu: University of Hawai'i Press, 2017), chap. 1, pp. 13-25。

[92]　馬克思：《國際述評（一）》，見中共中央馬克思恩格斯列寧斯大林著作編譯局譯：《馬克思恩格斯全集》（北京：人民出版社，1965 年），第 7 卷，頁 265。

[93]　《莊子‧齊物論》，見郭慶藩撰，王孝魚點校：《莊子集釋》（北京：中華書局，1961 年），第 1 冊，卷 1，頁 79。

[94]　《莊子‧齊物論》，見郭慶藩撰，王孝魚點校：《莊子集釋》，第 1 冊，卷 2，頁 190。

[95]　李明輝：〈焦循對孟子心性論的詮釋及其方法論問題〉，收入氏著：《孟子重探》，頁 69-110，尤其是頁 78。

的現代靈光。

　　就這一點來說，李明輝的孟子學研究引導此下學者思考如何癒合「古」與「今」斷裂之問題。包括孟子學在內的儒學研究，自從進入學術的殿堂之後，現代學者在服從學術專業紀律從事研究之餘，已經少有餘力關注「孟子學對現代文明面對之挑戰有何啟示？」之類的問題，這也正是李明輝在所著《儒家與康德》一書的〈原序〉中，所提出的「哲學思考」與「專家研究」兩者殊途之問題。如何使兩者既殊途而又同歸，使學問成為經世之本，正是李明輝的孟子學研究，啟發我們的第二個值得努力以赴的課題。

規範倫理學的類型學譜系與美德倫理學的定位
——李明輝先生義務論和目的論「既窮盡又排斥」的二分法引發的思考[*]

陳喬見^{**}

　　現代英美倫理學導論通常把倫理學劃分為三大板塊，即規範倫理學
（normative ethics）、應用倫理學（applied ethics）和元倫理學（meta-
ethics，臺灣學界多譯作「後設倫理學」），其中在規範倫理學板塊總會介

---

* 本文係國家社科基金一般項目「規範倫理學與元倫理學視域下的先秦諸子倫理學重
構」（20BZX048）的階段性成果。本文完成於 2019 年，構思緣起於 2017 年 10 月李
明輝先生在華東師範大學哲學系系列講座中的「儒家、康德與德行倫理學」一講，筆
者當時對美德倫理學（李先生譯作「德行倫理學」）頗感興趣，李先生所謂義務論和
目的論「既窮盡又排斥」的說法對我很有衝擊，以至於那兩年對此問題一直縈繞於
心，於是有了此文。2023 年 6 月，中山大學哲學系為慶祝李明輝先生榮開七秩，舉辦
了「康德、儒家與中西融通研討會」，筆者提交並宣講了此文，以致敬意。研討會上
李先生有所回應和賜教，並談及他的另兩篇相關文章，我未曾涉獵。會後私下聊天
時，李先生建議拙文納入其祝壽文集，以便「求同存異」，作為一名長期閱讀李先生
著譯並從中獲益匪淺的讀者，備感榮幸！不過，拙文雖緣起於李明輝先生堅持的二分
法，但主要用意在於梳理西方（主要是英語世界）規範倫理學的類型學譜系，因而在
此暫未對會上李先生提及的其他兩文做出回應。

** （廣州）中山大學哲學系教授，教育部長江學者獎勵計畫青年學者

紹到目的論（包含利己主義、功利主義、後果主義等）、義務論和美德倫理學三種標準類型的倫理學理論。然而，此種三分法並非開始已然、一成不變的，而且，「倫理學的分類史還有待書寫」。[1]本文的目的就在於對現當代西方（主要是英語世界）規範倫理學的類型學做一譜系學的考察，以期幫助我們理解規範倫理學各種理論類型的基本結構與要旨，尤其是晚近以來方興未艾卻又頗受質疑的美德倫理學的理論定位及其特徵。由於現在愈來愈多的學者借鏡美德倫理學來刻畫、闡釋或重構儒家倫理，這種理論上的澄清和釐定無疑可以為此類工作提供理論支持的同時也保持某種反思。

一、目的論與義務論的二分法

　　就其首創性和重要性而言，西季威克（Henry Sidgwick）的《倫理學方法》（*The Methods of Ethics*，1874 年初版）無疑是我們討論規範倫理學之類型學劃分的恰當起點，因為此書「第一次對以往全部的倫理學方法，即人們據以推斷他們應當做什麼的合理方法，作了深刻的概括和系統的研究」。[2]西氏在導論中，他把「一種倫理學方法解釋為使我們能確定個人『應當』做什麼——或對他們來說做什麼是『正當』的，——或『應當』通過意願行為去力求實現什麼的合理程式」。[3]可見，西氏對「倫理學方法」的界定表明他所謂的「倫理學」主要係今人所謂規範倫理學，其所謂的「方法」相當於本文（也是後人）所說的「類型」（type）。西氏把一切倫理學方法還原和劃分為快樂主義（hedonism）與直覺主義（intuitionism）；快樂主義又區分出利己的快樂主義（egoistic hedonism）與普遍的快樂主義（universalistic hedonism），後者即功利主義（utilitarianism）。如此，西氏就把所有的道

---

[1]　蕭陽：〈論「美德倫理學」何以不適用於儒家〉，《華東師範大學學報》（人文社科版）2020 年第 3 期，第 49 頁。

[2]　西季威克：《倫理學方法》，廖申白譯，北京：中國社會科學出版社，1993 年，代譯序，第 1 頁。

[3]　西季威克：《倫理學方法》，第 25 頁。

德觀念與道德思考分析為三種基本方法（類型）：直覺主義、利己主義和功利主義。

　　對現代規範倫理學之類型學分類具有真正奠基意義的是同為劍橋大學的布勞德（C. D. Broad）對西季威克分類法的改良版。在《五種倫理學理論》（*Five Types of Ethical Theory*，初版於 1930 年）中，布勞德依次討論了斯賓諾莎、巴特勒、休謨、康德、西季威克五種倫理學理論，其中對西季威克不吝贊詞，「西季威克的《倫理學》是已經出版的關於道德理論的最好著作」；[4]然而，他並不贊同西氏的分類方法：

> 西季威克把基本的倫理學類型歸納為三類：直覺主義、利己的快樂主義、功利主義。我想對這種觀點提出的惟一批評是，他的分類並沒有以任何非常清晰的原則為根據。……因此，我提出以下的修正。我首次（first）把倫理學理論區分為兩類：義務論的和目的論的。[5]

布勞德批評西季威克的「三分法」的分類原則不統一，直覺主義依據的是認識原則，兩種快樂主義則否，且後兩者也包括某種倫理直覺，故直覺主義不得不區分出廣、狹兩義。正是在批評西季威克分類的基礎上，布勞德第一次提出對當代規範倫理學影響深遠的「義務論的（deontological）」和「目的論的（teleological）」的二分法，他對二者的界定分別如下：

(1)義務論認為存在著這種形式的倫理命題：在某某環境中，某某行為總是正確（或錯誤的）的，無論其後果是什麼。

(2)目的論則認為，一種行為的正確與否總是由其產生某種內在的好

4　布勞德：《五種倫理學理論》，第 118 頁。

5　布勞德：《五種倫理學理論》，第 167-168 頁。英文版見 C. D. Broad, *Five Types of Ethical Theory*, London: Routledge and Kegan Paul Ltd, 1967, p.206.「首次」，英文為 first，原譯為「首先」，這裡表示第一次而非第一（首先），茲改譯。

　　或者壞的後果的傾向來決定。[6]

　　布勞德明言，義務論「相當於西季威克狹義的直覺主義」，「快樂主義就是一種目的論」；目的論又可區分為「利己主義的目的論」和「非利己主義的目的論」，「功利主義」便是一種非利己主義的一元目的論。[7]不過，布勞德也不忘提醒：「然而，我們必須銘記，純粹義務論和純粹目的論只是一種理想而不是實存的。許多現實的理論都是混雜的。」[8]

　　布勞德首創的「義務論與目的論」的二分法在英語世界被廣泛接受。美國倫理學家弗蘭克納（W. F. Frankena）在《倫理學》（*Ethics*，初版於 1963 年，修訂再版於 1973 年）中基本遵守此種分類法，並且從邏輯上給予更為清晰和完備的說明。弗蘭克納以道德規範判斷的種類為分類原則，他首先把「道德規範判斷」區分為「道德義務判斷」與「道德價值判斷」（品格判斷）兩類，由「道德義務判斷」可推演出兩種規範倫理學類型即「目的論」與「義務論」，與「道德價值判斷」對應的則是「德性倫理學（Ethics of virtue）」。[9]彼時美德倫理學剛剛復興，尚未被視為一種獨立類型的倫理學，因此，弗蘭克納說倫理學「通常被概括為以下兩種，即目的論和義務論」，其要義如下：

　　　(1)目的論認為：判斷道德意義上的正當、不正當或盡義務等等基本或最終標準，是非道德價值，這種非道德價值是作為行為的結果而存在的。最終的直接或間接的要求必須是產生大量的善，更確切地說，是產生的善超過惡。

6　布勞德：《五種倫理學理論》，第 168 頁。

7　布勞德：《五種倫理學理論》，第 168-169 頁。

8　布勞德：《五種倫理學理論》，第 169 頁。

9　弗蘭克納：《倫理學》，關鍵譯，北京：三聯書店，1987 年，第 20-21 頁。關於 virtue 一詞的中譯名，或譯作「德性」，或譯作「德行」，或譯作「美德」，本文除了引文外，統一作「美德」。

(2)義務論否定目的論所肯定的東西……義務論者斷言，除了行為結
果的善惡之外，至少還要考慮到其他因素，它們使行為或準則成為正
當的，或盡義務的。這些因素不是行為結果的價值，而是行為本身所
固有的特性。[10]

可見，義務論是通過對目的論的否定而得以界定和說明的，這表明二者是一
種相互對立的理論（銘記這點很重要）。就目的論而言，人應該努力促進誰
之善（目的），由此，目的論又區分為三種：倫理利己主義、倫理普遍主義
（即功利主義）、倫理利他主義。弗蘭克納論證了倫理利己主義是自相矛盾
的，沒有任何一位嚴肅的倫理學家會提倡它，然後又一筆帶過倫理利他主
義，他詳加考察和分析的是功利主義目的論與義務論這兩種佔據主導地位的
倫理學類型。

　　如前所述，在弗蘭克納的道德規範判斷的分類體系中，「道德價值判斷
（品德或德性判斷）」對應著「德性倫理學」。在德性倫理學剛剛復興的六
七十年代，他已經敏銳地注意到了這一趨勢：

　　有人認為，道德是、或應該被看作主要是與這種品質或品格的培養相
關，而不是與我們所假定的規則或原則相關。……持這種觀點的人擁
護一種德性或是的倫理學（ethics of virtue or being），反對義務、原則
或做的倫理學（ethics of duty, principle or doing）……某些「新道德」
代言人也信奉它。德性倫理學是怎樣的一種倫理學呢？當然，它不把
義務判斷或原則作為道德的基礎（像我們所做的那樣）；相反，它把
德性判斷作為基礎。如「那是一個勇敢的行為」……它堅持認為，義
務判斷或者是從這種德性判斷中派生出來，或者是完全不必要的。[11]

---

[10] 弗蘭克納：《倫理學》，第 28、30 頁。

[11] 弗蘭克納：《倫理學》，第 130-132 頁。英文版見 William K. Frankena, *Ethics*, 2nd
edition, Englewood Cliffs, New Jersey: Prentice-Hall, Inc, 1973, p.63. 文中「規則」，英

顯然，弗蘭克納在此已經道出了後來的美德倫理學家試圖發展和建構的作為獨立類型的美德倫理學，並指明了其標誌性特徵，即美德概念在其中居於基礎性、根本性或第一性而非派生性的地位，義務概念要麼是由美德概念派生出來的，要麼是不重要的。雖然弗蘭克納認為原則和美德都是重要的，他甚至套用康德的一句名言說：「沒有品質的原則是軟弱的，沒有原則的品質是盲目的」；[12]但是，他總體上認為原則是基礎性，美德是從屬性的。

鑒於弗蘭克納對規範倫理學類型學分類的邏輯嚴密性和整全性，筆者對其分類法圖示如下：

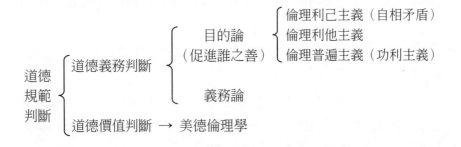

從上圖可以看出，目的論、義務論和美德倫理學本是處在同一層次的倫理學類型，美德倫理學佔有一席之地，但是，弗蘭克納總體上認為美德不過是遵守道德規則的心理傾向，[13]故把美德倫理學從屬於兩種規則倫理學即目的論和義務論，因此，在弗蘭克納的分類體系中，實際上是「功利主義目的論／義務論」的二分法。

布勞德和弗蘭克納所堅持的「目的論／義務論」的二分法，為羅爾斯所完全繼承。在《正義論》（*A Theory of Justice*，初版於 1971 年，修訂再版於

文為 rule，原譯為「準則」，一般譯作「規則」；文中「義務」，英文為 duty，原譯為「責任」，一般譯作「義務」，今皆改譯。下文凡引弗蘭克納此書，皆准此。另，此段有個別句子我也做了改譯。

12　弗蘭克納：《倫理學》，第 135-136。

13　參陳真：《當代西方規範倫理學》，南京：南京師範大學出版社，2006 年，第 273 頁。

1999 年）中，羅爾斯說：

> 倫理學的兩個主要概念是「正當」（right）和「善」（good）。我相
> 信，一個有道德價值的人的概念是從它們派生的。這樣，一種倫理學
> 理論的結構就大致是由它怎樣定義和聯繫這兩個基本概念來決定的。
> 而聯繫它們的最簡便方式看來是由目的論理論做出的：首先把善定義
> 為獨立於正當的東西，然後再把正當定義為使善最大化的東西。更確
> 切地說，這樣一些制度和行為是正當的，它們是能產生最大善的可選
> 擇對象，或至少能像其他可行的制度和行為一樣產生同樣大的善。[14]

羅爾斯在註腳中坦言，他對「目的論」理論所下的定義採納了弗蘭克納在
《倫理學》中的定義。[15]不過，他的分類不是像弗蘭克納那樣以規範判斷的
種類為分類依據，而是以倫理學的基本概念的結構關係為分類依據，從而對
布勞德、弗蘭克納的「二分法」做出了新的說明。羅爾斯只承認「正當」與
「善」是倫理學的基本概念，而「一個有道德價值的人」這一美德概念是從
基本概念中派生出來的，這就排除了美德倫理學作為一種獨立倫理學類型的
可能性。羅爾斯說：「功利主義是一種目的論的理論，而作為公平的正義卻
不是這樣。那麼，按定義，後者就是一種義務論的理論，一種不脫離正當來
指定善；或者不用最大量地增加善來解釋正當的理論。」[16]此所謂「作為公
平的正義」（justice as fairness）即羅爾斯本人所構想的一種正義論，它作為
一種與功利主義目的論相對立的義務論，前者正是他所要批評的靶子。

　　此外，羅爾斯對目的論的亞類型分類也不同於弗蘭克納。羅爾斯說，就
目的論而言，根據說明善觀念的不同方式，目的論理論也有不同亞種類：如
果善被看作是使人的優越性通過各種不同文明形式得以實現，就有了所謂的
完善論（perfectionism），比如亞里士多德；如果善被定義為快樂，就有了快

---

[14]　羅爾斯：《正義論》，第 19-20 頁。
[15]　羅爾斯：《正義論》，第 20 頁。
[16]　羅爾斯：《正義論》，第 24 頁。

樂主義（hedonism）；如果善被定義為幸福，就有了幸福論（eudaimonism）；而古典功利主義把善定義為理性欲望的滿足。[17]羅爾斯的「二分法」可圖示如下：

$$
基本概念的結構
\begin{cases}
善獨立於正當或正當在於善的最大化：目的論 & \begin{cases} 完善論 \\ 快樂主義 \\ 幸福論 \\ 古典功利主義 \end{cases} \\
\qquad\qquad\qquad\quad（促進何種善） & \\
正當優先於善或不脫離正當來指定善：義務論 &
\end{cases}
$$

綜上，在布勞德－弗蘭克納－羅爾斯等人的二分法譜系中，實際上佔據支配地位的是啟蒙運動以來的兩種規則倫理學（rule ethics）即康德式義務論（羅爾斯的「正義論」是其當代的傑出代表）和十八世紀以來在英國綿延不絕的功利主義目的論，美德、美德概念或美德倫理學雖然被提及，但遠遠不足以挑戰上面兩位老大哥的地位，更無法獲得一種獨立類型的身份。然而最近五六十年來，情勢正在發生變化。

二、美德倫理學的復興與三足鼎立的提法

當代美德倫理學復興的敘事總會提到英國哲學家安斯康姆（G. E. M. Anscombe）1958 年發表的《現代道德哲學》（Modern Moral Philosophy）一文。學界普遍認為，安斯康姆在此文中對康德式義務論和功利主義目的論這兩種自啟蒙運動以來佔據支配地位的「現代道德理論」做了清算，指出現代道德哲學在「道德義務」「道德應當」「責任」這樣的律法觀念中尋求道德的根據是個錯誤，因為經由啟蒙的現代人早已不再普遍信仰作為義務之源的神聖立法者的存在；她認為道德哲學的發展應以探究行動和意圖（action and intention）的哲學心理學的發展為前提：

---

[17] 羅爾斯：《正義論》，第 20 頁。

我們不妨以「行動」、「意圖」、「快樂」、「想望」這個幾個概念開始。……最終，我們有可能進一步去考慮關於一種美德的概念，而我設想，這一概念正是我們應當由以開始某種倫理學研究的起點。[18]

人們普遍認為，在美德倫理學的當代復興中，安氏這篇文章具有劃時代的意義，為美德倫理學運動設定了議程，指明了發展方向。[19]與本文討論主題特別相關是，安氏在此文首次創造了後來在類型學中常用的一個詞即「後果主義」（consequentialism）：「我們可以合理地認為西季威克的這一步說明了老派的功利主義與我所稱作的後果主義之間的區別，這種後果主義是他以及自他以來的每一個英語世界的學院派道德哲學家的標誌性特徵。」[20]可見，安氏用「後果主義」係指稱西季威克及其以降的那些學院派功利主義，然而，在晚近英語世界的用法中，人們似乎並不遵循其規定用法，按照現在的理解，後果主義包含所有的功利主義理論，儘管目的論理論的外延要大於後果主義，但由於後果主義這一概念更為簡明清晰，於是人們開始用後果主義與非後果主義（義務論包含其中或就等同於義務論）作為規範倫理學理論的分類。據此分類，任何規範倫理學理論，要麼屬於後果主義，要麼屬於非後果主義，不可能有第三種理論。可見，晚近的「後果主義／非後果主義（或義務論）」的二分法本質上沿襲了布勞德以來的「目的論／義務論」的二分法，只是用語不同而已。[21]

　　然而，當代美德倫理學的強勢復興對此非此即彼的二分法提出了挑戰。安斯康姆之後，一方面，麥金泰爾和伯納德·威廉斯（Bernard Williams）

---

[18] 安斯康姆：〈現代道德哲學〉，譚安奎譯，徐向東編：《美德倫理與道德要求》，南京：江蘇人民出版社，2007 年，第 53 頁。

[19] 徐向東：〈道德要求與現代道德哲學〉，徐向東編：《美德倫理與道德要求》，導論，第 15 頁。

[20] 安斯康姆：〈現代道德哲學〉，徐向東編：《美德倫理與道德要求》，第 51 頁。

[21] 參陳真：〈美德倫理學為何不是一個錯誤的分類範疇〉，《道德與文明》2019 年第 5 期，第 6 頁。

等人都對現代道德哲學進行了不懈的批評：麥金泰爾批評了論證道德合理性的啟蒙籌畫，並宣告其註定失敗；[22]威廉斯區分了倫理與道德，道德只是倫理思考的一個狹窄部分，他把以「道德義務」為核心的現代道德稱為「奇特建制」，認為它誤解了義務和實踐必然性，背後則是對生活的誤解，並宣稱我們沒有它會更好。[23]另一方面，許多美德理論家回歸或訴諸亞里士多德、休謨、尼采等思想資源，發展出不同形態的美德倫理學，邁克爾·斯洛特（M. Slote）建構了一種「基於行動者」（agent-based）的「美德倫理學」和基於休謨傳統的「情感主義美德倫理學」；羅薩琳德·赫斯特豪斯（R. Hursthouse）從亞里士多德主義出發，發展出一種幸福論（eudaimonist）美德倫理學；克里斯汀·斯旺頓（Christine Swanton）提倡一種目標中心（target-centered）的美德倫理學。[24]這些倫理學家都非常自覺地建構和追求一種作為第三種獨立類型的「美德倫理學」，並確實取得了非凡的成就，用赫斯特豪斯的話說，美德倫理學取得了與義務論和功利主義兩位老大哥平起平坐的地位。[25]於是，晚近二十餘年來，「美德倫理學」與「後果主義」（或功利主義）、「義務論」三足鼎立的提法逐漸成為某種共識，比如，巴倫（M. Baron）、佩蒂特（P. Pettit）和斯洛特於 1997 合作出版了《三種倫理學方法》（*Three methods of Ethics*），此書導論開篇如此寫道：

> 最近些年，有關道德思想的三種方式已經大量地在倫理論辯的圖景中佔據支配地位，它們是後果主義，強調好的結果作為評價人的行動的基礎；康德倫理學，聚焦於普遍法則以及尊重他人作為道德的基礎；

---

[22] 參 A.麥金太爾：《追尋美德》，宋繼傑譯，南京：譯林出版社，2011 年，第 5 章。

[23] 參 B.威廉斯：《倫理學與哲學的限度》，陳嘉映譯，北京：商務印書館，2018 年，第 10 章。

[24] 對當代美德倫理學的概述，參 Hursthouse, Rosalind and Glen Pettigrove, "Virtue Ethics", *The Stanford Encyclopedia of Philosophy* (Winter 2018 Edition), Edward N. Zalta (ed.), URL = <https://plato.stanford.edu/archives/win2018/entries/ethics-virtue/>.

[25] R.赫斯特豪斯：《美德倫理學》，李義天譯，南京：譯林出版社，2016 年，第 2 頁。

　　美德倫理學，從有美德品格或動機的道德行動者的觀點來看待道德問題。[26]

　　在為斯坦福哲學百科所撰寫的《美德倫理學》（Virtue Ethics，2003 初版，2016 修訂版）一文的第一段落，赫斯特豪斯亦說：「美德倫理學最近是規範倫理學中的三種主要進路之一。它起初被識別為強調美德或道德品格的進路，與之對照的進路是強調義務或規則（義務論）或強調行動的後果（後果主義）。」[27]

　　在以上論述中，美德倫理學與後果主義（或功利主義）、義務論儼然成為規範倫理學的三種基本類型。這不僅僅是美德倫理學家的一家之言，而且如開篇提及的那樣成為了書寫倫理學導論（規範倫理學部分）的基本範式。[28]然而，事實遠非如此簡單，在此過程中乃至今日，這種三足鼎立的說法（下文稱為「三分法」）仍遭到不少質疑，對於關心或主張美德倫理學以及做儒家美德倫理學的人來說，這些質疑理應得到認真對待。

三、對作為第三種類型的「美德倫理學」的質疑

　　多少有些出人意料的是，首先對「美德倫理學」作為一種獨立類型的倫理學進行質疑的重量級哲學家竟然是同樣重視亞里士多德、斯多亞等古典學的瑪莎・納斯鮑姆（M. Nussbaum）。納斯鮑姆於 1999 年發表了一篇名為〈美德倫理學：一個誤導性的範疇？〉（virtue ethics: A Misleading Category）

---

[26] 轉引自 Roger Crisp, "A Third Method of Ethics?" *Philosophy and phenomenological Research*, Vol.XC No.2, 2015, p.257.

[27] Hursthouse, Rosalind and Glen Pettigrove, "Virtue Ethics", *The Stanford Encyclopedia of Philosophy* (Winter 2018 Edition), Edward N. Zalta (ed.), URL = <https://plato.stanford.edu/archives/win2018/entries/ethics-virtue/>.

[28] 關於後果主義、義務論與美德倫理學三足鼎立的格局以及世界範圍內美德倫理學的復興，參黃勇：《當代美德倫理：古代儒家的貢獻》，北京：東方出版中心，2019年，導論，第 3-4 頁。

的長文，開篇便提出當代道德哲學存在著一種「誤導性的故事」（a misleading story）[29]，即基於普遍性觀點或原則的倫理學轉向一種基於傳統和特殊性或基於美德的倫理學。納斯鮑姆認為這個誤導性故事從所謂的「美德倫理學」那裡獲得了巨大支持。為此，她批評目前標準教課書中流行的康德主義、功利主義和「美德倫理學」三種進路的三分法（trichotomy）是一個明顯的「範疇錯誤」（category mistake）。[30]納斯鮑姆反對的主要理由如下：(1)功利主義和康德主義都處理和重視美德，因此，「美德倫理學」不可能是與此兩種倫理學進路相對照的一種分離的第三種進路。(2)美德倫理學群體之間的不一致：一部分當代美德理論家首要目標是反功利主義，試圖擴大理性在倫理學中的位置；另一部分美德理論家首要目標是反康德主義，認為應該給道德感或激情以更多的空間，希冀構建一種更少基於理性的倫理學。因此，給主張如此對立的哲學家群貼上一個統一的「美德倫理學」標籤是誤導性的。

　　納斯鮑姆給出的建議是，談論「美德倫理學」沒有助益，我們應該拋棄這一名稱（do away with "virtue ethics"，這是其文最後一節的標題）；如果必須要使用一些範疇，她建議最好採納一些更具實質性的名稱，如「新休謨主義者（Neo-Humeans）」、「新亞里士多德主義者（Neo-Aristotelians）」、「反功利主義者（anti-Utilitarians）」、「反康德論者（anti-Kantians）」等諸如此類，這樣更能表達他們到底要說什麼。[31]由於人們往往誤解納斯鮑姆為美德倫理學家，因此她在此文也給自己做了定位，她的立場是力圖統合亞里士多德與康德。納斯鮑姆極力撇清自己的「美德倫理學家」標籤，以及她

---

[29]　Nussibaum, M., 'Virtue Ethics: A Misleading Category?' *Journal of Ethics* 3, 1999, pp.163-164. 翻譯借鑒了陳真：〈美德倫理學為何不是一個錯誤的分類範疇？〉，《道德與文明》2019 年第 5 期，第 7 頁。

[30]　Nussibaum, M., "Virtue Ethics: A Misleading Category?" *Journal of Ethics* 3, 1999. pp.164-165.

[31]　Nussibaum, M., "Virtue Ethics: A Misleading Category?" *Journal of Ethics* 3, 1999. pp.200-201.

對「反啟蒙運動」敘事的批評告訴我們，不是所有訴諸古典思想的人都反對啟蒙運動，她後來在成名作《善的脆弱性》的修訂版序言中便表明了立場：「我的目的不是要拒斥啟蒙運動的思想，而是要將古希臘人作為一種經過擴展的啟蒙運動的自由主義同盟。」[32]

　　誠如納斯鮑姆提及，當代美德倫理學的復興首要在於反功利主義或反康德主義或者兩者皆反，這自然會引起功利主義者和康德主義者的回應，回應的主要方式便是指出他們同樣處理和重視美德，如後果主義者茱莉婭・德麗芙（Julia Driver）談論「一種後果主義的美德論」，康德主義者奧尼爾（O. S. O'Neill）則談論「康德的美德」。[33]這裡僅以奧尼爾的回應略作說明。如所周知，康德的晚期著作《道德形而上學》分為兩個部分，第一部分為「法權形而上學」，第二部分為「德性形而上學」，前者的相關義務是由「外部」法規所施加的，後者的相關義務不可能為「外部」法規所管轄而只能是自我施加的，奧尼爾即主要根據「德性論」部分重述了康德的美德學說。[34]

　　與此相呼應，國內一些康德專家如李明輝先生和鄧安慶先生也對義務論、功利主義（後果主義）和美德倫理學的「三分法」提出了質疑，他們共用了納斯鮑姆、奧尼爾的一個看法，即康德也同樣處理和重視美德問題，不過，李、鄧兩先生各自又有不同的側重點。李先生堅持布勞德、弗蘭克納、羅爾斯的「二分法」：「在西方倫理學中，『義務論倫理學』與『目的論倫理學』之劃分是一種以二分法為依據的類型學劃分，它大體相當於德語世界中『存心倫理學』（Gesinnungsethik）與『功效倫理學』（Erfolgesthik）之劃分。……『義務論倫理學』與『目的論倫理學』之劃分既是以二分法為依

---

[32]　M.納斯鮑姆：《善的脆弱性》，徐向東、陸萌譯，徐向東、陳瑋修訂，南京：譯林出版社，2018 年，修訂版序言，第 6 頁。

[33]　Julia Driver, "The Virtue and Human Nature"; Onora O'Neill, 'Kant's Virtue', both in Roger Crisp (ed.), *How Should One Live?* Ox ford: Clarendon Press, 1996.

[34]　中譯本參歐諾拉・奧尼爾：〈康德的美德〉，蔡蓁譯，徐向東編：《美德倫理與道德要求》。

據，兩者便是『既窮盡又排斥』的關係。」[35]李先生認為義務論和目的論是「既窮盡又排斥」的「二分法」，作為結果，「那麼邏輯上便不可能存在第三種倫理學類型，而只可能存在這兩種倫理學類型的次級類型，例如，將『德行倫理學』視為『目的論倫理學』的次級類型。所以，當『德行倫理學』的提倡者將『德行倫理學』視為『目的論倫理學』與『義務論倫理學』以外的第三種倫理學類型時，他們便須說明：這種三分法的類型學依據為何。」[36]可見，李先生重點在於質疑「三分法」的依據。他與納斯鮑姆得出一樣的結論，「美德倫理學」是個含混不清的概念，他建議：「就詮釋策略而言，詮釋的目的是要使被詮釋的對象由不清楚而變得清楚。既然『德行倫理學』的概念如此含混，則藉『德行倫理學』來詮釋儒家思想的策略只會治絲益棼。」[37]鄧安慶先生認為：「不從行動的立法原理出發，『有美德的人』如何能成為一種『規範』是根本說不清楚的。」[38]基於此，他斷定美德倫理學是沒有前途的事業，「對於任何一個完備的倫理學體系，行為者和行為，關心他能夠『是什麼』和他應該『做什麼』，美德和義務，等等，都是不可分割的，而美德倫理學一味地為了顯示自身的獨特性，強行把它們分割並對立起來，勢必造成這種理論過於做作、狹隘和碎片化，其實究其根本什麼問題都不可能獲得徹底的哲學闡明。」[39]

四、作為獨立類型的「美德倫理學」何以可能

筆者以為，在上述質疑「美德倫理學」的諸多理由中，「美德倫理學」的類型學的理論定位最為關鍵，此一問題解決，其他問題皆可迎刃而解。在

---

[35] 李明輝：〈儒家、康德與德行倫理學〉，《哲學研究》2012 年第 10 期，第 113 頁。

[36] 李明輝：〈儒家、康德與德行倫理學〉，《哲學研究》2012 年第 10 期，第 114 頁。

[37] 李明輝：〈儒家、康德與德行倫理學〉，《哲學研究》2012 年第 10 期，第 115 頁。

[38] 鄧安慶：〈美德倫理學：歷史及其問題〉，《倫理學術》第七輯，2019 年，第 15 頁。

[39] 鄧安慶：〈美德倫理學：歷史及其問題〉，《倫理學術》第七輯，第 14 頁。

此方面，確實有不少美德理論家嘗試說明或證成「美德倫理學」的獨立性，而且，至少有兩種不同思路的理論證成。

（一）美德概念的第一性與美德倫理學的獨立性

關於第一種思路，最為重要的文獻應該是沃森（Gary Watson）的《論品格的第一性》（On the Primacy of Character）。在此文開篇，沃森首先介紹了羅爾斯關於倫理學三個概念（即「正當」、「善」和「道德價值〔包含美德〕」）的說法，以及羅爾斯本人處理這三個概念的「二分法圖式」（twofold scheme）。這種「二分法」把「道德價值（美德）」視為隸屬於其他兩個概念的次級概念。接著，沃森談到最近一些哲學家對此圖式的不滿，因為它排除了那種一開始（如大部分古代哲學家）就把美德置於更為中心地位的觀點，現代美德倫理學的復興在很大程度上正是接續這種古代思路開展的。沃森此文的任務就是探究人們通常所說的「『美德倫理學』的結構」，並判定它是否真的構成了第三種類型的倫理學理論。[40]正如沃森指出，羅爾斯的「二分法」符合了流行已久的「目的論的／義務論的」二分法，「目的論理論簡言之就是後果主義的，與之對照的觀點被否定性地定位為非目的論的。結果就是，所有道德理論被解釋為要麼是後果主義的要麼是義務論的。」[41]這種所有理論「非此即彼」（either…or）的觀點也就是李明輝所謂「既窮盡又排斥」。

不過，沃森馬上指出這種分類法應用於亞里士多德的尷尬。羅爾斯把亞里士多德視為目的論的亞類型完善論者（perfectionist），就此而言，亞里士多德僅僅在最大化何物上區別於功利主義者。但是，沃森指出，對亞氏而言，有美德的人不是試圖最大化任何東西的人，美德本身也不是被定義為傾

---

[40] Gary Watson, "On the Primacy of Character", in Flanagan, Owen L. (ed.), *Identity, Character and Morality*, Cambridge, Massachusette, London, England, fold Book, A Brad The MIT Press, 1993, p.449.

[41] Gary Watson, "On the Primacy of Character", in Flanagan, Owen L. (ed.), *Identity, Character and Morality*, p.450.

向於促進某種指定的善好的狀態。沃森認為，如果義務論就意味著非後果主義，那麼亞里士多德理論就是義務論的；但他立馬又說這個分類似乎同樣不合適，因為善好的概念在亞氏那裡確實是「第一性」（primacy）的，如果目的論理論是以善好概念為第一性，那麼亞氏可以恰當地說是目的論的。然而，再一次，沃森立馬又說，這種想法是錯誤的，即斷定善好概念之第一性的唯一方式是後果主義。我們應該識別出這種觀點的可能性，它同時是目的論的和非後果主義的，美德倫理學就是這種類型的理論。[42]

通過亞里士多德的案例，沃森指出了羅爾斯「二分法」的不足，他進而根據羅爾斯起先提到的倫理學的三個主要概念的說法，嘗試把第三個概念即「道德價值（包括美德）」解釋為第一性的而非隸屬於「善好」或「權利（或正當）」的派生概念，為此他建議如下的三種倫理學理論：

(1)要求倫理學（ethics of requirement）；

(2)後果倫理學（ethics of consequences）；

(3)美德或品格倫理學（ethics of virtue or character）

這裡的「要求倫理學」也即是義務論倫理學。根據沃森，「三種類型的理論通過它們把何物作為基礎道德事實（fundamental moral facts）而得以區分：有關我們被要求做什麼的事實，有關可能結果的內在或終極價值的事實，或者有關人們的欲望、目的和傾向（dispositions）的事實。」[43]沃森說：「這一分類使得我們能夠觀察到後果倫理學和美德倫理學都是目的論的，因為他們在根本上為善好的概念所引導，儘管在後果主義問題上亞里士多德更接近康德而非邊沁。它也使得我們能夠思考把美德概念視為根本的（fundamental）意味著什麼。」[44]

---

[42] Gary Watson, "On the Primacy of Character", in Flanagan, Owen L. (ed.), *Identity, Character and Morality*, p.450.

[43] Gary Watson, "On the Primacy of Character", in Flanagan, Owen L. (ed.), *Identity, Character and Morality*, p.456.

[44] Gary Watson, "On the Primacy of Character", in Flanagan, Owen L. (ed.), *Identity, Character and Morality*, p.450.

　　誠如沃森所言，對「美德倫理學」（ethics of virtue）有不同的理解，一般把它與「義務或原則倫理學」（ethics of duty or principle）相對照來理解，沃森認為這個理解是誤導性的，因為一個道德上值得讚賞的人會承認他的某些義務、責任和一些道德原則。沃森的理解是：「美德倫理學不是法典或者一般的道德要求，而是一套抽象的有關如何把特定概念以最好的方式配置在一起的抽象論題，目的是為了理解道德。」[45]這顯然是接續羅爾斯如何安排基本概念結構而區分不同理論類型的思路。換言之，倫理學的類型學分類取決於把上述三個概念中的哪個概念視為第一性的，哪個視為衍生性的。沃森認為，美德倫理學主張美德概念是第一性的和基本的，優先於行為的正當性，基本的道德事實是關於品德的基本事實，行為的評價源於品德的評價。

　　在中國方面，陳真教授延續沃森的「三分法」，對「美德倫理學」作為一種獨立類型的可能性做了進一步的論證和說明。陳真在《何為美德倫理學》（2017 年）中釐定了美德倫理學作為一種獨立類型的可能性，在《美德倫理學為何不是一個錯誤的分類範疇》（2019 年）一文中，則回應了前述納斯鮑姆的批評。

　　首先，陳真嚴格區分「美德倫理學」（virtue ethics）與「關於美德的倫理學」（ethics of virtue），認為納斯鮑姆的批評未能對此做出區分，而兩者有著本質區別。為此，他指出一些常見的把美德倫理學與其他規範倫理學進行區分的標準或說法並不能完全做到他們想要達到的目標，比如，以研究對象（如美德或行為者）或以研究問題（如「我們應當是什麼」「我們應當成為怎樣的人」）來界定「美德倫理學」都無法將它與其他規範倫理學（如後果主義和義務論）有效區別開來：前者沒有區分「美德倫理學」與「關於美德的倫理學」，因為功利主義和康德主義也討論並且重視美德；關於後者，一方面，後果主義和義務論同樣可以研究「我們應當是什麼」「我們應當成為怎樣的人」的問題，另一方面，美德倫理學同樣關注「我們應當做什麼」

45　Gary Watson, "On the Primacy of Character", in Flanagan, Owen L. (ed.), *Identity, Character and Morality*, p.451.

「什麼使得一個行為正當」等問題，並且可以提出不同於其他規範倫理學研究進路的回答，如陳真所提到的赫斯特豪斯的研究。

陳真認為，正確的區分方式是從基本概念著手，他跟隨沃森等人，把羅爾斯所謂的「倫理學的基本概念」擴二為三。陳真說：「所謂『基本概念』是指一個理論中無法通過其他概念加以解釋或定義，但卻可以用來解釋或定義其他概念的概念。」又說：「『基本概念』也就是具有理論上的自足性或第一性（primacy）的概念，即可以定義一個理論中的其他概念而自身無需其他概念定義的概念。」[46]如前論及，擴二為三後的基本概念是「善好」、「正當」（等同於沃森的「要求」）與「美德」（在此指具體的美德或一個有美德的人）。顯然，要從理論類型上證成「美德倫理學」，至為關鍵的一步就是要說明美德概念作為「第一性的、非衍生的」的可能性。

為此，陳真提出了美德概念可以成為理論上具有第一性的基本概念的三條理由：(1)作為具體的美德概念本身理論上就具有第一性。誠如安斯康姆在《現代道德哲學》中指出，「正確」「正當」與「錯誤」等是屬概念，「公正」「誠實」「不公正」「不誠實」「淫蕩」等相對而言是種概念，種概念（具體概念）比屬概念（一般概念）能夠更清楚地表達問題的實質，因此，不應也無法為後者所取代。這也是威廉斯提出「厚實概念」（thick concepts）——一種較之現代道德所依賴的「善好」、「正當」或「應當」等稀薄概念（thin concepts）或抽象概念更具特殊內容的倫理概念，具體如背叛、許諾、殘暴、勇敢等表達事實與價值相結合的倫理概念——的用意所在。[47](2)至少有一部分美德概念具有後果主義和義務論的基本概念及其規則無法窮盡的意義，因此，可以成為倫理學的基本概念。陳真列舉了謝勒（Schaller）所論及的三個美德概念如仁慈、感恩和自尊，它們無法解釋為僅僅規定人們行為的道德規則或道德義務，也無法還原為遵守相應道德行為規則的心理習性。以「感恩」為例，僅僅出於履行「感恩」義務的動機而履

---

[46] 陳真：〈何為美德倫理學〉，《哲學研究》2016 年第 7 期，第 96 頁。

[47] 參 B.威廉斯：《倫理學與哲學的限度》，第 170、172 頁。

行「感恩」的行為更像是裝出來的「感恩」。[48]在此方面，筆者相信儒家傳統中的許多美德都具有此種不能被解釋為遵循某種原則或規則、履行某種義務或追求某種後果的特徵，比如「孝」「仁」等，一個絕佳的例子是王陽明所說的「戲子扮孝」，戲子遵守了孝順父母的規則，比如冬溫夏清、晨省昏定等節目儀式，但這種行為顯然不是真正意義上的孝；[49]當然為了促進所謂普遍功利的目的而孝順父母的行為給人感覺也是怪異的。(3)美德概念有著約定俗成的規定、直覺的認識基礎和人性的心理基礎，其規範性的內容完全可以獨立於其他倫理學的基本概念而被確定和認知。一個顯然的事實是，美德倫理學，無論中外，古已有之，那時並無啟蒙運動以後才出現的規範倫理學，美德和美德的規範性主要靠人們約定成俗的習俗，而不是靠訴諸後果或義務的辯護。這至少說明一個經驗事實：美德可以獨立於後果和義務而存在。[50]

為了簡明清晰，我們把沃森－陳真的「三分法」圖示如下：

$$
\text{基本概念的第一性} \begin{cases} \text{善好（the good）——後果主義} \\ \text{正當（the right）——義務論} \\ \text{美德（the virtue）——美德倫理學} \end{cases}
$$

顯然，這種基於美德之第一性而建構起來的美德倫理學，可以很好地回應前述納斯鮑姆、李明輝和鄧安慶等學者的相關質疑，在此，不妨引用赫斯特豪斯吸納沃森等人觀點的一段話來回應，赫氏在說明了三種規範倫理學三足鼎立（前文已引）之後說：

> 這並不是說，只有美德倫理學家注意美德；也不是說，只有後果主義者注意後果或只有義務論者注意規則。上面提到的每種進路都為美

---

[48] Schaller, W., 1990, "Are Virtues no more than disposition to obey moral rules?" in *Philosophia* 20.

[49] 《王陽明全集》，吳光等編校，上海：上海古籍出版社，1992 年，第 3 頁。

[50] 陳真：〈何為美德倫理學〉，《哲學研究》2016 年第 7 期，第 99-101 頁。

德、後果和規則留有空間，任何合理的規範倫理學理論都會對三者有
所論說。使得美德倫理學區別於後果主義或義務論的是美德在理論中
的中心（centrality）。鑒於後果主義者把美德定義為產生好後果的品
質，義務論者把美德定義為擁有可靠履行義務的品質，美德倫理學家
會堅持試圖依據其他被視為更為根本（fundamental）的概念來定義美
德。準確地說，美德和惡行（virtues and vices）對於美德倫理理論是
基礎性的（foundational），其他規範性觀念奠基於它們。[51]

斯洛特也表達了同樣的觀點，茲不贅。[52]可見，任何一種類型的倫理學都必
然會對規則、後果和美德等有所言說，區別的關鍵在於如何處理這些概念的
等級結構，換言之，何者為第一性或基礎性的，何者是衍生的或派生的。如
同後果主義（或功利主義）和義務論可以有其自身關於美德的理論，美德倫
理學也可以有其自身關於規則和後果的考量。

　　不過，這種依據基本概念（在此是三個）的「第一性」及其與其他概念
的等級結構關係（其他概念衍生於或隸屬於它）來建構的倫理學也具有一些
令人不安的地方，[53]比如，依據此種方式理解美德倫理學，那麼，被視為古
代美德倫理學典範的亞里士多德倫理學就很難說是嚴格意義上的美德倫理
學，因為在他那裡，美德概念從屬於幸福（eudaimonia）概念。這也是很多
康德立場的倫理學家會把亞里士多德的學說視為目的論的緣由所在。這種基
於美德概念之第一性的美德倫理學分類也會把一些對美德做出重要智識貢獻

---

[51] Hursthouse, Rosalind and Glen Pettigrove, "Virtue Ethics", *The Stanford Encyclopedia of Philosophy* (Winter 2018 Edition), Edward N. Zalta (ed.), URL = <https://plato.stanford.edu/archives/win2018/entries/ethics-virtue/>.

[52] M.斯洛特：《從道德到美德》，周亮譯，南京：譯林出版社，2017 年，引言，第 3 頁。

[53] 對義務論、後果主義與現代規範美德倫理學這三種標準的學院式倫理學進路共用的這種「極少概念主義」做法的批評，參 Yang Xiao, "Virtue Ethics as Political Philosophy: The Structure of Ethical Theory in Early Chinese Philosophy", *The Routledge Companion to Virtue Ethics*, Routledge, 2013, pp.471-488.

的現代哲學家排除在「美德倫理學」陣營之外，陳真就坦言，「按照我們的定義，當代西方真正意義上的美德倫理學理論並不像人們想像的那麼多」，大概只有斯洛特、赫斯特豪斯、斯旺頓等人的美德倫理學才具有「自立門戶」的特徵。[54]再者，比照其他兩種規則倫理學結構建構起來的「現代規範美德倫理學」很難避免其他兩種規則倫理學的結構性的缺陷，這也是威廉斯對「倫理學理論」保持高度警惕的緣由所在。[55]

（二）美德的非工具性價值與美德倫理學的獨特性

那麼，有沒有一種為美德倫理學尋求獨立地位的新的可能性？如果說第一種思路是「擴二為三」法，第二種思路則提出了一種新的「二分法」，後者也許會幫助我們換個思路來理解或建構美德倫理學。在此方面，牛津大學倫理學教授克里斯普（Roger Crisp）《第三種倫理學方法？》（A Third Method of Ethics?）的討論頗富啟迪。克里斯普提及前述關於義務論、後果主義和美德倫理學之三足鼎立的提法，然後進一步詢問和考察美德倫理學是否真的構成了後果主義和義務論之外的第三種選項，如果是，又如何可能。為此，克里斯普說：

> 我首先建議，既然我們能夠對後果主義提供一個合理的定義，而對義務論的標準解釋恰好就是通常被視為目的論的非後果主義理論。我們需要把義務論的範疇分解為至少兩個亞範疇，一個比另一個更加康德主義。這就提出一個問題，在非康德式的義務論範疇中，是否能夠為獨特的美德倫理學開拓出一片空間。在此我主張，目前所知的作為正確行動理論的美德倫理學真的很像其他形式的非康德式義務論。[56]

---

[54] 陳真：〈何為美德倫理學〉，《哲學研究》2016 年第 7 期，第 98-99 頁。

[55] 參 B.威廉斯：《倫理學與哲學的限度》，第 5、6 章；蕭陽：〈論「美德倫理學」何以不適用於儒家〉，《華東師範大學學報》（人文社科版）2020 年第 3 期。

[56] Roger Crisp, "A Third method of Ethics?" *Philosophy and Phenomenological Research*, Vol.XC No.2., 2015, p.258.

可以說，自弗蘭克納以來的傳統的「二分法」實際上是以目的論（後果主義）為中心的二分法，因為在此分類中義務論被定義為對目的論的否定，誠如克里斯普在此文所言，無論何種形式的義務論，其本質就是非後果主義（non-consequentialism），[57]在同一頁的註腳中，他對通常的「後果主義／非後果主義」的區分與「後果主義／義務論」的區分完全一致也做了說明。克里斯普的獨特貢獻在於，他進而把義務論區分出「基於原則的義務論」（principle-based deontology）和「不基於原則的義務論（non-principle-based deontology）」，前者就是康德式義務論。就關注行動之正確而言，所謂「美德倫理學」只能屬於義務論的亞範疇即「不基於原則的義務論」。就此而言，美德倫理學並未真正構成了第三種倫理學的獨立類型。克里斯普顯然並不滿足於這樣理解和定位的美德倫理學，緊接上文，他又說道：

> 但是，美德倫理學也許可以用一種不同的方式來加以刻畫，即這樣一種觀點：首先在正確的（或有美德的）行動（right [or virtuous] action）與正確地（或有美德地）行動（acting rightly [or virtuously]）之間做出區分，然後使正確地行動（acting rightly）至少部分地是依賴於產生於一種履行如此行動的穩定傾向（firm disposition）（這種傾向存在[disposition being]當然就是美德）的行動。這確實給我們一種基於美德的倫理學理論形式，它一方面區別於標準的後果主義，另一方面也區別於義務論〔理論〕形式，後者並不包含對正確地行動（acting rightly）的一項解釋。……在此，就回答應當成為何種類型的人的問題而言，美德倫理學作為一種倫理學方法找到了它的恰當位置──不是作為目前標準所宣稱的三分法中的第三成員，而是作為二分法中的一邊，它與否認美德本身具有非工具性道德價值的任何理論

57　Roger Crisp, "A Third method of Ethics?" *Philosophy and Phenomenological Research*, Vol.XC No.2., 2015, p.263.

相對立。[58]

在此，克里斯普把視角從關注「行動的正確」轉向「應當成為何種類型的人」和「美德的價值」，這樣就為美德倫理學作為一種獨立類型提供了理論空間，凡是承認美德具有非工具性價值或內在價值的倫理學都可視為美德倫理學。由此，克里斯普實際上提出了一種以美德倫理學為中心的新的二分法，即「美德倫理學／非美德倫理學」的區分，根據克里斯普的論述，後者包含後果主義和義務論（無論是基於原則的還是不基於原則的義務論）。[59]同樣，為了看清美德倫理學在不同分類法中的不同位置，我們把舊「二分法」與克里斯普建議的新「二分法」分別圖示如下：

筆者以為，克里斯普基於是否承認美德具有非工具性價值為標準的新二分法的一個好處是，我們可以把一些重要的美德理論家納入「美德倫理學」陣營，比如對美德論述做出重要貢獻的麥金泰爾和 B.威廉斯，兩者都對分

58　Roger Crisp, "A Third method of Ethics?" *Philosophy and Phenomenological Research*, Vol.XC No.2., 2015, p.258.

59　Roger Crisp, "A Third method of Ethics?" *Philosophy and Phenomenological Research*, Vol.XC No.2., 2015, p.264.

析進路那種基於基本概念的極簡主義方法有所不滿和批評，當然也不會去追求和構造一種基於美德概念之第一性的美德倫理學，但是他們無疑都承認美德具有非工具性的內在價值。麥金泰爾如此定義美德：「美德是一種獲得性的人類品質，對它的擁有和踐行使我們能夠獲得那些內在於實踐的利益，而缺乏這種品質就會嚴重地妨礙我們獲得任何諸如此類的利益。」[60]威廉斯在其最後著作《真理與真誠》中極力論證關於真理的兩種基本美德即「準確」（accuracy）和「誠實」（sincerity）不僅具有工具性價值，而且也具有內在（非工具性）價值。[61]不過，筆者並不想否定沃森－陳真「擴二為三」做法的價值，因為在他們論證或說明美德概念之獨立性的時候，確實揭示一些真理，比如至少有一些美德概念不可也不應還原為原則或規則，或者定義為遵循原則或規則的心理傾向，具有特殊倫理內容的具體美德概念（厚實概念）較之「正當」「正確」「善好」等抽象概念更能表達倫理判斷或評價等。

五、結語

以上我們從類型學的角度梳理了現當代規範倫理學的類型，其發展譜系是從「目的論／義務論」（或「後果主義／非後果主義」）之非此即彼的傳統二分法發展為「目的論」「義務論」和「美德倫理學」的三分法或「美德倫理學／非美德倫理學（包含後果主義和義務論）」的新二分法。在三分法圖式中，我們知道美德倫理學的基本結構是強調美德概念在理論結構中的「第一性」和「非衍生性」；在新二分法圖式中，我們知道美德倫理學的獨特性在於它承認美德不僅具有工具性價值而且也具有非工具性價值。

不難發現，無論是三分法還是新二分法，實際上佔據支配地位的理論不外三種，即功利主義（後果主義）、義務論和美德倫理學。那麼，究竟該如何理解和處理三種標準的規範倫理學理論呢？筆者的基本看法是，鑒於人類

---

[60] A.麥金太爾：《追尋美德》，第 242 頁。

[61] 參 B.威廉斯：《真理與真誠》，徐向東譯，上海：上海譯文出版社，2013 年，第 49 頁。

生活和倫理現象的複雜性，美德倫理學家乃至三種類型中的任何一種都應該放棄那種宣稱自己是唯一正確的倫理學理論的野心，美德倫理學也不應以取代後果主義和義務論為自己的任務，而是採取一種「三分天下」的方式來思考倫理學；換言之，這三種主要的倫理學對於我們的道德選擇、道德評價和道德教育等都有其用武之地，三種倫理學進路之間的詰難與對話，會促使對方認識到自己的不足或缺陷，後果主義者和義務論者在美德倫理學的壓力下也開始談論後果主義的美德理論和康德的美德理論，便是明證；即便是那些追求美德第一性的美德倫理學家，也只是表明至少有一些美德概念不能還原為義務概念或用規則來盡述，這自然蘊含了承認規則倫理學亦自有其用武之地。據我所知，蕭陽表達了類似的看法：「標準類型學忽視了另一種倫理學理論結構的可能性：美德（或正當行為、善的結果）是某些部分生活領域的基礎概念，同時卻是其他某些生活領域的衍生概念。」[62]這讓我們想起首次提出「義務論／目的論」二分法的布勞德的提醒，類型學的劃分只是一種理想而不是實存。這也提醒我們，當我們用這些規範倫理學的不同類型或進路來詮釋或重構儒家倫理時，似乎不能把儒家倫理判定為某種唯一類型的倫理學，而應該保持一種開放的心態，其詮釋或重構只要持之有故，言之成理，就都會對儒家倫理的發展以及我們的倫理思考有所助益。進而，重要的不是從三種標準類型的倫理學來判定儒家倫理屬於何種倫理學，而是儒家倫理經由現當代規範倫理學洗禮後能發展出何種倫理學，能為倫理思考貢獻何種智慧。

最後，讓我們以美德倫理學的傑出代表赫斯特豪斯的一段話作為本文的結束語：「我更希望，經過所有這三種思路訓練而成長起來的未來的道德哲學家，不再有興趣將自己劃分為是遵循這條思路而不是那條思路的群體；這樣，所有三種標籤可能就僅僅具有歷史意義。」[63]

---

[62] 蕭陽：〈論「美德倫理學」何以不適用於儒家〉，《華東師範大學學報》（人文社科版）2020 年第 3 期，第 52 頁。

[63] R.赫斯特豪斯：《美德倫理學》，導論，第 5-6 頁。

論李明輝教授對道德情感的跨文化研究

謝遠筍[*]

　　中國哲學的研究一般可分為“哲學的研究”與“哲學史的研究”（與之類似的有思想史與學術史研究），雖然這兩種範式不可偏廢，並不能決然分開，但畢竟旨趣不同。在筆者看來，李明輝教授的研究屬於前者，他的論著是以嚴格的“哲學研究”範式而聞名於海內外的，他的學術成果為中國哲學在國際哲學界拓展了空間，使得“中國哲學”能以嚴謹的現代學術範式參與其中，與之對話、辯難，實現儒家哲學新的發展。據筆者的閱讀經驗，李明輝教授的研究領域及學術成就，主要有如下三個方面：

　　李明輝教授是國際知名康德哲學專家，他以論文《康德倫理學發展中的道德情感問題》，獲德國波恩大學哲學博士學位，李明輝教授以一己之力翻譯了大量的康德哲學著作，如《通靈者之夢》、《道德底形上學之基礎》、《康德歷史哲學論文集》、《未來形上學之序論》、《道德底形上學》，被奉為經典。其譯著並非簡單的文字迻譯，而是研究型的翻譯，甚至可說是在充分掌握國際學術界康德研究基礎上的跨文化論著。

　　他又是牟宗三先生的親炙弟子，牟先生《中國哲學十九講》好幾講都是李教授記錄、整理的，他主編了六大冊的《徐復觀雜文補編》。李教授是聞名兩岸三地及域外的儒學專家，他利用西方哲學，尤其是康德哲學的概念與架構，對儒家哲學進行詮釋與重建，尤其著重於孟子學、宋明儒學與朝鮮儒

_____

[*]　武漢大學哲學學院／國學院副教授

學的研究，先後出版《儒家與康德》、《儒學與現代意識》、《康德倫理學
與孟子道德思考之重建》、《當代儒學之自我轉化》、《孟子重探》、《四
端與七情──關於道德情感的比較哲學探討》等專著，這些著作都是研究儒
家哲學的必讀書。

　　他還是政治哲學的專家，他對儒家政治哲學，韋伯、哈貝馬斯，及當代
英美政治哲學（如當代自由主義、社群主義）都有深入的研究，沿著從康德
到羅爾斯的學術脈絡，並通過與儒家政治哲學的比較，深化並發展了牟先生
的新外王學，其政治哲學專著《儒家視野下的政治思想》，在臺大、北大分
別以繁、簡字出版，也是這一領域的經典之作。

　　李明輝教授治學嚴謹、精專，以上著作都是"嚴格"的學術性論著；同
時，他又以自己深厚的學養關懷現實，以儒家士人的使命感對社會政治、文
教政策等發表看法，如他是推動臺灣高中恢復《四書》教育的主要參與者，
又如他近年來接受大陸媒體訪問，對儒學復興等問題發表看法，引發了廣泛
的討論。

　　以上的每一個方面都可以做專題研究，本文僅論及道德情感說。在筆者
看來，對李明輝教授相關學術思想的借鑒與吸收，是從事儒家哲學研究的必
修課，單就牟宗三哲學而言，他幾乎對其中所有的核心問題都有精深的研
究，不僅僅是回應，而是有所拓展和發揮，如本文要討論的李明輝對本體論
覺情之證成。

一、本體論覺情

　　在《康德的道德哲學》附錄一[1]中，牟宗三先生對康德、朱子、陽明有
關道德情感的思想做了一番簡別。

　　在康德，人只有"道德情感"，而並無一種特殊的"道德感取"，因為

---

[1]　康德著：牟宗三譯注：《道德學底形上成素》之〈序論〉，《康德的道德哲學》附錄
　　一，《牟宗三先生全集》15，臺北：聯經，2003。本文所引牟先生論著原文，均據
　　《牟宗三先生全集》，臺北：聯經，2003。

康德視"感取"（感性底作用）為一"認知"概念，指向於對象的一種知解性的（理論性的）"知覺之力量"。道德情感是主觀的，它只是"自由選擇的意志"被理性法則所推動時而產生的一種感受。不過，它雖是"感覺"，但與佛教講的"五蘊"（視覺、聽覺、嗅覺、味覺、觸覺等五種"感覺"）並不相同。"五蘊"是知識性的，是有對象的，但道德感是純然主觀之物，它不提供任何知識。

　　道德情感是每一人生而本有的，它是道德法則作用於心靈上所引起的結果，即"能感受法則之影響"的情感，它是道德的主觀條件，而非客觀條件。在康德看來，道德情感是人的自然稟賦，沒有道德情感，人就不會有道德意識，這無異於宣告人的道德死亡，此種情形下，人將化為純然的動物性，而與其他自然物的群類泯然無分，這與孟子講的人禽之辨不謀而合。在孟子，如果沒有道德情感，人便與禽獸無異。換言之，每個人都有道德情感，只是強弱不一樣，我們的責任就是通過道德修養功夫來加強它，康德的教育哲學或工夫論，正是著眼於通過陶冶道德情感以增強我們對道德法則的感受性，使道德成為一種習性。

　　牟先生認為，康德的道德情感說以及不允許假定有一種道德的感取，恰如朱子說心以及其反對以覺訓仁。朱子視知覺為智之事，即是視之為指向對象的知覺力量，它是知解的、理論的。"以覺訓仁"中的"覺"是道德情感，它不指向對象，並非知覺力量，可名曰"覺情"。"覺情"不僅是一種感受，不只是主觀的；它是心是情亦是理，所以它是實體性的仁體，亦可說是覺體，也即陽明所謂的良知。這種"知"（智），並不是朱子學意義上的知識論概念，而是本心仁體的決斷力。它是實踐的知覺力量，而非知解的知覺力量。良知即是性體，心性是一，心理是一。因此可以說，"是非之心智也"之智，同時是心是情也是理。

　　良知本心是當下的"呈現"，而非理論的"假定"。孟子曾舉見孺子之入井而惻隱等具體的實例來說明此人之"良心"或"四端之心""仁義之心"坦然明白、不辨自明、無可推諉、不能否定。不過，四端之心不是事實經驗層面上的心，而是具有先驗性、直覺性、普遍性、終極根源性的本

心。[2]它超越而內在，具體而普遍，是即體即用、體用不二的。理固然是形而上的，心也是形而上的，心不屬於氣。心即理便是意志自律，理是心立的法。理是存有義，心是活動義，這便是"即存有即活動"。理從心發，這個活動義的心是具體的心，但不是形而下的，它是具體而普遍的心。四端之心也是情，但它是本情。本情、本心都是超越的，不屬於感性層，不是形而下的，這樣才能說心就是理，心理合一，這是心學一系的通義。照朱子的分析，心、理不能合而為一；在康德，道德情感只是主觀的感受，而非理性法則，這也是心理為二，但他設定了自由自律的意志，因此牟先生認為，康德是朱子與陽明之間的一個居間形態。

根據李明輝教授的分析，在康德理性與情感二分的主體性架構中，其形式原則本身只是"判斷原則"，而非"踐履原則"；其道德主體只是立法者，本身不含實現道德法則的力量，此種力量落在感性層中的道德情感上。在早期，康德受到英國道德感學派的影響，他將道德情感同時視為判斷原則和踐履原則。後來康德有了改變，到了其成熟期，也即批判期時，他把道德情感只看成是踐履原則。他的道德主體，也就是實踐理性，只是立法者，它本身不含實現道德法則的力量。這種力量落在了感性層的道德情感上。李明輝教授對康德晚期道德情感思想的要點做了歸納，其犖犖大端有：第一，一切情感均是感性底特殊形態，而道德情感是道德法則加諸感性的結果，其自身也屬於感性，因此具有感性所特有的"受納性"或被動性。第二點，道德主體是純理性的，其自身可制定道德法則，而道德情感既然在本質上是感性的，自不屬於道德主體。第三點，道德情感成為"純粹實踐理性之動機"，只是道德之"踐履原則"，而非"判斷原則"。[3]撮其大要，判斷原則是實踐理性，踐履原則是道德情感。

2　參見郭齊勇：〈論道德心性的普遍性〉，《哲學門》總第十七輯，第九卷第一冊，北京：北京大學出版社，2008 年 9 月。

3　參見李明輝：《四端與七情：關於道德情感的比較哲學探討》，上海：華東師範大學出版社，2008，第 19 頁。此書另有臺大出版中心 2008 年版，本文引此書均據華東師範大學出版社 2008 版。

　　康德在《純粹理性批判》裡提到"智思的性格"與"經驗的性格"，每個人都有這兩種性格，可是這種情形可能會導致一個理論上的難題：一個人做了惡，他卻不用負道德責任。"經驗的性格"並不能負責，它本身並沒有自主性，因為"經驗的性格"是被環境這些外在的因素所決定的，是被自己的氣質傾向所決定的。他的"智思的性格"亦不能為其說謊的行為負責，因為它本身欠缺足夠的力量，將道德法則的意識轉化為具體的行為。這樣一來，"道德責任"的概念勢必兩頭落空。[4]

　　換言之，康德的這種情感與理性二分的主體性架構無法說明道德責任之歸屬，也無法證成其"應當涵著能夠"之洞見。牟宗三嘗試從心與理，意志與法則之主客觀合一說明道德實踐的可能。[5]牟先生指出："法則決定意志，這決定是從理上說的客觀的決定，這只是當然，不必能使之成為呈現的實然。要成為呈現的實然，必須注意心——道德興趣、道德情感。心（興趣、情感）是主觀性原則，實現原則；法則是客觀性原則，自性原則。""將心（興趣、情感）上提而為超越的本心，不是其實然層面才性氣性中之心，攝理歸心，心即是理；如是，心亦即是'道德判斷之標準'：同時是標準，同時是呈現，此為主客觀性之統一；如是，理義必悅我心，我心必悅理義，理定常、心亦定常、情亦定常，此即是'純粹理性如何其自身即能是實踐的'一問題之真實的解答。"[6]

　　牟先生把道德情感和實踐理性都統攝在"本心"概念，在他看來，"道德情感可以上下其講。下講，則落於實然層面，自不能由之建立道德法則，但亦可以上提而至超越的層面，使之成為道德法則、道德理性之表現上最為

---

[4]　參見李明輝：《四端與七情：關於道德情感的比較哲學探討》，第 36 頁；又見〈再論牟宗三先生對孟子心性論的詮釋〉，收入氏著《孟子重探》，臺北：聯經，2001；〈儒家與自律道德〉、〈孟子的四端之心與康德的道德情感〉，均收入氏著《儒家與康德》，臺北：聯經，1990。

[5]　參見張子立：〈道德感之普遍性與動力性：謝勒與牟宗三的共識〉，收入氏著《儒學之現代解讀：詮釋、對比與開展》，臺北：臺灣學生書局，2021，第 183 頁。

[6]　牟宗三：《心體與性體》第一冊，《牟宗三先生全集》5，第 170、171 頁。

本質的一環。"[7]不安、不忍、惻然之覺，是本體論的實體範疇，而不是知識論的認知範疇，它是 feeling（覺情），而非 perception（知覺）。feeling 是 moral feeling、cosmic feeling 之 feeling，可名之曰 "本體論的覺情"（ontological feeling），不能看成是 "認識論的取相的知覺"（epistemological perception）。[8]仁心覺情是超越的、創生的道德實體，牟先生又稱之為寂感真幾（creative feeling）[9]。

　　寂感真幾無窮無盡，神用無方，它是精神的、超越的。自其為寂言，它是無聲無臭、絕對的冥寂、絕對的空無；自其為感言，它如時雨之潤，遍體萬物而不遺。因此，它直下就具有一種宇宙的情懷（cosmic feeling）[10]，換言之，道德意識中的實理（天理）是直下通於天命、天道的，因此可以說它是形而上的，亦是宇宙論的，所謂天道性命相貫通是也。

二、先天性情感

　　牟先生雖然提出了 "本體論的覺情"（ontological feeling）這一概念，但他對此著墨不多，李明輝教授《四端與七情：關於道德情感的比較哲學探討》一書，借用謝勒的現象學倫理學思想來為牟先生解釋，藉以證成道德情感。

　　本文第一部分講到，康德將作為道德主體的 "意志" 僅視為實踐理性，而將道德情感排除在外，將它歸於感性層面，這無異於剝除了道德主體履行道德法則之要求的能力。因為踐履原則落實在道德情感，所以實踐理性只作為判斷原則，此時便產生了王陽明所講的 "知而不行" 的情況。道德沒有力量把道德法則付諸實踐。因此，我們有必要將 "道德情感" 的概念上提，使之成為道德主體本身的活動。李明輝教授認為，在這方面，現象學倫理學對

7　牟宗三：《心體與性體》第一冊，《牟宗三先生全集》5，第 131 頁。
8　詳見牟宗三：《心體與性體》第三冊，《牟宗三先生全集》7，第 308-309 頁。
9　詳見牟宗三：《宋明理學綜述》，《牟宗三先生全集》30，第 87、98 頁。
10　詳見牟宗三：《宋明理學綜述》，《牟宗三先生全集》30，第 95 頁。

於“價值感”的說明，有助於使康德的“自律倫理學”得到調適上遂的發展。

　　根據李明輝教授的分析，在康德哲學中，先天的就等於形式的，也就等於理性的；後天的就等於實質的，等於感性的。但是謝勒認為這種二分法無法窮盡一切可能的領域。他主張還有第三個領域，即“先天的——實質的——感性的”領域，亦即“先天而又實質的”領域。謝勒所講的“價值感”與儒家講的“四端”，即屬於這兩者的結合，因此謝勒提出所謂“情感先天主義”（Apriorismus des Emotionalen）。[11]李明輝教授指出，為了說明“情感先天主義”這一概念，謝勒重新界定“先天的”（a priori）一詞。對康德而言，“先天的”與“經驗的”（empirisch）或“後天的”（a posteriori）是相互矛盾的，因為“先天的”即意謂“無待於一切經驗的”。但是對謝勒而言，這兩個概念不但不相互矛盾，甚至不相互對立，他認為所謂“先天”，意思是說藉由直觀而呈現自身。謝勒借用胡塞爾的術語，將這種直觀稱為“本質直觀”；他自己則稱之為“現象學的直觀”，或“現象學的經驗”。根據他的說明，“現象學的經驗”具有兩種特徵：一方面，它具有“直接性”，毋須透過符號、記號、指示之媒介，即可提供事實；另一方面，它具有“內在性”，可以在經驗本身的活動中被直觀。故在“現象學的經驗”中，謝勒將“先天的”與“經驗的”這兩個概念統合起來。[12]

　　對康德而言，儘管“道德情感”與“感覺”是異質的，但畢竟都屬於感性，因而是同層的。李明輝教授認為，借用謝勒的概念來說，“覺情”的“覺”是一種“感知”（Fühlen），或者根本就是一種“價值感”（Wertfühlen）；它與一般意義的“情感”（Gefühl）是異質、異層的。根據謝勒之說，“情感狀態”（Gefühlszustand）與“感知”根本不同：前者“屬於內容與現象”，後者屬於“接納它們（這些內容與現象）的功能”。李明輝教授指出，謝勒所謂的“情感”呈現為一種狀態，它可能藉由感覺、表像或知覺之單純

---

[11] 參見李明輝：《四端與七情：關於道德情感的比較哲學探討》，第 46 頁。

[12] 參見李明輝：《四端與七情：關於道德情感的比較哲學探討》，第 46-47 頁。

內容而與對象聯結起來，否則它或多或少是無對象的。進一步說，只要這種聯結存在，它必然是間接的。換言之，情感與對象之聯結係藉由情感被給與之後的活動，如聯想、知覺、回憶、思考等；即使某種情感狀態似乎沒有對象，我們必然也能找出使這種情感狀態發生的原因。總之，情感並非"自然地"關涉到對象。反之，"感知"是一種意向性的行動，是對於對象之物的"一種根源性的自我關涉（Sichbeziehen）、自我指涉（Sichrichten）"，此對象之物即是"價值"。"根源性的"意思是說，感知與其對象（即價值）間的聯結是直接的，並非藉由事後的活動而發生，換言之，感知與其對象在意向中同時呈現。因此，謝勒將對價值的領會稱為"價值感"（Wertfühlen），它屬於"先天而實質的領域"，亦即屬於"精神之情感面"（das Emotionale des Geistes）。[13]

　　孟子所說的"怵惕惻隱之心"並非"物交物則引之而已矣"之"感"。謝勒對於"感知"與"情感"的分辨，有助於說明四端與七情之異質性。四端是一種"價值感"，它不同於"緣境而出"的"感覺"。李明輝教授指出，孟子所說的"本心"並不僅是一個理性主體，而是帶有明顯的情感性，因此可以表現為惻隱、羞惡、辭讓、是非四端之情。如果我們將四端之情視為本心之直接呈現，它們顯然不是一種被動的情感，而是表現出本心的主動性或者說"意向性"。孟子的"四端之心"，毋寧可歸諸現象學倫理學所謂的"情感先天性"（das emotionale Apriori），而視之為一種先天的意向性體驗。這便是李明輝教授援引謝勒的現象學倫理學，對牟先生提出的"本體論覺情"所作的證成。

三、無情之情

　　如果基於圓教的模型來看，李明輝教授上述借助現象學倫理學對道德情

---

[13]　參見李明輝：《四端與七情：關於道德情感的比較哲學探討》，第 48 頁。

感的證成仍是分解的，是分別說而非合一說，是別教而非圓教[14]。照此邏輯，牟先生在《圓善論》中提出的"無情之情"才是道德情感問題的最終解決。

在《圓善論》中，牟先生指出，聖人有情而不累於情，故能順乎人之常情。[15]程明道云："聖人之常，以其情順萬事而無情"（《定性書》），"無情"即無心於情，無心於情而情存。王龍溪說："心是無善無惡之心，意即是無善無惡之意，知即是無善無惡之知，物即是無善無惡之物"（《天泉證道紀》），心是無心之心，意是無意之意，其表現是以"無意相"之方式即"不起意"（不隨感性而造作起念）的方式而表現。此時之意純然是天機流行之意，是無相之意。

在渾化之境中，心、意、知、物四者既皆是無相的自然流行，如如呈現，故王龍溪云："無心之心則藏密，無意之意則應圓，無知之知則體寂，無物之物則用神。"（《天泉證道紀》）心、意、知、物，是天命之性的自然流行、如如呈現，故云："體用顯微只是一機，心意知物只是一事。"（《天泉證道紀》）心知是體是微，意物是用是顯。但既只是一機，只是一事。此是渾化之境中的心、意、知、物，即藏密、應圓、體寂、用神之心、意、知、物，是冥寂中的心、意、知、物，或跡本圓融中的心、意、知、物。心、知是本，意、物是跡。[16]

在《陸象山到劉蕺山》一書中，牟先生有一段類似的論述。王陽明說："有心俱是實，無心俱是幻。無心俱是實，有心俱是幻。"（《傳習錄》卷三）王龍溪解釋道："有心俱是實，無心俱是幻，是本體上說工夫。無心俱是實，有心俱是幻，是工夫上說本體。"牟先生對此的詮釋是："有心俱是

---

[14] 張子立教授在〈道德感之普遍性與動力性：謝勒與牟宗三的共識〉（收入氏著《儒學之現代解讀：詮釋、對比與開展》，臺北：臺灣學生書局，2021）一文中，也做了類似李明輝教授的證成，但在筆者看來，依據牟先生的判教方式，他的論證同樣應歸為"別教"形態。

[15] 參見牟宗三：《圓善論》，《牟宗三先生全集》22，第289頁。

[16] 參見牟宗三：《圓善論》，《牟宗三先生全集》22，第310頁。

實"即是肯定本心之實有，隨此實有而發者亦俱是實也，此即所謂"一理平鋪"，故俱是實也，俱是實事實理，故云："是本體上說工夫"。"本體"即指本心之實有而言，"工夫"則指隨此本心而活動而言。"無心俱是幻"，則是說：若去此本心之實有，則一切皆幻也。"無心俱是實，有心俱是幻"，則是說：若無所用心，一任良知之天理，乃始俱是實；若一有心，起意念造作，則一切皆幻。此間的無心是作用上的無心，而此作用上之無心即是莫大之工夫；有此工夫，真實本體始如實呈現，故云"是工夫上說本體"。[17]這裡的有心（之情）與無心（之情）的二分、本體與工夫的差別，只是方便權說，究其實它們是"合一"的。

根據天台的圓教模型，上述從"無"處立根的說法，猶是於四有之外立四無，乃對四有而顯，因此仍屬別教一乘圓教。若依天台"一念三千，不斷斷，三道即三德"的方式來判釋，四有句為別教，四無句為別教一乘圓教，真正圓教（同教一乘圓教）當依胡五峰"天理人欲同體而異用，同行而異情"的模式建立。牟先生解釋說，世間一切心意知物之事，若念念執著，即是人欲：心不正，只是忿懥、恐懼、好樂、憂患之私心；意不誠，只是自欺欺人之私意；知只是識知，非智知；物只是現象之物，即有正不正並有物相之物，非無物之物。若能通化，即是天理：心為無心之心，意為無意之意，知為無知之知，物為無物之物。[18]此時的情，當可說是無情之情。

牟先生借助天台宗"色心不二"說對此加以說明：煩惱心遍即是生死色遍，此即是人欲；若能通化自在，以其情應萬事而無情，以其心普萬物而無心，則即是天理。飲食男女之事不變，視聽言動之事不變，然"形色天性（生）也，唯聖人為能踐形。"能踐形，則統是天理；不能踐形，則統是人欲。法體不變，"世間相常住"（《法華經》語），無一法可廢，只爭順理不順理耳，所謂"除病不除法"（《維摩詰經》語）也。順理則跡本圓，不順理則跡本交喪。順理則四無妙義通體透出而無餘蘊，如此說方為真圓實

---

17 參見牟宗三：《從陸象山到劉蕺山》，《牟宗三先生全集》8，第 44 頁。

18 參見牟宗三：《圓善論》，《牟宗三先生全集》22，第 314-315 頁。

教。但是合一說須預設分別說，或謂辯證的綜合須預設超越的分解。分別說是權教，非圓實教，必須對它予以開決，方能顯圓實。**[19]**

結　語

綜上所述，同教一乘圓教模型下的"無情之情"，才是對道德情感問題的最終解決。不過問題是，圓教形態下的存有論是無執的存有論，雖然牟先生用"詭譎的即"來溝通經用（物自身）與權用（現象），說明二者同體相即，但究其實，他是以無執的存有論來統攝執的存有論，此時的相是無相之相，知是無知之知，情是無情之情，意是無意之意……此類的說法，牟先生稱之為詭辭，但不管怎麼說，它們都不在現象界，因此很難說它們是感性的，如果我們回到拙文的第一部分，牟先生提出本體論的覺情，不正是為了解釋道德情感的嗎？可是到了最終證成之時，情感反而消失了。牟先生對圓善的證成同樣有這個問題。**[20]**

在筆者看來，牟先生提出圓頓之教，是為了解決道德如何可能的問題，就像孟子在"乍見孺子將入於井"處，提示良知呈現，這是即本體即工夫的，此時的經與權，如牟先生所言，是詭譎的相即。但另一方面，對現實的人（有限的理性存在者）而言，完全可能存在良知被蒙蔽而不起作用的情況，此時便須要通過工夫以使本體呈現，或者說在工夫中呈現本體，做工夫或許是一生的功課，這顯然屬漸教。在這個意義上，經與權的關係，智與識的互換，漸與頓的轉變，甚至人本身，始終是個謎。如果我們將工夫論從傳統的成德之教擴展到整個實踐領域，很容易聯想到馬克思的"人的解放"、"人的全面而自由發展"等對人類理想社會的構想。

---

[19] 參見牟宗三：《圓善論》，《牟宗三先生全集》22，第 315 頁。

[20] 詳見拙文〈體用範式下的圓善問題〉，《中國哲學史》2021 年第 5 期。

對康德倫理學詞語進行
元倫理學分析的意義

鄧安慶[*]

　　所謂「元倫理學分析」是在"二階"（second-order）含義上弄清其語義，即在文本語境中的含義及其思想論證，而不是"一階"（first-order）意義，即對倫理生活和道德行為的指導與規範意義。"我應該做什麼"是"一階"問題，而當我們問康德在說"我應該做什麼"時的"應該"是什麼意思，這種"應該"含義分析就是"二階"含義。

　　為什麼要強調對康德倫理學詞語做"二階"含義分析？我一個基本判斷是，康德倫理學自誕生以來的 200 多年，後康德時代的倫理學走的是一條"誤解"與"辯護"的雙重變奏，每一個人都試圖指出康德的某點"不足"，似乎能幫助康德思想往前進一步；但又一個"後來者"就指出你這是對康德的"誤解"，康德倫理學不是你理解的這樣，於是他再回到康德文本為康德做"辯護"，以便使倫理學保留在康德的"正統"含義上。迄今快 300 年了，康德倫理學就是在這種不斷"被誤解"與"被辯護"中成為現代倫理學"唯一"的經典，乃至麥金泰爾在《倫理學簡史》一書中真誠地說：「儘管康德倫理學不斷遭受批評，但我們關於倫理學的知識也就只是康德告訴我們的那麼多」。

---

[*]　復旦大學哲學學院教授，教育部長江學者

　　但是，近三百年來的康德倫理學研究，全面系統地探究康德倫理學體系的著作並不多見，多見的是，每一位批評者都在其自身思想所屬的某個“主義”視角下對康德思想作點狀化、因而是碎片化的研究（誤解與辯護），如“道德實在論”者會質疑康德建構主義中的“道德”不具有“道德真值”，他是依據“道德實在論”所規範的“真值”條件去“解構”康德的。那麼一個康德主義者就會站出來，把不同的“道德實在論者”的“真值條件”和“思想論證”列舉出來，然後一一分析各自的優勢與限度，最後回到康德，說康德可以滿足哪幾條，康德的論證哪些比你們這些批評者可能還做得更好。這就是當代學人學術八股文的一般模版，不符合這一範本的幾乎很難有什麼發言權。但是，這樣的學術研究，使得真正的倫理問題卻付之闕如。

　　在這種研究方式下，康德倫理學研究幾乎都“內卷”在康德關於道德立法程式的論證上。幾乎每一個康德命題，每一步證明，都被千百萬次地“重構”，在此“重構”過程中，會凸顯出幾個知名專家，作為各種康德批評“進路”的代表性人物，被後來人不斷地“引用”，以此作為自己“重構”康德論證所必須的專業性“磚瓦”和臺階。至於這些人的思想是不是符合康德思想，在康德倫理學思想中有沒有意義，都無關緊要。要緊的是，按照“分析進路”的做法，需要再“引用”不同“主義”版本的“康德批評”，才顯得這樣的重構有“學術功底”或有前沿性。這就是當今 doing philosophy 的一般套路。

　　康德研究“內卷”導致的結果之一，是對康德倫理學的許多部分都缺乏深入研究。就康德三本倫理學著作而言，大多數人知道最多的是《道德底形上學奠基》[1]，討論的問題和“引用”也集中於這部書中的某些部分和命題；對於《實踐理性批判》瞭解的人相比而言少多了，尤其對其中“道德情感”、“道德神學”和“實踐理性方法論”部分，基本處在許多研究者的視野之外。而深入研究過康德第三部倫理學著作《道德底形上學》的，就少之又少了。“美德倫理學復興者”們根本不知道康德才是第一個提出 Tugendlehre

---

[1]　為了表達對李明輝先生翻譯和研究康德倫理學的敬重，我以他的譯文標題為準。

（德性論）倫理學概念的人，更不會承認康德的德性論倫理學。他們認為自己定義的"美德倫理學"才是"典型的美德倫理學"，其它都只能是關於美德的一種理論。這種理論的"霸氣"令人"不得不服"。這與 16 世紀宗教改革家加爾文指出的人性之病何其相似：

> 因為我們盲目、不由自主地愛自己，甚至我們每一個人都以為有極好的理由以自己為傲並輕看別人。……若別人也擁有我們自己所自誇的美德，或有比我們所自誇更好的美德，我們就蔑視這些恩惠，免得承認別人比我們強。[2]

康德在西方倫理學史上首次提出了"美德論倫理學"概念，然而他的倫理學在當代倫理學的類型論中卻被定性為"道義論（或義務論）倫理學"，被視為美德倫理學對立面和主要"敵手"，這樣的做法，只要有哲學史常識的人都不會認同。

即便現在越來越多的人關注到了康德《道德底形上學》有"法權論"和"德性論"／"德行論"[3]兩部分，但這兩部分在何種意義上都屬於"倫理學"，也遠遠沒有達成一致看法。學術界一般把"法權論"屬於法哲學，因而屬於政治哲學，把它排除在"倫理學"之外；而僅僅把"德性論"算作康德倫理學，這樣一來，與康德自己的兩個說法相矛盾：

第一個說法，在"法權論導論"的開頭，康德明確地說：

法權論 als der erste Teil der Sittenlehre（作為倫理學的第一部分）（6:205）

那我們是憑什麼把它排除在倫理學之外呢？

第二個說法在《道德底形上學奠基》"序"中，康德說：

---

[2]　〔法〕約翰・加爾文：《基督教要義》中冊，北京：三聯書店 2010 年版，第 658 頁。

[3]　康德"德性論"（Tugendlehre）有"德性論"、"德行論"兩種翻譯，大陸學界一般通用"德性論"，在英美當代美德論倫理學的影響下，也有"美德論"的稱呼，因此我在行文中還是習慣地使用"德性論"以區別於英美的美德倫理。

　　希臘哲學分三部分：邏輯學、物理學和倫理學。物理學研究自然規律，倫理學研究自由規律。既然所有研究"自由規律"或"自由的因果性"之學問都包含在"倫理學"之內，那麼研究"外在自由"的規範秩序的"法權論"怎麼就不屬於倫理學了呢？而且作為"自由因果性"的倫理學概念與作為"德性論"的倫理學概念是什麼關係？[4]我們有什麼理由僅僅把"德性論"倫理學作為"康德倫理學"？

　　康德基於"自由的因果性"這個倫理學概念，把倫理學分成道德底形上學和實踐的人類學兩部分，目前研究重點都在前者，後者則很少有人研究。

　　在"德性論倫理學"概念下，倫理學的第一項劃分是根據主體及其所遵循的法則不同來劃分，"主體"涉及"德性"義務所針對的"對象"："人"和"非人類存在者"；"人"涉及對"自己"和對"他人"；"非人類存在者"則涉及"動物"（低於人類）或"神聖"（超乎人類）。

　　在這裡我們也可以看出，雖然大家口頭上都在討論康德倫理學，但實際所指卻很難相同甚至根本就不是同一個東西。在我們的潛意識中，似乎"德性論"才是康德倫理學，因為我們總是以為康德倫理與儒家倫理比較接近，接近的似乎就是他的德性義務論，顯然並沒有人認為儒家倫理學也像康德那樣"研究自由規律"，而與之相反，英美的美德倫理學者根本不承認康德有"德性論倫理學"。

　　因此第三個後果更為普遍也更令人無奈：每個人都只談論自己意向中的康德倫理學，而很難共同聚焦於康德詞語本身的"所指"含義。如英美人喜歡談論康德倫理學是"規則倫理學"，而我們知道"規則"（Regel）在康德倫理學中甚至都很難成為一個核心概念，他對規則、準則、法則作了嚴格區分，重點探討的是意志的準則和法則之關係。"實踐規則"（praktische Regel, AA 5:19）在康德倫理學中是指不同的行為處境下的多種多樣的道德準則所施行的條件性規定，與"法則"相對。康德對規則的分類是：舉止的

---

[4]　參閱拙文〈論康德的兩個倫理學概念〉，載《倫理學研究》2019 年第 4 期，以及中國人民大學複印報刊資料《倫理學》2019 年第 11 期。

實踐規則（praeceptivae）、不為的實踐規則（prohibitivae）和例外的實踐規則（exceptivae）。因此當我們聽到說，康德倫理學是"規則倫理學"時，就很難弄清他講的是康德那個層面的"規則"。

康德自己講"德性"是講 Tugend，而我們幾個版本的康德著作中譯本都把 Sittlichkeit 翻譯為"德性"，因而當我們看到中文康德將"德性"（Sittlichkeit）其實跟康德自己講的德性（Tugend）根本是無關的。在康德那裡並不存在 Sittlichkeit 意義上的"德性論"。

造成上述所有問題的根源，在於研究者或翻譯者都以自己的"理解義"去"規範"康德詞語的"字面義"。如果這個問題得不到根本的解決，那麼康德研究就只能是在每個人的自說自話中，而不觸及康德原義。這樣的"研究"當然需要改變，我們需要在康德哲學一般詞語上達成一致，至少是保證我們在討論康德哲學時指的是一個相同的話語或概念，這就是我提倡對康德倫理學進行元倫理學分析的初衷。

康德為了表達其思想，對倫理學詞語精心做出了各種嚴格的含義區分，提倡元倫理學進路的康德研究，目的就是儘量達到對康德所精分的倫理話語的準確理解。如 Sitten、Sittlich、Sittlichkeit；Moral、moralisch、Moralität；Regel, Maxime Gesetz；Tugend……

所有這些區分中，大家最不能接受的是 Sitten 和 Moral 的區分。有人一看到我做此區分，一個本能的反對聲音就出來了：你是用黑格爾來曲解康德，你根本不懂康德。

支持這兩個詞語含義不做區分，確實有非常強大的理由，因為現在英文是國際通用學術語言，而英文中根本沒有表達 Sitten 的合適詞語，一律把它翻譯為 moral。但英文早期翻譯也是用 ethicality 來表達 Sitten，只是後來分析哲學興盛起來後，才用 moral 取代了 ethicality。牟宗三先生強調要區分"道德底形上學"和"道德的形上學"，實際上在我看來，就是他注意到了 Metaphysik der Sitten 不是"道德的形上學"，但只要英文都把 Metaphysik der Sitten 翻譯 Metaphysic of Morals，人們怎麼可能不把它理解為"道德的形上學"呢？

　　如果考慮到牟先生所意識到的區分，我們只有將 Metaphysik der Sitten 翻譯為“倫理形上學”，就能避免把它理解為“道德的形上學”之誤了。

　　但把 Sitten 直接等同“道德”（Moral）在康德語境下依然是成問題的。因為在康德文本中，Moral 指的是“道德學”，而不是“道德”，這是我們在閱讀康德倫理學著作時，不得不做的一個基本區別。

　　當我們把 Moral 翻譯為“道德學”，同時又把康德的 Sittenlehre（倫理學）翻譯為“道德學”時，這兩個“道德學”指的範圍卻是不同的。在康德語境中 Sittenlehre 不能等同於 Moral。我們看看康德這段話：「以這種方式產生了一對形而上學觀念，一種是*自然形上學*（Metaphysik der Natur），一種是*倫理形上學*（Metaphysik der Sitten）。因而物理學有其經驗的部分，但也有其唯理的（rational）[5]部分；倫理學同樣如此；不過倫理學的經驗部分在這裡將會特別地被叫做*實踐的人類學*（praktische Anthropologie），而唯理的部分卻需要真正地被稱之為道德學（Moral）。」（AA 4:388）顯然康德是希望 Moral 指稱倫理學中的一個沒有經驗部分的“唯理部分”，所以它不是作為行動規範的 Moral；但 Sittenlehre（倫理學）卻既有經驗的部分，也有唯理的部分，還有兩者之上的形上學部分，我們如何能用中文就把Sittenlehre 直接等同於 Moral 呢？

　　所以，在這裡我必須再一次聲明，我無意以黑格爾來曲解康德，在康德自己語境中，他確實是區分了 Sitten 和 Moral，使得我們無法直接用我們理解的“道德”概念來翻譯 Sitten。儘管它們之間也有含義等同的情況，但把它們區分開來，卻是康德自己的本意，不是我們強加給他的。而且康德倫理學最重要貢獻，就是講“道德”作為“行為準則”的自我立法，是自律性

5　近代哲學區分為經驗論和唯理論是與此對應的。因此把 rational 翻譯為“合理的”似乎不妥，它蘊含著“經驗的部分”就“不合理”的意思。康德顯然不是這個意思，後來謝林區分了“經驗物理學”和“思辨倫理學”，黑格爾區分了“物理學”（自然學）和“自然哲學”，都是對應於康德區分的自然的經驗部分和唯理的部分。對應於物理學的這種區分，康德認為倫理學也要有兩個部分，經驗的部分是“實踐的人類學”，而唯理的部分可以稱之為“道德學”。

的，而“倫理”有先天立法的、有習俗立法的，也有自我立法的，是不能直接等同的。康德嚴格區分它們的意圖在下面這段話中非常明確：

> 一切行業，手工藝和技藝都通過勞動分工而獲益，因為不是一個人做所有的事，而是每個人限於做某些工作，按照他自己的操作方式，與別人的顯然有別，這樣才能以最大的完善性和更加輕鬆得多的方式完成這項工作。在勞動還沒有這樣區分和分工的地方，每個人都是千面手，那麼這些行業就還處在最粗野的狀態。（AA 4:388）

康德自己反問：“哲學在其所有的部分中是否不需要專家，這對於學者行業的整體是否真的更好？”他要證明的就是，倫理學的最大問題歷來就是其概念的含混不清，什麼是經驗的、心理學的、情感性意義；什麼是唯理的、純粹理性的意義；什麼能先天立法；什麼只能立足於經驗的先驗立法，這些問題不通過倫理學話語的嚴格含義區分，倫理學就永遠只能由“倫理學”教師（通常稱之為“軍團”）主導，而不可能出現真正的專家。

認為康德不做區分或沒有區分必要的人，從來沒有提供一個康德自己的理由，而只是根據我們自己習慣於不做區分，難道康德是隨意地使用 Sitten, Sittengesetz, sittliches Gesetz, moralishes Gesetz 嗎？如果在康德之前，沒有建立起“道德性”的自律概念，倫理和道德不做區分，這我們都能理解。但是，經過康德嚴格區分出自律與他律後，再將“倫理”和“道德”不做區分。那麼一個明顯的結果就是讓我們退回到康德之前的自律與他律不區分的狀態，這不僅是道德哲學史上的一個可悲的倒退，更是忽視自律的道德與他律的倫理之區分，忽視道德的先驗立法和倫理的先天立法之區分，我們就根本進入不了康德的道德哲學論證之中。

只有當康德把 Moral 作為形容詞即 moralisch 使用時，它成為一個“評價性的”詞語，才與大家日常用語一致。但用於評價什麼呢？評價的對象當然是“倫理”、是“法則”，當康德說，

Sittengesetz ist ein moralisches Gesetz

　　"倫理法則"是被評價的對象，"道德的"是經過我們反思判斷後作出的評判，而"倫理法則"則是在評價的主體之外的東西。

　　康德對應的表達是：

物理學：Naturlehre　　　　　自然規律 Naturgesetz

倫理學：Sittenlehre　　　　　倫理法則 Sittengesetz

sitten Gesetz　　　　　　　moralisches Gesetz

　　就像把 Sittenlehre（倫理學）翻譯為"道德學"大大削減了康德倫理學內容一樣，把 Sittengesetz 直接翻譯為"道德法則"，再說"道德法則是道德的法則"就不僅是沒必要的重複，更重要的還在於，這樣的翻譯掩蓋了康德道德哲學的思想結構：為所有普通倫理理性知識，倫常誡命確立"道德性"標準。只有自律的自由才是說明這個"道德性"的標準，從而能讓我們在做出一個道德判斷時，能夠說"這個倫理法則是一個道德的法則"。如果直接把 Sittengesetz 翻譯為"道德法則"，至少有一個嫌疑，那就是康德也會承認"道德"是"他律的"，但大家知道，在康德這裡沒有這種可能性，因而 Sittengesetz 只能翻譯為"倫理法則"才是合適的翻譯。"倫理"和"道德"在康德這裡就是這樣區分開來的。

　　這種區別還可以從"立法形式"的區分著手。

　　"倫理法則"就其作為"法則"而言，是"先天立法的"，"倫理之善"從柏拉圖開始就具有"絕對性"，在康德語言中，"倫理之善"的絕對性就表現在它首先不是人為的立法，而是先天被給予的法則，它才具有"定言命令"性質，是"義務"的約束性根據。當然"倫理"其次才通過"倫理義務"作為習俗禮法的含義，這一含義康德也是承認的，它作為"道德立法"作為"意願的對象"進入到"準則反思"結構中，即"習俗為善的""倫理義務"也是我們自願履行的道德法則嗎？整個"法權義務"到"德性義務"，為不需要提供主觀動機的法權義務提供一個"道德的動機"轉向德性義務，其仲介就是"自律"立法。因而"道德的立法"，才是"人為立法"或者說是"先驗立法"，在做一個事情之前，不知道該不該做，具體表現在一個習俗的倫常義務究竟要不要履行、該不該履行時，這才需要為自己

的"行為準則"確立一個道德的依據。只有確立了某項"倫理法則"具有"先天立法"的絕對善性，我的行為準則必須與之達成一致，因而"我"自願地接受它作為直接規範我的主觀準則的規定根據，那麼體現了我的"善良意志"的"行為準則"就與具有先天立法形式的"倫理法則"高度一致，這時 Moralität 和 Sittlichkeit 就是一個概念，作為評價所有可能也具有"他律"性的倫常誡命是有"道德性"或"倫理性"的標準。

接下來我們來看看康德使用 Sittlichkeit 時的語境，在如下第一個語境中，這個詞的含義：

> 人們把一個行為同法則的單純一致或不一致，而不考慮行為之動機，稱之為合法性（Legalität）（Gesetzmäßigkeit），但把其中出於法則的義務理念同時是動機的那些一致與不一致，稱之為行為的道德性（Moralität）（Sittlichkeit）"（MS, AA 6:219）

它表達評價行為道德性標準，也就是說，在評價行為之合道德性而非合法性意義上：一個行為的動機，是由於該行為與出於法則的義務理念相一致，這樣就具有"道德性"（Moralität）或倫理性（Sittlichkeit），這兩個概念始終是"並列的"，它們可以具有在形而上的"標準"意義相一致，但沒有說它能夠與表達個人品性的個人"德性"（Tugengd）相一致。"道德性"（Moralität）或倫理性（Sittlichkeit）考察的是一個行為的義務理念與法則和動機的關係，而不是與個人品性相關，這是一個基本的區別。我們做康德研究的人，至少應該堅持康德堅持區分的一個基本語用範圍，否則把所有這些概念都混為一談，康德倫理學的意義就徹底失去了。

再來看看，康德使用的第二語境，在形容詞意義上的 moralisch 和 sittlich 的使用：

> 與自然法則相區別的這些自由法則，叫做道德的（moralisch）。就這些法則僅僅涉及純然外在的行為及其合法則性時，它們是法學的；但

是，如果它們（法則）本身也應該是行為的規定根據，那麼它們也就
是倫理的（sittlich）。所以，人們也就進一步說，與前者相一致，就
是合法性，同後者相一致，就是行為的道德性。（MS, AA 6:214）

　　這裡的評價對象是"法則"或"自由法則"，它有兩個應用領域：涉及
外在行為的合法性領域和涉及內在行為的合倫理性領域，因而，在前一個領
域內，自由法則可以是 moralisch，在後一個領域，法則作為行動的規定根
據，就叫做 sittlich。

　　但康德在涉及"倫理性"領域時，又進一步區分了不顧及"感性偏好"
和顧及"感性偏好的"應用領域，前者才是 Sittlinkeit 的應用領域，後者才
是涉及 Tugend 的應用領域。我們先看涉及 Sittlichkeit 領域的康德語義：

　　　　各種倫理性學說（den Lehren der Sittlichkeit）是另一種情況。它們對
　　　　每一個人頒佈誠命，卻不顧及他的偏好。只因為如此並在此限度內，
　　　　他才是自由的和有實踐理性的。（MS, AA 6:216）

　　在此意義上，Sittlinkeit 屬於"意志"之關係或實踐理性之關係，而不
是個人品性的狀態，這是康德 Sittlinkeit 的第三語境："意志的倫理性"
（Sittlichkeit des Willens）：在《實踐理性批判》§8，康德這樣說：

　　　　意志的自律是所有道德的法則和與之相符合的義務的唯一原則，任意
　　　　的他律與之相反，根本就不能建立起約束力（Verbindlichkeit），相
　　　　反毋寧說是與此原則和意志的倫理性背道而馳。[6]

　　所以，"意志的倫理性"是康德在考察實踐理性在"慎思"其行為原則

6　Immanuel Kant: *Kritik der pranktischen Vernunft*, Mit einer Einleitung, Sachanmerkungen
　　und einer Bibliographie von Heiner F. Klemme, herausgegeben von Horst D. Brandt und
　　Heiner F. Klemme, Felix Meiner Verlag Hamburg 2003, S.44.

是否具有"道德性""應該"時確立的一個"可普遍化標準"：與所有有理性存在者的意志相一致的法則，這才是意志的倫理性，它是"意志準則"的上行路線，因為考慮的是一個"意志準則"的可普遍化，與所有有理性存在者之"意志"的一致性關係，它只能遵循"形式主義的立法原理"，"意志的規定根據"不取決於"任意"或"任性"（Willkür），而只取決於與所有有理性存在者的"意志"具有"形式"上的一致性。所以，康德說：「法則來自意志，準則來自任意」（MS, AA 6:226）。

意志的自律之自由表現為意志準則的可普遍化，即意志準則在實踐理性之主體的"反思平衡"中與"法則"的一致性，即能夠設想所有有理性的存在者所意志的準則都相一致。在《道德底形上學》（德文簡稱 MS）中，康德也將Sittlichkeit des Willens（意志的倫理性）稱之為Sittlichkeit des Subjekts（主體之倫理性）（MS, AA 6:388）。所有道德立法的主體都與先天立法的倫理普遍法則相一致，被稱之為意志的倫理性或主體的倫理性。道德追求普遍性，意志之"法則"才對意志之"準則"具有規範有效性。

而"德性"Tugend 則回到"個體性"，回到個體心靈的內在力量，因為它與"意志倫理性"走的"上行路線"相反，是走"意志準則"的"下行路線"，即考察"準則的動機"，這種"動機"也主要不是考慮是否出自"法則"，而是考慮如何"向下"與"感性偏好"這個"敵手"進行鬥爭。所以康德才說，"德性是準則的堅強（力量）"，"無德或惡德就是軟弱，道德上勇氣的匱乏"：「德性是人在遵循其義務時的準則（李明輝先生翻譯為"格律"很有意蘊）之力量。」「有能力（Das Vermögen）並帶著深思熟慮的故意（Vorsatz）去做與一個與強大卻不義的敵手相對抗的事，是勇氣（fortitude）；而鑒於我們內心道德意向的敵手〔而去做與之相對抗的事〕則是德性（virtus, fortitude moralis）。」

所以，德性作為意志之準則落實在"任意"而不是"意志"上，因為它與"目的"相關，而且"目的"是"任意"的一個對象。它不像"意志"那樣"向上"尋求與普遍法則的一致性，"任意"（Willlür）是"向下"與感性偏好之間的鬥爭，它也需要依賴於練習、訓練（Übung/exercitio）這類儒

家強調的修行功夫來涵養，使之"熟練"（Fertig）為品質（habitus）。這樣的語義無論如何是不能與 Sittlichkeit 等同的。

　　作為與感性偏好作鬥爭的"德性"，除了是"勇氣"外，主要是道德的意向（moralische Gesinnung，李明輝先生按照孟子學說，翻譯為"道德存心"，很有意蘊），它主要表現為"心"的自我克制和自我控制，具有斯多亞主義的冷靜、堅強與固執。在這裡，康德也強調了德性（Tugend）在與感性偏好進行鬥爭時，需要有倫理之善（sittliche Bonität），但絕不能與倫理之善相等同，因為如同在法國，民眾可以有倫理之善，但無德性；而在有的地方，人有德性，卻無倫理。這是需要嚴格區分的概念。

　　可見，規範進路的康德倫理學研究越來越內卷，幾乎每一個命題的研究都汗牛充棟，但普遍存在一個共同問題，即以自己主觀的"理解義"翻譯而不以"詞語義"直譯康德倫理學詞語，就會導致沒有誰的判斷最終能夠絕對地說服誰，從而各種主觀闡釋都能在康德研究中佔有市場。最終許多非康德的、跟康德根本無關的東西卻也混入對康德的論說中來，乃至出現了〈康德倫理學其實很爛〉這樣的文章，居然也能發表在某大學學報上，甚至引起熱鬧的討論，何其哀哉！表面上熱鬧的康德研究，如果要真正進入康德倫理哲學體系，就必須有一個元倫理學語義分析的轉向，只要我們確立一個基本原則：以康德精心區分開的道德詞語的"字面義"，而不以我們自己的"理解義"去翻譯康德，我們就會開始一個新的局面，至於各人的"理解義"，那是研究的"結果"，而不能作為預設的"前提"，這樣至少能在同樣的詞語層面共同討論康德倫理學。

道德學及其良知確證與道德能動性問題 ：牟宗三「道德的形上學」引發的思考

劉梁劍[*]

如所周知，牟宗三先生倡導「道德的形上學」（moral metaphysics），以別於「道德底形上學」（metaphysics of morals）。後者對道德作形上解釋，尋找道德的形上學基礎，如康德追問作為道德之形上學根據的基本原則；而前者以道德為進路展露本體，乃是「唯一的一個可以充分證成的形上學」。[1]由「道德底形上學」轉向「道德的形上學」無疑是一個重大的理論突破，可以說確立了牟宗三思想的原點。道德的形上學貫通本體學與道德哲學，引發我們思考良知確證、道德能動性、虛詞與做哲學等問題。

一、道德學及良知確證難題

1、從道德哲學到道德學

這裏要討論的一個問題是，作為道德學的「道德的形上學」如何有別於康德式現代道德哲學。

從學脈傳承來看，「道德的形上學」發展了熊十力的本體學。熊十力主

---

[*]　華東師範大學中國現代思想文化研究所暨哲學系教授，系主任
[1]　參見牟宗三：《現象與物自身》，聯經出版事業公司（臺北）2003 年版，第 39 頁。

張，哲學乃性智所對的本體學，非理智所盡的科學。從中國現代思想史來看，熊十力的致思進路在一定意義上乃是回答這樣一個世界性難題：自科學昌明之後，哲學還能做什麼？這個問題在西方引發了「認識論轉向」：哲學不再追問最普遍的和最少物質性的東西，而是要追問最基本、最基礎的東西，即追問我們的（科學）知識是如何可能的。換言之，哲學的核心工作從形上學轉向了認識論，從科學的皇后變成了科學的小工。西方現代哲學的這一思路在康德那裏達到了高度自覺。熊十力一方面像康德那樣區分科學與哲學，另一方面堅持哲學的工作是形上學（本體學）：「學問當分二途：曰科學，曰哲學。（即玄學。）……哲學自從科學發展以後，他底範圍日益縮小。究極言之，只有本體論是哲學的範圍，除此以外，幾乎皆是科學的領域。」[2]但是，熊十力所理解的哲學、形上學、本體論，和康德及西方現代哲學已有根本區別。這裏的「本體論」，更確切的說法應是「本體之學」或「本體學」，即體證我與萬物為一之本然狀態的學問。本體學有別於ontology 意義上的本體論。一方面，本體學的「本體」（本然狀態）有別於本體論的「本體」（on-, being）。對於本體，熊十力、牟宗三都反復徵引孟子「萬物兼備於我矣」（《孟子·盡心上》）以明之。另一方面，本體學的「學」也有別於本體論的「論」（-logy, theory），「論」屬於理論之知，而「學」的首要特點乃是「知行合一」的實踐品格。哲學所窮究的，只是本體；但本體不是理智的對象，只有性智才能把握它。然則，性智如何把握形上本體？回答這個問題，需要專門做一部「量論」，追問形上本體究竟如何把握。但熊十力終究沒有寫出量論。

　　牟先生「道德的形上學」以本體學（而非本體論）貫通道德哲學而成其為道德學。道德學激發我們省思現代道德哲學工作範式：道德哲學為什麼需要貫通本體學成其為道德學？值得注意的是，康德哲學乃是現代道德哲學的典範，而牟宗三的道德學正因為貫通本體學於道德哲學，從而呈現出「接著

2　熊十力：《新唯識論》（語體文本），《熊十力全集》第三卷，湖北教育出版社2001年版，第14頁。

說」的面貌，在工作範式上發現了從「論」到「學」的轉變。道德學之為學，正如本體學之為學，不止是理論思辨，而同時是提升生存境界的成人之學。近現代以來，隨著學科的分化，道德哲學在相當大的程度上從原來尋求良好生活之道的智慧之學蛻變成了在學科框架內自得其樂的一種專業知識。其流弊則是如金岳霖所說的那樣，「被一些思維的手段推上系統思辨的眩目雲霄，或者推入精心雕琢的迷宮深處」[3]。道德哲學的這種蛻變，也許是一種進步，但至少在下面這個意義上，未嘗不是一種令人遺憾的退化，那就是道德哲學研究活動與道德哲學家的生活本身之間可以彼此疏遠、相互分離。因此，我們不難看到，一些道德哲學家在學術論著中究倫理，而在實際生活中可以完全不講道德。道德學原本跟生活、跟人之在有著密切聯繫，但現代道德哲學家可以完全只談道德哲學「內部」的理論而不用談生活世界、不用關心人之在了。

2、廣義認識論和良知確證難題

在一定的意義上，牟宗三「道德的形上學」代熊十力做出了一部「量論」。通過闡發道德本心、逆覺體證、「智的直覺」等概念，牟宗三深化了熊十力的性智。但這同時也意味著，我們須以道德的方式把握本體。性智、良知、智的直覺是認識本體的途徑，對它們的探究可以說屬於廣義認識論的範疇。熊十力和牟宗三的廣義認識論採取道德的、直覺的進路。[4]

按照「道德的形上學」，道德本心存有。道德本心存有，這是牟宗三從熊十力那裏傳承的儒家心學要義，即良知是呈現而不是假設。所謂「呈現」，乃是以主體之「誠」（實有諸己）確證良知。這是逆覺體證的工夫。「良心發現之端雖有種種不同，然從其溺而警覺之，則一也。此即是『逆

3　金岳霖：《中國哲學》，《金岳霖全集》，北京：人民出版社，2013年，第375頁。有意思的是，牟宗三曾對金岳霖哲學的技術化傾向提出批評。

4　相形之下，馮契的廣義認識論上承金岳霖，偏向於理智的、實踐的進路。當然，這樣的說法過於簡略，不太能經得起推敲。無論如何，熊一牟、金一馮二系之間的異同得失有待深究。

覺』之工夫。……『湯武反之』是自覺……性反對言，反明是『逆覺』。孟子言『反身而誠，樂莫大焉』，此亦是逆覺。」「此種『逆覺』工夫，吾名之曰『內在的體證』。『逆覺』即反而覺識之、體證之之義。體證亦涵肯認義。言反而覺識此本心，體證而肯認之，以為體也。『內在的體證』者，言即就現實生活中良心發見處直下體證而肯認之以為體之謂也。不必隔絕現實生活，單在靜中閉關以求之。此所謂『當下即是』是也。」[5] 牟宗三認為，五峰、蕺山系和象山、陽明系的工夫都重逆覺體證。究其實，逆覺體證是道德真我對自身的反身體證。「本心仁體之明覺活動反而自知自證自己，如其為一『在其自己』者而知之證之，此在中國以前即名曰逆覺體證。此種逆覺即智的直覺，因為這純是本心仁體自身之明覺活動故，不是感性下的自我影響，如康德之所說。」[6]「明覺活動之反覺其自己即消融於其自己而只為一『體』之朗現，故此逆覺體證實非能所關係，而只是本心仁體自己之具體呈現。」[7]

然則，如何確證所體證者實為良知本體而非其他？這是一個確證難題。換個問法：所體證者如何認可？楊澤波在評價牟宗三的宋明理學三系論時指出，三系論「牽涉了儒學歷史發展中兩個非常重要的問題，即如何保障良心本心的客觀性，使心學不陷於重重流弊的問題，以及如何保障道德理性具有活動性，使理性自身就能實踐的問題。」[8]第一個問題正是所體證者如何認可意義上的良知確證問題。按照楊澤波的理解，為對治心學「超潔者蕩之以玄虛」「猖狂者參之以情識」的種種流弊，牟宗三表彰五峰－蕺山的思路，「彰顯天道、性體的客觀意義，希望以此來保障心體的客觀性，杜絕心學走

---

[5] 牟宗三：《心體與性體》（上），上海人民出版社 1999 年版，第 394 頁。

[6] 牟宗三：《智的直覺與中國哲學》，《牟宗三先生全集》第 20 卷，聯經出版事業股份有限公司（臺北）2003 年版，第 252 頁。

[7] 牟宗三：《智的直覺與中國哲學》，第 253 頁。

[8] 楊澤波：《貢獻與終結：牟宗三儒學思想研究》第 1 卷，上海人民出版社 2014 年版，第 9 頁。

向流弊」[9]。倘若如此，牟宗三的進路可謂良知的外部確證。但是，外部確證終非究竟。心體居內，而天道、性體居外；即便承認天道、性體的客觀性，仍不能保證，我們所把握的天道、性體就是具有客觀性的天道、性體。把握天道、性體，便需攝理歸心、涵性於心；問題仍在於，攝於心的理、涵於心的性如何就是客觀的理、性，而非摻雜主觀私欲、人心的東西、非為玄虛所蕩或為情識所參的東西。

　　為了解決良知確證難題，也許首先需要區分先驗良知和經驗良知，前者是作為道德知識確證原則，後者則是前者在具體情境中的運用而獲得的具有實際道德內涵的經驗良知，二者具有層次上的根本分別。先驗良知無增無減，而經驗良知則可以增長（就個體的歷史而言），可以隨世而變（就人群、人類的歷史而言），可以具有文化差異性（就不同文化傳統而言）。宋明理學家大都未見於這一層次之別，導致其通常的處理方式，乃是調用《大學》《中庸》等涉及心靈秩序的概念工具（如正心、誠意、致知、已發未發、道心人心等），通過理欲、「知」「識」、意念等辨析，將經驗良知縮小範圍，從中剝離出先驗良知。這一處理方式是失敗的。未能真正從道德知識的經驗性中辨析出真正的先驗性來源，沒有看到經驗良知和先驗良知的層次之別，而只是把它們放在同一層次上區分其小大。但實際上，先驗良知與經驗良知之別，類似於作為我們認識經驗世界之接受總則的歸納原則與此原則之運用所獲得的具體結論之間的區別。[10]經驗良知可以證實、證偽，但對其的證實或證偽仍需引用先驗良知。證偽推翻某一經驗良知，不但沒有推翻先驗良知，而且還是以應付「逆來」的方式確證先驗良知。經驗良知可以有時空差異，但對差異的評判仍需引用先驗良知。先驗良知的運用，在人與世界交互作用的實踐之中、在群己之辨中歷史地、現實地展開。

　　先驗良知和經驗良知的區分，王船山已發其先聲。船山《讀四書大全說》區分了明德之心（統性情之心）與「止心」之心。「緣『德』上著一

---

[9]　楊澤波：《貢獻與終結》第 1 卷，第 18 頁。

[10]　參見金岳霖《論道·緒論》中的相關討論（金岳霖：《論道》，《金岳霖文集》第二卷，人民出版社 2013 年版，第 11-17 頁）。

『明』字，所以朱子直指為心。但此所謂心，包含極大，托體最先，與『正心』心字固別。」[11]「夫曰正其心，則正其所不正也，有不正者而正始為功。統性情之心，虛靈不昧，何有不正，而初不受正。」[12]明德之心（統性情之心）無所不正，正心之心則有所正有所不正，二者之別和先驗良知、經驗良知之別相當。

二、「另類」道德能動性問題

1、道德能動性

　　依照牟宗三的道德形上學，道德本心既存有又活動，且在活動中創生存有。在道德領域，這無疑是一個深刻的洞見。道德本心活動，可以說解決了道德動機或道德能動性（moral agency）的問題。在美德倫理學中，「為什麼要有道德？」（Why be moral?）是一根本問題。按照黃勇的解讀，這一問題是在追問「我為什麼要有道德？」（Why should I be moral?），而且，它不是追問道德的合理性證明（justification），而是追問我行道德的動力（motivation）。[13]依此解釋，「為什麼要有道德」便是一個道德能動性（moral agency）問題。牟宗三講道德本心是活動的，也在一定程度上回應了道德動力或道德能動性的問題。

　　換個角度看，道德本心活動解決了楊澤波所講的「休謨倫理難題的中國版」，即「如何保障道德理性具有活動性，使理性自身就能實踐的問題」[14]。如果按照牟宗三的解讀，這也是為了解決康德哲學中自律與自由的分離

---

[11] 王夫之：《讀四書大全說》，《船山全書》第六冊，長沙：嶽麓書社，1996 年，第394 頁。

[12] 王夫之：《讀四書大全說》，《船山全書》第六冊，長沙：嶽麓書社，1996 年，第400 頁。

[13] 參見黃勇：《為什麼要有道德：二程道德哲學的當代啟示》，崔雅琴譯，東方出版中心 2021 年版，第一章。

[14] 楊澤波：《貢獻與終結》第 1 卷，第 18、9 頁。

問題。「孟子之『本心即理』卻正能表示康德所說之自律以及自由，而且足以具體而真實化此自律與自由，即並無分析與批判之別。（依康德，自律是分析的，即由道德一概念即可分析出，而自由不是分析的，乃須接受批判之考察，因此說他是一個設準。）……孟子之『本心即理』正足以具體而真實化此自律與自由，因而亦足以使道德成為真可能。自律自由之本心是呈現，不是設準，則道德實踐始有力而不落空。象山云：『當惻隱自惻隱，當羞惡自羞惡，……所謂溥博淵泉而時出之』，這豈不是道德行為之真實呈現？自由之本心豈是設準耶？這所『溥博淵泉而時出之』的『所當為』豈不坦然明白而甚簡易乎？這便是如如呈現的實事實理。實事者道德行為也……實理者『本心即理』之理也。」[15]「自」者，知之即行之。如何知之即行之？此處尚需「鑿」之使「開」[16]，需要對惻隱、羞惡等道德情感做深入考察。[17]

2、「另類」道德能動性問題：意義境界體證還是宇宙創生？

與英美現代道德哲學對道德動力略顯技術化的討論不同，牟宗三的道德能動論更關心如何由道德上達本體。這也從一個方面展現了「道德的形上學」之為道德學區分於道德哲學的特點。通過對牟宗三的考察，我們可以看到一種新的道德能動性問題，或者說，一種道德學而非道德哲學才能提出來的「另類」道德能動性問題：道德能動，是一種意義境界體證還是一種宇宙

---

[15] 牟宗三：《從陸象山到劉蕺山》，長春：吉林出版集團有限責任公司，2010 年，第 8-9 頁。

[16] 《孟子·離婁下》：「天下之言性也，則故而已矣。故者以利為本。所惡於智者，為其鑿也。」船山批評朱子將「鑿」釋為「穿鑿」，認為「此『鑿』字自如字讀，如鑿石鑿渠之鑿」。船山由此批評荀子性惡論：「本無蹊徑，強用力以求通，如人性本無惡，卻強說惡。」（王夫之：《讀四書大全說》，《船山全書》第六冊，長沙：嶽麓書社，1996 年，第 1030 頁）筆者於此所講的「『鑿』之使『開』」，亦是「如字讀」，但並無「強用力以求通」的貶義。

[17] 李明輝先生在這方面的研究堪稱典範，僅舉二種：李明輝：「孟子的四端之心與康德的道德情感」，《儒家與康德》（增訂版），臺北：聯經，2018 年，第 107-148 頁；李明輝：《四端與七情——關於道德情感的比較哲學探討》，臺北：臺大出版中心，2012 年。

創生？在牟宗三看來，宋明儒從心性入手確立道德實踐何以可能的先驗根據，以及與此本體問題相應的修養工夫問題，即道德實踐如何在實際生活中具體展開。按照牟宗三的看法，儒家道德實踐中對道德自我的體證，必至於「萬物皆備於我」（孟子）或「萬物森然於方寸之中」（象山），於道德個體的有限中當下通達宇宙生化的無限。「道德行為有限，而道德行為所依據之實體以成其為道德行為者則無限。」[18]如此，天道性命貫通為一，道德底形上學轉為道德的形上學，即由道德的進路證成一種能夠對宇宙大化流行予以整全說明的形上學。

「萬物皆備於我矣，反身而誠，樂莫大焉。」（《孟子‧盡心上》）如果就生存所感受的意義境界而言，完全沒有問題，甚至在直覺體證（感通無外）的現實意義上說，也完全沒有問題。如牟宗三說，「『成德』之最高目標是聖、是仁者、是大人，而其真實意義則在於個人有限之生命中取得一無限而圓滿之意義。……人而隨時隨處體現此實體以成其道德行為之『純亦不已』，則其個人生命雖有限，其道德行為亦有限，然則有限即無限，此即其宗教境界。」[19]借用牟宗三評論海德格爾曾用的一句話來說：「這些詞語都是極美而又恰當的。」[20]牟宗三講，宋明儒大宗，無論五峰、蕺山系，還是象山、陽明系，其工夫重在逆覺體證。依此，「萬物皆備於我」只能是境界，我純以意識、道德意識與之發生關係，並非以《易傳》所講「開物成務」「參贊天地之化育」的方式與之發生關係。境界上講「萬物皆備於我」，「萬物」還是「我」的意義世界內部的萬物。

但是，在牟宗三那裏，「萬物兼備於我」從境界走向實存。性命貫通天道，心體即性體，性體即道體，道體於穆不已，心體是創造之源，而所謂創造，既是道德之創造，又是宇宙之生化。牟宗三反復申言，這是中國哲學有別於西方哲學的特異之處。引入「智的直覺」，則可以說，心體之創造，正是智的直覺的創造。（從良知的角度看，則是良知變成了可以在實存的意義

18　牟宗三：《心體與性體》（上），第5頁。

19　牟宗三：《心體與性體》（上），第7頁。

20　牟宗三：《智的直覺與中國哲學》，第42頁。

上生天生地生鬼生神的創生者。）西方哲學如康德哲學將智的直覺歸於上帝，而中國哲學將之歸於人。如此，「萬物」就跳出「我」的意義世界而變成實存意義上的萬物。萬物包括了「我的道德行為」，在引發道德行為的意義上，固然可以講我的道德創造。但是，畢竟萬物遠不止是我的道德行為。「我」因其智的直覺而在實存的意義上可以「備」萬物、創造萬物、促使宇宙生化，這裏似乎從境界跳到實存，將人過度提升到人格神的位置。

　　在牟宗三那裏，類似的表述不少，文辭極美，足以感人動己。如曰：「然『萬物皆備於我矣，反身而誠，樂莫大焉，』則心即涵一無限的伸展，即具一『體物而不可遺』的絕對普遍性。」[21]「這為定然地真實的性體心體不只是人的性，不只是成就嚴整而純正的道德行為，而且直透至其形而上的宇宙論的意義，而為天地之性，而為宇宙萬物底實體本體，為寂感真幾、生化之理。」[22]「本心仁體本是無限的，有其絕對普遍性。它不但特顯於道德行為之成就，它亦遍潤一切存在而為其體。前者是它的道德實踐的意義，後者是它的存有論的意義；前者是它的道德創造，引生道德行為之『純亦不已』，孟子所謂『沛然莫之能禦』，後者是它的『生物不測』，引發宇宙秩序，《易傳》所謂『以言乎遠，則不禦』。總之，它是個創造原則。就聖德之圓滿化境說，這兩面之創造不能有異。此即明道所謂『一本』（只此便是天地之化，不可對此個別有天地之化），而孟子所謂『萬物皆備於我矣，反身而誠，樂莫大焉』，亦函此義，象山所謂『萬物森然於方寸之間，滿心而發，充塞宇宙，無非斯理』，已十分明顯此義，而陽明所謂『良知是造化的精靈，這些〔猶言這點〕精靈生天生地，成鬼成帝，皆從此出，真是與物無對』，亦是此義。在道德的形上學中，成就個人道德創造的本心仁體總是連帶著其宇宙生化而為一的，因為這本是由仁心感通之無外說的。就此感通之無外說，一切存在皆在此感潤中而生化，而有其存在。此仁心之感通無外就是其覺潤無方，故亦曰覺潤。仁心之明覺活動覺潤一切，同時即照了一切。

---

[21] 牟宗三：《心體與性體》（上），第 23 頁。
[22] 牟宗三：《心體與性體》（上），第 118 頁。

此照了活動即是它的『虛明照鑑』，在此說『智的直覺』。它的虛明照鑑覺之即潤之，潤之即生之。故智的直覺本身即給出它的對象之存在（對象是方便說，實無對象義），此即智的直覺之創生性。」[23]實際上，牟宗三在某處甚至直接承認人是上帝了：「『人本身便是一潛勢的上帝，現下應當成就的上帝』，這話尤其中肯，這是東方宗教因而亦是儒教『人而神』的精神（儒家所謂『人人皆可以為聖人』，佛家說『一切眾生皆可成佛』）。」[24]

　　楊澤波對「道德的形上學」提出了類似的批評。他概述「智的直覺」：「牟宗三主張，道德之心創生存有的思維方式屬於智的直覺，其創生的過程不需要借助時空範疇這些認識形式，完全是無執的，其創生的對象實為物自身，不像認知之心創生存有那樣必須執著於現相。因為這種存有論的思維方式是智的直覺，智的直覺即為無執，所以這種存有論可以名為『無執存有論』。」[25]牟宗三所說的智的直覺，顯然並非康德所講的智的直覺。楊澤波指出：康德的智的直覺主要是一種「本源性」的直覺，即不需要對象刺激本身就可以給出質料的那種直覺；而牟宗三所講的智的直覺是一種意識指向的直接性。「道德意義的存有按其本質而言，就是將道德之心的價值和意義賦予外部對象之上，使原本沒有任何色彩的對象具有了道德的價值和意義。」[26]所以其對象不是物自身，而是「一種特殊的現相」，即「善相」。[27]楊澤波實際上解釋了，我們可以在道德認知的價值賦義的意義上承認「智的直覺」的創生義；而此種創生義不同於在康德那裏只有上帝才有的由直覺而創生存有的「智的直覺」。憑借智的直覺，人可以創造意義世界，卻並不能創造實存世界。倘若認為人竟然有了創造實存世界的能力，那便是讓上帝成為「或使」造物者，並以隱秘的方式居有了人。這無疑是人的僭越，更確切的是，人的道德良知的僭越。而且，這種「僭越」並不意味著人在現實世界真

---

[23]　牟宗三：《智的直覺與中國哲學》，第256頁。
[24]　牟宗三：《心體與性體》（上），第158頁。
[25]　楊澤波：《貢獻與終結》第1卷，第10頁。
[26]　楊澤波：《貢獻與終結》第1卷，第31頁。
[27]　楊澤波：《貢獻與終結》第1卷，第32頁。

的實實在在擁有了不該擁有的力量，而只是一種理智上的誤解，一種因為我們對人的道德良知的不當理解而產生的幻象。

　　一言以蔽之，牟宗三「道德的形上學」主張以道德心化生萬物：「若依宋明儒之大宗說，道德性的天理實理是本心性體之所發。本心性體或於穆不已之道體性體是寂感真幾，是創造之源，是直貫宇宙之生化或道德之創造。」[28]我們固然可以說本心是道德之創造，但是，如果說本心即是宇宙之生化，則不免「以心法起滅天地」。[29]

三、餘論：虛詞和做哲學

　　以上從內容的角度對「道德的形上學」做了若干討論。就做哲學的方式來說，「道德的形上學」亦有可注意之處。比如，從漢語言哲學的視域來看，「道德的形上學」不斷徵引《詩・頌・維天之命》《中庸》、孟子、《易傳》、象山、陽明的經典文字，及張載之「心知廓之」「誠明之知」「天德良知」「德性之知」[30]，以此證成有道德的形上學，可謂經典闡發之範例。經典「闡發」者，乃是創造性地朝著詮釋者特定的哲學方向忠實地闡發經典的義理潛能。哲學家在闡發經典的過程中回應時代問題，以自己特有的方式實現理論與現實及德性之間的互動，實現「述而作」與「作而為」的統一。[31]當然，最值得留意的，還是牟宗三妙用虛詞「底」「的」之分，鍛

28　牟宗三：《心體與性體》（上），上海：上海人民出版社，1999 年，第 99 頁。

29　如果從馮契的"智慧說"來看，牟宗三"道德的形上學"缺乏社會實踐的奠基，因而缺乏現實的品格。參見劉梁劍：〈成性存存，自由之門：試論馮契對王夫之的哲學書寫〉，《華東師範大學學報》（哲社版）2020 年第 2 期。

30　尤見牟宗三：《智的直覺與中國哲學》，第 237-244 頁。

31　參見劉梁劍：〈經典"闡發"與哲學話語創新：郭象《莊子注》的啟發〉，《船山學刊》2017 年第 5 期。此外，另一個值得注意的現象，牟宗三援引經典證成道德的形上學，多用象山、陽明，而非五峰、戴山。也許，象山、陽明所表彰的心的活動義，正可以對治康德道德底形上學之不足而開出中國特色的道德形上學。在一定的意義上，牟宗三哲學帶有鮮明的陽明良知學的特點。牟宗三將周敦頤、張載、程顥之後的宋明

造「道德底形上學」「道德的形上學」這一對核心概念。它啟發我們，做哲學需要關注虛詞的哲學意蘊。

就哲學的窮理工夫而言，我們有意無意地將哲學理解為概念考察，從而將哲學話語限定於概念。「的」「底」之分提醒我們，用漢語做哲學，還需要「出實入虛」的工夫。這裏的「出實入虛」之說借自王船山對「之」的解釋。「之」本用作實詞，《說文解字》訓為「出」，為草木出地之象。王船山闡明其引申義：「出實而入虛，出此而入彼，直行而無礙，故借為往也。轉借為語助詞，亦指在前所『之』者而言，有草木出地指空之意焉。凡目中、意中事理所在，前所已言，後所方說，皆可以『之』言之。或意有所喻、言不能詳說者，亦繫之以『之』，使人自喻。蓋『之』為出實入虛，無虛不入，故其所用可廣。若得失所因，欲明其自，亦先以『之』指之，使即所指者而思其故。以至乎此者必出乎彼，言其所出而後可求其所以至也。」[32] 在船山這裏，「出實入虛」首先用來解釋字形所摹狀的草木出地之象，實者，地也，虛者，虛空也；進而，船山在「出實入虛」之後加上「虛無不入」，以此喻指「之」的虛詞（語助詞）用法的廣泛性、多樣性和靈活性。

理學分為三系：五峰、蕺山系，象山、陽明系，伊川、朱子系。對於象山、陽明系，牟宗三的態度不無遊移之處。一方面，五峰、蕺山系為圓教，既主觀地講心體，又客觀地講性體，象山、陽明系偏於心之活動，而別子為宗的伊川、朱子系偏於理之存有。就此而言，象山、陽明系是有缺陷的。「象山、陽明既只是一心之朗現，一心之伸展，一心之遍潤，故於客觀地自『於穆不已』之體言道體性體者無甚興趣，對於自客觀面根據『於穆不已』之體而有本體宇宙論的展示者尤無多大興趣。……純從主觀面伸展之圓滿，客觀面究不甚能挺立，不免使人有虛歉之感。」（牟宗三：《心體與性體》（上），第 41 頁）「須知王學之流弊，即因陽明於此處稍涉虛歉，故人提不住，遂流於『虛玄而蕩』或『情識而肆』，蕺山即於此著眼而『歸顯於密』也。」（牟宗三：《心體與性體》（上），第 42 頁）另一方面，牟宗三又講，五峰、蕺山系，象山、陽明系，二系可會通為一大系，"當視為一圓圈之兩來往"：「前者是從客觀面到主觀面，而以主觀面形著而真實化之；後者是從主觀面到客觀面，而以客觀面挺立而客觀化之。兩者合而為宋、明儒之大宗。皆以《論》《孟》《中庸》《易傳》為主導也。」（牟宗三：《心體與性體》（上），第 42 頁）

[32] 王夫之：《說文廣義》，《船山全書》第九冊，嶽麓書社 1996 年版，第 69 頁。

　　關於虛詞的豐富意蘊，不妨再舉一例。《孟子·梁惠王上》：「孟子見梁惠王。王曰：『叟！不遠千里而來，亦將有以利吾國乎？』孟子對曰：『王！何必曰利？亦有仁義而已矣。……』」圍繞梁惠王問話中的「亦」字和孟子答語中的「亦」字，金聖歎抉發其義：「蓋梁王『利吾國』三字，全是連日耳中無數遊談人說得火熱語。今日忽地多承這叟下顧，少不得也是這副說話，故不知不覺口裏便溜出這一字來。孟子聞之，卻是吃驚，奈何把我放到這一隊裏去……遂疾忙於仁義上也下它一個『亦』字。只此一個字，早把自己直接在堯舜禹湯文武周公孔子之後也……梁王口中一個『亦』字，便把孟子看得等閑。孟子口中一個『亦』字，便把自己抬得鄭重。梁王『亦』字，便謂孟子胸中抱負，立談可了。孟子『亦』字，便見自己一生所學，迂遲難盡。只這兩個『亦』字，鋒針不對，便已透露王道不行，發憤著書消息。」[33]金聖歎的闡發展現了虛字「亦」所包含的豐富義蘊。

　　船山對於虛詞（語助詞）有一個一般性的看法。《說文廣義·發例》：「語助皆有所本。如『之』為出生而往之義，『其』為有定基可指之類，皆有義存焉。同為語助，而用之也殊，此初學必當通曉者，輒為發明所以助語成文之理。」[34]這是說，虛詞往往從實詞衍化而來，所從出的實詞義影響著虛詞的功能性用法。如「之」「其」都有指代作用，但因為本義不同，指代的方式亦有不同。詳言之：「『之』，所指也；『其』，亦所指也。『之』者，從地下生出地上，其為詞也，本此而達彼；『其』，本非地中之物，取置地上，以地為基而薦之，其為詞也，指彼之在此也。故即事而指之曰『之』，指彼曰『其』。」[35]對虛詞做詞源學考察，通過回溯其實詞義明其用法，船山得出不少有啟發性的見解。當然，語詞的意蘊在使用的過程中不斷豐富，虛詞亦然。詞源學考察，一方面不能窮盡虛詞的意蘊，另一方面，也可能做出一些牽強的解釋。如船山釋「即」字：「即，本訓即食也。徐鍇曰：『就也。』即食者，食不以饗飧之常，隨便輒食也。食个以時，故從

[33]　金人瑞：「釋孟子四章」，《唱經堂才子書匯稿》，貝葉山房1925年版，第200頁。
[34]　王夫之：《說文廣義》，第56頁。
[35]　王夫之：《說文廣義》，第70頁。

卩，欲使節之也。就者，就便之意，便則就之，故相邇曰相即。就便者無待，故無所待而急應曰即。即日者，就此日也。即事者，就此事而言之也。兩相就則合而為一，故二名同實曰某即某，展轉相借爾。」[36] 船山《說文廣義》的體例，乃是「先列《說文》本義，再列從本義轉為某一義，或轉為若干義，以廣《說文》所未備」。[37] 船山釋「即」，從《說文》所講的「即食」本義出發，整理出「就」「相邇」「無所待而急應」「二名同實」等詞義鏈條。船山用「A 義，故 B 義」的句式，強調從 A 義轉出 B 義是合乎邏輯的。然則，語義的發展是語詞具體使用的歷史過程中實現的，往往摻雜了偶然的非理性的「雜質」。再者，推衍本乎《說文》，如果《說文》錯了，那麼，推衍的起點也就錯了。段玉裁便不認可《說文》的「即食」訓義，認為「即食」當作「節食」：「『即』，當作『節』，《周易》所謂『節飲食』也。節食者，檢制之使不過，故凡止於是之詞謂之即，凡見於經史言即皆是也。」[38] 段玉裁將「即」的虛詞義理解為「止於是」，並且解釋了如何從「節制」這一實詞義轉出。我們未必能馬上用段玉裁之說否定王船山，但至少可以看到不同解釋的可能性，從而提防一種可能的情形：合乎邏輯的語義推衍只是主觀上「合理」重構的結果，未必能復歷史之實，亦未盡能盡歷史之實。

那麼，哲學辨名析理何以需要出「實」入「虛」的工夫？德國語言學家洪堡特認為，漢語不像印歐語言那樣具有豐富的屈折變化，但作為替代的語言手段，發展出了大量的虛詞，得以表達詞與詞之間的種種微妙關係，「指出從一部分思想到另一部分思想的過渡」[39]。洪堡特的判斷也符合我們的直覺。比如，在曲折變化豐富的古典梵文中，名詞共有八種變格形式（體、

---

[36] 王夫之：《說文廣義》，第 400-401 頁。

[37] 童第德：〝點校說明〞，見王夫之：《說文廣義》，《船山全書》第九冊，第 403 頁。

[38] 段玉裁：《說文解字注》，上海古籍出版社 1998 年版，第 216 頁。

[39] 洪堡特：〈致阿貝爾‧雷慕薩先生的信：論語法形式的通性以及漢語精神的特性〉，載洪堡特：《洪堡特語言哲學文集》，姚小平編譯，商務印書館 2011 年版，第 166-167 頁。

業、具、為、從、屬、依、呼），如要表達工具義、原因義，便需要用具格來表示。[40]而在漢語中，則需要用介詞「以」等手段來加以表示。因此，用漢語做哲學，須注目虛詞的特殊地位，需要練就一副聽虛詞的好耳朵，聽出不同的虛詞如何將義理進行不同的分環勾連，聽出不同的虛詞各自在達意上的精微之處。

---

[40] 具格在德語中大致對應於介詞 mit 加上名詞，表示"方法、工具、原因和陪同"，等等（施坦茨勒：《梵文基礎讀本》，季羡林譯，段晴、范慕尤續補，北京大學出版社 2009 年版，第 18 頁）。不過，這似乎也在提醒我們兩點。首先，正如漢語中的虛詞有其豐富的哲學意蘊，德語中的變格（如第二格）亦有其豐富的哲學意蘊，值得做專門的考察。再者，較之古典梵語，德語的屈折變化已經弱化，因此也就發展出了相應的語法補償手段，如大量的介詞等小品詞。像海德格爾等德語哲學家就已經自覺地運用德語中的介詞展開義理思辨。這也是一個有待專題考察的論題。

超越的分解與辯證的綜和
：牟宗三形而上學思考的基本原則

廖曉煒[*]

　　超越的分解與辯證的綜和原本是牟宗三分別用來解釋、定位康德和黑格爾哲學的一對方法學上的區分。[1]但縱觀 1950 年代以後牟宗三的諸多論述，不難發現，超越的分解與辯證的綜和也可說是其哲學思考的兩項基本原則。無論是 1950 年代牟宗三關於歷史文化哲學的思考，還是《才性與玄理》《心體與性體》《佛性與般若》等巨著對儒、道、佛傳統的詮釋，乃至牟宗三晚年基於圓教觀念對圓善問題的思考，超越的分解與辯證的綜和這兩項原則均貫穿其中。學界對牟宗三哲學中這兩項原則的系統梳理尚不多見，因此本文嘗試從牟宗三的哲學觀出發澄清牟宗三哲學中這兩項原則的理論意涵，進而以之為基礎說明牟宗三宋明儒學詮釋尤其是其三系說背後的理論動機，以及牟宗三形上學與乃師熊十力體用論之間的根本分歧之所在。

---

[*]　華中科技大學哲學學院副教授

[1]　牟宗三：〈黑格爾與王船山〉，《生命的學問》，臺北：三民書局，2020，第 175-185 頁；牟宗三：〈超越的分解與辯證的綜和〉，《牟宗三先生晚期文集》（全集第 27 冊），臺北：聯經，2003，第 459 頁。

1、超越的分解與辯證的綜和

　　通觀牟宗三不同時期的哲學作品，形而上學乃是其哲學思考的核心關切。牟宗三第一部作品《從周易方面研究中國之玄學及道德哲學》，即試圖以《周易》為中心「抉發中國的玄學思想」；[2]其於 1940 年發表於《再生》雜誌的〈哲學的下降與上升〉一文，慨歎其時哲學日益淪為科學的附庸，而迷失自己的方向，並痛陳哲學當於科學之外確立自己的身份認同：「科學以知始以知終，**其功能只在了物**。而哲學則必須盡性至命**見體立極**，發人性之良能，立行為之準則，所以鼓舞群倫，啟迪眾生。」如何「上悟道體」，乃是「哲學命脈之所在」。[3]換言之，對牟宗三而言，科學的目標在於認識經驗世界，而哲學的目標則在於從形而上學的層次確立人生和價值的終極依據。牟宗三此後的哲學思考，大體即是圍繞這一基點而展開。如其早年重要作品《認識心之批判》固然以知識論問題為中心，但其總體目標，則是透過「逆所求能」或曰「反顯法與先驗法」以確立「先驗原則、原理、或實體之領域」，其不只包括知識所以可能的「先驗原則、原理」，更包括形而上學之所以確立的形而上的實體，也即所謂「立體」。是以該書最後落腳於「認識心向超越方面之邏輯構造」，本質上即是對形而上學的邏輯演繹。因此，一定意義上，《認識心之批判》可說是一部「**形而上學引論**」，透過「**窮智見德**」的工夫進入形而上學的領域。[4]1950 年代完成的「新外王三書」（《道德的理想主義》《歷史哲學》《政道與治道》），則是本其形而上學立場對歷史與文化（民主、科學、道德、宗教）問題的哲學反省。此後，牟宗三系統疏解中國哲學史的《才性與玄理》《心體與性體》《佛性與般若》

2　牟宗三：《周易的自然哲學與道德函義》（全集第 1 冊），臺北：聯經，2003，第 13頁。

3　牟宗三：〈哲學的下降與上升〉，《牟宗三先生早期文集（上）》（全集第 25冊），臺北：聯經，2003，第 551、557 頁。

4　參見牟宗三於該書〈序言〉對全書內容和寫作背景的介紹，見牟宗三：《認識心之批判（上）》，臺北：聯經，2003。

三部巨著，則分別以道德的形而上學、境界型態的形而上學和佛教式的存有論為視角，分判、定位儒、釋、道各家的學問。《智的直覺與中國哲學》（1971）、《現象與物自身》（1975）、《圓善論》（1985）三書，進一步將道德的形而上學架構為兩層存有論，同時，在此基礎上借圓教解決圓善問題。對牟宗三而言，這不只是其形而上學思考的完成，甚至也是其哲學思考的完成：「依康德，哲學系統之完成是靠**兩層立法**而完成。在兩層立法中，實踐理性（理性之實踐的使用）優越於思辨理性（理性之思辨的使用）。實踐理性必指向於圓滿的善。……圓善問題之解決亦函**哲學系統之究極的完成**。」[5]當然，牟宗三前後期對形而上學的理解存在根本的差異，[6]但形而上學始終是其哲學思考的核心關切。

　　一定意義上，對牟宗三來說，哲學就是形而上學。不過，牟宗三晚年言說形而上學的側重點略有不同：牟宗三於晚年之前始終強調形而上學思考的關鍵在「立體」，晚年則重視從**存有論**的角度說明不同哲學系統之間的差異。牟宗三是在一個較為寬泛的意義上使用存有論（ontology）的這個概念的：說明天地萬物的存在或者說對存在界給出整體性的說明。[7]此所以牟宗三說：「涉及到存在，對於存在要有一個說明，這就是我們一般哲學裡面所說的『存有論』。」[8]當然，說明的方式並非唯一，這就決定了形而上學可以有不同的形態。在牟宗三看來，就中西哲學而言，主要有儒家、道家、佛教、柏拉圖和基督教五個形態，[9]是以其常常說：「全部人類的智慧不能超出這五個形態」、「你了解這五個系統，你就把形而上學的全部系統都了解

5　牟宗三：《圓善論·序言》（全集第 22 冊），臺北：聯經，2003。

6　關於牟宗三哲學分期的問題，學界有不同的看法，但基本上，牟宗三哲學可以 1930 年代末至 1940 年代初的思想轉向為界，劃分為前後兩個階段。本文即是在這一意義上區分牟宗三的前後期思想。

7　牟宗三：《中國哲學十九講》（全集第 29 冊），臺北：聯經，2003，第 94 頁。

8　牟宗三：《牟宗三先生講演錄（五）：實踐的智慧學》，新北：東方人文基金會，2019，第 187-188 頁。

9　牟宗三：《四因說演講錄》（全集第 31 冊），臺北：聯經，2003，第 78 頁。

了」。[10]實有形態的形而上學與境界型態形而上學、理論的（知解的）形而上學（theoretical metaphysics）與實踐的形而上學（practical metaphysics）等區分，[11]即是對這些不同形而上學系統之理論性格的分判和定位。當然，這並不意味著牟宗三晚年的形而上學立場發生了改變，其所堅持的仍是儒家道德的形而上學的立場，也即肯定心性與天道的絕對性和同一性，並視其為說明天地萬物之存在的超越根據。因此牟宗三晚年仍強調道德的形上學就是無執的存有論，[12]也因之斥責海德格爾的基本存有論思之未透，未能「見體」，亦即不能肯定一超越的形上實體或理境。[13]不過，存有論這一形而上學視域，使得牟宗三分判不同的哲學傳統，進而通過**判教**以確立最高的義理形態成為可能。[14]就此而言，牟宗三晚年以存有論為中心的形而上學思考，乃是此前形而上學思考的進一步展開。

　　總之，在牟宗三看來，形而上學是哲學思考的核心，形而上學的根本任務則在於確立一超越的形上實體，作為說明天地萬物之存在以及人生與價值的終極根據。[15]不過，對牟宗三而言，哲學的最終目標在實踐而不在理論，

10　牟宗三：《牟宗三先生講演錄（五）：實踐的智慧學》，第 206、218 頁。

11　牟宗三：《中國哲學十九講》，第 102、301 頁。

12　牟宗三：《現象與物自身》（全集第 21 冊），臺北：聯經，2003，第 459 頁；牟宗三〈附錄一：「存有論」一詞之附注〉，《圓善論》，第 330 頁。

13　牟宗三：《智的直覺與中國哲學》（全集第 20 冊），臺北：聯經，2003，第 447-472 頁。

14　牟宗三對圓教的判定即以存有論為背景，其曰：「天台宗所說的圓教是不離權教，……所以成佛是即九法界的眾生而成佛，沒有任何一法可以去掉。如此，佛性即把一切法的存在保住了。可見不達到圓教，法的存在是無法保住的，而從保住法的存在這一點來看，我即給它規定一個名詞，叫做『佛教式的存有論』（buddhistic ontology）。本來佛教講無自性，要去掉『存有』（being），根本不能講存有論；但是就著佛性把法的存在保住，法的存在有必然性而言，那麼就成功了佛教式的存有論。」（牟宗三：《中國哲學十九講》，第 365 頁）圓教則為圓善這一哲學上最高問題之解決奠定了理論基礎。

15　至於說在後形而上學的時代，牟宗三為何仍以形而上學作為哲學思考的中心？或者說，形而上學何以必要？筆者另有專文處理，參廖曉煒：〈超越現代虛無主義：牟宗三論形而上學〉（待刊）。

雖說牟氏與乃師熊十力針對中國傳統哲學之特點，特別強調哲學思辨之重要性，[16]然哲學思辨仍當、事實上也可引歸實踐。[17]實踐既包括以成德為目標之個人的生命實踐，也包括個體以外的民族實踐。但無論是個人的實踐還是民族實踐，均以肯定超越的形上實在為前提。[18]循此，我們即可轉入對牟宗三哲學中超越的分解與辯證的綜合這兩項原則做具體的解釋。

　　首先看超越的分解（transcendental analytic）。牟宗三認為，一般而言，哲學思考本質上即是概念思辨，而概念思辨本身即蘊含了分解性的思考：

> 照此意義，假如以西方從古希臘開出來的哲學傳統作哲學的標準意義看，則作**哲學性思考**之最主要的方法是**分解性的思考**，即**概念性的思考**。**概念性的思考必然函著分解的方法**（conceptual thinking necessarily implies analytic method）。[19]

這是從較為寬泛的意義上將分解視為哲學思考的一般性方法，哲學思考活動常以此為主要工作，[20]分解的方法可以有經驗的分解、邏輯分析和超越的分解之不同：[21]

---

[16] 牟宗三：《圓善論・序言》。

[17] 參見鄭宗義：〈合哲學、道德與宗教為一體——當代新儒家的儒學觀〉，收入鄭宗義、林月惠編：《全球與本土之間的哲學探索——劉述先先生八秩壽慶論文集》，臺北：臺灣學生書局，2014，第1-32頁。

[18] 牟宗三：〈理想主義的實踐之函義〉，《道德的理想主義》（全集第9冊），臺北：聯經，2003，第51-88頁。

[19] 牟宗三：〈訪韓答問錄〉，《時代與感受》（全集第23冊），臺北：聯經，2003，第225頁。

[20] 牟宗三：〈黑格爾與王船山〉，《生命的學問》，第178頁。

[21] 牟宗三：《牟宗三先生講演錄（九）：康德第三〈批判〉》，新北：東方人文基金會，2019，第11-12頁。

> 經驗的分解是只就經驗現象而釐清之，**如其所是而呈列之**，並不能超越地及其先驗之原理。（普通所謂**邏輯分析**亦只是在經驗分解一模式之籠罩下而依邏輯手續，傳統的，或是近代的，以進行其釐清之活動，亦不能超越地及乎所分解之事物之先驗原理。）超越的分解則經由**反顯法**能**超越地及乎先驗之原理**。超越的分解有兩方面的使用：一、向**客觀**方面使用，此如傳統的外在的超越形上學之所作；二、向**主體**方面使用，此如康德之所作。[22]

牟宗三認為萊布尼茲、羅素等人的哲學工作所突出的主要是邏輯分析（logical analysis）的方法，英國經驗論所突出的則是經驗分解（empirical analysis）的方法。[23]超越的分解，牟宗三區分了兩種：一是西方傳統形而上學的那種客觀的分解，可以柏拉圖哲學為代表：「柏拉圖所說的圓滿的 idea 是怎麼出現的呢？他所謂的 idea 是通過我們的分解，把感觸界（sensible world）的事物都剔除，單顯一個至高的標準，此即是圓滿的 idea」，「柏拉圖所用的分解方式，目的在顯出一個 idea 來，我們稱其為超越的分解（transcendental analytic），或者稱為超絕的分解（transcendent analytic）也未嘗不可。柏拉圖的超絕的路子不是從主體方面講，而是從客體方面講，為的是要特顯一個 idea」；[24]一是康德哲學在主體方面所作的超越的分解，「目的在於顯出一個先驗的範疇（a priori category），顯出一個純粹的概念（pure concept）」，也即經驗知識所以可能的先驗條件。[25]

---

[22] 牟宗三：《認識心之批判（上）》，第 131 頁。

[23] 牟宗三：《中國哲學十九講》，第 316 頁；牟宗三：《時代與感受》，第 226 頁。

[24] 牟宗三：《中國哲學十九講》，第 314、316 頁。

[25] 後期牟宗三受海德格爾的影響，肯定知性之存有論的性格，因此將康德哲學對知性主體之超越的分解區分為兩重：「一是邏輯概念之超越的分解，此見知性之邏輯性格；一是存有論的概念之超越的分解，此見知性之存有論的性格（存有論是現象界的存有論）」（牟宗三：《現象與物自身·序》，第（9）頁）。此外，關於牟宗三對超越的（transcendental）和先驗的（a priori）之翻譯及其意涵，可參考牟宗三：〈邏輯與辨證邏輯〉，《牟宗三先生早期文集（上）》，第 95-96 頁。

　　照牟宗三的看法，其《認識心之批判》之作，即是順康德超越的分解的方法說明邏輯數學知識的先驗基礎或主體性根據。循此，邏輯、數學乃至科學知識得其「安頓」（transcendental justification）：

> 主體有二：一曰知性主體，一曰道德主體。茲所言之「認識心」即知性主體也。邏輯、數學俱回歸於知性主體而得其**先驗性**與夫**超越之安立**，而知性主體亦正因邏輯、數學之回歸而得成為「客觀的心」、「邏輯的我」。此「我」施設形式網以控御經驗，則科學知識成。故科學亦必繫屬於知性主體而明之，此所謂逆明也，**由主而逆也**。由主而逆，則彰**超越之分解**。順所而趨，則只邏輯分析，所謂消極意義之釐清也。[26]

但同時，認識心必然有一對終極的、絕對的形上實在之追求：「是以認識心在其順經驗向前，無論表現為理解或超理解之直覺，彼皆不能得**最後絕對之滿足**。……假若變化者表面者不能使吾人把握世界之圓滿相無漏相，則認識心必想追求一**絕對不變者，絕對真實者**，以為其把握圓滿無漏之根據。蓋惟絕對不變者方能使吾人安住不動，絕對真實者方能使吾人落足其上。」[27]此即牟宗三所謂「認識心之向超越方面之邏輯的構造」，類於康德《純粹理性批判》「超越辯證論」部分的工作，不過牟宗三的工作更為正面，透過「**遮詮**」或曰「**邏輯之反顯**」的方式，展示本體（亦即超越的形上實體）之內涵，也即「對於本體概念之邏輯構造」；當然，這只是對本體概念之形式的決定，尚無法決定本體之「真實性或客觀妥實性」，[28]此則另需對於本體之「直覺的構造」。牟宗三後來突出智的直覺之重要性，即是對這問題的回應。這即前文所謂的「見體」，牟宗三以之為形而上學的根本所在，

---

[26] 牟宗三：《認識心之批判（上）・序言》，第（12）頁。

[27] 牟宗三：《認識心之批判（下）》，第662頁。

[28] 牟宗三：《認識心之批判（下）》，第669頁。

他依康德內在的形上學與超絕的形上學之分，[29]而將其說為超絕的形上學
（transcendent metaphysics）。現在的問題是，超越的分解與這超絕的形上
學之間是何理論關聯？我們看牟宗三早年對懷特海哲學的反思與批評：

> 吾初極喜懷悌海。彼由現代物理學學數學邏輯之發展，上承柏拉圖之
> 精神，建立其**宇宙論**之偉構。此確為當代英美哲人中之不可多得者。
> 然自吾**邏輯書**寫成後，吾即覺其不行。蓋彼亦正是**由所而逆也**，而其
> 所使用之方法又為**描述法**。此確豐富客觀，實非入道之門。蓋其「**平
> 面**」的泛客觀主義之宇宙論實未達「**立體**」之境，故未能盡「**逆之以
> 顯先驗原則**」之奧蘊也。彼於此平面的泛客觀主義之宇宙論上渲染一
> 層價值觀念之顏色，而**不知價值何從出**，**價值之源何所在**，此則尚不
> 如羅素等人之「事實一層論」、「道德中立論」之為乾淨也。**價值之
> 源在主體**。如不能逆而反之，則只見價值之放射，而不知其源頭之何
> 所在。此則「**超越的分解**」缺如故也。即道德中立矣，亦必有其**根源**
> **之所在**。於經驗事實，科學命題上為中立，而彼總是一「**實有**」。劃
> 清界線可，忽而抹殺之則不可。正視此實有，由**主體方面逆而反之**，
> **以反顯其先驗之原則**，是則「**超越的分解**」之職責也。[30]

　　這段論述意涵豐富，其中值得注意的有以下幾點：1、牟宗三肯定事實
與價值的二分，換言之，事實世界與價值世界之間具有不可化約的關係；
2、羅素的「事實一層論」只肯定事實的世界而抹殺價值的世界，但價值的
世界畢竟不容抹殺，其為一「實有」，必須予以正視；3、懷特海哲學不過
是從宇宙論的角度客觀地展示了一個「平面」的事實的世界，而未能確立一
超越的形上本體，但其中又混雜了價值的觀念，似有事實與價值不分之弊，

---

[29]　牟宗三：《現象與物自身》，第31-37頁。
[30]　牟宗三：《認識心之批判（上）・序言》，第（11）-（12）頁。

此即牟宗三所謂不如羅素等之「事實一層論」「道德中立論」乾淨；[31] 4、價值的根源在主體，正視價值世界，經由主體方面的「逆而反之」，乃可確立此根源也即牟宗三所謂的道德主體，這「逆而反之」亦可說是「超越的分解」。

　　熟悉牟宗三晚期思想的人，大概不難覺察到這段寫於 1950 年代的文字，與其晚年思想之間的內在關聯。牟宗三晚年特別突出康德哲學中現象與物自身這一超越的區分之理論意義，並強調物自身是一個「價值意味」的概念，[32] 正是對事實與價值之分的存有論的表達；而於價值的世界透過「逆而反之」的超越分解以確立作為價值根源的道德主體，即是後來所謂的「逆覺體證」。[33] 這道德主體，在牟宗三的理解中，即孟子的本心、王陽明的良知，如牟宗三論及孟子的本心與王陽明之良知時乃曰：

> 孟子所說的「心」是 original and transcendental and moral，不是泛泛說的心理學的心。道德的而又是本心，所以，**這個「心」是 transcendental（超越的）**。「超越的」是什麼意思呢？就是**超越於經驗以上，不能由經驗而得到，而又反過來支配經驗，指導經驗，指導我們的感性**。照康德的使用就是如此。……我們認識是非的超越根據是不受內容限制的根據，**良知超越任何內容、經驗**。這需分辨清楚。[34]

以上可說是牟宗三進一步借用康德「超越的分解」的方法來說明真實的道德行動所以可能的超越根據。牟宗三在挪用康德「超越的分解」這一分析方法

---

[31] 牟宗三對懷特海哲學的批評，還可參見牟宗三：〈哲學的下降與上升〉，《牟宗三先生早期文集（上）》，第 554-555 頁。

[32] 牟宗三：《現象與物自身・序言》，第（8）頁。

[33] 牟宗三：《從陸象山到劉蕺山》（全集第 8 冊），臺北：聯經，2003，第 189 頁。

[34] 牟宗三：《牟宗三先生講演錄（一）：先秦儒學大義》，新北：東方人文基金會，2019，第 83、89 頁。

的同時，特別突出這一方法所隱含的基本原則：經由超越的分解所確立的先驗的或超越的原則、超越主體與現實經驗之間必然具有一種異質的、非化約的關係，而同時這兩者之間又非相互隔絕。這種異質的、非化約的關係，乃是一種「立體」的結構：「超越分解之架構思辨，其系統是**立體的**，而邏輯分析所成之系統則是**平面的**。」[35]這作為基本原則的「**超越的分解**」，乃是**貫穿牟宗三形而上學思考的根本原則**。

上述道德主體不只是經驗世界中道德行動所以可能的超越根據，同時也是超越的形上實體。[36]何以道德主體同時即是超越的形上實體，牟宗三往往順傳統儒家義理，直陳其義，其晚年則以「誠信」、「實踐上的一個必然的肯斷」說之。[37]這即是經由道德實踐而「見體」，循之乃有一實踐的道德的形而上學之建立，對牟宗三而言，這即是真正可以極成的、康德超絕形上學意義上的形而上學。正如前文所提到的，道德的形而上學作為「實踐的」形而上學，固然有其存有論的意涵，亦即對天地萬物的存在給出超越的說明，但這存有論的意義是統攝於道德的形而上學之實踐意義的，其終極目的是以其所證成之超越的形上實體指導個體實踐和民族實踐。實踐不可空言，其必然是在具體的經驗世界中展開的，在牟宗三看來，言實踐必然以形上實體與現實世界之間的「超越的分解」的原則為前提。

後期牟宗三往往在一較為寬泛的意義上使用「超越的分解」這個概念：「**分解所發現的成素是先驗的，這種分解才能說是超越的**。……柏拉圖的分解法不是邏輯的，不是經驗的，也不是心理的。從經驗不能發現出 idea、soul，idea、soul 這些成分都是先驗的，不是經驗能證明的。故柏拉圖的分解也算是超越的分析。」[38]「這是不同的兩個路子，但統統是分解的路子，而且統統是超越分解的路子。為什麼說是超越的分解呢？因為從客體

---

[35] 牟宗三：《五十自述》，第 66 頁。

[36] 牟宗三：《心體與性體（一）》（全集第 5 冊），臺北：聯經，2003，第 141-143 頁。

[37] 牟宗三：《圓善論》，第 138 頁。

[38] 牟宗三：《牟宗三先生講演錄（九）：康德第三〈批判〉》，第 11 頁。

方面，我們肯定一個先在的事物，譬如 idea 是本來有的，**是先在的**；而從 understanding 方面講，則肯定一個 a priori category 或 pure concept，也就是說透過某種方式，我們可以發現一個知性自身所提供的概念。惟是這種分解才叫做超越的分解。**假定不採超越的分解，而用經驗的分解，就無法發現先在的東西。**」[39]循此，若照牟宗三晚期特別強調的「分別說」與「非分別說」的區分，凡依分別說的方式肯定一超越的形上實體即是超越的分解。如朱子學所預設之理氣之分，即可說是超越的分解。[40]而《大乘起信論》通過分解的方式以確立真心之分解也是超越的分解。[41]

　　對牟宗三而言，實踐並非盲目的行動，而是價值和理想的實現。而價值和理想之所以具有普遍性和客觀性，因而成其為價值和理想，本質上即因其源自超越的形上實體，牟宗三認為這即是儒家理想主義的實踐之基本精神：

> 儒家的傳統精神是在盡倫盡性踐仁：在此種實踐中，顯示出「仁」這個普遍的原理、形上的實在，即「怵惕之感的良知之覺」這個「心理合一」的形上實在；顯示出這個實在，**即表示在實踐中實現這個實在**；因而反過來，**藉這個實在成就一切實踐，使一切實踐成為有價值的、積極的、有理想意義的**。所以，**他們的實踐是積極的**，從家庭社會的日常生活起以至治國平天下，所謂以天下為己任，層層擴大，層層客觀化，都是在實踐中完成，所以是積極的實踐。[42]

> 精神生活亦是個綜合名詞，亦須予以分解。它預設著一個虛靈的、涵蓋的、主宰的、絕對無待的、**普遍的「道德心靈」**。這個便是「體」。……這個體，真我，是光明、理想、正義，價值之源。肯認

---

[39]　牟宗三：《中國哲學十九講》，第 316 頁。

[40]　牟宗三：《心體與性體（三）》第 24-25、31 頁。

[41]　牟宗三：《佛性與般若（上）》（全集第 3 冊），第 451 頁。

[42]　牟宗三：〈理想主義的實踐之函義〉，《道德的理想主義》（全集第 9 冊），臺北：聯經，2003，第 51 頁。

它而又表現它，是想在我們的踐履中實現理想、正義與價值。在此步肯認中，普遍的**道德心靈**已提煉出，純淨化，而歸於其自己，這個是真我。於是，**自然、氣質、情欲、動物性等**，便經由自覺而成的分裂，被剌出去而成為「非我」。[43]

這是就個體的成德而言實踐，本質上即是超越的形上實體對自然生命的轉化或者說其在自然生命中的實現，當然最終的目標即是真我與非我，也即超越的形上實體與自然生命的和諧統一，或曰天理流行的境界。此中，透過超越的分解所確立的超越的形上實體，乃成德實踐或者說精神生活所以可能的超越根據，其相對於自然生命、情氣而言是超越的，離此超越的形上實體即無成德實踐可言。當然，就成德實踐來講，超越的形上實體、真我或普遍的道德心靈必然要求與自然生命之和諧統一，這二者之間原本是異質的、不可相互化約的關係，甚至可以說具有相互對反、相互矛盾的關係，[44]此二者的和諧統一，便可說是**辯證的綜和**。[45]超越的形上實體不斷尋求自我實現，或者說與自然生命和諧統一的歷程，在牟宗三看來，即是超越的形上實體之辯證發展的過程。[46]因此，辯證的發展或辯證綜和，就個體成德實踐的層次而言，乃是針對工夫及其最終目標而言的。[47]

　　成德實踐中所以必然以上述超越的分解為基礎，或可由勞思光所提出的「道德生活中之二元性」（Ethical Duality）來加以解釋和說明：

---

[43] 牟宗三：《理則學》（全集第 12 冊），臺北：聯經，2003，第 323-324 頁。

[44] 牟宗三：〈共產國際與中國批判〉，《中國文哲研究通訊》第十九卷第三期（2009年 9 月），第 21-26 頁；牟宗三：〈領導時代之積極原理〉，《時代與感受續編》，第 39-46 頁。

[45] 對此較為簡明扼要的說明，可參見牟宗三：《牟宗三先生講演錄（六）‧康德道德哲學》，新北：東方人文基金會，2019，第 100-107 頁；牟宗三：《牟宗三先生講演錄（四）‧莊子‧齊物論》，第 245-247 頁。

[46] 牟宗三：〈論黑格爾的辯證法〉，《生命的學問》，第 227 頁。

[47] 牟宗三：〈超越的分解與辯證的綜和〉，《牟宗三先生晚期文集》，第 462 頁。

> 但「天道」既實際運行於萬有中，則萬有似即應承受「天道」之決定，何以有不順「天道」之方向之可能？解答此問題，便須另設一觀念，以建立所謂道德生活中之二元性（Ethical Duality）。**此種二元性乃談價值問題時之必要條件；倘不建立此種二元性，則「惡」之可能不能說明、道德生活及一切價值判斷亦將無從安立。**[48]

這也就是說，成德實踐除須確立普遍的道德心靈以提供正面的價值和行動的方向外，還須說明現實中何以有阻礙這些價值得以實現的因素，否則即無法說明道德努力或工夫有何必要性。牟宗三亦有類似的說法：「在超越層的心與知以及經驗層的意與物之分別中，實踐的工夫始可能。」[49]

可見，沒有經超越的分解所確立之超越的形上實體，即無所謂辯證的綜和，因辯證的綜和必然是異質的兩種成素的統一；同樣，無辯證的發展或辯證的綜和，經由超越的分解所確立之超越的形上實體必處於抽象的狀態之中，形上實體的自我實現或成德實踐亦無從說起。超越的分解與辯證的綜和之上述理論關聯，亦可於牟宗三對民族實踐，以及民族國家之歷史文化的哲學解釋得到清晰的了解。

> 歷史是集團生命底活動行程。集團生命底活動，不論其自覺與否，均有一理念在其後面支配。理念就是他們**活動底方向**。因此，了解歷史是要通過「理念」之實現來了解的。[50]

> 社會集團決不只是物類，其中的個人之人性決不只是階級的私利性，必有「**精神的提撕**」在其背後，必有發自道德良心的理想、正義，為其行動的調節與指導，……但它卻是使社會發展向上的唯一動力。就因為這個動力，才說歷史是**精神表現的發展史**，而其發展才是**辯證的**

---

[48] 勞思光：《新編中國哲學史（三上）》，臺北：三民書局，1987，第53-54頁。

[49] 牟宗三：《圓善論》，第305頁。

[50] 牟宗三：《歷史哲學・三版本自序》（全集第9冊），第（8）頁。

發展，而且是**無窮地發展下去**。何以是無窮地發展下去？因為道德良心就是「不容已」的「願力」所在。人有此「願力」，乃「自覺地」向上發展，向前引生，而不令其斷滅。所以「無窮的發展」一主斷之成立，必於形而下的物質生活以上有一個「**超越的根據**」始可能。[51]

人性通神性的理性須要表現之於歷史文化中。在此種表現中，我們見出歷史文化發展的**推動機**，亦惟於此始見出歷史文化的**客觀價值**，始見出**理性的客觀有效性**。若不肯定歷史文化，理性只是**空懸**。若不肯定歷史文化之表現理性或**曲折宛轉中之實現理性**，因而獲得其客觀價值，則歷史只是**自然史**，非人文史，因而亦無文化可言。民族國家是歷史文化的托足地。它的形下的內容（即實際的內容）是人民與土地，而其形上的內容即本質的內容，則為歷史與文化。肯定歷史文化，必肯定民族國家。[52]

就民族言，在實踐中，一個民族的生命就是一個普遍的精神生命，此中函著一個普遍的精神實體。此普遍的精神實體，在民族生命的集團實踐中，**抒發出有觀念內容的理想**，以指導它的實踐，引生它的實踐。觀念就是它實踐的方向與態度。[53]

對牟宗三而言，歷史文化所以可能同樣也是以超越的形上實體（普遍的精神實體、人性通神性的理性）與現實世界（包括人的自然生命）之間的超越的分解為理論前提，由於超越的形上實體不得不在一個異質的現實世界中表現自身，因此歷史的發展必然是一個辯證的過程。[54]可見，在牟宗三的哲

---

[51] 牟宗三：《道德的理想主義》，第98頁。

[52] 牟宗三：〈自由主義之理想主義的根據〉，《生命的學問》，第221頁。

[53] 牟宗三：《歷史哲學》，第4頁。

[54] 有關牟宗三上述歷史觀之本質意涵的闡述，可參考李明輝：〈歷史與目的〉，《儒學與現代意識（增訂版）》，臺北：國立臺灣大學出版中心，2016，第159-184頁。

學思考中，所謂辯證的發展、辯證的綜和，乃是其從實踐的角度討論形而上學的一項基本原則，而這項原則又蘊涵超越的分解這一原則。以下即以這兩項原則為依據考察牟宗三的宋明儒學詮釋。

2、牟宗三的宋明儒學詮釋

　　牟宗三的宋明儒學詮釋爭議最大的無疑是其對宋明理學的分系，此外隨著氣學研究不斷受到關注，牟宗三對張載、劉宗周、黃宗羲等理學家義理思想的詮釋也遭到越來越多的質疑和批評。本文並不打算介入相關學術論爭，而是希望以超越的分解與辯證的綜合這兩項原則為背景，說明牟宗三宋明儒學詮釋背後的理論動機。通常大家了解牟宗三對宋明諸儒的分判，均聚焦於「即存有即活動」這一原則，不過該原則背後實隱含了另一更基本的原則，即超越的分解這一原則。因「即存有即活動」是規定儒家實踐的道德的形而上學之基本特徵的一條形上學原則，是對超越的形上實體之本質的揭示，由前文所述我們知道，這套形而上學在牟宗三的理解中，必然以超越的分解為前提。因此，綜合「超越的分解」與「即存有即活動」這兩項原則，我們方可對牟宗三定位、分判宋明儒學的理由，有更為全面的認識和把握。

　　牟宗三認為，根本而言，宋明儒所欲弘揚的是一套「成德之教」：

> 此「成德之教」，就其為學說，以今語言之，亦可說即是一「**道德哲學**」（moral philosophy）。進一步，此道德哲學亦函一「**道德的形上學**」（moral metaphysics）。[55]

> 宋明儒認為：天理在哲學上說，是道德的，同時亦是形而上的；是人生的，同時亦是宇宙的；道德的秩序同時即是宇宙的秩序。如此，天理的意義便已普遍化，概括了宇宙一切，而且必作為宇宙一切的本

---

[55] 牟宗三：《心體與性體（一）》（全集第 5 冊），第 10 頁。

體。至於天理的深邃化，表示它已不單指仁、義、禮、智一類的德目了。它是要**通極於天道性命之源的**，即仁、義、禮、智也要通極於這天道性命之源的。西方的倫理學大多限於對德目（moral virtues）的分析，不免瑣碎而無統，無法顯出道德的莊嚴。[56]

成德之教的首要目的自然是如何透過具體的道德實踐、工夫以成就理想人格，然其背後也有一套關於「道德」的理論說明作為基礎。依牟宗三的看法，這套理論說明固可方便地稱之為道德哲學，但其並非對各種具體德目的理論分析，而是闡明道德行動或者說道德實踐所以可能的先驗根據或超越根據，以及道德實踐如何展開的工夫問題。道德實踐的超越根據即是心性，或上文所謂的道德心，但對宋明儒而言，心性並非只是人類學的概念，更有其形上學的意涵，心性同時也是超越的形上實體，換言之，心性既是道德實踐所以可能的超越根據，亦是天地萬物存在的超越根據。是以牟宗三曰：「成德之教是道德的同時即宗教的，就學問言，道德哲學即函一道德的形上學。」[57]對宋明儒而言，「天道性命通而為一」。[58]根據前文的分析，心性與自然生命之間必然是一種超越的分解的關係，換言之，心性與自然生命之間具有一種異質的、不可化約的關係。

如所周知，宋明諸儒的形上學思考多包含一宇宙論的維度，亦即以天道說明萬物所以存在的根源，如周敦頤的《太極圖說》、張載的《正蒙・太和篇》以及朱子的理氣論等等。人、物俱由天道生化而來，因此，於道德實踐的層次分解而來的心性與自然生命這兩者，必都能於天道的層面獲得合理的、根源性的解釋。此所以牟宗三對《易傳》「乾道變化，各正性命」有如下解釋：

　　「乾道變化，各正性命」，此語字面的意思是：在乾道變化底過程

---

[56] 牟宗三：《宋明儒學綜述》（全集第 30 冊），第 78 頁。

[57] 牟宗三：《心體與性體（一）》，第 23 頁。

[58] 牟宗三：《心體與性體（一）》，第 19 頁。

中，萬物（各個體）皆各得正定其性命。……**實則乾道自身並無所謂變化，乃假氣（即帶著氣化）以顯耳。乾道剛健中正，生物不測，即是一創生實體，**亦即一「於穆不已」之實體。然此實體雖是一創生的實體，雖是不已地起作用，而**其自身實無所謂「變化」。「變化」者是帶著氣化以行，故假氣化以顯耳。變化之實在氣，不在此實體自身也。**假氣化以顯，故元亨利貞附在氣化上遂亦成四階段，因而遂**儼若成為乾道之變化過程矣。**[59]

總之在「乾道變化」一語中，**並非分解地抽象地單說乾道誠體之自身，而是說其具體之表現。**而一在具體表現中，若分解地明之，即不能不有異質之成分在，落實言之，即**不能不有「氣」之觀念在，**而氣並非即是道也，若渾淪圓融地言之，則道器、理氣、體用一起滾，說道不離器可，說器即是道亦可，而此「即是」非界定之「即是」，乃是圓融之「即是」。圓融的「即是」與分解地說中之是與不是並非同意也。然若謂圓融地說中不隱含有分解的**異質之成分**在，則亦不可通。蓋若純是同質，則亦無圓融可言。[60]

　　可見，言天道（乾道）創生萬物，理論上不能僅只肯定一超越的形上實體（創生實體），而必須在超越的形上實體之外，另肯定氣化的存在，二者的共同作用才可說「乾道變化」，而這兩者之間必然是異質的關係。不難看出，道德實踐層次的心性與自然生命的分解關係，本質上即對應於宇宙論層次超越的形上實體與氣化之間的分解關係。對宋明儒而言，心性本身即具絕對無限性，因而與宇宙論層次所言之超越的形上實體為一，而自然生命即可說是氣化的產物。視超越的形上實體與氣化之間為異質的、分解的關係，在牟宗三看來，乃是閱讀宋明儒學首先應當明確的一項根本原則。若不能緊守

---

[59]　牟宗三：《心體與性體（一）》，第35-36頁。
[60]　牟宗三：《心體與性體（一）》，第344頁。

這二者之間的異質的、分解的關係，「乾道變化」的宇宙論即有淪為自然主義的唯氣論的風險。是以牟宗三在詮解周敦頤《太極圖說》時，明確指出：

> 然此圓融之境非即不可有**分解表示上神與氣之分**也。又，「太極動而生陽」，或「靜而生陰」，亦**不可表面地徒順其字面之次序而空頭地視為外在之直線的宇宙演化**而解之。若如此，則鮮能得其實義。此種動而生陽或靜而生陰，其實義毋寧是**本體論的妙用義**，而不是直線的宇宙論的演生義。即或有宇宙論的演生義，亦應統攝于本體論的妙用中而體會之，如此方能相應儒家形上之智慧（「維天之命於穆不已」之智慧）而不迷失。[61]

所謂「外在之直線的宇宙演化」即是自然主義的唯氣論，此非宋明儒乃至《易傳》言宇宙論的真實意涵，漢代氣化的宇宙論正屬於這種型態，此所以牟宗三嚴辨漢宋，同時，將宋明時期的唯氣論排除在宋明儒學的敘述範圍之外。由此，我們也可以理解何以牟宗三將朱子學定位成「別子為宗」，但卻仍肯定其為宋明儒學中重要之一支。

> 但**伊川、朱子之講法**，再加上其對于《論》、《孟》、《中庸》、《易傳》之仁體、心體、性體，乃至道體理解有差，結果將重點落在《大學》，以其所理解之《大學》為定本，則于先秦儒家原有之義有基本上之轉向，此則轉成另一系統，**此種新于本質有影響，此為岐出之「新」**。此一系統雖在工夫方面有輔助之作用，可為原有者之所允許，然亦是迂曲岐出間接地助緣地允許，不是其本質之所直接地允許者，即不是其本質的工夫之所在。**至於在本體方面，則根本上有偏差，有轉向，此則根本上非先秦儒家原有之義之所允許**。[62]

---

[61] 牟宗三：《心體與性體（一）》，第380-381頁。

[62] 牟宗三：《心體與性體（一）》，第20-21頁。

所謂對仁體、心體、性體、道體的理解有偏差，是指伊川、朱子將超越的形上實體理解為「只存有而不活動」，然其仍肯定「天道性命相貫通」這一宋明儒之共識，並以成德為最終的理論旨趣。[63]因此，朱子學只可說是宋明儒學內部開出來的一個新方向，其在基本的問題意識與大的思想方向上，與宋明諸儒仍屬一致。不止於此，牟宗三還特別強調，朱子理氣之分在形上學方面的重要意義：

> 在中國，朱子於此較能正視。**因其盛言理與氣也**。蓋此必須於天心仁體之理外，復需講一形而上學意義之「氣」也。太極、陰陽、五行、理、氣、道、性、命、才、質、情、欲、天資、義理之理（性？）、氣質之性，等等，朱子對之俱有分解的體悟。**在義理系統之展開與結構上，此步分解工作是必要的**，而一落於此工作，則必進至形上學、宇宙論。**朱子正作了此步開荒與鋪路的工作**。[64]

> 朱子常作分解的工夫，**此自有貢獻**，然常不能歸合，此是其不透處。[65]

> 朱子之**理為一物**（分解地說理有獨立自存義）、**理氣為二、理能生氣，並非朱子之短，乃正朱子之長也**。[66]

可見，在牟宗三看來，朱子雖於超越的形上實體的理解有偏差，但其突出理氣之分，就形上學之義理結構而言，有其必然性，[67]若於形上學架構上不能

63　牟宗三：《心體與性體（一）》，第 34 頁。

64　牟宗三：《陸王一系心性之學》（全集第 30 冊），第 12-13 頁。

65　牟宗三：《陸王一系心性之學》，第 111 頁。

66　牟宗三：《心體與性體（二）》（全集第 6 冊），第 142 頁。

67　如牟宗三曰：「不管是朱夫子的講法，或是其他人的講法，無論氣是怎麼的妙，不能就是道，理、氣總要分開講。」見牟宗三：《牟宗三先生講演錄（八）‧康德美學》，第 46 頁。

堅持理氣之分的基本立場，則其學實已背離宋明儒學之正統。此所以牟宗三在詮釋橫渠之學時，著力釐清橫渠所言「太和所謂道」實預設了太虛與氣之間不可相互化約的分解關係，力斥視橫渠之學為唯氣論之謬說。[68]而其詮釋程明道「道亦器，器亦道」、「氣外無神，神外無氣」等圓融一本之說，亦特別強調此說背後所隱含的超越的形上實體與氣化之間的超越分解的關係：「此只是直貫創生的體用不二之圓融說，非是體用不分、形上形下不分」。[69]

> 程明道並不渾淪，**他有分解的表示**，有形而上、形而下的講法。分解地講肯定一個「天理」，肯定於穆不已的道體，這都是**形而上的**；氣化則是形而下。他說形而上的就在形而下，形而下的也便有形而上，這是**圓頓的講法，圓頓的講法並不妨礙先有一個分解的說法**。……所以，先得有分解的講法，才能進一步講圓融，那個圓融才能清楚，不然就是大糊塗。所以，學習西方哲學第一步就要讀康德，因為康德是分解的方式講。你要先有超越的分解這一步工作，才能了解黑格爾，……黑格爾的辯證法我們稱之為辯證的綜和，辯證的綜和跟分解中的分析綜和不一樣。辯證的綜和是可以講的，**程明道「一本論」背後的根據就是辯證的綜和，藏有一個辯證的綜和過程**。……程明道**有超越分解的一面，他那些渾淪的話頭是預設一個超越的分解，形而上、形而下的分別是有的**。[70]

可見，宋明諸儒在超越的形上實體與氣化之間所作的區分，俱可統攝於朱子對理、氣所作的分解（雖說朱子對形上實體的理解稍有偏差），二者之間的分別即朱子所謂形而上與形而下之別，本質而言，二者之間即是一種超

---

[68] 牟宗三：《心體與性體（一）》，第 459-462 頁；牟宗三：《宋明理學演講錄》（全集第 30 冊），第 53-54 頁。

[69] 牟宗三：《心體與性體（二）》，第 22 頁。

[70] 牟宗三：《宋明理學演講錄》，第 66-68 頁。

越的分解的關係。[71]而程明道等的形而上、形而下不分的說法，只可理解為成德實踐中的一種辯證發展或辯證綜和的圓融的話頭，方能得其實義。

> 惟明道特喜顯圓頓表示（道要真實而具體，必須圓頓），故云：「道亦器，器亦道，但得道在，不繫今與後、己與人。」此皆是圓頓語句。若真明透了，則當下即是，當體即是永恒，當體即是一體。此亦即睟面盎背，全體是神，全體亦是形色也。此種圓頓表示乃是**盡性踐形之化境，並不妨礙道器之分也**。[72]

> **辯證的綜和必須預設有一個超越的分解，不能跟超越的分解對立而成兩個不同的系統**。假若對立，辯證的綜和提不住，平鋪了。辯證的過程不能平鋪下來，一平鋪下來就平鋪到事實上來了，平鋪到事實上來，辯證也就沒有了，平鋪下來辯證就不能用。……平鋪下來有時候是好的，但平鋪只能在如體上說，如體平鋪，如體不能永遠吊著。如體是體，辯證歷程是要顯示如體，顯示完了，辯證歷程沒有了，只有如體。一體平鋪是最高的境界，化掉的是辯證的歷程，顯示的是如體。甚麼是辯證法？我們通過一個辯證法把不能被限定的東西限定化了的再予以化掉而呈現如。辯證法是一個方法，我們拿這個方法去顯示一個**境界**。[73]

因此，辯證綜和的說辭或圓頓的話頭，一定只能用來表述主體經由道德實踐所能達至的理想境界，而不能變成一個形而上學的斷定。若不能緊守這義理上的分際，境界語很容易即滑轉為形而上學的斷定語，如此必然導致思想上

---

[71] 牟宗三：《心體與性體（三）》（全集第 7 冊），第 25 頁；牟宗三：〈朱子苦參中和之經過〉，《牟宗三先生晚期文集》（全集第 27 冊），第 147-172 頁。

[72] 牟宗三：《心體與性體（二）》，第 28 頁。

[73] 牟宗三：《宋明理學演講錄》，第 67-68 頁。

的混亂。[74]此所以牟宗三對明儒羅整菴等人因上述誤會而反對朱子理氣之分的做法提出嚴厲批評：

> 後來明儒中如羅整菴、劉蕺山、黃梨洲等人不知圓頓表示與分解表示之可並立，誤據圓頓化境而反對朱子理氣為二之分，先後之分，因而亦即反對形上形下之分，而以氣為首出，將理向下拖。梨洲尤乖謬，為其師過正之辭所誤引，以為「只有氣，更無理」，氣變之有則而不可亂即是理，氣與理乃是一物之兩名，非是兩物而一體，以為如此便是理氣合一或為一，而亦仍視心神為氣，因而以為如此便是心性是一、心理是一，如此表示為一，真成**大悖**，極有誤引，乃根本展轉流遁，一竅之鑿，而忘失本來之課題，**落于自然主義之實然平擺而不自知**。[75]

值得一提的是，學界已經意識到，在形而上學或本體宇宙論的層面反對理氣二分，是否必然會導向自然主義的唯氣論，大有可以商榷之處。因為除了「將理往下拖」，而視理為形下之氣的條理或屬性外，反對理氣為二，理論上還有可能是將氣往上提，而使氣為與理合一的超越的、形上的元氣。牟宗三似對後一理論可能性缺少足夠的關注和討論，不少學者即是在這一點上，質疑牟宗三對黃宗羲等人之氣論的理論判定，認為其說並非自然主義的氣本論，而應該是元氣論，並認為此說有其獨特的理論價值。[76]這裡涉及複雜的理論評判問題，此處無法展開討論。不過，正如前文所提到的，如果消解理氣之間的超越分解的關係，則勞思光所謂的「道德生活中的二元性」問題或

---

[74] 牟宗三晚年一再強調這一點，參牟宗三：《圓善論》，第 315 頁。

[75] 牟宗三：《心體與性體（二）》，第 28-29 頁。

[76] 如蔡家和即對牟宗三以理氣之超越的分解為依據的蕺山詮釋提出質疑，參蔡家和：〈牟宗三先生蕺山學之探討——以對於評斥朱子理氣為二者之衡定一文為核心〉，《哲學與文化月刊》第卅七卷第五期（2010 年 5 月），第 65-84 頁。

工夫論何以必要的問題，似很難得到合理的解釋。[77]

　　綜上可知，超越的分解作為一項形而上學原則，是牟宗三衡定宋明儒學的一項基本原則，其典型的表達即是朱子學對理氣所作的形而上與形而下的區分，換言之，朱子學雖判定理為「只存有而不活動」，然其對理氣所作的超越的分解乃是宋明諸儒論及天道時不能違背的基本原則。凡違背該原則的思想義理均已越出以「天道性命相貫通」為共識的宋明儒學典範。而程明道等儒者所展示的道器合一或性氣合一等圓頓化境的說法，乃是透過成德工夫之辯證歷程而達至的辯證的綜和，其同樣以道器或性氣之超越的分解為前提。就此而言，在牟宗三的宋明儒學詮釋中，超越的分解乃是一項比「即存有即活動」更為基礎性的原則，後者在理論上必然蘊含前者。

　　以此為背景，我們即可進一步考察牟宗三與熊十力在形上學上的歧異。一般而言，牟宗三的哲學承繼熊十力的哲學發展而來，而所謂的狹義的當代新儒學也以熊十力和牟宗三為中心，因此他們的思想應該有高度的一致性。不過以超越的分解和辯證的綜和這兩項原則為基礎，我們將會看到牟宗三晚期的形而上學思考與熊十力體用論的形而上學體系之間實存在細微的差別。以下即具體展開相關論述。

3、牟宗三與熊十力在形而上學思考上的歧異

　　對熊十力而言，哲學根本上來講即是本體論或形而上學，也即透過絕對的終極實在對天地萬物的存在予以統一性的說明。這可說是一種非常古典意義上的形而上學概念，在一個科學主宰一切的時代，談論這樣一套形而上學是否可能，則是不得不面對的問題。

　　　哲學家談本體者，大抵把本體當做是離吾心而外在底物事，只憑理智

---

[77] 相關討論可參考林月惠：〈理學的第三系？——氣學的商榷〉，收入林月惠主編：《中國哲學的當代議題：氣與身體》，臺北：中央研究院中國文哲研究所，2019，第49-91頁。

作用向外界去尋求。……更有否認本體專講知識論者，此種主張可謂脫離哲學之立場，哲學所以腳跟穩定者，因有本體論是**科學**所奪不去。……世學迷謬叢生，正如前哲所謂道在邇而求諸遠、事在易而求諸難，根本不悟**萬有本原與吾人真性元非有二**，此中真性謂本心，以其為吾人所以生之理則云真性，以其主乎吾身則曰本心。遂至妄臆宇宙本體為離自心而外在，故乃憑**量智**以向外求索，及其求索不可得，猶復不已於求索，則且以意想而有所建立。學者各憑意想，聚訟不休，則又相戒勿談本體，於是盤旋知識窠臼，而正智之途塞。人類自迷其所以生之理，古德有騎驢覓驢之喻，蓋言其不悟自所本有而妄向外求也。[78]

在熊十力看來，若依照與科學相同的思維方式，也即憑量智向外求索，以確立本體，這根本就是歧途，因之所建立的種種形而上學體系，不過戲論耳。但這並不意味著可以科學為標準來否定哲學、否定形而上學本體論，而應在了悟哲學與科學之本質差異的基礎上，探尋確立本體的正確方法。熊十力認為本體非在吾人真性之外的對象化的存在，因此只能透過非對象性的方式向內尋求。同樣，我們也不能以哲學否定科學，科學是對外境的認識和把握，同樣有其合理性，毋寧說，我們應該在劃定哲學與科學之邊界的基礎上，尋求二者之間的統一。

綜括以前所說，只是不承認有離心獨存的外境，並非不承認有境。因為心是對境而彰名，才說心，便有境，若無境，即心之名亦不立。心和境本是完整體的兩方面。這個道理留待後面〈轉變〉章再詳。吾儕須知，從我底身迄大地乃至諸天或無量世界以及他心，一切都叫做境。[79]

---

[78]　熊十力：《新唯識論》，上海：上海人民出版社，2011，第132頁。

[79]　熊十力：《新唯識論》，第145頁。

綜前所說，但對治迷執外境，並不謂境無。如果隨順世間，**假說**境物為外在，從而析其分理，「觀其會通，以行其典禮」，典禮猶云制作，此《易繫傳》語。一切制作，皆所以化裁乎物質宇宙而適於人生。庶幾格物而不蔽，用物而不溺，正是心境渾融實際理地。雖假說外境，而不迷執為外，則亦餘所不遮也。遮者斥駁義。[80]

那麼，哲學上又當如何透顯真實的本體世界，以建立穩固可靠的形而上學體系呢？熊十力乃借大乘空宗破執的方法，說明外境與妄心非實且非無。然心、物畢竟因何而有，則不能不有形而上學的說明：

> 前章斥破外境，今次當明**妄識亦空**。妄識亦名妄心，印度佛家把這種心說為**緣生法**，以其無自體故。緣生義者，緣字是因由或憑藉等意思，生字是現起的意思。……舊師不以妄心為空，其謬誤不待言。……第二章不許有離心獨在的境，卻不謂境無。今在本章明**妄心無自體，無自體故空，然許心有因緣，是妄心雖空而本心之發用畢竟不空**。夫妄心空而仍非無心，外境遮而仍非無境，遮者駁斥義。然則**心物依何而有，不可以無說，故次之以轉變**。轉變一詞見基師《成唯識論述記》，今用此詞與原義不必同。轉字有變動與變現等義，今連變字作複詞用，後言轉變者仿此。[81]

> 心物諸行都無自體，宇宙唯是變化密移。……余以為宇宙本體，不妨假說為**能變**。……綜前所說，當知**宇宙自有實體，萬化萬變**謂一切行。**不是憑空幻現**。[82]

心、物一切現象均依本體而有，熊十力將本體的含義概括為六：

---

[80] 熊十力：《新唯識論》，第 148 頁。
[81] 熊十力：《新唯識論》，第 149、163 頁。
[82] 熊十力：《新唯識論》，第 164、166 頁。

一、本體是備萬理、含萬德、肇萬化，**法爾清淨本然**。法爾者無所待而然，不可詰其所由然。清淨者無有染汙，即無有迷暗之謂。本然者，本謂本來，然謂如此，本來如此故。二、本體是**絕對**。若是有對，便不名為一切行之本體。三、本體是**實有**，而**無形相可得**。雖無形相，而是實有。四、本體是恒久，無始無終。此中恒久，不是時間義。五、本體是全的，**圓滿無缺**，不可剖割。六、若說本體是不變易，卻已是變易的；若說本體是變易，卻是不變易的。**本體顯為無窮無盡的大用，所以說是變易的；然大用流行，畢竟不曾改易其本體固有剛健、清淨，乃至種種德性，所以說是不變易的。**[83]

本體作為能變，恒轉無盡，因而顯為心、物一切現象，本體如何成功心、物兩方面的現象，熊十力以翕、闢說之：

綜上所說，翕的勢用有成為形質的趨勢，即依翕故，假說**物行**。行字見前。物即是行，故名物行，下言心行這仿此。闢的勢用是運行於翕之中而能轉翕從己，己者，設為闢之自謂。即依闢故，假說**心行**。[84]

闢是稱體起用，稱者，謂闢不失其本體的德性，是即用即體，故言稱也。譬如冰從水現，而冰畢竟不失水性。翕雖成物，亦無固定的物，世所見為質礙物，只是**翕勢詐現之跡象**而已。[85]

物者，本體流行之翕勢所為，而非果有實質也。本體非獨不即是物，實亦不即是心，此中心者，指本心之作用而言，非習心或妄識，他處准知。然以心不失其本體之德故，亦不妨即心顯體。顯者顯示，謂即於心而顯

[83]　熊十力：《新唯識論》，第 167 頁。
[84]　熊十力：《新唯識論》，第 169 頁。
[85]　熊十力：《新唯識論》，第 170 頁。

示其本體也。[86]

空宗全部意思，可蔽以一言，曰**破相顯性**。其所以破相，即是**排斥知見，才好豁然悟入實性**。知見起於逐物、析物、執物，本從現實世界熏習得來，後雖進為純理之探求，而一向逐物等習染畢竟難為滌除。且量智對於物理世界，不得不假定為心外獨存，其即物窮理之術，不得不尚客觀而嚴分析。余以為就俗諦言，此實無可反對。**遺物理、反量智、安渾沌而厭精析，是學術之所大戒。**余固非排斥知見者，惟約真諦而談證量，若任量智以推驗吾人與天地萬物同體之實相，終是向外求理，不得反己而自識本來面目。此處有千言萬語難說得，非超悟儒佛諸宗究竟旨趣而有向上希求者，無可與談此理。空宗破法相而掃蕩一切知見，自是據真諦立言，**余於真諦贊同空宗者在此。夫泯相以識性，乃即流行而識主宰，於相對而見絕對，於萬殊而悟一真法界。**[87]

空宗於寂靜方面領會固極深，惜未免**滯寂溺靜**，直將生生不息真機遏絕，其結果且陷於惡取空，至少亦有此傾向。空宗畢竟**於本原上有差失在**。……空宗見到性體寂靜，不可謂之不知性。性體上不容起一毫執著，空宗種種破斥無非此意。然而**寂寂靜靜即是生機流行，生機流行畢竟寂靜，此乃真宗微妙，迥絕言詮**。真宗，猶云真宰，乃性體之名。若見此者，方乃識**性德之大全**。空宗只見性體寂靜，卻不知性體亦是流行無息，吾疑其不識性德之全者以此。[88]

夫滯寂則不悟生生之盛，耽空則不識化化之妙，此佛家者流所以談

---

[86] 熊十力：《新唯識論》，第 182 頁。

[87] 熊十力：《新唯識論》，第 192-193 頁。

[88] 熊十力：《新唯識論》，第 197-198 頁。

體而遺用，卒為吾儒所不許也。[89]

熊十力對於空宗破除對現象界之執，而透顯本體的思路大為贊同，不過，其仍認為空宗思之未透，其說偏遮詮一面，對於現象界缺乏正面的解釋和說明，「其於法相所由現起，絕不究問，即無**宇宙論**可言。吾儕通玩空宗經論，空宗可以說**真如即是諸法之實性**，而決不肯說**真如顯為一切法**」。[90]換言之，熊十力在破斥現象界以顯真如本體的前提下，更欲說明此真如本體如何顯現為一切現象，進而成就一套宇宙論。

形式上來看，熊十力對哲學的本質、哲學與科學的關係等問題的看法，與後來牟宗三的思考均高度一致，牟宗三甚至在其早年的一段時間裡，認為熊十力「體用不二」的形而上學體系，可視為形而上學的**典範**：

> 所以中國思想所詮表的世界始終是氣化流行生生條理的物理世界，只能對此世界加以解析、加以體認，而卻從未加以增減。沒有超越的本體，沒有本體與現象的分別；而卻只是即現象即本體，**即流行即主宰**。流行乃其變動不居，主宰乃其不易之則，合起來便是「**生生條理**」。我們只有這麼一個世界。儒家之流，以及所謂理學，無論程、朱、陸、王，都可大體劃歸于這一支的宇宙觀中。[91]

> 吾年來最佩服熊先生主宰即流行、流行即主宰之參證。熊先生之體會直可作**儒家哲學**之《金剛經》讀可也。[92]

> 熊十力先生謂中國元學最大特色在於流行中識本體，在識得即流行即主宰。前者為「氣化流行」，自《大易》而下至於戴東原，無人能否

---

89 熊十力：《新唯識論》，第 202 頁。
90 熊十力：《新唯識論》，第 193 頁。
91 牟宗三：〈精靈感通論〉，《牟宗三先生早期文集（上）》，第 519 頁。
92 牟宗三：〈讀〈謝石麟批判〉〉，《牟宗三先生早期文集（上）》，第 509 頁。

認之者；後者即吾所謂「宇宙條理」是，少有特加注意者。**熊先生論此特精闢，語語中的**，真所謂做過「苦參實踐功夫」者也。此兩點實為吾國元學之特色，**戴東原「生生條理」一語**，蓋即賅此兩者而為言。[93]

若康德的講法，不是頑空，即是泥執。此在道體，最稱大蠢。故虛實問題（體用），必如儒學，方是到家。熊十力先生《新唯識論》，對此**獨具善解**，望讀者讀之。[94]

牟宗三之所以如此服膺熊十力的形而上學，一定意義上是由其視形而上學為哲學思考之核心的**哲學觀**所決定的：

元學的極致是**安體立用**，哲學家的極致在通曉天人。著重點在乎理解與說明。哲學家立論必須要**貫通，所以得證體；但同時眼前所見，已紛然雜陳，無論你怎樣不喜歡，也須加以說明，所以得立用**。[95]

在牟宗三看來，熊十力的哲學可謂在「體」與「用」，或曰「本體」與「現象」兩面，均有合理的解釋和說明，可以分別安頓玄學真理與科學真理。然而，晚年牟宗三對熊十力的體用模式的形而上學體系，提出了自己的批評：

我奉勸諸位如果要讀熊先生的書，最好讀其書札，其**文化意識之真誠**自肺腑中流出，實有足以感人動人而覺醒人者，至於《新唯識論》不**看也可，因其系統並沒造好**。[96]

---

[93] 牟宗三：〈論文化之合作與分治〉，《牟宗三先生早期文集（上）》，第 503 頁。

[94] 牟宗三：〈時論之五：辨虛實〉，《牟宗三先生早期文集（下）》，第 936 頁。

[95] 牟宗三：〈一年來之哲學界並論本刊〉，《牟宗三先生早期文集（上）》，第 537 頁。

[96] 牟宗三：〈客觀的了解與中國文化之再造〉，《牟宗三先生晚期文集》，第 429 頁。

熊先生的《新唯識論》主要講〈轉變章〉、〈功能章〉，這就是照「流行之體」講的。他把「流行之體」拿來分析，通過「功能」、「轉變」來了解。「功能」這個觀念是從佛教唯識宗所講的「種子」而來，因為每一種子有它的功能，這就好比英文中 function 的意思。因為每一種子有它的功能，而種子本身又如瀑布一樣，在那兒遷流不息，所以說「阿賴耶識恒轉如瀑流」，就此意義而說「轉變」。**但怎麼能通過種子的功能以及它的轉變來了解中國哲學中的「流行之體」呢？「功能」和「轉變」這兩個觀念統統由佛教來，而且以之解釋中國哲學實際上是不恰當的，因為如此一來，便把「流行之體」講壞了。對於「流行之體」的原委的意思，黃梨洲已經不明白了，至熊先生則更是將其當作一客觀的、積極的（positive）講法，如此則將其執定而當一個主張（doctrine）來看，當成一個終極實體（ultimate reality）。……而這些誤解到熊先生時仍然是如此**，他對於《明儒學案》中的一些詞語大概都知道，同時也認為宇宙的大根源是個「大功能」，一切事物都依著這個大功能在那兒運轉。熊先生對宇宙的運轉加以解剖、分析，遂客觀地肯定其為「功能」，因為是「功能」所以有「轉變」。但功能怎麼能形成轉變呢？這必須透過「翕闢」，「翕闢」是《易傳》上的話，**這兩個名詞用得很不好，因為這兩個概念不美，我很不喜歡講這句話。**因為從黃梨洲對「流行之體」的誤會一直到熊先生仍是誤會，如此一來講儒家也不對了。熊先生透過「功能」、「轉變」的概念來講，但最後所肯定的仍然是儒家所強調的創造的道，這代表的是從天命不已下來的道體的創造性。**熊先生在《新唯識論》中講體用不二，也不是很諦當。**[97]

值得一提的是，牟宗三早年的如下說法：「除此三總原則而外，還有兩個根

---

[97] 牟宗三：〈「宋明儒學與佛老」學術研討會專題演講〉，《牟宗三先生晚期文集》，第 478、486 頁。

本原則，為講生成時所必不可少者：1、**流轉恒變**之原則——陽；2、**攝取翕凝**之原則——陰。」[98] 可見，牟宗三早年受熊十力的影響，並非不用「翕、闢」這兩個不很美的概念。當然，這並非問題的關鍵所在，關鍵在於牟宗三認為乃師《新唯識論》所架構的形而上學體系並不成功。那麼，如何解釋牟宗三前後期對《新唯識論》形而上學體系所作出的截然相反的評價呢？這自然應該由牟宗三前後期思想的轉變來加以解釋。

按照牟宗三自己的說法，他的思想在 1930 年代末期有一大的轉變，其中很重要的一個表現，即是對柏格森、懷特海等人哲學的放棄，其於《認識心之批判》一書「序言」曾提到：「吾初極喜懷悌海。彼由現代物理數學邏輯之發展，上乘柏拉圖之精神，建立其宇宙論之偉構。此確為當代英美哲人中之不可多得者。然自吾邏輯書寫成後，吾即覺其不行。」這裡所提到的邏輯書是指《邏輯典範》，[99] 照牟宗三後來的回憶，這部書完成於 1940 年。[100] 這短短的幾年時間裡面，牟宗三的思想到底發生了怎樣的轉變呢？[101]

> 在那困阨的五年間（民國廿六年至卅一年），除與熊師常相聚外，**還有一個最大的緣會，便是遇見了唐君毅先生**。他是談學問與性情最相契的一位朋友。抗戰前，我並不認識他。但也曾見過他幾篇文章。我不喜歡他那文學性的體裁。……我那時**對於西方形上學亦無所得，而君毅兄卻對於形上學有強烈的興趣。又是黑格爾式的**，而我那時亦不

---

[98] 牟宗三：《周易的自然哲學與道德函義》，第 455-456 頁。

[99] 《邏輯典範》一書從形上學的立場，明確批評懷特海於「證體」或「立體」方面之不足，見牟宗三：《邏輯典範》，第 730-731 頁。同時期（1940 年 10 月）發表於《再生》雜誌的〈哲學的下降與上升〉一文亦從此一角度對懷特海哲學予以嚴屬批評。

[100] 牟宗三：《人文講習錄》，第 182 頁。蔡仁厚亦先生認為《邏輯典範》創作於 1939-1940 年，見《牟宗三先生學思年譜》，第 8-10 頁。全集編校者認為這部書寫於 1938-1939 年，見黃慶明：〈《邏輯典範》全集本編校說明〉，牟宗三：《邏輯典範》（全集第 11 冊）。

[101] 關於牟宗三早期的思想轉折，可參考董志威：《牟宗三思想的開端——牟宗三 1928-1938 時期本體論與方法論研究》（廣州中山大學博士論文，2018）第二章。

懂黑格爾，而且有強烈的反感。……第一次相見，沒有談什麼。第二次相見，提到布拉得賴，我說：「我不懂他，亦不懂辯證法的真實意義究竟在那裡，若唯物辯證法實不可通，請你給我講一講，簡別一下。」……我並且因著他，始懂得了辯證法的真實意義以及其使用的層面。這在我的思想發展上有飛躍性的開闢。[102]我的《邏輯典範》那時已寫成，**我已接近了康德。但對於形上學，我並無積極的認識，只是根據「知性」有一個形式的劃分。但自此以後，我感覺到只此形式的劃分並不夠。對於彼岸，我還差得遠。我知道裡面有豐富的內容，須要從只是形式的劃分，還要進到具體的精察。這就是黑格爾所開闢的領域，我因此對黑格爾也有了好感。這都是由君毅兄所給我的提撕而得的。我得感謝他，歸功於他。**我那時當然還是朦朧的，因為我的主要心思還不在此，我須要一步一步向前進。我的主要思想是在預備奮鬥《認識心之批判》。但自此以後，我常和他談。或談學問，或談性情。我並不知我的《邏輯典範》所函的「形上函義」是什麼，而他卻已知之。……蓋吾邏輯書中所想予以釐清者，……由此再進而講其主體方面的先驗根據，一則弄妥此形式科學，一則建起純形式的知性主體。……而對於超越形上學問題，則順康德路數，予以形式的劃分，惟此形式劃分所分出的超越形上學問題乃都是實際人生上所要求的具體問題，亦可以說是精神生活上的問題、道德宗教上的問題，既非純形式的名數問題，亦非順知識對象方面而起的概念思辨問題。……這些分解與系統並非無價值，但非真實形上學所以成立之本質的關鍵，亦非真實形上學之所以得究竟了義而可以圓滿落實之所在。……使吾人了解這些形上學之不中肯，乃正是康德之功勞。**而由康氏之路所契入的真實形上學以及其究竟了義與究竟落實，卻根本**

---

[102] 牟宗三晚年一再提及唐君毅在這點上對他的影響，見牟宗三：〈哀悼唐君毅先生〉，《時代與感受》，第 295-296 頁；牟宗三：《牟宗三先生講演錄（七）‧康德〈純粹理性之批判〉導讀》，第 117-118 頁；牟宗三：《牟宗三先生講演錄（九）‧康德第三批判》，第 326-327 頁。

是精神生活上的事。因此，由只是形式的劃分，必須進入具體的精察與感受。形式的釐清與劃分是康德的工作，而具體的精察與感受則是**黑格爾的精神哲學之所展示**。佛教的《成唯識論》（乃至大乘三系）有大貢獻，而宋儒者的「心性之學」則得到其最中肯的一環。那些觀解形上學中的些積極性的分解必須統攝於這一骨幹中才算有歸宿，有其落實而浹洽之意義與作用；而其分解的方式與技術亦可藉用之於精神哲學中之精察，如黑格爾之所為。以此學為骨幹，要分解，須先是「**超越的分解**」，如康德之所為，**其次是辯證法的綜和，而辯證的綜和即含有辯證的分解**，如黑格爾之所為，以及其哲學中抽象的普遍、具體的普遍、在其自己、對其自己等名詞之意義。……吾對於**精神哲學之契入，君毅兄啟我最多，因為他自始即是黑氏的。熊師所給我的是向上開闢的文化生命之源**。關於這一骨幹，光宋明儒亦不夠，佛學亦不夠。惟康德、黑格爾之建樹，足以接上東方「心性之學」，亦足以補其不足。[103]

牟宗三的這段自述，很清楚地說明了這一時期思想的具體轉變。[104]按照牟宗三自己提供的時間線索，他最初與唐君毅接觸應該正是在 1940 年《邏輯

---

[103] 牟宗三：《五十自述》（全集第 32 冊），第 97-101 頁。

[104] 牟宗三早期思想的轉折是一值得細致梳理的課題，1930 年代末至 1940 年代初，牟宗三的思想經歷了一個由自然主義的、實在論的立場，向以主體性為中心的先驗主義、理性主義立場轉變的過程。這不只是知識論立場上的轉向，更包括從實在論的形上學宇宙觀向以精神哲學為中心的形而上學的轉變，以及自然主義的道德哲學向以心性論為中心之自律道德的轉變。《周易的自然哲學與道德函義》一書較為系統地展示了牟宗三早期自然主義、實在論的哲學立場。這一轉變是由不同機緣促成的，其中特別值得注意的有以下幾點：1、牟宗三對邏輯、數學之本性的思考使其逐漸接近康德先驗主義的基本立場（《五十自述》，第 61-63 頁）；2、熊十力、唐君毅，尤其是後者在形而上學方面的啟發，下文詳述；3、個人的存在體驗使其對儒家心性之學有一真切的體悟（〈父喪三年述懷〉，《牟宗三先生未刊遺稿》（全集第 26 冊），第 9-10 頁）。

典範》剛剛完成的時候。[105]牟氏這裡提及，此前他對西方形而上學無所得，這顯然不是指他對西方一切形而上學並無深入的了解和把握。事實上，他不只深入研究懷特海的哲學，甚至還以之為參照完成《從周易方面研究中國之元學與道德哲學》（後改名為《周易的自然哲學與道德函義》）一書的寫作，而該書的重要目的之一即是試圖系統展示中國傳統思想中的形而上學。結合他的整個敘述，我們似可以作如下推斷：牟宗三所表達的意思是，他對於真實的形而上學（也即後來所謂的道德的形而上學）及其究竟落實並無真正的了解，而正是在唐君毅的啟發之下，他對此有了真切的把握，同時也抓住了黑格爾辯證法在精神哲學方面的表現，並且對其成熟時期形而上學思想中的根本性原則，超越的分解與辯證的綜和及其相互之間的關係，有了深刻的認識。[106]這些前文都有詳細的梳理。一定意義上，我們可以把牟宗三這一階段的思想轉變理解為，從自然主義的形而上學態度，向基於**超越的分解**的道德的形而上學的轉變。牟宗三於 1942 年發表的〈陰陽家與科學〉一文中甚至提到：「……載於吾《從周易方面研究中國元學及道德哲學》一書中。**此書將來須改作，書名亦須別題。**」[107]我想牟宗三的這個說法，只有放到其形而上學思想出現上述轉折的背景下，才能得到合理的解釋。因該文第三節開頭對《周易》形而上學思想的描述，已與其晚期的看法基本一致。當然，這段自述還有值得重視的地方，即是熊十力和唐君毅對牟宗三哲

---

[105] 蔡仁厚先生亦論及牟宗三與唐君毅最初晤面是在 1939 年，見蔡仁厚：《牟宗三先生學思年譜》，收入《牟宗三先生全集》第 32 冊，第 9 頁。何仁富等認為唐君毅與牟宗三初次見面實在 1940 年，見《年譜》，《唐君毅全集》第 34 卷，北京：九州出版社，2016 年，第 87-88 頁。根據牟宗三本人的回憶，他與唐君毅初次晤面是抗戰期間他在重慶編輯《再生》雜誌那一年，依牟宗三 1941 年所撰〈親喪志哀〉（收入《牟宗三先生未刊遺稿》，第 1-2 頁），這一年當是 1939 年秋-1940 年秋。若二人晤面時，牟宗三已寫成《邏輯典範》（完成於 1940 年），則二人晤面時間當在 1940 年。

[106] 牟宗三發表於 1940 年的〈幾何型的文化與數學型的文化〉以及發表於 1944 年的〈純粹理性與實踐理性〉兩文，亦提及這一點，參牟宗三《牟宗三先生早期文集（上）》，第 566 頁及第 388-390 頁。

[107] 牟宗三：〈陰陽家與科學〉，《牟宗三先生早期文集（上）》，第 358 頁。

學形成之影響的問題。對牟宗三而言，熊十力對其啟發最大的是民族文化意識的建立，而唐君毅則真正是在哲學或者說形而上學上影響牟宗三至深的人。[108]由前文的分析我們知道，無論是牟宗三 1950 年代的歷史文化哲學的思考，還是後來的宋明儒學詮釋，均以上述所謂真實的形而上學及其所蘊含的超越的分解與辯證的綜和這兩項原則為其理論基礎。

有了以上的分析作為背景，我們即不難見出牟宗三前後期對熊十力體用論的形而上學體系的評價差別如此之大的原因所在。牟宗三早期之所以對熊十力的形而上學有那麼高的評價，根本原因在於，熊氏的這套體用論在牟宗三看來與其自己當時所持的形而上學立場非常一致。此所以牟宗三曰：「吾于西方特重**柏格森**，特好**懷特海**，於中國特費數萬言宣揚一從不被人提及之**胡煦**，皆基於同一觀點而認識。吾能用此觀點而認識柏氏、懷氏、胡氏，吾如何不能用此觀點而認識**熊氏《新論》**乎？正以此四子之系統皆能安體立

---

[108] 唐君毅 1940 年代初出版的《道德自我之建立》及《人生之體驗》，均明確提及自己受黑格爾哲學影響至深：「黑格耳哲學，宏納眾流，吞吐百川，可謂近代哲學界之奇傑。我受其影響至大。……彼依一條順辯證法而發展的思想之線，去對人類精神生活之由低至高之不同境界，作一巡禮，處處是山窮水盡，處處是柳岸花明。實無異描述人類精神發展之詩劇。」（唐君毅：《人生之體驗》（全集第三卷），北京：九州出版社，2016，第 8 頁。）「又本書重直陳義理，故於古今道德哲學各派之成說，無所討論。著者思想之來源，在西方則取資於諸理想主義者，如康德、菲希特、黑格爾等為多，然根本精神則為東土先哲之教。」「至於在此節中論有限與無限之關係一段，主要是受菲希特、黑格爾論辯證法之影響，但亦不同。此不同，在我之更重有限與無限之相即關係。讀者可自察之。」（唐君毅：《道德自我之建立》（全集第四卷），北京：九州出版社，2016），自序及第 9 頁。唐君毅對黑格爾辯證法之詳細解讀可參考氏著：〈西方近代理想主義之哲學精神〉，《中西哲學與理想主義》（全集第二十大卷），北京：九州出版社，2016，第 25-85 頁。關於黑格爾對唐君毅哲學的影響，蔣年豐有頗為細致的梳理，參氏著：〈戰後臺灣經驗與唐君毅、牟宗三思想中的黑格爾〉，《文本與實踐（一）：儒家思想的當代詮釋》，臺北：桂冠，2000，第 25-98 頁。牟宗三多次提及唐君毅的這些作品對其認識道德主體及儒家道德形而上學之本質的啟發和影響，參牟宗三：《認識心之批判》的序言及《心體與性體（一）》，第 195-196 頁。

用，證體明相，臻元學之極致也。」[109]由前文的引文，我們看到，牟宗三甚至將熊十力等人的形而上學與戴震之說等量齊觀。而這些哲學家的形而上學，牟宗三後來或者極少論及，或者予以嚴厲的批評。如牟宗三晚年演講時提到：「柏格森在西方哲學上的地位並不高，羅素於邏輯有貢獻，於真正的哲學並無多大貢獻。**當時中國哲學界對他們兩位推崇備至，也可見學風之淺陋。**」[110]當然，戴震自然主義的形而上學在牟宗三看來是對宋明儒學道德的形而上學的背離。

　　1940 年代初，牟宗三接觸唐君毅之後，他即逐步放棄這套自然主義的形而上學，而開始轉向以康德的超越的分解和黑格爾的辯證的綜和為背景的展示精神生活的道德的形而上學。[111]形而上與形而下、理與氣、普遍的道德心靈與自然生命，等等的超越的分解，乃是道德的形而上學的根基所在。而自然主義的形而上學所展示的不過是一平鋪的生滅變化的世界。這兩種形而上學之間的區別，可以方便地說為：後者在結構上是一層的，前者在結構上是兩層的。因此雖然牟宗三晚年仍高度肯定熊十力能夠抓住儒家所特別凸顯的主體的、道德創造的一面：

> 此後兩者皆是無創生性之無限智心也。故只能即於一切存在而純潔化之（無之或空如之），因而亦成全而保存之，然而不能實言**創生**之也。故於彼兩系中言德福一致，德實非真正道德意義之德也。在道家只是玄德，在佛家只是清淨德。此只是 <u>消極意義的德</u>，**非正物、潤物、生物之積極意義的道德創造之德。**故仍非大中至正保住道德實踐之真正圓教，實只是解脫之圓教。**熊先生**總不滿意於佛教而與居士和

---

[109] 牟宗三：〈一年來之哲學界並論本刊〉，《牟宗三先生早期文集（上）》，第 539 頁。

[110] 牟宗三：〈客觀的了解與中國文化之再造〉，《牟宗三先生晚期文集》，第 425 頁。

[111] 牟宗三 1940 年代初發表的幾篇文字：〈哲學的下降與上升〉（1940）、〈幾何型的文化與數學型的文化〉（1940）以及〈純粹理性與實踐理性〉（1944）十分清晰地展示了其在形而上學思考上的上述轉變。

尚辯，千言萬語總在昭顯此意，其所爭者總在此**創生性**也。[112]

重主體，這是儒家跟其他各家各派的分別。這個主體從 free will、moral will 透出，這個主體真正是能的主體，這個主體當作「能」看。中國老名詞是「能」、「所」，跟「能」相對的是「所」。只有儒家真正的重視「能」，其他的都是重「所」，無論基督教或是道家、佛家都重視「所」，馮友蘭不能算儒家，因為他正好不重視「能」，他也講道德，但不從主體講。……**熊十力先生了解儒家抓住主體這個「能」，了解得十分透徹，熊先生就是儒家的，可以做開山祖**。[113]

但熊十力的形而上學體系在根本處有其缺陷和不足：其體用論的形而上學體系無形上、形下之超越的分解做基礎，從牟宗三成熟時期的形而上學立場來看，這在理論上也就「不是很諦當」，體的超越性若提不住，則很容易淪為平鋪的自然主義的形而上學。事實上，有學者已意識到熊、牟在形而上學上的分歧：「牟宗三極大地高揚了道德主體性，以之為本體，不但公開反對馮友蘭的『理世界』，實際上也並不滿意於熊十力的宇宙論的本體論。他認為到道德本體（性體心體）呈現在個人實踐中便足夠了，不再需要更多餘的東西。」[114]但這顯然未能見出熊、牟在形而上學上的真正分歧之所在。郭齊勇先生也說：「儘管二人都以內聖之學為主導，儘管牟氏所論證的新外王仍很難由老內聖開出，但牟氏畢竟以兩層存有論**突破了體用框架**，對現代西方科學和知識論的理解水平大大高於熊氏。」[115]兩層存有論確實是對體用論思維方式的一個超越和突破，[116]但這在一定意義上可說是一種繼承性的發

---

[112] 牟宗三：《圓善論》，第 318 頁。

[113] 牟宗三：《周易哲學演講錄》，第 61-62 頁。

[114] 李澤厚：《中國現代思想史論》，北京：三聯，2008，第 328-329 頁。

[115] 郭齊勇：《熊十力思想研究》，天津：天津人民出版社，1994，第 352-353 頁。

[116] 拙稿〈超越現代虛無主義：牟宗三論形而上學〉（未刊）曾有論及。

展，而本文所提及的熊、牟在形而上學上的分歧，對牟宗三而言，則是根本性的。楊祖漢先生亦曾論及熊十力在形上學方面對牟宗三的深刻影響，同時亦明確說道：「對於熊先生的《新唯識論》、《體用論》之說，在精神上說，牟先生當然是贊成的、肯定的；但在客觀的學理上說，熊先生所運用的哲學概念，牟先生是不贊成的。」[117]惜乎楊先生未能詳論牟宗三何以不贊成乃師所用之哲學概念。

前引文獻，牟宗三對熊十力的批評是由明代儒者特別是黃宗羲對「天命流行之體」這一觀念的誤解引出的，牟宗三於《心體與性體》一書論程明道章特別附有〈**黃宗羲對於「天命流行之體」之誤解**〉一節，對此問題有極為清晰的闡述：

> 黃梨洲卻落在氣化之事上說，須待於「流行」中見「主宰」。此豈非謬之甚矣乎？……然「流行之體」一詞本由言**於穆不已之體與良知本體**而來，本直指於穆不已之體與良知本體而說，而如此說之流行之體**其本身即是體，即是紀，即是則，即是主宰**，並非指氣化之事變說，須待就事變之流行中見其有則，于變易中（見）不易也。黃梨洲習而不察，忘其初矣。若如梨洲所說，則「流行之體」並非是體，而不易之則、主宰歷然，方是體也。此是對於「流行之體」之誤解，**故亦轉移論點為於變易中見不易也**。[118]

> 其所深造者如此，**蓋欲亟言理氣之為一，而批駁朱子之析理氣為二也**。彼以為如此便可避免理為一物，理能生氣、理氣為二之說法。夫如此說，理氣固為「一物之兩名」矣，**抑豈知此說之有弊乎？豈不落于自然主義之實然之平鋪乎？此非古人言天命天道與就之而言理之**

---

117 楊祖漢：〈時代與學問——熊先生與牟先生的一次論辯〉，《人文論叢》（2006 年卷），第 87 頁。

118 牟宗三：《心體與性體（二）》，第 128-129 頁。

義也。[119]

其視心為氣，既已無異於朱子矣，而于**理**則又完全喪失其**超越之意**義，如此言理氣為「一物而兩名」、「只有氣更無理，所謂理者，以氣自有條理，故立此名」，此則**純成為自然主義實然之平鋪**，不幾成為**唯氣論**乎？[120]

以上所引各條，雖是針對黃宗羲而發，不過若反觀熊十力《新唯識論》的體用論，以及牟宗三對熊說的衡定，以上諸條的判定，一定意義上，亦可視為對熊說的回應。正如前文所已論及，理、氣之間的超越的分解，在牟宗三看來是不可動搖的：

「天命於穆不已」之實證為即活動即存有之實體。朱子對此實體，通過**太極**之觀念，只了解為本體論的存有，而活動義則脫落，是則「天命於穆不已」之義即不能說。**朱子之不足只在此，不在其分理氣為二與理能生氣也。**[121]

當然「流行之體」亦可表示形上、形下之辨證的綜和所展示的圓融境界，但這仍預設了形上、形下或理氣之間的超越的分解：

凡此等等所示之境，亦可以「流行之體」指目之，則此**流行之體**決然是指心體、知體、仁體之隨事著見而言，是體之**具體而真實地呈現、圓頓地呈現**，亦如「天命於穆不已」之流行於天地生化之中，**隨時著見，隨處著見，全用是體即全體是用，全神是氣即全氣是神**。如此而言大命流行之體，決然是指體而言，所謂「流行」者是「隨事著見」

---

[119] 牟宗三：《心體與性體（二）》，第 129-130 頁。

[120] 牟宗三：《心體與性體（二）》，第 131 頁。

[121] 牟宗三：《心體與性體（二）》，第 145 頁。

之意。心體、知體、仁體之流行，亦復如是。此體雖是即活動即存有之體，然其本身實無所謂流行。流行者，隨事、隨時、隨處著見之謂也。事有變化流行，氣有變化流行，而體無變化流行，言流行者託事以現耳，與事俱往而曲成之耳，亦是遍在之意也。[122]

為進一步正面證明牟宗三對熊十力形而上學體系的評判，我們可引熊十力對理氣問題的論述加以說明：

> 談至此，還有一個問題須論及者，我國哲學上兩宋以來盛談理氣，而**理氣是否截然為二**？此一問題至今猶為懸案。今不暇博引群儒之說一一評判，只合本余之意，**予理氣以新解釋**。氣字，自非空氣之謂；平常每以形氣二字連用，形氣二字含義很寬泛，宇宙萬象亦總云形氣。今此氣字，猶不即是形氣之稱。余以為此氣字只是一種**作用**的意思。此氣是運而無所積，運者，動義或流行義，動勢生滅滅生相續而流，故云流行。無有實物故無所積。剎剎突躍，不可作實物擬議，輕微難測，困於形容，以無實質，故云輕微。姑名為氣。此氣字本出於《易》，而漢以來《易》家都不求正解，是可惜可怪！詳核此所謂氣，正是余所謂用。至於萬有或形氣，唯是大用流行所現之跡象，要非離作用有實形氣。[123]

> 理字，本具有條理或法則等義，但不可如宋明儒說是**氣上的條理**。宋儒頗有以氣為實有，而謂理只是氣上的條理，**如此，正是建立氣為唯一實在**。明儒持此種見解者更多。陽明後學一面談良知，即本心。不得不承認心是主宰，一面談氣是實有，理是屬於氣上的一種形式，**頗似心物二元論，甚乖陽明本旨。余以為理與氣不可截然分為二片**。

---

[122] 牟宗三：《心體與性體（二）》，第 136-137 頁。
[123] 熊十力：《新唯識論》，第 222-223 頁。

理之一詞，是體與用之通稱；氣之一詞，但從用上立名。[124]

又曰：「夫良知一也，以其妙用而言謂之神，以其流行而言謂之
氣。」又曰：「精一之精，以理言。愚按精一之一，是絕對義。非算數之
一，此即是理，亦即是良知。精神之精，以氣言。愚按據陽明說，氣者，良
知之流行，非別有本。理者，氣之條理。愚按依陽明意，理者本體。本體元
是含備許多條理的，所以名之為理。此理之流行為氣。而氣之顯也，即順其理體
中固有之條理而始顯，故從氣言之，則曰理者，氣之條理。氣者，理之運
用。理不自顯為氣，則無所借以表現自己。無條理，則不能運用。無條理，
則不能憑空顯得氣來。即運用義不成。無運用，則亦無以見其所謂條理者
矣。」[125]

余以為氣者，勢用之稱，本體流行而有翕勢，猛疾凝斂，是為形質之
母，故字曰氣。母者，言其未成乎形而形已萌於此，未成乎質而質已胎於
此，故曰氣者形質之母。[126]

凡《易》言陰陽二氣之氣，與後儒言理氣之氣，皆當為作用之名。吾
於《新論》已言之。漢人於此氣字，似均無明了之觀念。夫本體清淨
炤哲，雖無形質，而非無作用。作用者，言乎本體之流行也。言乎本
體之顯現也。**其流行，其顯現，只有猛烈勢用，而無實質。故以氣
形容之。**若常途所云氣質之氣，與四時寒暑之氣等氣字，則已是斥指
現實界之物事而名之。豈可以言《易》乎？惜乎漢儒釋經，未深究
也。[127]

---

[124] 熊十力：《新唯識論》，第 223 頁。
[125] 熊十力：《讀經示要》，上海：上海古籍出版社，2019，第 85 頁。
[126] 熊十力：《新唯識論》，第 188 頁。
[127] 熊十力：《讀經示要》，第 283-284 頁。

夫言太易未見氣者，蓋恐人只認取氣為太易，而不知氣之本體乃名太
易。故說太易未見氣，欲令人悟氣不即是太易耳。其實，離氣不可得
太易。譬如離眾漚，不可得大海水。若於氣而透悟其本體者，本體謂
太易。則於氣，而直謂之太易，亦無不可。此乃**即用見體**之說也。謂
即於作用發現，而直悟此乃其本體呈顯。譬如於眾漚，不執為眾漚
相，而直見其是大海水。體用不可分，譬如大海水與眾漚**不可分，而
又不得無分**。譬如剋就眾漚言，漚相條然各別，故當見為漚相之時，
即不見是大海水，而眾漚與大海水自有分。若未真了體用義者，而妄
以混沌元氣名太極，則戲論而已。明儒**曹端**曰：「孔子而後，論太極
者皆以氣言，此乃大謬」云云。曹氏宗元公晦翁，其學篤實，於本原
有悟，故能辨漢儒之謬。總之，太易、太極，皆為本體之名。不可以
太極為氣，太易為體也。但如**真了體用義**者，而**即用顯體**，則於氣，
而目以太極或太易，義亦無妨。唯此非漢儒所及知耳。漢儒之所謂
氣，其觀念極不明確。與吾以作用言氣者，絕不同旨。**[128]**

熊十力很少論及理氣問題，以上所引數條，乃熊氏在此問題上最具代表性的
說法。細讀這些材料，熊十力明確反對唯氣論（其實是唯物論）的立場，但
他亦不認同理氣二元的主張，因這等於是將體用割裂為二，本質上來看，熊
十力以形氣為本體之用所顯現的跡象，而本體之用可方便地稱之為氣，本體
為理（實統攝體與用），如此一來，熊十力消解理氣二元論的方式，乃是
「**以理攝氣**」或「**以體攝用**」，而非唯氣論「以氣攝理」的方式。但無論如
何，這實已消解朱子和牟宗三共同認定的理氣之間所具有的不可化約或超越
的分解的關係。事實上，牟宗三之所以常常說到，王船山是好的歷史哲學
家，卻不是好的哲學家，其原因也在這裡。在牟宗三看來，船山在哲學方
面，超越分解的一面突出得不夠，因而常常被誤會為唯氣論：「心、性、

---

[128] 熊十力：《讀經示要》，第 288-289 頁。

理、氣、才、情，貫通在一起講，故初學者極不易把握。」[129]

　　綜上所述，牟宗三晚期之所以對熊十力體用論之形而上學體系提出批評，其根本原因在於熊氏攝用歸體的形而上學體系，實已突破了朱子理氣有別或牟宗三所謂超越的分解這一根本原則。而在牟宗三看來，上述原則乃是從成德實踐的角度證成形而上學絕對不可違背的一項基本原則。而正是在唐君毅的啟發下，牟宗三才從康德、黑格爾哲學中認識到這一原則之於一切精神哲學的極端重要性。

4、小結

　　總結全文的分析，我們不難發現：1930 年代末至 1940 年代初，牟宗三的思想發生了一次根本性的轉變，也即從自然主義、實在論的立場向以主體性為中心的先驗主義、理性主義立場的轉變。就形而上學角度看，後者預設了超越的分解與辯證的綜和作為基本原則。自此以後，牟宗三的哲學思考可說始終是在超越的分解這一根本原則之下展開的，無論是其對歷史文化問題的反思，抑或是對宋明儒學的詮釋，乃至對佛學的詮釋。因此，牟宗三從康德、黑格爾哲學所挪用的超越的分解與辯證的綜和這兩項原則，在一定意義上，可說是理解其哲學思考的一條核心線索。由之，我們也可以見出，牟宗三在哲學或形而上學上與乃師熊十力體用論之間的細微分別。同時，我們更看到唐君毅在牟宗三哲學形成過程中所起到的關鍵性作用。

2022 年 8 月 10 日初稿

2023 年 3 月 22 日修訂

---

[129] 牟宗三：〈黑格爾與王船山〉，《生命的學問》，第 183 頁。

「自律」的嬗變：

從康德到當代[*]

張　偉[**]

引　言

　　從詞源來看，"自律"（Autonomie，griech. αὐτονόμος；lat. autonomia）就是指自己管理自己、自己治理自己，它在不同的歷史文化語境中具有特殊的內涵。[1]在古希臘，autonomia 是一個核心的政治範疇。它代表了自西元前 5 世紀希臘城邦常常要求而又從未完全實現的目標，即城邦力圖保持一定的自治，特別是獨立於另一強力而決定自己內部事務的權利。如希羅多德就曾說，"這樣，大陸上的各個民族便都獲得了獨立（autonomia），然而他們卻再一次回到了僭主的統治之下，經過的情況有如下述。"[2]

[*]　本文源自筆者應陳高華教授之邀於 2020 年 6 月 20 日在大連理工大學哲學系所做報告的錄音整理稿，錄音整理由孫馨完成，特此致謝。筆者對錄音整理文字稿進行了大幅的整合、修訂和改寫。本文也是 2017 年度國家社科基金重大專案（專案號：17ZDA033）和廣州市人文社會科學重點研究基地資助專案的階段性成果。

[**]　（廣州）中山大學哲學系暨東西哲學與文明互鑒研究中心教授、系主任

[1]　下文關於 Autonomie 含義的歷史演變參考 R. Pohlmann, [Art.] Autonomie, in: Joachim Ritter (Hrsg.), *Historisches Wörterbuch der Philosophie*, Bd. 1, Basel 1971, S. 701.

[2]　希羅多德：《歷史》（上冊），王以鑄譯，北京：商務印書館，2005 年，第 51 頁。

　　進入西方早期現代時期，城市國家強調自主權，馬基雅維利在《論李維》中把 *autonomia* 解釋為兩方面含義：擺脫依附的自由和自我立法的權利。總體來看，馬基雅維利對 *autonomia* 概念的闡釋並沒有超出古希臘太多，不同之處在於他對這個概念做出的消極和積極之分。從古希臘以來直到馬基雅維利，*autonomia* 更多地被理解為一種政治概念，馬丁・路德首次把 *autonomia* 引入人們的精神生活。馬基雅維利所說的擺脫依附的自由，指的仍然是一種處於希羅多德傳統中的擺脫城邦或城市國家以外的強權依附的自由；路德在其《論基督徒的自由》中延續了這種對 *autonomia* 闡釋的消極含義，但是他強調擺脫的依附不來自於我們外部的強力，擺脫依附的自由是 "精神的、全新的、內在的人的擺脫身體及其傾向的自由，以及服從上帝律法的自由"，路德建立了身體和精神信仰之間的關聯，*autonomia* 指向的是我們的內在的精神。[3]康德同時代的沃爾夫也使用了 *autonomia* 概念，沃爾夫說："因此，所有對另一個國家的入侵都要加以防範，所有對其公共權利的侵佔，比如其自治權（*autonomiae*），都要加以防範。"[4]

　　康德的自律（Autonomie）概念受盧梭影響最大。在西方近代政治哲學中，個體和社會之間的關係成為一個重要問題，如果對 *autonomia* 概念的自治權（*autonomiae*）解釋始終都局限在城市國家或城邦自治，那麼國家自治和個體自治有什麼區別？近代西方強調個體自由，如何去理解個體自由和社會之間的關聯，是盧梭在《社會契約論》中關切的問題。盧梭強調的 "社會公約" 是："我們每一個人都把我們自身和我們的全部力量置於公意的最高指導之下，而且把共同體中的每個成員都接納為全體不可分割的一

---

[3]　參閱 Howard Caygill, *A Kant Dictionary*, Blackwell Publishing 2000, p. 88.

[4]　轉引自 R. Pohlmann, [Art.] Autonomie, in: Joachim Ritter (Hrsg.), *Historisches Wörterbuch der Philosophie*, Bd. 1, Basel 1971, S. 701. Pohlmann 這裡給出的引文出自沃爾夫的公民哲學或政治哲學，可以看出沃爾夫對 *autonomia* 概念的使用實際上沒有脫離希羅多德和馬基雅維利以來的政治哲學傳統，相較於路德強調的精神領域而言，沃爾夫的理解更接近古代哲學中的含義，但是 Pohlmann 認為，沃爾夫首次把 *autonomia* 概念從政治學引入到哲學當中。學界對此種說法存有爭議。

部分。"[5]盧梭將這種社會公約所包含的結合的行為理解為一個公眾與個人之間的相互約定，"每一個個人在可以說是與他自己訂約時，便有了雙重身份，即：對個人來說，他是主權者的一個成員；而對於主權者來說，他又是國家的一個成員。"[6]盧梭進一步將自由與這一雙重身份或雙重關係聯繫起來，"只有這種自由（指：得自社會狀態的道德的自由——引者）才能使人真正成為他自己的主人，因為，單有貪欲的衝動，那是奴隸的表現，服從人們為自己所制定的法律，才能自由。"[7]自由不意味著不受法律的約束，唯有服從人們自己為自己所規定的法律，那才是真正的自由。

如果真的可以明確地區分政治哲學和道德哲學，那麼人們可以說，是康德首次把 *autonomia* 概念從十七、十八世紀的政治學思想中引入道德哲學。在政治學那裡，這一概念被用來討論作為自治存在體的國家觀念。或者更嚴格一些說，康德可能是首次在道德哲學的維度中清晰地界定自律之結構的哲學家。正是在這個意義上，著名倫理思想史學家施尼溫德（J. B. Schneewind）稱康德"發明"了作為自律的道德概念。[8]在康德以後，除了哲學領域，自律概念在神學、心理學、教育學和社會學等領域也有很多發展。[9]

本文將首先聚焦康德對於自律概念的討論，進而關注當代對於康德意志自律概念的三種批評，這三種批評分別來自新儒家、伯納德·威廉斯和馬克斯·舍勒，它們各有側重，按照問題的鋪陳依次展開。

5　盧梭：《社會契約論》，李平漚譯，北京：商務印書館，2011 年，第 20 頁。

6　盧梭：《社會契約論》，第 21 頁。

7　盧梭：《社會契約論》，第 25 頁。

8　參閱 J. B. 施尼溫德：《自律的發明：近代道德哲學史》，張志平譯，上海：三聯書店，2012 年，第 3 頁，第 598 頁等。

9　例如神學領域的 H.-E. Hengstenberg，心理學和教育學領域的 G. W. Allport，以及社會學領域中 Max Weber、A. W. Gouldner 等等。參閱 Henry E. Allison, "Autonomy in Kant and German Idealism"; J. B. Schneewind, "Autonomy after Kant", in: Oliver Sensen (ed.), *Kant on Moral Autonomy*, Cambridge University Press 2013.

一、康德的意志自律

在康德的道德哲學中，所謂自律，主要是指意志的自律，或者實踐理性的自律。意志的自律原則，被康德視為道德的最高原則，它所強調的是意志服從其自身之立法，也就是說，"意志不單是服從法則，而是以這樣的方式服從法則：它必須也被視<u>為自我立法者</u>，而且正因此故，才服從法則（它可將自己視為其創制者）"。[10]在此意義上，一門自律的倫理學首先就要意味著一種道德主體（在康德這裡是意志主體或理性主體）為自身立法，進而自己服從的倫理學。這就意味著，意志自律就是自己管理自己、自己約束自己，在這個意義上，康德的意志自律與盧梭在《社會契約論》中談到的道德自由非常相似。那麼，康德是如何談論意志自由的呢？在康德那裡，自律是自由的積極概念，自由有消極和積極兩方面的含義，所謂的自由的消極概念就是不受任何外來原因決定，自由的積極概念就是意志自律，"一個自由的意志和一個服從道德法則的意志是一回事"[11]。

在自己約束自己、自己治理自己的意義上，康德的意志自律概念並沒有超出傳統理解，但是按照迪特・亨利希（D. Henrich）的說法，理性自律要自治自足，必須要滿足兩個條件：一方面，理性必須要包含行動的原則，這些原則規定意志意願什麼。這也就是這裡講的意志服從其自身之立法，或者用康德的話來說，理性必須要包含 "善的判斷原則"（*principium diiudicationis bonitatis*）；另一方面，理性若只是單單給出並意識到行動的原則，那僅僅意味著理性的 "自<u>識</u>"（Auto*gnosie*），而非理性的 "自<u>律</u>"（Auto*nomie*）。理性自律還要意味著理性能給意志以 "約束性"（Verbindlichkeit）以促成行動，或者說，從理性中亦需產生出 "善的執行原則"（*principium executionis*

---

[10] Kant, *Grundlegung zur Metaphysik der Sitten*, in: *Kants Gesammelte Schriften Akademieausgabe* (AA), Bd. IV, Berlin 1911, S. 431. 中譯參見：《道德底形上學之基礎》，李明輝譯，臺北：聯經出版事業公司，1990 年（所標頁碼即為該書邊碼，譯文偶有改動，不一一注明）。

[11] Kant, GMS, AA IV, S. 446.

bonitatis）。[12]換言之，一門自律的倫理學不單單意味一種道德主體自我立法、自我服從的倫理學，同時也需給出道德主體究竟緣何而服從法則去行動（道德動機），理性自律具備這兩個雙重維度。在康德的道德哲學中我們可以看到一個"三層論框架"：

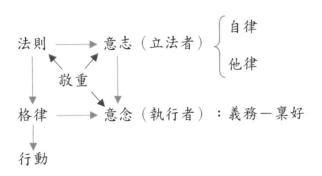

康德對道德問題的討論始終在這三個層次上進行。人們在道德生活中首先關切的是行動，所謂的自律倫理學無非就意味著你的行動要依照如此這樣的一個法則去行動，但是康德強調的是，"應當如何行動"固然可以成為人們討論道德哲學的切入點，然而當我們談論某一行動有沒有道德價值的時候，我們無法在行動層面去找尋行動的道德價值。無論是這個行動朝向的目標還是行動最終實現的結果，二者都不可能成為行動是否具有道德價值的判斷標準。康德有一個十分重要的論斷，當我們說一個行動它是合乎義務（pflichtmäßig）的時候，或者說一個行動具有合法性時，這意味著這個行動跟法則本身是一致的；但是我們說一個行動具有道德價值，它必須出於義務（aus Pflicht），所謂的出於義務指的是引發這個行動的格律與道德法則，或意念（Willkür）與意志（Wille）之間的一致。[13]也就是說，上圖中

12　參閱 D. Henrich, „Ethik der Autonomie", in: ders., *Selbstverhältnisse. Gedanken und Auslegungen zu den Grundlagen der klassischen deutschen Philosophie*, Stuttgart 1982, S. 13f.

13　參閱 Kant, AA VI, 225. 中譯參見：《道德底形上學》，李明輝譯，臺北：聯經出版事業公司，2015年，第38頁："一個行為與義務法則之協調一致是合法性（Gesetzmäßigkeit/

二階和三階的一致性規定了行動自身的道德價值，而一階和三階的一致性規定了這個行動自身是不是合法的。Willkür 和 Wille 是每一個理性存在者具備的心靈能力，更具體說，是有理性存在者的欲求能力。行動的直接發動者是意念，意念可能會受到各種各樣具體內容的規定，即意念在主觀上會朝向一些目的，這些目的的總和就是幸福；意念也可以撇開這些感性的內容，僅僅是受一種形式的規定，即受到意志本身的規定，意志自身（Wille）立出道德法則來規定它自己（Willkür）究竟如何去想、去欲求進而去行動，意念的這一根據就是不包含內容、不包含質料的純粹先天的根據。一個行動之所以有道德價值，並不是因為行動自身，而是因為引發行動的意念與規定意念的意志，或者引發行動的格律與道德法則之間的相一致。

意志或者實踐理性自身立法，核心就在於 Willkür 和 Wille 之間的內部關係，即 Willkür 服從 Wille 所立的法，而二者本質上就是有理性存在者的理性能力，因此是理性為自身立法。此即謂"善的判斷原則"。那麼何謂"善的執行原則"？究竟是什麼推動著一個道德主體"願意"去按照這個法則行動？道德的動機從何而來？

在其成熟期的倫理學中，康德將"善的判斷原則"判給理性，在道德立法的層面摒棄了所有的情感與感性，而只是將一種特殊的、"由理性概念而自身引發的"道德情感——敬重（Achtung）[14]——保留為"善的執行原則"。康德認為，正是出於對道德法則本身的敬重，我們的意念能夠願意按照道德法則行動。康德將"義務"規定為"義務是出於對法則的敬重的一個行為之必然性"[15]。因此，康德的"義務"概念當中已經包含了亨利希所謂的理性自律的雙重性：義務是按照法則行動的必然性，那個行動的必然性的

---

legalitas），一個行為底格律與法則之協調一致是這個行為之道德性（Sittlichkeit/ moralitas）。但格律是行動之主觀原則，主體以它作為自己的規則（即他想要如何行動）。反之，義務底原理是理性絕對地、因而客觀地命令於主體之事（他應當如何行動）。"

[14]　參閱 Kant, GMS, AA IV, S. 401, Anm.

[15]　Kant, GMS, AA IV, S. 400.

根據來自於意志本身或者實踐理性本身；同時推動著我們的道德主體願意出於義務去做的道德動機在於一種特殊的道德情感，即對道德法則的敬重的情感，而這種情感本是由我們理性自身引發出來的，正因如此，敬重可以成為道德動機或者善的執行原則的一個部分。

細究康德所謂的意志自律或意志自由，我們會發現，康德始終著眼的是有理性的存在者之內的"意志"（或"理性"）與"稟好"（Neigung）之間的衝突。所謂的"自然的辯證"或"通常實踐理性的辯證"所點明的正是在有理性的存在者內部的這兩種能力的衝突。[16]康德曾說："在你的內部僅追求幸福的，是<u>稟好</u>；但是，將你的稟好局限於'首先配得這種幸福'的條件的，是你的<u>理性</u>；而且你能藉由你的理性限制與制伏你的稟好，這是你的意志之自由"[17]。

要而言之，在康德意義上的自律倫理學意味著道德主體（理性主體或意志主體）自我立法、自我服從，由理性概念而自身引發的、對意志主體所立的法之敬重感成為道德的動機。顯然，康德的自律倫理學摒棄了除敬重感以外的所有其他情感，無論是在立法的層面，或是在執行的層面。

二、新儒家的本心自律

借助於批判性地吸收康德道德哲學，當代新儒家巨擘牟宗三先生（以及其弟子李明輝教授等）創造性地發展出一門儒家的自律倫理學。

李明輝教授曾指出，儘管在康德哲學與儒家思想之間有諸多契合之處，但是"在康德哲學中，對儒家思想之詮釋最有意義的概念莫過於'自律'的概念"[18]。在其鉅著《心體與性體》（三卷，1968-1969 年）中，牟宗三先生以康德的"自律"學說詮解儒家，並將孔、孟經《中庸》、《易傳》至宋

---

[16]　參閱 Kant, GMS, AA IV, S. 405.

[17]　Kant, AA VI, S. 483.

[18]　李明輝：〈牟宗三思想中的儒家與康德〉，載氏著：《當代儒學之自我轉化》（修訂版），臺北：中央研究院中國文哲研究所，2013 年，第 83 頁。

明儒學的發展視為儒學思想之主流，進而以此“自律”思想分判宋明儒學諸家：其中北宋三子周濂溪、張橫渠、程明道以及其後的胡五峰、劉蕺山一系與陸象山、王陽明一系大體均以《論》、《孟》、《易》、《庸》為標準，而可會通為一大系，基本上皆主“自律道德”；而伊川、朱子一系則代表“他律道德”，故言朱子是“別子為宗”。[19]其後於《圓善論》（1985 年）一書中，牟宗三以此“自律”概念詳細疏解《孟子・告子上》，並將告子－孟子之辯解為他律－自律之爭，此論說可謂別看生面，勝義迭出。[20]不特如此，牟宗三的根本著眼點還在於以康德為橋樑會通中西哲學，因此他亦以儒家（以及佛家和道家等）學說反觀康德，並指出康德之“理性－情感”二分框架並不能完全極成“自律道德”之“全蘊”，反有待儒家思想為之增益。所謂康德只建立起一個“道德的神學”而並無“道德的形上學”，也正在於此。

　　當然，牟宗三這種以康德之“自律”詮解儒家學說亦不無爭議，海峽兩岸諸多學者（如黃進興、蔡信安、孫振青、楊澤波以及晚近的唐文明等）都提出過質疑或批評。牟門高弟李明輝教授曾撰多文澄清牟宗三思想和理路，並對相關質疑和批評予以反駁。[21]在此論辯與爭鳴之中，李明輝教授進一步發揮了儒家（特別是孟子）自律倫理學之大義。

　　那麼，究竟何謂孟子（乃至儒家）的“自律”倫理學？綜括牟、李兩人的論說，其核心義主要體現在兩個方面：

　　其一，孟子強調“仁義內在”說。所謂“仁義禮智根於心”（《孟子・盡心上》），“仁義禮智，非由外鑠我也，我固有之也，弗思耳矣。故曰：

19　參閱牟宗三：《心體與性體》（第一卷），《牟宗三先生全集》（第 5 卷），臺北：聯經出版事業公司，2003 年，第 45-64 頁。

20　參閱牟宗三：《圓善論》，《牟宗三先生全集》（第 22 卷），臺北：聯經出版事業公司，2003 年，第 1-56 頁。

21　參閱李明輝：《儒家與康德》，臺北：聯經出版事業公司，1990 年；《孟子重探》，臺北：聯經出版事業公司，2001 年；《四端與七情——關於道德情感的比較哲學探討》，臺北：臺灣大學出版中心，2005 年；《康德與中國哲學》，廣州：中山大學出版社，2020 年。

求則得之，舍則失之"（《孟子‧告子上》）。這裡的"仁義禮智"即為康德意義上的道德法則，而"根於心"或"固有之"，指的就是道德法則出於此"本心"，"本心"為道德法則的"立法者"。牟宗三曾明言："孟子說仁義內在是內在於本心，由本心而自發，相當於康德所謂'**意志之立法性**'，後來陸王即名之曰'**心即理**'。由此'仁義內在'自然推出'仁義禮智之心或德是我所固有，非由外鑠'。只要是理性的存有，有道德的心或意志，他即有這些仁義禮智之明德"[22]。這一點所強調的即是前述亨利希所謂的"自律倫理學"之"善的判斷原則"維度，也恰是孟子以及儒家<u>同於</u>或<u>近於</u>康德的地方，無須贅述；

其二，孟子所謂的"本心"，即為"惻隱、羞惡、辭讓、是非"之"四端之心"或"四端之情"，牟宗三將之稱作"本體論的覺情"[23]、"實體性的覺情"[24]、"本心之情"[25]或"實體性的仁體或覺體"[26]等等。這幾個概念中又包含有兩個層次的意涵：

1)所謂的"覺情"，"情"即是"情感之情"，而"覺"則為"以覺訓仁"（謝上蔡）之"覺"、"惻然有所覺"（諸葛亮）之"覺"，因此，它並非認知意義上之"知覺"，亦非經驗性感受之情感，而是"道德的覺情"[27]或"智情"[28]。為強調"四端之心"或"四端之情"的純粹性與非經驗性，牟宗三甚至徑直將之稱作"純粹的理性"。[29]李明輝教授則引入現象學

---

[22] 牟宗三：《圓善論》，《全集》（第 22 卷），第 64 頁。

[23] 參閱牟宗三：《心體與性體》（第三卷），《牟宗三先生全集》（第 7 卷），臺北：聯經出版事業公司，2003 年，第 308 頁。

[24] 參閱牟宗三：《現象與物自身》，《牟宗三先生全集》（第 21 卷），臺北：聯經出版事業公司，2003 年，第 73 頁。

[25] 參閱牟宗三譯注：《康德的道德哲學》，《牟宗三先生全集》（第 15 卷），臺北：聯經出版事業公司，2003 年，第 286 頁。

[26] 參閱牟宗三譯注：《康德的道德哲學》，《全集》（第 15 卷），第 504 頁。

[27] 參閱牟宗三：《現象與物自身》，《全集》（第 21 卷），第 73 頁。

[28] 參閱牟宗三譯注：《康德的道德哲學》，《全集》（第 15 卷），第 334 頁。

[29] 參閱牟宗三：〈《孟子》演講錄（六）〉，盧雪崑整理，載《鵝湖月刊》，第三十卷第 5 期（總 353 期），第 4-5 頁。

家舍勒對於"感受（狀態）"（Gefühl）與"感受（活動）"（Fühlen）的區分，將此"覺情"解釋為舍勒現象學意義上的意向性的"感受（活動）"[30]。此一方面是在與"知覺"或"情感"對堪之中對"覺情"的（現象學的）詮釋，以揭顯出孟子的"四端之情"之為"覺情"，在根本上是區別於康德那裡所說的"道德情感"（無論是康德所批判的蘇格蘭道德情感學派所論的"道德感"，或是康德成熟期倫理學中作為道德動機而出現的"道德情感"）的；

　　2)而另一方面，儒家所言的"覺情"亦須視為"覺體"或"仁體"，它又是"本體論的"或"實體性的"。正所謂此"覺情是即心即理，即明覺即法則的"[31]，"它是心是情亦是理"[32]，"本心明覺其自身就是理性（法則），就是覺情[……]，覺情亦就是理性：它既不**先於理性**，亦不**後於理性**，它與理性是一"[33]。在此意義上，對於孟子以及儒家來說，作為道德之立法者就是這一"即心即理即情"的"本心"，所謂的"自律"，根本上可以被稱作"**本心自律**"[34]。這一"本心"既含理性又含覺情，所謂將康德的

---

[30] 參閱李明輝：《四端與七情》，第 70 頁。李明輝教授將這兩個概念分別譯作"情感"和"感知"，以"感知"釋"覺情"。

[31] 牟宗三：《現象與物自身》，《全集》（第 21 卷），第 73 頁。

[32] 牟宗三譯注：《康德的道德哲學》，《全集》（第 15 卷），第 504 頁。

[33] 牟宗三譯注：《康德的道德哲學》，《全集》（第 15 卷），第 334-335 頁。

[34] 參閱牟宗三：《心體與性體》（第一卷），《全集》（第 5 卷），第 171 頁。值得一提的是，盧雪崑教授在其大著《孔子哲學傳統——理性文明與基礎哲學》（臺北：里仁書局，2014 年）之第六章"析疑與辯難"中對唐文明、李明輝、袁保新諸教授詮解康德、儒家以及新儒家（特別是牟宗三）的相關討論展開了辯難，在其另一兩卷本的大著《康德的批判哲學——理性啟蒙與哲學重建》（臺北：里仁書局，2014 年）之第十二章更是專闢四節（近 160 頁的篇幅）檢討針砭李明輝教授的詮解工作。這些討論雖讀來不無啟發，但誤解誤會實多。比如，與本文中討論的問題相關，在其《孔子哲學傳統——理性文明與基礎哲學》（參見第 735 頁）中，盧雪崑教授批評李明輝教授藉"實體性的覺情"將孟子的"心即理"改換為"'道德情感'（覺情）即'理'"，將孟子的意志自律改換成"情感自律"。這一批評顯為不諦之論，為不明牟宗三所言"覺情"之為本心仁體義。

道德情感"上提"，指的無非是將僅作為道德動機的"由理性概念而自身引發的道德情感"上提至進行道德立法的"本體論的覺情"或"本心之情"，那麼，正因此"本心之情"可以<u>反上來</u>而為<u>原因</u>，即示它不只是一結果，因而亦即可為<u>道德之基礎</u>"[35]。之所以需要"上提"乃是在於，對於孟子以及儒家來所說，本心亦即是"道德判斷之標準"："<u>同時是標準</u>，同時是<u>呈現</u>，此為主客觀性之統一；如是，理義必悅我心，我心必悅理義，理定常、心亦定常、情亦定常"[36]；反觀康德，他把本是活的東西因忘記其本義而說成死的，因為他把"道德感看成是形而下的，感性的，純主觀的，不能為道德之基礎，這就是把心之明覺義和活動義完全從意志上脫落下來，而意志亦只成一個乾枯的抽象的理性體，而不知意志活動就是本心仁體之明覺活動，道德感（道德之情）就是這本心仁體之具體表現"[37]。

　　顯然，這裡討論的內含在"本心"之中、作為"本心"之呈現的"覺情"所關涉的恰恰是前述亨利希所謂的"自律倫理學"之"善的執行原則"維度，這也正是孟子以及儒家<u>不同於</u>甚或<u>超出於</u>康德的地方。

---

[35] 牟宗三譯注：《康德的道德哲學》，《全集》（第 15 卷），第 292 頁。另，陳榮灼教授曾藉海德格爾的"純情"（pure feeling/ bloße Stimmung，或可譯為"單純情緒"）概念來詮解孟子的"四端"，強調指出，"四端"是"純粹的"、"非心理學的"情感，因此它既可以成為道德動力因（Bewegungsgrund），也可成為道德決定因（Bestimmungsgrund）。其所論與此處牟宗三所講的本心之情基本一致。不過，陳教授還更進一步，因牟宗三在"《孟子》演講錄"中將四端稱作"純粹的理性"（本文前文亦曾引論過），而批評牟宗三陷入了"極端理性主義的範式"。在他看來，牟宗三將"道德情感"化約為"理性"進而犯了將"情"的"自主"（autonomy，自律）一筆勾銷之失，從而忽略了孟子義的"純情的四端"亦可扮演"道德決定因"的角色這一重要的可能性（參閱陳榮灼：〈孟子哲學新探〉，載《當代儒學研究》，第十期，2011 年 6 月，第 1-45 頁，特別是第 19-21、28、39-40 頁）。從本文的論述來看，這一批評顯然與牟宗三所論的、可作為"道德之基礎"的"具體的普遍的"本體論的覺情是相抵牾的。

[36] 參閱牟宗三：《心體與性體》（第一卷），《全集》（第 5 卷），第 171 頁。

[37] 牟宗三：《智的直覺與中國哲學》，《牟宗三先生全集》（第 20 卷），臺北：聯經出版事業公司，2003 年，第 250 頁。

　　總括來說，孟子以及儒家這裡所說的"本心自律"，將"善的判斷原則"與"善的執行原則"同時收攝在"本心"或"覺體"之中，立法者與執行者同為"本心"，"本心"自我立法、自我服從，而且不假外緣自己"興發"、"自身即是力量"，所謂"沛然莫之能禦也"（《孟子‧盡心上》）。[38]行為的約束力或道德與否的標準並非源自外在的事物，甚或權威與天志（"非由外爍我"），而是"根於心"或"我固有之"。這也正是（康德意義上的）"自律"概念的題中應有之義。

　　回顧康德道德哲學的整個發展過程，新儒家的"本心自律"可以說是沿著康德倫理學的道路發展出來的。康德道德哲學發展總體可分為三個階段：1)萊布尼茲－沃爾夫式的理性道德階段（1756/57-1762 年），2)在蘇格蘭道德感學派和盧梭影響下的關注情感道德階段（1762-1770 年），以及 3)把道德的判斷原則建立在純粹理性或批判理性上的純粹理性道德階段（1770-1804 年）[39]。如果康德的道德哲學能夠容納新儒家的本心自律的倫理學，進而後者能夠被視為第四個階段的話，那麼第四階段對第二個階段的批判，與康德自己所做出的第三個階段對第一個階段的批判，如出一轍。這種批判強調一個可以成為道德基礎的情感，但是這種情感本身是本體論的、本心性的；與第三個階段對第一個階段的批判不同，本心自律表達的批判強調"情"和"理"都收在本心、本性當中，理和情可以是合二為一的。所以在這個意義上，新儒家所說的"情"本身能夠成為道德的基礎，牟宗三認為康德的理－情二分體系無法極成自律道德之"全蘊"，而本心自律的道德則可以達成"全蘊"，一種道德的形上學因此能夠被建立起來。

---

[38]　李明輝教授曾對此一意義上的"本心"之特徵有精當的概括，可參閱李明輝：《儒家與康德》，第 101-103 頁。

[39]　進一步的討論，可參閱拙著：《質料先天與人格生成——對舍勒現象學的質料價值倫理學的重構》，北京：商務印書館，2014 年，第 1.5 節。

三、威廉斯的 "有個性的" 自律

英國當代著名哲學家威廉斯（Bernard Williams）在其名著《羞恥與必然性》中回溯到古希臘悲劇，強調在希臘的前道德（premoral）意義上[40]，索福克勒斯筆下的埃阿斯決意自殺，他說："現在，我要去我這條路必須去的地方"，這裡的 "必須去"（*poreuteon*）不是康德義務的 "必須"，不是道德的絕對命令，那這種 "必然性" 是什麼呢？[41]威廉斯借助對羞恥的反思，對康德的 "義務" 和 "自律" 概念展開了檢討。

"羞恥" 是一種單單的他律體系嗎？通過對 "羞恥" 的反思，是否可以有新的可能性？威廉斯強調了古希臘人那裡的罪感體驗與羞感體驗的複雜性，並對希臘人的羞感體驗進行了深刻入微的分析。通過對歐里庇德斯的劇作《希波呂托斯》（尤其是第 380-387 行）的文獻學考究，威廉斯指出，最晚在西元前 5 世紀晚期，希臘人已經區分了兩種不同的羞感，即 "單純跟隨公眾輿論" 的羞感與 "表達內在的個人信念" 的羞感。在歐里庇德斯的筆下，菲德拉如此說："羞恥亦分兩種，一種無害，一種卻是家族的負累"。後世的詮釋者也將之分別稱作 "好的羞恥" 和 "壞的羞恥"，前者是 "堅定的、積極的以及（如果需要的話）不受傳統期望約束的" 羞感，後者則是 "醜陋的、消極的、拘泥於傳統習俗的" 羞感。[42]

簡言之，在古希臘文化中，羞感並不單單意味著一種關涉於傳統和習俗的體驗（"外在化羞感"），羞感倫理也未必一定是基於一種外在的強制力，因而也不必在此意義上是他律的，而是也可能存在著一種事關內在性的羞感體驗（"內在化羞感"）。威廉斯明確地拒絕了流俗的看法："羞恥構

---

[40] 有關 "道德"（moral）概念的討論，可參閱拙著：《質料先天與人格生成——對舍勒現象學的質料價值倫理學的重構》，第 1.3 節。

[41] 參閱伯納德·威廉斯：《羞恥與必然性》，吳天岳譯，北京：北京大學出版社，2014 年，第 82-83 頁。

[42] 參閱伯納德·威廉斯：《羞恥與必然性》，第 187-190 頁。

建的倫理生活無可救藥地具有他律性，露骨地依賴公眾輿論"。[43]那麼，"內在化羞感"可以是"自律"的嗎？更進一步，如果內在化羞感可以是自律的，那麼，內在化羞感的主體作為道德主體如何對待羞感這種情感，或者更寬泛地說，作為道德主體的內在化羞感之主體究竟如何容納經驗性的因素？

在威廉斯看來，康德強調道德立法面的純粹性與形式性，其所論的道德主體或道德自我是一個進行批判的自我（the criticising self），它試圖從一個人偶然地成為的一切中分離出來，與一切經驗性因素隔絕，因此就其自身而言，就只是"理性或道德的視角"，因而是無個性的。[44]

這個批評似乎對任何的自律道德都構成了一種兩難：要麼因強調純粹性且摒除經驗性而導致道德主體或道德自我的無個性；要麼為避免這種無個性而將道德自我與那些與其自身相關的偶然性乃至社會性相聯繫。前者因強調了自律性卻導致了道德自我的無個性，後者則因保證道德自我之個性而可能影響自律性本身。解決這個似乎兩難的關鍵在於去回答，一種"本心自律"的倫理學究竟能否容納他異性的因素？若言"仁義禮智根於'心'"（自律），那麼此"心"是抽象隔絕而"唯我"的嗎？

顯然，這裡有兩個層次的問題，或如勞思光先生所言，這裡是在兩個不同的"歷程"上來講。[45]自律道德，強調的是仁義禮智這類道德法則"根於"心，而不假外求，"心"是立法者。就體現在自律的羞感倫理上來說，"義"是基於"羞惡之心"的，而非如所謂的外在化羞感倫理或文化那樣，將"義"置於外。這也是孟子與告子的根本區別之所在。但這裡所講的"內在"或"固有"都不是指"發生歷程"講，也就是說，此"心"並不等同於人在初生時的那個實然之始點，而是就"本質歷程"來講的。這是"自律"的根本義，也是第一層意義上的"內在"，即義內－義外之辯中的

---

[43]　伯納德·威廉斯：《羞恥與必然性》，第 108 頁。

[44]　參閱伯納德·威廉斯：《羞恥與必然性》，第 110-111、174 頁。

[45]　參閱勞思光：《新編中國哲學史》（一），北京：三聯書店，2015 年，第 122-123 頁。

"內"，前文所說的"內在化羞感"也是在此一層面所講的。

但就"發生歷程"來講，此"心"本身尚待"擴而充之"，或者說，此一"內在"心本身之"內在"結構尚需被探究。後面這個"內在"說的是作為"自律"之主詞或主項的"道德自我"或"本心"之"內在"，它是如何"發生"的，能否容納偶然性、經驗性和他異性的要素？而這個層次上的問題實際上最終不會影響在"本質歷程"上來講的"自律"之本身。

奧古斯丁曾對亞當在伊甸園故事的解讀中，提出了一種對羞感——內在化羞感——的解釋："因此，當人類始祖覺察到肉體裡的這一活動，它因為不順從而是不得體的，他們為自己的赤裸感到羞澀，因而用無花果葉去遮蔽他們的那個器官。以那樣一種方式，來自他們的羞感的一個決斷遮蔽了那不顧他們意願的決斷而被喚起的行為，同時，因為**他們為自己不得體的欲望而羞愧**，他們借著遮蔽這些器官而做了得體的事。"[46]羞之所羞，並非是基於外在的評價或習俗倫常，而是根植於內在的"不得體的欲望"。什麼是"不得體的欲望"？它是一種不顧意願之決斷的欲望，或者說，不受意願所轄制的欲望。可以看到，奧古斯丁那裡的"內在化羞感"體現的是主體或自我之內的意願和欲念的衝突，自我會為"不得體的欲望"而羞，也就是會為欲念不受意願之轄制而羞。在此結構中，似乎完全是"唯我"的，完全看不到他異性的因素。不過，正如威廉斯所指出的那樣，忽視在羞感體驗中他者（哪怕是想像中的他者）的重要性，其實是個"愚蠢的錯誤"，想想薩特所描述的"鎖孔體驗"就可以知道這一點了。[47]比如，奧古斯丁所說的這個例子，自我之所羞指向的其實是這種"不得體的欲望"之"暴露"，也就是在某個"他者"眼前之"暴露"。在這個"內在化羞感"中實際上也已經暗含了一個"他者"或"他異性"。這個"他者"或"他異性"可以是神聖者、他人或者家庭、社會團體，甚至是"作為另一者的我自身"（比如某種職業性的

---

46 奧古斯丁：〈論婚姻與肉欲〉，I, 6, 7. 轉引自吳天岳：《意願與自由：奧古斯丁意願概念的道德心理學解讀》，北京：北京大學出版社，2010 年，第 105-106 頁。（著重號為引者所加）

47 參閱伯納德・威廉斯：《羞恥與必然性》，第 90-91 頁。

或大寫化的"我自身"，一種理想型的"我自身"）。[48]重點是在於，這個"他者"是內在於"本心"的，而這種"內在化的他者確實是抽象化的、普遍化的和理想化的，但是他潛在地仍然是某人而不是烏有"，而且這個"內在化他者"其實始終是帶著某種特定視角和觀點的他者。[49]因此，這個"義"內於"心"的"本心"或"能羞之在"根本上又包含著一個"內在化他者"，而這個"能羞之在"或"害羞的自我"（the shamed self）本質上是一個發生生成著的"交互人格性的自我"（interpersonal self）[50]，以此方式，這個道德主體可以容納偶然性與經驗性，但卻不必影響其自身的普遍性。有關於此，牟宗三曾說得至為通透：

> 對於性體心體之體證，或性體心體本身之呈現，不只是隔絕一切經驗而徒為抽象的光板的體證與呈現，而且還需要即在經驗中而為具體的有內容的體證與呈現。"具體的"即是真實的，它不只是一抽象的光板、純普遍性，而且是有內容充實於其中而為具體的普遍。普遍性不因有內容而喪失，故雖是有內容，而卻"渾是知體著見"。這樣，倒因有內容而為具體而真實的普遍、落實平平的普遍，不是凸起抽離的光板所謂"光景"的普遍。"有內容"，這內容固是因與經驗接觸而供給，但由經驗供給而轉成性體之內容，則此內容即不是經驗與料本身而待吾人去客觀地了解它以成為"知性之知"的內容，而卻只是在這種知中、行中，乃至一切現實生活中，使性體心體之著見更為具體而真實，因而轉成"德性之知"之內容，亦即是性體心體本身之真實化的內容，此即喪失了其為"麗物之知"的內容之意義，而轉為性體心體具體化真實化之具體而真實的脈絡。（故在此種體證與呈現中，

---

48 參閱 Anthony Steinbock, *Moral Emotions: Reclaiming the Evidence of the Heart*, Evanston, IL: Northwestern University Press, 2014, pp. 86f.

49 參閱伯納德‧威廉斯：《羞恥與必然性》，第 94 頁。

50 參閱 Dan Zahavi, *Self and Other. Exploring Subjectivity, Empathy, and Shame*, Oxford University Press, 2014, pp. 235-240.

所成的不是知識系統，而是德性人格底真實生命之系統。）就性體說，固已因有內容而具體化了，但就內容說，這內容已不是"麗物之知"中那只是特殊意義的內容，而是為性體心體之普遍性所通澈潤澤了的特殊，因而亦具有普遍的意義、永恆的意義，此亦可說是普遍的特殊。因而亦即是具體而真實的特殊，不是"麗物之知"中那純然的、抽象的特殊。[51]

　　根本說來，孟子以及儒家的本心自律倫理學成就的就是"德性人格底真實生命"，它含有"具體而真實的特殊"之經驗內容，且自身為"具體而真實的普遍"，"今與後"、"己與人"都融貫其中。作為"本心仁體"的"能羞之在"根本上並非"徒為抽象的光板"而是"落實平平的"，因而並非是"無個性的"道德自我。

　　威廉斯對康德自律倫理學的批評與新儒家對康德的批評一樣，也聚焦在道德主體上面，不同之處在於，新儒家聚焦的是主體內部的理－情二分關係，他們試圖打破這種二分的不合理性；威廉斯的批評實際上是說，一個康德式的純粹理性化的主體本身，究竟是不是一個被純粹抽離的、摒除了所有的偶然性和經驗性的主體，在一定意義上，他比儒家所講的在道德主體當中的理－情二分的不合理性要更往前或更往下走了一步。在威廉斯這裡，這樣一個將他者內在化了的、有個性的"道德自我"不是固定不變的，它始終在發生和生成著，自律始終是"有個性的"自律。

四、舍勒的人格自律

　　在自律問題上，舍勒對康德的批評也聚焦在道德主體上，如果說新儒家講的是本心的自律，威廉斯強調的是有個性的主體的自律，那麼舍勒討論的就是人格的自律。

---

[51] 參閱牟宗三：《心體與性體》（第一卷），《全集》（第 5 卷），第 176-177 頁。

　　舍勒指出，"自律"（Auto-nomie）之中的"自"（Auto-）在根本上強調的是一種"自立性"（Selbstständigkeit），因此，自律作為謂詞，其主詞或主項就並不是像在康德那裡那樣是"理性"或"某個作為分有著理性法則性的 X 的人格"，而毋寧說就是"人格"（Person）本身。[52]

　　如果我們不把"本體論的覺情"單理解為"情"（哪怕是舍勒意義上的意向性的感受），而是理解為即情即心亦即理的本心仁體，那麼，面對舍勒提出的批評，孟子以及儒家可以回應說，自律的主詞或主項就是這本心仁體，而且是可以有個性的道德主體。它並非康德意義上那種理性主體或"某個作為分有著理性法則性的 X 的人格"，而就是舍勒現象學意義上的"人格"（Person）本身。[53]"本心自律"在根本上也可被理解為"人格自律"。

　　但是，舍勒對於康德的批評以及其自身學說的展開也不單單在此。舍勒強調，在這裡必須區分"雙重的自律"：

　　　　對自身之為善和惡的**人格明察的自律**以及對以某種方式作為善和惡而

---

[52]　參閱 Max Scheler, *Der Formalismus in der Ethik und die materiale Wertethik*, GW II, Bern/München 1980, S. 372 , 486f. 中譯參見舍勒：《倫理學中的形式主義和質料的價值倫理學》，倪梁康譯，北京：商務印書館，2011 年。（所標頁碼即為該書邊碼，譯文偶有改動，不一一注明）

[53]　袁保新教授曾質疑牟宗三等圍於西方近代倫理學的概念框架，將孟子的"心"類比為道德理性、自由意志，進而將孟子的心性論理解為一種強調道德法則的內在性，以及深具先驗理性色彩的倫理學。他認為此一進路有將孟子引入西方主體主義和先驗哲學困境之中的危險。他進一步主張引入海德格爾的基礎存在／存有論，不將孟子的"心"理解為自律自足的道德主體，而是理解為以"在世存有"為基本形態的"存有能力"（參閱袁保新：《從海德格爾、老子、孟子到當代新儒學》，武漢：武漢大學出版社，2011 年，特別參閱第 11-15，42-44，59-62，97-98，112-114，176-177頁）。此說不無道理亦不無啟發，不過，如若人們更為全面地理解"本體論的覺情"或"本心仁體"，其與舍勒所言的"人格"並無二致。而舍勒對人格的現象學描述實際上預演了海德格爾之後所做的對"此在"（Dasein）的基礎存在論的分析（參閱拙著：《質料先天與人格生成——對舍勒現象學的質料價值倫理學的重構》，第 6.2節）。就此而言，牟宗三所展開的"本體論的覺情"之詮解未必就不涵涉海德格爾的基礎存在論維度，只是並不僅限於此維度。

被給予之物的**人格願欲的自律**。與前者相對立的是無明察的或盲目的
意欲的他律，與後者相對立的是被迫的意欲的他律，它最清楚地包含
在所有的意願感染和暗示中。[54]

　　這裡所說的雙重自律，實際上是從"人格"的兩種不同但卻相互關聯的
意向性活動來區分的：一種是人格性的"道德明察"活動，其意向相關項是
"自身之為善和惡"這類道德價值；另一種則是人格性的"道德意欲"活
動，與之相關聯的是那些善的或惡的事情。這兩種人格活動之自律最終無疑
都是統攝在"人格自律"之下的。這也是舍勒強調自律首先是人格本身之謂
詞的原因所在。所謂人格性道德明察之自律意味著對道德價值的"自律地"
有明察，而非無明察或盲目，其對立面就是這種無明察的或盲目的意欲之他
律；而人格性道德意欲之自律指的則是對那些善的或惡的事情的"自律地"
意欲，其對立面是那種被迫的意欲。顯然，在舍勒這裡，"自律"更多是在
"自立性"（Selbstständigkeit）的意義上被使用，它強調一種直接性和自主
性。在一定意義上可以說，康德的那個偏重"動詞"意味的自律在舍勒這裡
更多可被遊移為偏重"副詞"意味的詞彙。[55]

　　在康德那裡，善與行為的"道德性"（Moralität）而非"合法性"
（Legalität）相關，進而與意志自律相關。比如，康德所舉的那個"童叟無
欺"的例子，精明的商販出於對利潤的"稟好"而做到公平誠實，他既沒有
對公平誠實的直接的稟好，更不是出於義務（aus Pflicht）來行事，所以這
一行為是無道德價值可言的。只有意志服從其自身所立的法，繼而由此意志
（或意念，Willkür）決定的行為才是有道德價值的。[56]舍勒不會同意這一

---

[54]　Max Scheler, *Der Formalismus in der Ethik und die materiale Wertethik*, S. 486f. 著重號為
　　引者所加。

[55]　就此而言，人們有理由批評舍勒已脫離了康德"自律倫理學"之軌轍（參閱李明輝：
　　《四端與七情》，第 74 頁），但問題的重要性還在於，舍勒的這種遊移最終導向或
　　帶來了什麼。

[56]　參閱 Kant, *Grundlegung zur Metaphysik der Sitten*, AA IV, S. 397.

點。根據他對自律的詮釋，康德所說的這個"童叟無欺"的行為，可以被視
為一個無明察地和被迫地意欲之行為，也就是既非（人格性）道德明察之自
律的行為亦非（人格性）道德意欲之自律的行為，但這些並不會影響這個行
為本身是善的，具有道德價值，而只是因為它是雙重的他律之行為，故不能
將這個本身即善的行為之道德價值"善"歸派給這個作為"人格"的某人
（如精明的商販）。換言之，借助於這雙重自律的區分，我們可以更好地釐
清所謂的"行為之善"與"人格之善"。

　　依照"人格"的"道德明察"和"道德意欲"這兩種不同的意向性活動
（舍勒也曾批評康德忽視對此二者的區分），舍勒區分了雙重自律（以及雙
重他律），他首先明確了自律的"明察"與"意欲"的關係：

> 完全相即的、自律而直接的對什麼是善的明察，**必然**也設定了對那個
> 作為善的而被把握到的東西的自律意欲；但反過來自律的意欲卻並不
> 也共同設定了在它之中作為"善的"而被意指的東西的完全直接的明
> 晰性。[57]

　　簡言之，舍勒這裡所強調的是，若我（作為人格）絕然直接地知道什麼
是善，那也就必定設定我直接自主地意欲這個善的事情，但我直接自主地意
欲某個善的事情，卻不必然設定我對什麼是善有完全直接的明見把握。

　　舍勒接下去要關注的恰恰就是那種"我直接自主地意欲某個善的事情，
卻對什麼是善沒有完全直接把握"的情況，即一種有著"自律的意欲，但並
不同時有完全自律的明察"的狀況。而這一點正是舍勒與康德爭議之所在。

　　舍勒是藉對"順從"（Gehorsam）這種情況的分析引出他的根本關切
的。所謂"<u>順</u>從"首先包含有一個"自律的意欲"，我完全直接自主地去意
欲"順從"什麼，此處的意欲不是"被迫的"，所以不是"<u>盲</u>從"。但是，
也正因為是"順從"，我其實對我所順從的這個（異於我的）"什麼"之道

---

[57]　Max Scheler, *Der Formalismus in der Ethik und die materiale Wertethik*, S. 490.

德價值並無完全明晰的把握，也就是說，"順從"並不同時包含有一個完全相即的"自律的明察"。在舍勒看來，因為康德沒有區分"道德明察"和"道德意欲"，也沒有區分這雙重的自律，所以康德會將對這個（異於我的）"什麼"之"順從"視為他律，視為一種被迫的意欲。這導致的直接後果就在於：康德意義上的"自律"概念"不僅將會排斥任何道德的教育和指導，而且也已經排斥一種'道德順從'的觀念，甚而排斥道德的異己規定的更高形式，即那種通過對由一個明晰的善的人格所給出的純粹的、善的例子的追隨而完成的異己規定"[58]。簡單來說就是，在舍勒看來，因無視雙重的自律的區分，康德會因擔心墮入"他律"，而將排斥一切的道德教育、道德順從乃至於那種對作為價值人格之典範的"榜樣"的跟隨。而這些道德教育、道德順從以及所謂的"榜樣跟隨"，對於舍勒來說，恰恰是其"人格教化"或"人格生成"學說重要部分，而且，它們無疑都可被納入其"人格自律"說的總體框架之內。

　　姑且擱置舍勒對康德的批評（以及康德方可能可以提供的回應）不論[59]，讓我們返回孟子以及儒家思想，進而檢視舍勒的這些批評。舍勒對康德

---

[58] Max Scheler, *Der Formalismus in der Ethik und die materiale Wertethik*, S. 492.

[59] 康德的確會在"道德立法"的層面上將所謂的道德順從和榜樣跟隨等斥為他律，在"道德執行"或"道德動機"的層面上反對將榜樣本身之言行視為真正合適的道德動機。康德曾說："就呈現於模仿或告誡底性癖的榜樣之力量（無論是向'善'還是向'惡'的力量）而言，他人提供給我們的東西無法建立任何德行底格律。因為這種格律正是存在於每個人底實踐理性之主觀自律當中；因此，並非其他人底舉止、而是法則必須充當我們的動機"。（Kant, *Metaphysik der Sitten*, in: AA VI, Berlin 1914, S. 479f.）不過，康德在其〈論教育學〉中也專門討論了"順從"。在那裡，"順從"被視為一種品格（Charakter），對此一品格的培養和塑造是道德教育的一部分，而所謂道德性教育，根本上是對道德性心靈能力（Gemütskräfte）的培養。這種培養或教育的第一要務在於，確立一種"按照格律來行動的能力"。對成長中的少年的"順從"品格的培養，主要是指讓其"順從義務的規則"。而培養或教育的方式則在於"啟蒙"，即，讓成長中的少年聽從理性，進而運用自己的理性。參閱康德：《教育學》，李秋零譯，載《康德著作全集》（第 9 卷），北京：中國人民大學出版社，第 439-500 頁，特別是第 482-483 頁。

之批評的鵠的無非是要強調“人格”本身的發生性、歷史性與社會性，進而藉對所謂包含“完全直接的意欲自律和並非完全相即且直接的明察自律”的道德順從或榜樣跟隨等行為的強調來展開他自己的“人格生成”學說。這與孟子以及儒家強調的“教者必以正”的人文化成的教化“成人”思想何其相似。孟子的教育教化首先是一種“內省的”和“自得的”學習之過程，教化之根本在於促成道德自我的主體性之覺醒，教化最終就是一種“使先知覺後知，使先覺覺後覺”（《孟子・萬章上》）的心靈喚醒的人文活動。[60]在此意義上，孟子以及儒家並不排斥道德教育與對道德人格典範的跟隨。[61]

　　整體而言，一方面，舍勒轉化了自律這個詞的用法，威廉斯和新儒家都還是在“自律”的動詞性用法上在去強調自律，但是在舍勒那裡，自律這個概念更多地被遊移為副詞；另一方面，在對康德的批評中，舍勒更關心的是把道德的明察和道德的意欲二者統合在人格這個概念當中，最終他是想要把康德那裡因自律概念而被摒棄掉的“道德教育”同時容納到他的人格自律的倫理學當中，這正是舍勒對康德批評的背後的意義。

結　語

　　本文所討論的“自律的嬗變”，包括一個“靶子”以及針對它的三種批評——靶子是康德的意志自律，對康德意志自律的三種批評分別來自新儒家、伯納德・威廉斯和馬克斯・舍勒。

　　這三個批評各有側重或逐一推進。新儒家對康德自律概念的批評涉及自律倫理學中道德立法面與道德執行面的關係，以及道德主體中理性與情感的關係問題。其核心在於藉對“理－情”二分的批評，試圖構建一個更為健全

---

[60]　參閱黃俊傑：《孟子》，北京：三聯書店，2013 年，第六章“‘教者必以正’——孟子的教育理想”。

[61]　王慶節教授近年來就在試圖發展一種建立在道德感動基礎上的情感本位的“儒家示範倫理學”，深具啟發。可參閱王慶節：《道德感動與儒家示範倫理學》，北京：北京大學出版社，2016 年。

的道德主體性；威廉斯的批評則關涉此一作為整全的道德主體自身的性質問題，或者說道德主體自身的現象學本質結構問題。威廉斯努力想要讓這個道德主體性本身有個性，強調“交互人格性的自我”；而舍勒的批評看起來轉換了“自律”的界定，實則藉雙重自律的區分和提出，進一步在以人格本身作為自律之主項（或言道德主體）的基礎上，討論“人格－自律”的可能方式問題。

通過討論威廉斯對康德的批評以及孟子和儒家對此批評的回應，人們可以進一步明確，道德主體或道德自我本質上是個“交互人格性的自我”，它在其自身之內包含有抽象化的、普遍化的和理想化的“內在化的他者”。“義內”之“內在”意義上的“能羞之在”自身之“內在”中已融貫有他異，因此它是“具體而真實的普遍”，絕非是“無個性的”道德自我。儘管舍勒不會知悉威廉斯的批評，但在問題理路上，舍勒對康德的批評在一定意義上是承接威廉斯的批評的，他所強調的作為自律之主項或主詞的“人格”本身所指的無非就是這個融貫有“內在化他者”的、有個性的、交互人格性的存在。

區分人格的雙重自律，舍勒實際上是要強調“人格”本身的發生性、歷史性與社會性，進而強調道德教育以及榜樣跟隨等人格性行為對於“人格生成”或“成大人”思想的重要性。這在一定意義上體現的是一門現象學倫理學的“規範倫理”的層面，當然並非是康德的律則規範意義上的規範倫理。在這一點上，孟子以及儒家顯然是近舍勒而遠康德的。

在此意義上，與其說儒家倫理學是一種“德性”倫理學，還不如說是一種“人格”倫理學。其實，如果我們撇開當代歐美倫理學的解釋框架——首先是行動和行動者倫理學的區分，其次是在行動倫理學中所謂義務論和後果論的區分，並且重新審視舍勒對康德倫理學的標籤式批評，康德本人意義上的倫理學又何嘗不可詮解為一種“人格”倫理學？

韓國儒學研究

韓儒丁時翰與李栻的
「人性、物性同異」之辯[*]

呂政倚[**]

一、前言

　　有關韓國儒者對於朱子「人性、物性同異」問題的探討，最著名的莫過於在 18 世紀栗谷學派中開啟「湖洛論爭」的李柬（字公舉，號巍巖，1677-1727）與韓元震（字德昭，號南塘，1682-1751）間的論辯。然而有學者指出，朱子「人性、物性同異」問題在 17 世紀中期的退溪學派中就已略見端倪[1]，但是在該學派中較受到學者關注的，則是與「湖洛論爭」同樣發生於

---

[*] 本文曾發表於國立中正大學中國文學系、中央研究院中國文哲研究所共同主辦：「東亞哲學經典詮釋」國際學術研討會（2022 年 11 月 18-19 日）、國際退溪學會主辦：「第 29 屆國際退溪學術會議：退溪儒教思想的擴張性（宗教、文化、藝術、經濟）」（2022 年 11 月 25-26 日）、上海復旦大學哲學學院主辦：「第六屆兩岸儒學工作坊：儒學研究之視域交融」（2022 年 12 月 3-4 日），以及中山大學哲學系、中山大學東西哲學與文明互鑒研究中心主辦：「康德、儒家與中西融通」學術研討會（2023 年 6 月 10-11 日）。筆者在此感謝會議評論人，以及與會學者提供給筆者的寶貴意見。

[**] 中央研究院中國文哲研究所助研究員

[1] 韓國學者安在淳指出李玄逸（字翼升，號葛庵，1627-1704）和他的兄弟李徽逸（字翼文，號存齋，1619-1672）、李嵩逸（字應中，號恒齋，1631-1698）於 1658-1664 年曾有過探討。此外，即是丁時翰與其弟子李栻間的辯論。請參閱安在淳：〈17 世

18 世紀初期，卻略早於「湖洛論爭」的、作為退溪學派代表人物之一的丁時翰（字君翼，號愚潭，1625-1707）與其學生李栻（字敬淑，號畏庵，1659-1729）間的論辯，也曾有學者將之與李柬與韓元震的論辯進行比較研究[2]。不過，何以在 18 世紀初期，退溪學派與栗谷學派都在朱子「人性、物性同異」問題產生爭議？原因則不明。因為（1）在文獻上並無證據可證明韓元震等人知曉丁時翰與李栻之間的論辯及其內容[3]；（2）雙方在問題意識上也不相同，丁時翰與李栻爭論起於對朱子「體用論」理解上的差異，韓元震與李柬則起於「未發前有無氣質之性」的問題。相較於韓元震與李柬恪守栗谷學派朱子理「只存有而不活動」[4]的立場，丁時翰與李栻則承繼了退溪學派「理能活動」[5]的立場，並在此立場下展開朱子學中「人性、物性同異」問題的論辯，因此值得關注。在這個論辯中李栻主張「人性、物性同」，丁時翰主張「人性、物性異」。本文嘗試從雙方在（1）「體用觀」的差異、（2）對「本然之性／氣質之性」的理解，以及（3）在「心／性」關係上的理解，這三個側面來分析這場論辯，並闡釋其意義。

紀韓國的儒學思想──朱子學的深化以及對其的批判〉，《儒教文化研究》（國際版），第 7 輯（2007 年 2 月），頁 9-12。

[2]　金洛真：〈丁時翰、李栻과 李柬、韓元震의 人物性同異論 비교〕〔丁時翰、李栻與李柬、韓元震的人物性同異論之比較〕，《韓國哲學論集》，第 26 輯（2009 年），頁 151-183。此外，金洛真亦以《丁時翰과 李栻의 理體用論研究》〔丁時翰與李栻的理體用論研究〕（首爾：高麗大學校大學院哲學科博士論文，1996 年）作為學位論文。

[3]　金洛真認為沒有證據可以證明他們知道對方的存在和對方的討論內容。請參閱金洛真：〈丁時翰、李栻과 李柬、韓元震의 人物性同異論 비교〕〔丁時翰、李栻與李柬、韓元震的人物性同異論之比較〕，《韓國哲學論集》，第 26 輯，頁 154。

[4]　有關朱子學作為「只存有而不活動」的理論系統，請參閱牟宗三：《心體與性體》，第 1 冊（臺北：正中書局，1996 年），頁 58-59。

[5]　請參閱李明輝：《四端與七情──關於道德情感的比較哲學探討》（臺北：臺大出版中心，2005 年），頁 361-362；楊祖漢：《從當代儒學觀點看韓國儒學的重要論爭》（臺北：臺大出版中心，2005 年），頁 173-178。

二、論辯緣起

有關丁時翰與其學生李栻間的論辯，據丁時翰的〈年譜〉，丁時翰曾將他與李栻的往返書信收錄在《管窺錄》中，這也是雙方論辯較完整的資料[6]，因此筆者以下對丁時翰與李栻雙方論辯的梳理，將以《管窺錄》為主。

丁時翰與李栻間的論辯，依筆者的考察與《管窺錄》所收錄的書信資料，肇始於 1700 年丁時翰給李栻的書信〈答李敬叔別紙庚辰年〉中，依此信中對李栻來信文字的引述，李栻表示了對李栗谷（名珥，1536-1584）「理通氣局」說的認同。由於丁時翰對於退溪學的辯護，「理通氣局」正是其中批判的要點之一[7]，因此從該年至 1703 年間，他與李栻便有了密集的書信論辯往返[8]。

李栻在寫給丁時翰的信中是這麼說的：

6　丁時翰的〈年譜〉記載：「丙戌〔按：1706 年〕先生八十二歲……夕命孫永慎謄書〈自警〉文於《管窺錄》下先是與李栻往復書札及〈壬午錄〉等文字，書之一冊，名曰《管窺錄》。至是使永慎搜取〈自警〉文於亂藁中，附其下。」見《愚潭集》，《韓國文集叢刊》（首爾：民族文化推進會，1994 年），第 126 輯，卷 11，頁 419 上。然而收錄於《韓國文集叢刊》第 126 輯的《愚潭集》，雖然錄有丁時翰回復李栻論點的書信，以及〈自警〉、〈壬午錄〉等材料，但並無將這些材料彙編成冊的《管窺錄》；重要的是，在這些書信中，並沒有收錄李栻給丁時翰的信件，加上李栻本人的文集並沒有留存下來（他的文獻僅存《畏庵先生日記》），以至不容易還原李栻的觀點。《管窺錄》目前收錄於 2007 年羅州丁氏月軒公派宗會發行的《愚潭全集》中，錄中有雙方往返的論辯書信，是較完整的資料。

7　丁時翰主要為李退溪（名滉，1501-1570）的「理氣互發」說進行辯護，並批判李栗谷的「理通氣局」說、「人心道心」說與「四端七情」說。請參閱李明輝：〈朱子性理學與韓儒丁時翰的四端七情論〉，收入黃俊傑、林維杰編：《東亞朱子學的同調與異趣》（臺北：臺大出版中心，2006 年），頁 210-278。

8　若依丁時翰的〈年譜〉：「壬午先生七十八歲……七月書贈李栻〈人物性同異辨後〉其略曰：「僕與敬叔論人物性同異三四年來，面論書卞，不為不多，而未能相合。……。」見《愚潭集》，《韓國文集叢刊》，第 126 輯，卷 11，頁 418 下。壬午是 1702 年，依文中「三四年來，面論書卞」，或許在 1700 年前丁時翰跟李栻就陸續有些討論。

竊想栗谷所謂「理」者，自是無用之物，其主乎用者，只是一箇氣而
已。要其歸而觀之，彼存此發，彼靜此動，其首尾本末，分明是一般
物事。然則即其所謂「理」者，不過為氣之不動底根柢而已矣。此其
所以為認氣為理之病，而流於異學者也。若夫此段之言，其為說最
完。此理之合散，亦自有如此般樣意象，恐不可并其言而棄之也。蓋
理之為物，自其一本處而觀之，則譬如月在天上，而天下萬物共含此
一箇月也；自其萬殊處而觀之，則萬物之清濁虛實各自不同，而月光
之偏全厚薄亦各不同也。然其偏全厚薄，顯然易見者，雖有不同；而
其含此一箇月，隱於無形者，固無彼此之殊。蓋此理之於天地人物，
亦不以有用而與之多，不以無用而與之少故也。……此段所謂「本體
之中，流行具焉」者，固為是矣。「流行之中，本體存焉」者，亦豈
誤耶？似當更詳之。[9]

在信中，李栻站在退溪學派以朱子學中「理能活動」的立場上，一方面批判
李栗谷「理無為也，氣有為也」[10]（即理不活動，活動的是氣）的主張，認
為（1）在這個意義下的「理」並無主宰性，真正具有主宰性的「氣」（這
是針對李栗谷認為「無形無為，而為有形有為之主者，理也」——即他一方
面以理不活動，一方面又認為理依然是氣的主宰——的批判）。（2）在這
個意義下的「理」，只是「氣」的活動根據而已（「為氣之不動底根柢而
已」）。（3）依李栗谷上述對「理」、「氣」的理解，即將理的主宰性與
活動性讓位給「氣」，因此有「認氣為理」的問題。雖然如此，李栻一方面
卻認同李栗谷的「理通氣局」說。李栻所謂李栗谷對於「理通氣局」「其為

9　丁時翰：〈答李都事敬叔別紙庚辰年〉，《管窺錄》，收入《愚潭集》（首爾：羅州
　　丁氏月軒公派宗會，2007 年），筆寫本，卷 6，頁 159 下-160 上。

10　栗谷說：「理、氣原不相離，似是一物；而其所以異者，理無形也，氣有形也，理無
　　為也，氣有為也。無形無為，而為有形有為之主者，理也；有形有為，而為無形無為
　　之器者，氣也。」見李珥：〈答成浩原〉，《栗谷全書》I，《韓國文集叢刊》（首
　　爾：民族文化推進會，1996 年），第 44 輯，卷 10，頁 201 下-211 上。

說最完」的段落如下：

> 「理通氣局」要自本體上說出，亦不可離了本體，別求流行也。人之性非物之性者，氣之局也；人之理即物之理者，理之通也。方圓之器不同，而器中之水一也；大小之瓶不同，而瓶中之空一也。氣之一本者，理之通故也；理之萬殊者，氣之局故也。本體之中，流行具焉；流行之中，本體存焉。由此推之，「理通氣局」之說，果落一邊乎？[11]

李栗谷此說的理論前提乃是朱子的「性即理」，如李明輝所說：

> 栗谷就「性即理」之義來闡釋「理通氣局」之說：從本體上說，理具有普遍性，故「人之理即物之理」，此之謂「理通」；從流行上說，理受到氣之限制而個體化為人、物之性，故「人之性非物之性」，此之謂「氣局」。[12]

在朱子學中「理」與「性」是「意義」（meaning）不同，「指謂」（reference）相同的概念，如朱子說：「太極只是天地萬物之理。在天地言，則天地中有太極；在萬物言，則萬物中各有太極。未有天地之先，畢竟是先有此理。」[13]「『性』字蓋指天地萬物之理而言，是乃所謂太極者」[14]。即就天地萬物全體的存在根據而言為「理」（也就是「太極」自身），而就此「理」作為個別的人、物的存在根據而言為「性」；簡言之，「理」的個體化即是

---

[11] 李珥：〈與成浩原〉，同上書，卷10，頁218上。

[12] 見李明輝：〈朱子性理學與韓儒丁時翰的四端七情論〉，《東亞朱子學的同調與異趣》，頁245。

[13] 黎靖德編：《朱子語類》（北京：中華書局，1999年），第1冊，卷1，頁1。

[14] 朱熹：〈答汪長孺德輔〉第1書，《晦庵先生朱文公文集》（以下簡稱《朱子文集》），卷52，收入朱傑人、嚴佐之、劉永翔主編：《朱子全書》（上海：上海古籍出版社；合肥：安徽教育出版社，2002年），第22冊，頁2463。

「性」。雖然「理」與「性」的意義並不相同，但二者都指謂作為「終極實在」的「太極」；換言之，「理」與「性」只是「太極」的二個不同意義。因此，李栗谷的「理通氣局」說，正闡明「理」與「性」之間的關聯，也就是「性即理」。相對於李栗谷以方圓之器與水、大小空瓶與其中的空間來比喻理氣關係，說明「性即理」；李栻則在表示他對「理通氣局」說的認同後，即根據朱子的「日月光之喻」提出「月光之譬」[15]來說明他的理解。李栻以天上的明月與呈現在萬物上的月光為喻依說，從「一本」（本體）處來看，高懸天上的明月，就是含藏於天下萬物的那輪明月；從「萬殊」處來看，因為天下萬物是具有差異性的存在，所以同一個天上的明月所發出的月光，映照在不同的存在物上，也會有不同的呈現；雖然月光的呈現因存在物的差異而有所不同，但這並無礙含藏於天下萬物的是同一輪明月。換言之，李栻通過這個月光之譬所要表達的是，超越的天理雖然內在於萬物，但因萬物本身就是稟有清濁虛實等不同氣質的存在，這些清濁虛實不同的氣質會遮蔽了天理，讓天理在萬物上有不同的表現，但這無礙這些不同的表現其根源是那個既超越又內在的天理[16]。李栻既然認同李栗谷的「理通氣局」說，則李栻不但肯定李栗谷「本體之中，流行具焉」的看法，也肯定「流行之中，本體存焉」的看法。對於李栻批判李栗谷「理無為」說，丁時翰固然表示認同，但對於李栻贊同李栗谷「理通氣局」說，他則不認可。事實上，這段李

---

15 李栻說：「此月光之譬，乃非栻之說，政朱子日月之光之喻，而但就其中分別光與體耳。」（丁時翰：〈李敬叔別紙〉，《管窺錄》，收入《愚潭集》筆寫本，卷 6，頁 166 下）文中朱子「日月之光之喻」見《朱子語類》中黃蕡（子耕）所錄：「問：『氣質有昏濁不同，則天命之性有偏全否？』……。」一段文字（請參閱黎靖德編：《朱子語類》，第 1 冊，卷 4，頁 58）。

16 朱子也有類似的比喻，如「行夫問：『萬物各具一理，而萬理同出一源，此所以可推而無不通也。』曰：『近而一身之中，遠而八荒之外，微而一草一木之眾，莫不各具此理。……然雖各自有一箇理，又卻同出於一箇理爾。如排數器水相似；這盂也是這樣水，那盂也是這樣水，各各滿足，不待求假於外。然打破放裏，卻也只是箇水。此所以可推而無不通也。所以謂格得多後自能貫通者，只為是一理。釋氏云：「一月普現一切水，一切水月一月攝。」這是那釋氏也窺見得這些道理。濂溪《通書》只是說這一事。』」《朱子語類》，第 2 冊，卷 18，頁 398-399。

栻認為李栗谷「其為說最完」的一段，正是丁時翰批判李栗谷的談論之一。
丁時翰批判栗谷說：

> 論萬物一原之本體，則萬物之理，同出一原，固不可離了本體，別求
> 流行；而纔說氣局之後，則理通之言，不可謂之「本體上說出」也。
> 理墮在氣質，既為人之性，既為物之性，則理與性初非二物；既謂之
> 「人之性非物之性者，氣之局也」，則又烏可謂「人之理即物之理
> 者，理之通」乎？以器中之水、瓶中之空為譬者，雖未知其十分襯
> 切，而姑以所譬者論之：方圓之器之理、大小之瓶之理，同出一理，
> 而理在器中，則方器有方器之理，而方不可以為圓，圓器有圓器之
> 理，而圓不可以為方；猶本一水也，而方器之水不可謂之圓，圓器之
> 水不可謂之方。理在瓶中，則大瓶有大瓶之理，而大不可以為小，小
> 瓶有小瓶之理，而小不可以為大；猶本一空也，而大瓶之空不可謂之
> 小，小瓶之空不可謂之大也。以此觀之，其曰「本體之中，流行具
> 焉」者，是矣；而其曰「流行之中，本體存焉」者，非矣。[17]

丁時翰認同李栗谷「本體之中，流行具焉」的看法，認為「萬物之理，同出
一原」確實不能「離了本體，別求流行」，但他反對「流行之中，本體存
焉」的看法，即他認為在氣化流行、「理」為「氣」所限定而為人、物之
「性」之後，便不是作為本體的「理」，因此他說：「既謂之『人之性非物
之性者，氣之局也』，則又烏可謂『人之理即物之理者，理之通』乎？」他
因此反對李栻的見解，他說：

> 朱子曰：「渾然太極之全體，無不各具於一物之中。」[18]似與栗谷之

---

[17] 丁時翰：〈四七辨證・栗谷答成浩源書〉，《愚潭集》，《韓國文集叢刊》，第 126
輯，卷 8，頁 350 下-351 上。

[18] 朱熹：〈太極圖說解〉，見周敦頤：《周敦頤集》（北京：中華書局，1990 年），
頁 4。

說相近，而天地之心普萬物而言。其所以普萬物也，不以人物之貴賤而有間於賦與之多少，此朱子所謂「無不各具」[19]。而來諭中「自其一本處觀之，月在天上，而天下萬物共含此一箇月」者，亦此意也。然而既已「各具」之後，則惟人之性，全體自足，而草木之性，全塞不通，禽獸之性，或通一路。莫不各有一定不易之則。此朱子所謂「人之所稟獨得其秀，故其心最靈，不失其性之全」[20]者。而來諭中「自其萬殊處觀之，萬物之清濁虛實，各自不同，而月光之偏全厚薄，亦各不同」者，亦不外於此意也。然則萬物雖曰「共含此一箇月」，而清虛之處，月光呈露無礙；濁實之所，月光隱而無見。天上之月光，雖不以物之清濁虛實，照有不遍，而濁實之中，既不見月之光影，則不可謂濁實之中，月光之本體存焉。若以隱於無形，謂濁實之中，月光之本體存焉，則是求理於懸空無用之地，而其所謂本體之明，於何見得乎？向察盛意，蓋以為「本體」之「體」字，異於「體用」之體字，用雖有異，本體則不害其皆備云云。而以愚意觀之，既有其體則必有其用，既有其用則必有其體，故以其用之發見，驗其本體之全否焉。有用之不周，而本體自全者乎？夫性之骨子，只是仁義禮智四德。有是四德，而後方可謂之本體存焉；而四端之用，由是發焉。人則雖其昏蔽之極，而四德、四端，自有未嘗息者矣。若物則雖麟鳳龜龍之屬，何可謂之有是四德，而發為四端也耶？由此觀之，則「本體」之「體」字，果有異於「體用」之「體」字乎？[21]

引文中朱子「渾然太極之全體，無不各具於一物之中」，其全文是「渾然太極之全體，無不各具於一物之中，而性之無所不在，又可見矣」。這句話是

---

[19] 同上注。

[20] 原文是：「人之所稟獨得其秀，故其心為最靈，而有以不失其性之全……。」同上注，頁 5。

[21] 丁時翰：〈答李都事敬叔別紙〉，《管窺錄》，收入《愚潭集》，筆寫本，卷 6，頁 160。

朱子對周敦頤（濂溪，1017-1073）〈太極圖說〉「五行之生，各一其性」的注解，然而朱子的注解與周敦頤的原意卻有所不同，如牟宗三所說：

> 周濂溪〈太極圖說〉謂「五行之生也，各一其性」……「各一其性」言「五行之生」**各自成其一性耳，各自有其特性耳**。故下文云：「五性感動而善惡分，萬事出矣。」此「五性」即是五行之性。豈謂本然之性墮在金木水火土之中因而**「自為一性」**（意即金中之性、木中之性等等）耶？[22]

牟宗三認為周敦頤「五行之生，各一其性」的原意乃意謂「『五行之生』各自成其一性耳，各自有其特性耳」。但如筆者前文所述，在朱子學中「太極」（或「理」）與「性」是「意義」不同，「指謂」相同的概念；因此，朱子注解中所謂「性之無所不在」，即意謂「渾然太極之全體，無不各具於一物之中」，闡釋的是「太極」的「絕對普遍性」（absolute universality）。換言之，此注解中「性之無所不在」，並不是指「『五行之生』各自成其一性」、「各自有其特性」，而是指「『五行之生』各具太極全體為其性」。此所以朱子以「各一其性」為「氣質之性只是此性墮在氣質之中，故隨氣質而自為一性」[23]，而所謂「自為一性」，即意謂太極或（本然之）性在墮入氣質之後，雖然不與氣質相離，但也不與氣質相雜，而依然自為一超越的存有，換言之，「自為一性」指謂的是墮在氣質中的太極或（本然之）性，此所以朱子於〈答嚴時亨世文〉中詮釋「各一其性」說：「氣質是陰陽五行所為，性即太極之全體。但論氣質之性，則此全體墮在氣質中耳，非別有一性也。」[24]

---

[22] 牟宗三：《心體與性體》，第 3 冊（臺北：正中書局，1995 年），頁 492。粗體為筆者所加。

[23] 朱熹：〈答徐子融〉第 3 書，《朱子文集》，卷 58，收入《朱子全書》，第 23 冊，頁 2768。

[24] 朱熹：〈答嚴時亨世文〉第 1 書，《朱子文集》，卷 61，同上書，頁 2960。

　　丁時翰於前引中說朱子「渾然太極之全體，無不各具於一物之中」與栗谷之說相似，是因為他認為，在朱子學中，「太極」（「理」）只是作為天地萬物全體的存在根據而言，故他說「此則蓋指天地之心普萬物而言」，「天地之心」在朱子學中正指「理」[25]。但由於在丁時翰的理解中，「自為一性」並不意謂「太極」在墮入氣質之後「自為一性」（自為一超越的太極），而意謂「自成一性」（自成萬物不同的分殊之性）[26]，所以他認為這個作為天地萬物全體存在根據的「太極」（「理」），與在氣化流行中的天地萬物所稟賦之「性」，二者的內容並不相同，所以如前述，他反對栗谷「人之性非物之性者，氣之局也」，與「人之理即物之理者，理之通」可以同時成立；換言之，丁時翰認為「栗谷的『理通』與『氣局』之說套在『理』與『性』之關係中，是互相矛盾的。」[27]因此之故，他也反對李栻在月光之譬中所表示的，除了人因獨得秀氣，稟賦有「太極」全體為人性之外，萬物也稟賦有「太極」全體為其性的主張。因為既然人、物所稟的氣質有清濁虛實的差異，則人、物的性也有差異。而在丁時翰對於李栻月光之譬的批判：「濁實之中，既不見月之光影，則不可謂濁實之中，月光之本體存焉」一句中，也隱含著人以外的萬物，不可能跟人一樣表現道德法則（即

---

[25]　「天地之心」這一概念出自於《易・復・象》：「復其見天地之心乎！」在理氣論上，朱子將之視為「天地之理」的同義詞，舉例言之：「問：『天地之心，天地之理。理是道理，心是主宰底意否？』曰：『心固是主宰底意，然所謂主宰者，即是理也，不是心外別有箇理，理外別有箇心。』」（《朱子語類》，第1冊，卷1，頁4）又「人之所以為人，其理則天地之理，其氣則天地之氣。理無迹，不可見，故於氣觀之。要識仁之意思，是一個渾然溫和之氣，其氣則天地陽春之氣，其理則天地生物之心。」（《朱子語類》，第1冊，卷6，頁111）

[26]　丁時翰說：「……太極分殊之理，散為萬物之性，則隨氣質，而性各不同。『自為一性』，故物物上，自有物物所稟太極分殊之性，而自具其物物本然之則也。」（丁時翰：〈論敬叔所示退溪集中人物性同處癸未四月〉，《管窺錄》，收入《愚潭集》，筆寫本，卷7，頁193上）這涉及丁時翰對於「本然之性／氣質之性」的理解，詳細請參閱下文第三節第二小節。

[27]　見李明輝：〈朱子性理學與韓儒丁時翰的四端七情論〉，《東亞朱子學的同調與異趣》，頁245。

「太極」的內涵：仁義禮智），所以，根據（1）朱子以「然」推證「所以然」的論「性」方式，以及（2）「有其體則必有其用，既有其用則必有其體」[28]的「體用」原則，以「用之發見，驗其本體之全否」作為探求「本體」的方法（這二種方式，即存有論解析論「性」的方式，下文將再申論）[29]來看，丁時翰認為人以外的萬物，既然不可能跟人一樣全然地表現道德法則，那麼它們便無法稟賦有「太極」的全體內涵（仁義禮智四德）為性。因此他批判李栻主張人跟萬物都稟賦一個「隱於無形」、沒有任何表現的「太極」全體為其性，不免是「求理於懸空無用之地」、將「本體」之「體」與「體用」之「體」判然二分。

　　此即是丁時翰跟李栻論辯的緣起，其中所涉及的最核心的問題，就在於人與萬物所稟賦的個體之性，是否就等同於「太極」全體，或說「性」是否等同於「理」？而這個問題在丁時翰跟李栻的論辯中涉及（1）他們「體用觀」的問題，即對於朱子「體用」概念的理解，（2）他們對「本然之性／氣質之性」的理解，（3）他們對朱子「心／性」關係的理解。筆者以下即就此三點來討論丁時翰與李栻的「人性、物性同異」論辯。

三、論辯的開展

（一）丁時翰與李栻在「體用觀」上的差異

1. 雙方對「萬物統體一太極」與「一物各具一太極」的理解

---

[28]　朱子的相關說法如：「『乾乾不息』者，體；『日往月來，寒往暑來』者，用。有體則有用，有用則有體，不可分先後說。」見《朱子語類》，第6冊，卷94，頁2412。

[29]　參牟宗三：《心體與性體》，第3冊，頁487、508。這裡要注意的是「所以然」是有歧義的，即有就存在之然說的所以然、有就內容之然說的所以然。就前者而言，其所以然之理是「存在之理」（principle of existence）；就後者而言，其所以然之理，為「形構之理」（principle of formation）（同上，頁508）。筆者以為在朱子以存有論的解析論「性」的進路下，對於朱子要推證的是什麼意義下的「性」的認識，也是理解雙方辯論的關鍵。

　　由上述丁時翰對於李栗谷的「理通氣局」說與李栻的「月光之譬」的批判，正如李明輝所說：「栗谷實可藉朱子之說來回應此項質疑：所謂『人之理即物之理者，理之通也』，即是朱子所謂『合而言之，萬物統體一太極也』之義；所謂『人之性非物之性者，氣之局也』，即是朱子所謂『分而言之，一物各具一太極也』之義。今愚潭堅持『人之性非物之性』，而反對『人之理即物之理』，無異否定了朱子『性即理』之說。」[30]無獨有偶，李栻也曾在論辯中從這個角度回應丁時翰的批判，他說：

> 朱子之言曰：「合而言之，萬物統體一太極也；分而言之，一物各具一太極。」又曰：「在天地言，則天地中有太極；在萬物言，則萬物中各有太極。」其不分前後，而明白直截斷置得下如此。……朱子所謂「各、全具一太極」者，正指成象之後，而與「理絕不同」者，固並行而不悖矣。不知何所妨，而專主一邊偏全不齊之性而已耶？[31]

李栻正認為朱子「萬物統體一太極」與「一物各具一太極」（即在天地之超越的「太極」，與內在於萬物、作為萬物之性的「太極」）是等同的。因此他不了解，何以丁時翰不能認同人、物之性都等同「太極」，「人物性同」的主張。從李栻對於丁時翰的質問，正顯示了丁時翰對於朱子「萬物統體一太極」與「一物各具一太極」另有理解。丁時翰說：

> J1）夫太極本然之妙，乘乎陰陽動靜之機。而天地未判之前，已具萬象森然之理，故天地既判之後，萬象因其森然之理，隨其各稟之氣，男女以男女之理，「各正性命」，而成男女之象，各有男女之體用，是所謂「男女一太極」也。萬物以萬物之理，「各正性命」，而成萬

---

[30] 見李明輝：〈朱子性理學與韓儒丁時翰的四端七情論〉，《東亞朱子學的同調與異趣》，頁 245-246。文中朱子說見周敦頤：《周敦頤集》，卷1，頁5。

[31] 李栻：〈敬叔袖示別紙壬午七月二十五日〉，《管窺錄》，收入《愚潭集》，筆寫本，卷6，頁187上。

物之象，各有萬物之體用，是所謂「萬物一太極」也。是故古之聖賢
不曰「同正性命」，而乃曰「各正性命」；不曰「同一其性」，而乃
曰「各一其性」。其所謂「各正性命」、「各一其性」者，明其稟生
賦形之初，天所賦之命，物所受之性，自有偏全、通塞之異，各具一
定不易之則，不相混雜，不相侵亂云爾。此太極之條理脈絡，純一不
貳，未嘗不因其偏全、通塞之性，流行呈露其散殊之用，而物之性不
可為人之性，人之性不可為物之性，桃樹上不發梨花，馬不生牛者
也。[32]

丁時翰認為「太極」自身即是具有「萬象森然之理」的存有，憑藉著氣化流
行，這些「理」以具有各種性質的「氣」為中介，具體化而成為各種存在的
「性」。這些不同存在的「性」的內容並不相同（「各具一定不易之則，不
相混雜，不相侵亂」），因此這些「性」作為個別存在的存在根據
（「體」），便有各自的體用。而因為這些「性」就作為包含在「太極」中
的「理」，因此丁時翰也以這些殊別的「理」為「太極」，此即是他對「男
女一太極」、「萬物一太極」的詮釋。因此之故，筆者以為丁時翰的「太
極」，是取「總和」（totality）義，「太極」是萬理的「總和」。萬理「各
具一定不易之則，不相混雜，不相侵亂」，「太極」則將這些理包含於其
中，這些理即是「太極之條理脈絡」，並藉由氣化流行，「呈露其散殊之
用」，而為人、物等各種存在的性。筆者並認為就因為丁時翰取「總和」義
的太極，因此，他至多只能主張「一物各具一太極」，而無法說「萬物統體
一太極」[33]。這也是他無法認同李栗谷「理通氣局」說與李栻「月光之譬」

---

[32] 丁時翰：〈答敬叔前後別紙〉，同上書，卷6，頁168下-169上。

[33] 牟宗三分析「總和」義的「太極」說：「朱子亦常說太極含萬理，具眾理，有動靜之
理，『許多道理條件皆自此出』。然則理究是一乎？抑是多乎？……如果其為多是定
多，則其為一之一是綜體（totality）。綜體之一非真一，總可散布為萬理，而一是虛
名。此即不真能為一，而畢竟只是多。如果其為一是真一（不是綜體，只是一整全之
一），則其為多之多是權說。權說之多非定多（實多），總可收縮而為一，而多是假

的原因。因為在這二個談論中，不論是「人之理即物之理者，理之通也」或
是「天下萬物共含此一箇月也……隱於無形者，固無彼此之殊」都是「萬物
統體一太極」的說明。這個看法也可以從李栻對丁時翰的批判中得到印證，
李栻說：

> 今若以為萬物始生之時，一分為萬，而萬物既生之後，萬各自萬，而
> 不能皆有其一，則是所謂「一」者，有其前，無其後，而不免有時
> 也。又以萬物既生之後，所謂「一」者，雖未嘗亡，然一自抱萬，而
> 萬不能含一，是則所謂「一」者，有其中，無其外，而不免乎有方
> 也。[34]

簡言之，李栻認為丁時翰因為不能肯定「萬物統體一太極」，所以丁時翰所
理解的「太極」不免受限於時空（有時、有方），而不是超越的存有。由上
述，相對於丁時翰以「總和」義理解「太極」，筆者以為李栻「月光之譬」
中的「太極」是「整全」（whole）義的「太極」。這個意義下的「太
極」，「理」只有一，多只是權說。如牟宗三所說：

> 朱子之意是一為真一（真地是一），多只是權說之假象。

> 所謂權說之假象者，就存在之然而為其所以然之理，是因「存在之
> 然」之多而權說為多，而實無多理，只是此整全之一之理也。又因存
> 在之然有相（有彼此之差別）而權說為彼理此理，而實則整全之一之

象。」又說：「若真有定多之理，則太極為綜體，而『統體一太極』便不能說。雖可
勉強說『物物一太極』，而此時之太極亦即非太極，亦非朱子所意謂之太極。只因每
物所稟之理是同而全，而又只因只太極便是動之理。才真可說『統體一太極，物物一
太極』。此兩語同時成立，皆有實義。」分別見牟宗三：《心體與性體》第 3 冊，頁
505、507。

[34] 李栻：〈李敬叔別紙〉，《管窺錄》，收入《愚潭集》，筆寫本，卷 6，頁 161。

理無相，不可以分割而為定多而謂實有此理彼理之別也。……即只有事之差別，而無理之差別。[35]

2. 李栻的「顯體用／隱體用」、「小體用／大體用」，以及丁時翰的批判

李栻為了回應前述丁時翰對於他「月光之譬」中的兩點批判，即（1）「求理於懸空無用之地」與（2）將「本體」之「體」與「體用」之「體」判然二分，李栻提出了「顯體用」與「隱體用」之說，他說：

> 夫月之光與體雖是一物，然光則偏而體則全，光則顯而體則隱，即顯而隱在其中，即隱而顯在其上；是所謂一也、萬也都是體也，亦都是用也。彼物而塞者，則其偏者顯，而體用俱顯，全而〔按：當為「者」〕隱而體用俱隱也。隱則隱矣，而非獨無也。人而通者，則其偏者隱然而渾化，全者顯然而呈露，顯則顯矣，而非獨有也。即是推之，則栻之所謂「萬物之中，月光之本體存焉」者，未必為「求理於懸空無用」之說，而以為「本體」之「體」異於「體用」之「體」字者，亦非栻之本意……四德五常之性固天地人物之所同稟，雖其所以該載發用者，各有大小、闊狹之不同，而不可謂人有而物無也，明矣。雖植物之微者，亦莫不有生長遂成之道、好惡舒慘之節，則彼麟鳳龜龍之靈，何可謂都無四德之心也耶？此尤不能無疑者。[36]

李栻認為明月本體（體）與月光（用）雖是一體兩面，但自萬物上看，月光在萬物上的呈現有偏，明月本體則無偏（即不會因為月光在萬物上的呈現有

---

[35] 參閱牟宗三：《心體與性體》第 3 冊，頁 505。筆者在〈牟宗三與勞思光論朱子學中是否有「本質」概念：以韓國儒學的論爭為例〉一文中指出牟宗三似乎認為應該要從「唯名論」（nominalism）的角度來解讀朱子有關殊別之理的談論（《思與言》，第 59 卷第 1 期〔2021 年 3 月〕，頁 167）。

[36] 李栻：〈李敬叔別紙〉，《管窺錄》，收入《愚潭集》，筆寫本，卷 6，頁 161 下-162 上。

程度上的差異〔偏〕，就影響到明月本體的完整〔全〕）；萬物上呈現有偏的月光可見，無偏的明月本體則不可見。既然明月本體與月光是一體兩面，則就著在萬物上呈現的月光，即可知其發自明月本體；就著明月本體，即可知其有光明呈現於萬物上。因此，不論就明月自身論體用，或自萬物上論明月的體用，都是同一個明月本身的體用（「所謂一也、萬也都是體也，亦都是用也」）。換言之，這個比喻所要闡釋的依然是前述「本體之中，流行具焉；流行之中，本體存焉」，以及「萬物統體一太極」、「一物各具一太極」的義理。既然本體流行於萬物之中，而不論萬物是否可以體現本體，則回到人與萬物間對於性理的關係，亦是如此。所以李栻便接著闡釋說，萬物中氣質閉塞者，因為氣質（偏者）在其上「體用俱顯」（這意謂該物知覺昏暗），所以性理（全者）在該物上「體用俱隱」；雖然性理與性理的作用在該物上俱隱，並不表示該物在存有論上不具有性理。至於人類中氣質清通者（當指聖人），則因氣質（偏者）已經渾化而沒有表現，所以性理（全者）在該人能清晰地呈現；雖然性理與性理的作用在該人上俱現，也並不表示僅該人獨有性理。據此，李栻認為他在「月光之譬」中以「萬物之中，月光之本體存焉」來闡釋「人物性同」並無問題，丁時翰對他提出的批判（1）「求理於懸空無用之地」是不具效力的，而至於批判（2）將「本體」之「體」與「體用」之「體」判然二分，也不是他的本意。無論如何，丁時翰在回應李栻這個看法時，則據李栻在「月光之譬」的闡釋，將他所指謂的隱於萬物中的本體之體用簡稱為「隱體用」，而呈顯於萬物中的本體之體用簡稱為「顯體用」。李栻在回應中也直接以此稱呼自身的二種「體用」[37]。

　　此外，李栻在論辯中進一步根據他對太極的理解，與程伊川所提出、並

---

[37]　丁時翰批評說「既謂之無光之體，隱於無形，又謂之『顯體用』之外，又有『隱體用』云爾。則其論體也，似異於體用之體……。雖曰『未必求理於懸空無用之地』，亦未敢遽信也。」（見丁時翰：〈答李敬叔別紙〉，同上書，卷 6，頁 163 下-164 上）李栻則回應說：「栻之所謂『隱體用』者正在乎『顯體用』之中，何嘗著『外』字也。」（見李栻：〈李敬叔別紙〉，同上書，卷 6，頁 167 上。）

經由朱子闡釋的「體用一源，顯微無間」[38]之義理，提出了「即體而言，用在體」的「小體用」與「即用而言，體在用」的「大體用」概念[39]。李栻所枚舉的朱子對於程伊川「體用一源，顯微無間」的闡釋如下：

> 若夫所謂「體用一源」者，程子之言蓋已密矣。其曰「體用一源」者，以至微之理言之，則沖漠無朕，而萬象昭然已具也。其曰「顯微無間」者，以至著之象言之，則即事即物，而此理無乎不在也。言理則先體而後用，蓋舉體而用之理已具，是所以為一源也。言事則先顯而後微，蓋即事而理之體可見，是所以為無間也。[40]

> 「體用一源」，體雖無跡，中已有用。「顯微無間」者，顯中便具微。天地未有，萬物已具，此是體中有用；天地既立，此理亦存，此是顯中有微。[41]

對於朱子的詮釋，李栻是這麼解讀的：

> 詳此二條之旨，則即其「一源」之中，所謂「沖漠無朕」者，體也；「萬象已具」者，用也。即其「無間」之中，「即事即物」者，用也；「此理無乎不在」者，體也。此栻之所謂「小體用」，而體一用萬，太〔按：當為「大」〕小不一，故曰「一與萬亦萬也」。「沖漠無朕」者，固是體，而曰「用之理已具」，又曰：「天地未有，萬物已具」，則是用存乎體，而用亦體也。「即事即物」者，固是用，而曰「理之體可見」，又曰「天地既立，此理亦存」，則是體寓乎用，而體亦用

38　程顥、程頤著：《周易程氏傳・易傳序》，《二程集》（北京：中華書局，2004年），下冊，頁689；另見《河南程氏粹言・論書篇》，卷2，同上，頁1200。

39　李栻：〈李敬叔別紙〉，《管窺錄》，收入《愚潭集》，筆寫本，卷6，頁165。

40　周敦頤：《周敦頤集》，卷1，頁9。

41　黎靖德編：《朱子語類》，第5冊，卷67，頁1654。

> 也。此梲之所謂「大體用」，而體一萬用，一萬、大小無二，故曰
> 「一與萬亦一也」。然則，何可不謂之「都是體，都是用乎」？[42]

簡言之，李梲認為（1）就「理」與具體的事物而言，「理」作為唯一的「本體」（體）已含具萬事萬物之理，而所謂萬事萬物之理，乃是就「理」對萬事萬物而權說之名（如前文所述），雖然這個作為「本體」的「理」與事物「無間」，因此即事物即可見其用，彷若有多個「理」存有，但實際上只有作為「本體」的「理」存有。「小體用」即指謂「理」與事物相即而有多種的呈現，所謂「一與萬亦萬」。（2）就「理」與天地萬物全體的存在而言，「理」作為唯一的「本體」（體），是創生天地、令天地萬物存在的存在之理；在創生天地後，依然內在於天地萬物中而為其存在根據，所謂「天地既立，此理亦存」而「體寓乎用，而體亦用」。「大體用」即指謂天地間雖有的各種存在，但內在於天地萬物全體的就只有那唯一的「本體」（「理」），所謂「一與萬亦一也」。

　　李梲提出的「顯體用／隱體用」、「小體用／大體用」概念，誠如丁時翰所說，乃是李梲新造的概念[43]。丁時翰並推測二者在理論上的關係，認為「小體用／大體用」在理論上似乎是「顯體用／隱體用」的基礎[44]。那麼，有關李梲「顯體用／隱體用」、「小體用／大體用」兩者之間的關係為何呢？李梲在「稱子之喻」[45]中有明確地表示：

---

[42] 李梲：〈李敬叔別紙〉，《管窺錄》，收入《愚潭集》，筆寫本，卷6，頁165下。

[43] 丁時翰說：「夫大小、隱顯體用之語，乃不現經傳，尊所創新之文字。」見〈答李敬叔〉，同上書，卷6，頁168下。

[44] 丁時翰說：「至於大小用，亦似隱顯體用之源委。而驟而見之，茫然疑晦，未尋要領。」並在闡述他對「小體用／大體用」的理解後說：「……大小體用之說，為高明獨得之見。而又病鄙人之徒見小體用之自一而萬，不知大體用之自萬而一，乃以隱顯體用之說，發明大體用中含小體用，小體用中具大體用之意，以為小大相貫隱顯合一之地。」丁時翰：〈答李敬叔前後別紙〉，同上書，卷6，頁168下。

[45] 這是丁時翰先提出用以闡釋他體用觀的比喻（請參閱丁時翰：〈李敬叔袖示別紙〉，同上書，卷6，頁177下-178上），李梲則轉換其意義來說明他的體用觀。

夫一稱子之上繫有一石之星，又有斤、兩、錢、分之星，各個皆具者
是小體而顯體也。當一石則一石之星稱之；當斤、兩則斤、兩之星稱
之；當分、錢則分、錢之星稱之。此小用而顯用也。自斤、兩之星言
之，則此稱亦吾稱也；自分、錢之星稱之，則此稱亦吾稱也；此大體
而隱體。當其稱一石之時，一稱故皆舉當其稱；斤、兩之時，一稱亦
皆舉當其稱；分、錢之時，一稱亦皆舉此大用而隱用也。然而大不離
乎小，隱不離乎顯，則本只是一個體用耳……以栻此說觀之，則不必
別論稱子，只言一石、斤、兩、錢、分之體用，而稱子自無所不在
矣。太極之所以無時節、無方體者，即是而可見矣。[46]

簡言之，「小體用」因為涉及較為直觀的具體的存在（如稱子上的一石、
斤、兩、錢、分之星），與功用（遇一石、斤、兩、分、錢，則分別用一
石、斤、兩、分、錢之星稱之），所以又可稱「顯體用」。「大體用」則因
為涉及較為抽象的存在整體（如斤、兩、錢、分之星都是稱子），與功用
（如斤、兩、錢、分之星所稱，就是稱子所稱），所以又可稱「隱體用」。
李栻認為這正可類比「太極」的體用。由此可知，「小體用／大體用」並不
是「顯體用／隱體用」的理論基礎，而只是另一種表述。李栻之所以提出了
「小體用／大體用」、「顯體用／隱體用」，其實就是要說明「性即理」。
而如前述，丁時翰堅持「人之性非物之性」，而反對「人之理即物之理」、
並反對「流行之中，本體存焉」。因此他在論辯的過程中，便屢屢對「隱體
用」提出批判。

　　首先，一如前文也提到的，丁時翰從朱子「然」推證「所以然」的論
「性」（存有論解析論「性」）的方式，批判李栻：

　　　有理即有氣，有象有物，必有則有用，安有無用之理、無物之則，各
　　　具於物性之中，而作為「隱體用」，如敬叔所云，然後可見「性同」

---

[46]　李栻：〈李敬叔別紙〉，同上書，卷6，頁179。

> 之統體也。妄意敬叔之見，似於「性同」處看未透，而乃於「性異」
> 處指其同，故創出「隱體用」之名……不自覺其歸理於空虛不用之
> 地。至混人物之性而有違於「理絕不同」之旨。[47]

簡言之，丁時翰批判李栻主張人跟萬物都稟賦一個「隱於無形」、沒有任何
表現的「太極」全體為其性，其實並沒有根據。

其次，如在引文 J1 中，他在闡述「一物各具一太極」，萬物的「性」
有各自的體用後，便說：

> 來諭所謂一為體，萬為用之「小體用」，自是自一而萬，一箇統會之
> 「大體用」，此外更無都是體、都是用之「大體用」，自萬而一者。[48]

在丁時翰的理解中，若以李栻的概念來說，則「小體用」便是「大體用」，
捨「小體用」無所謂「大體用」。筆者以為在這個意義下，對丁時翰而言，
由於在理論上他無法說明「萬物統體一太極」，因此「小體用」方是實說，
「大體用」只是虛說。

如前文所提示的，這裡涉及的其實是朱子以存有論解析的方式論「性」
的問題。朱子固然如牟宗三所說，由現象的「然」推證其「所以然」，但就
如牟宗三所指出的，這個「所以然」是有歧義的，有就存在之然說的所以
然，有就內容之然說的所以然，他闡釋說：

> 就存在之然說，是重在存在，其所以然之理是存在之理，是超越的、
> 整全的，非類名的。就內容之然說，是重在內容，其所以然之理是內
> 在的（現象的）、定多的、類名概念的。……如是，朱子之就氣化之
> 實然推證其所以然當該確定而完整地說為：就氣化之存在之實然推證

47　丁時翰：〈書與金季望癸未五月〉，同上書，卷7，頁195上。
48　丁時翰：〈答敬叔前後別紙〉，同上書，卷6，頁169上。

其所以存在之「存在之理」，而不是就氣化之內容之實然推證其所以為此內容之類名概念之理。惟就存在之然可直指存在之理。如就內容之然，則不能直指存在之理。[49]

筆者曾將這個存有論的解析論「性」的進路，依推證的對象區分為「對存在之理的推證」與「對形構之理的推證」[50]。朱子通過存有論的解析所要推證的所以然之理乃是超越的「存在之理」，但由前文的分析，筆者以為丁時翰以「用之發見，驗其本體之全否」作為探求本體的方法，並主張只有萬物個別之理存有，則他所運用的方法只是「對形構之理的推證」，其所推證的所以然之理，其實只是「形構之理」，而不是超越的「存在之理」。相反地，李栻通過「隱體用」所要闡明的所以然之理正是超越的「存在之理」。此所以丁時翰始終反對「隱體用」。

那麼，既然筆者已經指出丁時翰的「體用觀」與朱子其實不同，那麼他所要闡明的體用觀為何呢？他曾申述說：

J2）一理之體，是生天地人三才。天地之理全付於人，而為天地之方寸。人之理全具於方寸，而為人之心。然而天地不可徒有人而無萬物，人不可徒有方寸而無耳目手足百骸，故人與萬物，同稟天地之心以為心，而人得其全，參為三才。萬物得其偏，各一其性。人為天地之方寸，故所得之理，其體足以管乎萬物之理。萬物之理，其用實不外乎一人之心，而渾成天地之一體。……。此所以萬物與我為一。……。奚必以太極本體各皆完全於灰土枯槁、耳目手足之中，一如人心之方寸者，隱在於不可見之地而後，謂之能有一能含一，而果

49　參牟宗三：《心體與性體》，第 3 冊，頁 508。文中「類名概念之理」即「形構之理」（參牟宗三：《心體與性體》，第 1 冊，頁 87-91。）

50　見呂政倚：〈牟宗三與勞思光論朱子學中是否有「本質」概念：以韓國儒學的論爭為例〉，《思與言》，第 59 卷第 1 期，頁 162。

無前後中外之有異哉！[51]

簡言之，丁時翰闡明的是「心」之體用，認為人類的心就是天地之心，稟賦了天理的全部內涵，並足以管攝萬物之理。換言之，若要說「性即理」，則只有人類方能做此宣稱[52]。在這個意義下，丁時翰甚至有「心為太極」的主張[53]，他在〈語錄〉中曾說：

> 萬物之「各具一太極」、「統體一太極」者，近取諸身而譬之，尤為明白。如目能視而不能聽，耳能聽而不能視，口、鼻亦然。均是竅也，而各有所司之理而不能相通，所謂「各具一太極」也。目之能視，耳之能聽，口之能味，鼻之能臭，莫不由於心之理。心為太極也，故曰「統體一太極」也。[54]

筆者於前文說丁時翰在朱子的理氣論中僅能主張「一物各具一太極」，而無法主張「萬物統體一太極」，這也是他無法認同李栗谷「理通氣局」說與李栻「月光之譬」的原因。現在從丁時翰的談論可知，他其實對「萬物統體一太極」另有詮釋，即以「心」之體用論之，但這已經與朱子的思路有所不同。

（二）丁時翰與李栻對「本然之性／氣質之性」的理解

如前述，李栻之所以提出「隱體用」，主要在說明朱子學中「性」與「理」的關係，並論說凡存在皆有理（太極），皆能以理為性，這不免涉及論辯雙方對於朱子「本然之性／氣質之性」的理解。在這問題上，丁時翰說：

---

[51] 丁時翰：〈答李敬叔前後別紙〉，《管窺錄》，收入《愚潭集》，筆寫本，卷6，頁171。

[52] 如李栻說：「先生大意，蓋謂人貴而萬物賤，心貴而百體賤。貴者有同，而領異；賤者有異而領於同……」（〈李敬叔袖示別紙〉，同上書，卷6，頁175下）

[53] 丁時翰：〈語錄〉，同上書，卷7，頁215上。

[54] 同上注。

今以本然之性、氣質之性統而論之。萬象各正之體，莫非太極本體中森具之物，而太極之用流行萬象之中，故本然之性非但在人，物亦有之，而隨其氣質之清濁，自分人物之通塞。人得其通，而本然之性天之所賦者，無間於氣質之清濁，故於人則可以剔發性善而分言。物得其塞，而本然之性天之所賦者，已倚於一偏，不能全具，故初無可以剔發於氣質而分言之者。若論物之本然之性，則如雞之所受於天者鳴之理，故因其本然之性而鳴。犬之所受於天者吠之理，故因其本然之性而吠。至於灰土枯槁，亦有灰土枯槁本然之性，故自有灰土枯槁本然之體用。推之萬物，莫不皆然。雖或因其森然之理，隨其各稟之氣，太極本體，未能各皆完全；而太極流行之理，則未嘗不呈露於雞鳴、犬吠、灰土、枯槁之中，而皆有一定不易之則。……。便是人物本然之性。非謂物有本然之性者，不異於人之本然之性。……今若以雞之所以鳴犬之所以吠，歸之於氣質之偏性，別求本然之全性於雞鳴、犬吠之中，而曰：雞犬之所以鳴吠，是偏性之顯者，非本然之全性。而若其太極之全體，隱於鳴吠之中，為本然之性云爾。則非但太極全體不可見於鳴吠之中，而既有鳴吠之顯性，又有本然之隱性，則二性、二本之疑，夫豈無自而然也。[55]

丁時翰認為物性自身，如雞鳴之理、犬具吠之理等，就是物稟賦有偏的「本然之性」（「太極流行之理」），與人所稟賦的全具天理的「本然之性」（「太極本體」）不同；換言之，人性、物性之辨就在「本然之性」上。就此，他反對李栻以人、物皆具有氣質之性與天地之性[56]，並將人物性之辨置於「氣質之性」，而「別求本然之全性於雞鳴、犬吠之中」的主張，認為這

55　丁時翰：〈答李敬叔前後別紙〉，同上書，卷6，頁169下-170上。
56　丁時翰批評李栻：「……安可以為山川、草木、飛禽、走獸、灰土、枯槁、耳目鼻口、四肢百骸之性之中，太極本體完全自足，少無差別於最靈之人心，而皆具氣質之性、本然之性。本然之性，自無極而隱而無不同。氣質之性，自太極而顯而無不異之云也。」丁時翰：〈書敬叔所贈書後壬午臘月〉，同上書，卷6，頁190下。

種看法不但有二性、二本的嫌疑，甚至將有「堯舜之性與雞犬之性無異」[57] 的理論後果。文中所謂「既有鳴吠之顯性，又有本然之隱性」，即是指李栻以「氣質之性」為「顯體用」，以「本然之性」為「隱體用」[58]。然而，不難看出，丁時翰將「本然之性」視為有偏全差異的概念，與朱子的界定並不相同。《朱子語類》載：

> 蜚卿問氣質之性。曰：「天命之性，非氣質則無所寓。然人之氣稟有清濁偏正之殊，故天命之正，亦有淺深厚薄之異，要亦不可不謂之性。……某於〈太極解〉亦云：『所謂太極者，不離乎陰陽而為言，亦不雜乎陰陽而為言。』」[59]

由於在朱子學中，理不活動，活動的是氣，而且理氣具有不離、不雜的關係，所以朱子在回答童伯羽（蜚卿，1144-?）何謂「氣質之性」的提問時，一方面指出天命之性需要通過氣質實現自身，一方面也指出既然天命之性需要通過氣質而實現，則不免會受到氣質之清濁偏正等種種差異的影響，故有淺深厚薄的差異表現，但不能因為天命之性在不同的氣質上有不同的體現，就說內在於或寓居於不同氣質之中的「性」不是「天命之性」。這即是說，朱子以「氣質之性」表示寓於氣質中，而有不同表現的天命之性。這也是李栻對朱子「本然之性／氣質之性」的理解，因此他說：「氣質、本然有性之名，而性未嘗不一也。今隱、顯雖有兩體之名，而性何嘗有二也。」[60]然而，丁時翰似乎沒有發覺他將「本然之性」視為具有差異性的概念與朱子之

---

[57] 丁時翰：〈答李都事敬叔別紙癸未六月十四日〉，同上書，卷7，頁197下。

[58] 丁時翰評李栻：「……至以為萬物皆有氣質之性、本然之性。雖其該載發用之，有萬不同，其本然之性，與最靈之人心，少無差別者，完全自足於各一其性之中，作為隱體用；而其發見於形形色色之中者，只是氣質之性之顯體用云。」丁時翰：〈答李翼升別紙甲申〉，《愚潭集》，《韓國文集叢刊》，第126輯，卷4，頁249上。

[59] 黎靖德編：《朱子語類》，第1冊，卷4，頁67。

[60] 李栻：〈敬叔袖示別紙〉，《管窺錄》，收入《愚潭集》，筆寫本，卷6，頁188下。

說有不同，反而以朱子對於「本然之性／氣質之性」的界定，批評李栻「每以所異者，歸之於氣質之性；所同者，歸之於本然之性。無乃近於不知氣質之性，只是本然之性之墮在氣質者」[61]。不過，李栻則注意到了丁時翰雖不以物有氣質之性，但他所論的物所具有的有偏全的本然之性，就是朱子的「氣質之性」概念[62]，因此他反過來質疑丁時翰之說在朱子學中其實是「人有本然之性，物無本然之性；人有太極，物無太極」[63]的主張。因此，他舉朱子〈答徐子融〉第 3 書為證，欲說明丁時翰的看法與朱子不符。朱子〈答徐子融〉第 3 書說：

> 又謂「枯槁之物只有氣質之性，而無本然之性」，此語尤可笑。若果如此，則是物只有一性，而人却有兩性矣。此語非常醜差，蓋由不知氣質之性只是此性墮在氣質之中，故隨氣質而自為一性，正周子所謂「各一其性」者。向使元無本然之性，則此氣質之性又從何處得來耶？……安得謂枯槁無性也。[64]

丁時翰在反駁李栻的批判中，則詮釋這段話說：

> 「此性墮在氣質之中，故隨氣質而自為一性」之「性」者，即太極本體中，森然已具之理，「各正性命」於「乾道變化」之中之性。雖萬物之性，本一太極，性無不同；而太極分殊之理，散為萬物之性，則隨氣質，而性各不同。「自為一性」，故物物上，自有物物所稟太極

61　丁時翰：〈答李敬叔前後別紙〉，同上書，卷 6，頁 172 下。

62　李栻說：「先生之意，既以本然之性為各具之性，則已盡占了氣質之性矣。然則古人氣質對本然言之者，何其贅耶？」李栻：〈李都事敬叔別紙〉，同上書，卷 7，頁 196 上。

63　丁時翰：〈答李敬叔前後別紙〉，同上書，卷 6，頁 169 下。

64　朱熹：〈答徐子融〉第 3 書，《朱子文集》，卷 58，《朱子全書》，第 23 冊，頁 2768-2769。

分殊之性，而自具其物物本然之則也。何可據此以為物物所稟本然之性，少無有間於人所稟之性者，完全自足，作為「隱體用」於物物氣質之性之中也。尊之所以指的此段，似以鄙人之見，同於子融「枯槁之物……無本然之性」之語。而尊之「隱、顯體用」之見，正合朱子灰土枯槁中，皆有本然、氣質之性之意耳。然以愚迷暗，終未覺鄙見之同於子融，尊見之合於朱子。[65]

在這段引文中，丁時翰承認「此性墮在氣質之中」的作為太極的「性」就是「隨氣質而自為一性」的「性」，這即是說，他應該要承認「本然之性」就是「氣質之性」，但是筆者以為他卻解「自為一性」為「自成一性」（如前文所述），故認為太極在氣化後，萬物只有太極分殊之性為其本然之則。因此他依然不承認若物稟有本然之性，則其內涵會相當於人類的本然之性，一如李栻「隱體用」所意謂的。丁時翰並看出，在李栻以朱子「本然之性／氣質之性」概念代表「普遍／特殊」的意義下，他詮釋下的「本然之性」既然具有差異性，則在李栻的理解下，就被李栻視為朱子的「氣質之性」，也因此李栻直接指出丁時翰的意見跟徐子融「枯槁之物只有氣質之性，而無本然之性」的主張相同，不合朱子學。但丁時翰依然不承認自己的理解與朱子說不同。

雖然李栻與丁時翰似乎在各說各話，但筆者以為相對於李栻將「本然之性／氣質之性」視為形上學的概念，丁時翰更傾向將之視為實踐的概念[66]，他說：

---

[65] 丁時翰：〈論敬叔所示退溪集中人物性同處癸未四月〉，《管窺錄》，收入《愚潭集》，筆寫本，卷7，頁193上。

[66] 這其實也是「氣質之性」概念在宋明理學中的原初意義，如牟宗三所說：「在伊川、朱子……氣質之性不論是就氣質之剛柔緩急之殊而說一種性（橫渠、伊川是如此），或是如朱子意解為氣質裡邊的性（即義理之性之在氣質裡面濾過而受氣質之限制），俱是就道德實踐而建立，此可說是實踐上的概念。」牟宗三：《心體與性體》，第1冊，頁94。

朱書有雖「在氣中，理自理，氣自氣，不相夾雜之謂性」之語，人或因此分析理氣太過，徒認其有具於人物成性之中，不見其妙合而流行發用之實。至以為萬物皆有氣質之性、本然之性。雖其該載發用之有萬不同，其本然之性與最靈之人心，少無差別者。完全自足於「各一其性」之中，作為「隱體用」，而其發見於形形色色之中者，只是氣質之性之「顯體用」云。恐或未然。蓋人性本善，初無聖凡之異，而惟其氣稟有清濁粹駁之不齊，惟聖全其性，惟賢復其性，惟眾人則拘於氣稟，有不能變而至善，故先儒於此分言氣質、本然之性，使學者用工明辨於二者之間。不性其氣質之性，而復其本然之性。惟物則稟賦之始，通塞一定，初無用工夫變氣質，致中和而位育天地萬物之本性，故只就各正之性，論其或通全塞之殊而已。未嘗有以氣質之性、本然之性分言其所以然者。由此觀之，氣質、本然可分言於人，而不可分言於物也。朱子「不相夾雜之謂性云」者，使學者窮理求仁，不拘於形氣，而明其天命、本然之性。[67]

在這個談論中，丁時翰引朱子語的原文當是「須知未有此氣，已有此性：氣有不存，性卻常在。雖其方在氣中，然氣自氣，性自性，亦自不相夾雜。」[68]這是朱子談論理氣不離、不雜的著名文字，丁時翰顯然在改寫中，轉化了其中的意思，將「氣自氣，性自性，不相夾雜」視為「氣質之性」跟「本然之性」二者作為獨立概念的文獻依據，談論變化氣質（之性），回復本然之性的工夫；在這個工夫論的意義下，丁時翰提出了「聖人性之之中，不可夾雜言氣質之性，而〔氣質之性〕可以言之於人稟不齊之中，以施夫反之之工，而不為氣質之所拘矣」[69]的看法。可以看出，這個思考是將張載（橫渠，

---

[67] 丁時翰：〈答李翼升別紙甲申〉，《愚潭集》，《韓國文集叢刊》，第126輯，卷4，頁249。

[68] 朱熹：〈答劉文叔〉第2書，《朱子文集》，卷46，《朱子全書》，第22冊，頁2147。

[69] 丁時翰：〈書敬叔所贈書後壬午臘月〉，《管窺錄》，收入《愚潭集》，筆寫本，卷6，頁190下。

1020-1077）[70]與朱子的思考混為一談，已經脫離朱子對於「本然之性／氣質之性」的界定。而在這個實踐的、工夫論的脈絡下，由於物並無道德實踐與工夫的修養問題，丁時翰甚至認為物並沒有氣質之性，因此他說：「安可以為山川、草木、飛禽、走獸、灰土、枯槁、耳目鼻口、四肢百骸之性之中，太極本體完全自足，少無差別於最靈之人心，而皆具氣質之性、本然之性？」[71]李栻在這個問題上，則質疑丁時翰說：

> 氣質、本然，雖因人而言，然非不可言之於物者。聖人雖全本然之性，既有形骸、有人心，則亦未嘗無氣質之性也。伏不審如何？[72]

這一方面從形上學的立場來理解「本然之性／氣質之性」，主張在人與物皆可論「本然之性」與「氣質之性」；一方面認為就算從實踐的、工夫論的立場看，聖人依然是「有形骸、有人心」的有限存有者，聖人的「本然之性」依然在「氣質」限定中表現，因此依然有「氣質之性」。筆者以為李栻在這個問題的理解其實較丁時翰來得深刻，如孔子亦說：「若聖與仁，則吾其敢？」（《論語・述而》第33章）[73]，牟宗三亦曾發揮氣質對於人在道德實踐上的限制之義說：

> 人……因氣稟有清濁厚薄之不同，任何人不能不受此氣稟之限制。即聖人之氣稟固盡美盡善矣，然孟子仍云：「聖人之于天道也，命也，有性焉，君子不謂命也。」雖不謂命，然畢竟亦有命存焉。同是聖人，

---

[70] 張載說：「形而後有氣質之性，善反之則天地之性存焉。故氣質之性，君子有弗性者焉。」張載：《正蒙・誠明篇》，《張載集》（北京：中華書局，1985 年），頁 23。

[71] 丁時翰：〈書敬叔所贈書後王午臘月〉，《管窺錄》，收入《愚潭集》，筆寫本，卷 6，頁 190 下。

[72] 李栻：〈李都事敬叔別紙・辨教栻所呈書中語凡二條〉，同上書，卷7，頁 195 下。

[73] 朱熹：《四書章句集注》（臺北：大安出版社，1999 年），頁 136。

何以有堯、舜、孔子之不同，乃至有孔子與釋迦、耶穌之不同？自此而言，則雖聖人亦受限也。聖人而不知此限，便不成其為聖人。[74]

由此可見，無論是「氣質」，抑或是「氣質之性」，都是道德實踐中無法輕易忽視的限制原則。

（三）李栻對丁時翰在「心／性」關係上的質問

前文提到丁時翰所要闡明的是「心」的體用，以心對萬理的管攝來說明「萬物統體一太極」。因此，在論辯的過程中，丁時翰一再申論人類的心就是天地之心，稟賦了天理的全部內涵，且能統攝萬物之理，如他說：

太極之中，森具之萬象，各正性命，各有體用，而其所以位天地、育萬物之大本、達道，全具於最靈之人心。故以一人之心，管萬物之理，而方可謂之太極之全體大用完具無欠。[75]

學者苟能因吾心渾全之性，窮萬物各具之理，使天下萬物之理莫不統會於吾心之全體而為之大用，則驢鳴、庭草亦是吾心中物，而程子所謂「萬物與我為一體」之妙，是誠在我，不可他求。[76]

丁時翰並認為他對「心」之體用的理解與李退溪相符，他援引李退溪〈心無體用辯〉「沖漠無朕者」一段文字說：

人為天地之心，而太極全體完全自足，故退溪曰：「『沖漠無朕』者，在乾坤則為無極、太極之體，而萬象已具；在人心則為至虛、至

---

[74] 參牟宗三：《心體與性體》，第 2 冊（臺北：正中書局，1996 年），頁 541。

[75] 丁時翰：〈答李敬叔袖示別紙〉，《管窺錄》，收入《愚潭集》，筆寫本，卷 6，頁 178 上。

[76] 丁時翰：〈答李敬叔前後別紙〉，同上書，卷 6，頁 170。

靜之體，而萬用畢備。**其在事物也**，則卻為發見流行之用，而隨時隨
處無不在也。」[77]愚之前日所論體用，即「**在事物**」也。則事物各有
定體，各有其用，安有無所用而言用者也。退溪此段為心無體用之
辨，而引程子之說，就太極本原、人心本體上，極本窮原，離形與器
而論體用。故言太極之體用、人心之體用，沖漠無朕，萬象萬用，森
然備具於至虛至靜之中。以明夫「體用」二字活，非死法，元無不該
之妙也。非以事物形見之後，皆具象前無體之體、動前無用之用涵在
於「各一其性」之中，隱而無所用，而可指言用者也。……今尊所謂
「隱體用」……永無發見流行，而名之以「體用」，其可乎哉？[78]

丁時翰（1）將太極之體用，以及人心之體用，相提並論，認為都可以「離
形與器而論體用」，（2）認為在退溪，不論太極之體用，還是人心之體
用，都是就太極或人之心作為「沖漠無朕，萬象森然已具」的本體而言，這
即是說，太極是讓事物存在的存有學根據，但這不意謂這些事物在存在後，
太極就內在於這些事物而為其性，作為「隱而無所用」，卻又「可指言用」
的存有。他並認為事物在存在後，「各有定體，各有其用」，並沒有一個毫
無作用的本體內在於事物[79]。據此，丁時翰（3）再次批判李栻的「隱體
用」既永無作用，如何能以「體用」稱之。換言之，丁時翰藉由李退溪之
說，再次重申了他反對「萬物統體一太極」與「隱體用」的看法。對於丁時
翰所援引李退溪〈心無體用辯〉一段文字的詮釋，李栻說：

---

77 李滉：〈心無體用辯〉，《退溪集》II，《韓國文集叢刊》（首爾：民族文化推進
會，1996 年），第 30 輯，卷 41，頁 413 下。

78 丁時翰：〈論敬叔所示退溪集中人物性同處_{癸未四月}〉，《管窺錄》，收入《愚潭
集》，筆寫本，卷 7，頁 194 上。粗體為筆者所加。

79 丁時翰說：「愚之前日所論體用，即在事物也。則事物各有定體，各有其用，安有
所用而言用者也。」丁時翰：〈論敬叔所示退溪集中人物性同處_{癸未四月}〉，同上書，
卷 7，頁 194 上。

退溪所謂「卻為發見流行之用，而隨時處無不在」者，仍主「沖漠無
朕」而言。「沖漠無朕」者，即是當行之理，則體全用全，而一源之
實，可見矣。若如先生所說，「其在事物也」，則但各有之定體、各
有其用，而更無所謂無體之體、無用之用，則是體全用偏，而幾乎偏
頗底太極矣。[80]

李栻首先指出李退溪「『沖漠無朕』者……**其在事物**也，則卻為發見流行之
用，而隨時隨處無不在也」一段文字，所謂「發見流行之用，而隨時隨處無
不在」的主詞依然是「沖漠無朕」的道體，而不是「事物」（這即是說，丁
時翰忽略了「其在事物」的「其」字）。這段文字說的是道體的絕對普遍
性，所以不能只以事物「各有定體，各有其用」來說明道體的作用；若以各
事物本身的體用來說明道體的作用，則不免是體全而用偏，而此所謂太極，
也是偏頗底太極。換言之，李栻認為李退溪的談論，並不能作為反對「隱體
用」的論據，因為「隱體用」所指謂的正是「太極」的絕對普遍性。再者，
「隱體用」是否如丁時翰所言，是永無作用的？李栻認為他提出「隱、顯體
用」的概念，正是要揭示本體的全體大用，所謂「先天地而窺其本體，後天
地而見其大用」，他因此反問丁時翰，「若以『隱』而謂之隱伏終古，則亦
可以『無』而謂之永無其極耶」[81]？這是因為〈太極圖說〉中所謂的「無極
而太極」，就是在談論無極跟太極是同一個創造性的存有[82]，換言之，如果
丁時翰可以認可「無極而太極」的義理，則應當認可他的「隱體用」概念，
因為就如朱子以「無極而太極」為「無形而有理」，他的「隱體用」概念，
「必與顯體用并言，未嘗有隱而無顯之說」[83]。回到這節的討論重心，筆者
所要指出的是丁時翰對於「太極」與「心」體用的看法，彷若人的「心」具

---

[80] 李栻：〈李都事敬叔別紙·辨教栻所錄呈退溪語凡五條〉，同上書，卷7，頁196。

[81] 同上注，頁196下。

[82] 如朱子說：「『無極而太極』，只是無形而有理。周子恐人於太極之外更尋太極，故
以無極言之。」黎靖德編：《朱子語類》，第6冊，卷94，頁2366。

[83] 李栻：〈李敬叔別紙〉，《管窺錄》，收入《愚潭集》，筆寫本，卷7，頁199上。

有和「太極」相當的存有論位階，如前文所述，他甚至有「心為太極」的主張。然而這就引申出二個問題：（1）「心」的體用是哪一種體用？或者說心是屬形上、還是形下的存有？（2）他能證成嗎？或許因為是這樣，李栻提出了「分心性上下而曰：心而上者謂之性」[84]、「心性之分道器」的主張。「形而上者謂之道，形而下者謂之器」（〈繫辭傳上〉第 12 章），筆者以為李栻追問丁時翰心性的道器之分，即在追問心、性的形上、形下之分。而由上述，李栻其實要追問丁時翰的是，他怎麼看待心在朱子「理氣論」中的位置。對此，丁時翰表示：

> 前日心性道器辨。鄙意終有所未安⋯⋯橫渠曰：「心統性情。」西山曰：「心者，性情之統名。」而朱子以為旨言。康節曰：「心為太極。」明道曰：「天地之常以其心普萬物而無心。」先儒未嘗以心性分道器，而惟於統體中，指言心性命名之界分，以明妙合之中，理為之主而已。子曰：「繼之者善，成之者性。」先儒曰：「在天為理，在人為性。」性即心中所具之理，理在心中而後有性之名，性而離乎心，則乃可謂之理，而不可謂之性。氣合性成而後有心之名，心而無此性，則只可謂之氣，而不可謂之心。心與性。似不可分上下而言之。[85]

丁時翰舉張載（朱子、真德秀〔西山，1178-1235〕屬之）、邵雍（康節，1072-1077）與程顥（明道，1032-1085）對「心」的談論為據，認為過去的儒者並沒有以道器關係來談心性關係；只有將心性視為整體，並區分心、性概念的內涵，以闡明「理」才是心、性概念的核心。而「性」就是內具於「心」的「理」，「性」是「理」具體化後的概念，故說「理在心中而後有性之名，性而離乎心，則乃可謂之理，而不可謂之性」。「心」則是人存在

---

[84] 丁時翰：〈答李都事敬叔別紙癸未六月十四日〉，同上書，卷 7，頁 198 上。
[85] 同上注。

後，合「氣」與「性」而立名的，若只有「氣」沒有「性」，則不能稱之為「心」。此可見「心」「性」是一個整體，二者若缺一，則或只有「理」，或只有「氣」存有而已，而沒有「心」與「性」之名。

　　對於丁時翰的回應，李栻並不滿意，表示並提出質疑說：

> 心性亦如理氣不相離而不相雜，分開而渾淪，渾淪而分開，一而二，二而一，一之不可，二之不是者也。如先生所引三段說，即渾淪言之者。而朱子有「心者，氣之精爽」、「心因比性微有跡」、「心之理是太極，心之動靜是陰陽」、「性猶太極也，心猶陰陽也」、「易，心也；道，性也」[86]之教，此乃分開言之者也。朱子因之曰：「太極只在陰陽之中，非能離陰陽也。然至論太極，自是太極；陰陽自是陰陽。惟性與心亦然。所謂一而二，二而一也。」[87]反覆顛倒而無疑蘊也。如此謂之未嘗分可乎？然則心性之分道器與不分道器，果孰為得失乎？先生必將曰：「心合理氣故云。」然夫天下之道二，非善即是惡，非理即是氣，其間蓋不可以毫髮容，更安有非理非氣，半上落下底物事乎？[88]

李栻認為「心」「性」關係其實就是「理」「氣」關係，二者是不相離也不雜的。而丁時翰所引張載、邵雍與程顥對「心」的談論，是從理氣不離而說的（渾淪言之），但朱子也自理氣不雜（分開言之）談論「心」「性」關係。從理氣關係可自不離、不雜兩面說，心性關係也是這樣的，所以必能自心性之分道器，區分其從屬於形而上或形而下。李栻推測丁時翰會說「心」是「合理氣」而有的概念，所以不能以道器做畫分而將「心」歸屬於器（或

---

[86] 分別見黎靖德編：《朱子語類》，第1冊，卷5，頁85、87、84、87、97。

[87] 見同上注，頁87。

[88] 李栻：〈李敬叔別紙癸未六月二十五日〉，《管窺錄》，收入《愚潭集》，筆寫本，卷7，頁199。

氣或形下）的界域[89]。然而他認為就道德抉擇而言，不是擇善就是擇惡；在朱子的理氣論中，則不是屬於理，就屬於氣界域，並不存在「非理非氣，半上落下底物事」，換言之，沒有「理、氣之外的第三個界域」[90]。這即是說，「心」必有歸屬。丁時翰回應說：

> 天道無朕，而萬理昭然畢具於沖漠之中，及其「繼善成性」，然後形為器⋯⋯此是道器上下之分。而道因氣顯，上下一貫，體用一源，故曰「道亦器，器亦道也」[91]。在天為理，在物為性，性是心生之名，而器中所具太極之體用也。道器既分上下，則器中心性，又何分道器也。先儒論心、性命名之義，各有所指，故明其所指之重而曰「性即理」[92]，曰「心者，氣之精爽」，曰「性猶太極，心猶陰陽」。若因此等言而分道器：曰心而上為性、為道。性而下為心、為器；然則上焉者性，是無心之理，下焉者心，無可率之性。心性之分道器，恐不成義理也。且先儒之言，未嘗有心性分道器之處。今敬叔質言分開，以發先賢所未發之旨，其自處自信，儘高儘篤，或恐過高生病，惟敬叔平心徐究焉。[93]

丁時翰重申「性」是「理」的具體化，而「性」是「心」這個概念立名的必

---

[89] 事實上，丁時翰在反駁李栗谷說時，就曾表示不能專以心為氣，他說：「理與氣合而為心。故先儒之論心，或有以理言者，或有以氣言者。而不專是理，不專是氣，只是理氣之合也。或問於朱子曰『「心之發處是氣否？」曰：「也只是知覺。」』『理與氣合，便能知覺』。由此觀之。理與氣渾淪於一心之中⋯⋯何可專以心為氣。」丁時翰：〈四七辨證・栗谷答成浩源書〉，《愚潭集》，《韓國文集叢刊》，第 126 輯，卷 8，頁 343 下。引文中朱子之說見黎靖德編：《朱子語類》，第 1 冊，卷 5，頁 85。

[90] 李明輝：〈朱子對「道心」、「人心」的詮釋〉，蔡振豐主編：《東亞朱子學的詮釋與發展》（臺北：臺大出版中心，2009 年），頁 91。

[91] 程顥、程頤：《河南程氏遺書》，卷 2，《二程集》，上冊，頁 4。

[92] 程顥、程頤：《河南程氏遺書》，卷 22 上，同上書，頁 292。

[93] 丁時翰：〈擬示李都事敬叔丙戌正月十一日示之〉，《管窺錄》，收入《愚潭集》，筆寫本，卷 7，頁 203 上。

要成素,也是個物(器)存在的存在根據。他認為道器已分屬形上與形下,則在形下之器中的心、性,又要怎麼再分道器。他並指出,若因程、朱對於心性分屬理氣界域的談論,而將心性作道器之分,則性將是「無心之理」,心將「無可率之性」,是不成道理的。最後,丁時翰再次強調,程、朱並沒有將心性作道器之分。筆者以為丁時翰這個談論並不能回應李栻的批判,因為李栻已經說明了理氣具有不相離也不相雜的關係,「心」「性」關係也是如此,因此對「心」「性」作形上與形下的道器之分並不會造成,如丁時翰所設想的,性將是「無心之理」,心將「無可率之性」的理論後果。李栻最後針對這個問題回應說:

> 朱子既曰「性即理也」,又曰「心者,氣之精爽」,則心性、道器之辯亦已決矣。而「道亦器,器亦道」,則雖器之至粗者,道固無不在矣,況此精爽底心而有無性者乎?此已恐不待辯也。[94]

李栻的回應,一方面區分心為形下(器)、性為形上(道),一方面轉化了丁時翰對程明道「器亦道,道亦器」之說的使用,以「理氣不離」說明「道器」關係而說「器之至粗者,道固無不在」,那麼「精爽底心」又怎麼會是沒有性理的氣呢?筆者以為丁時翰對這個問題的思考顯示了他與朱子學在思考上的差異。

四、結論

(一)丁時翰與李栻「人性、物性同異」論之分判

　　由筆者對丁時翰與李栻的「人性、物性同異」之辯的梳理看來,丁時翰對於理氣論的思考與朱子頗有出入。而若自李栻看來,丁時翰對於「人性、物性同異」的思考,其實比較近於孟子,他說:

---

[94] 李栻:〈李敬叔所答別紙〉,同上書,卷7,頁203下。

> 來教蓋但據《孟子》之文，而未嘗究極所蘊，如《庸》《學》《或問》之說，則輒蒙《孟子集注》之文意牽和看去⋯⋯。[95]

筆者以為這個觀察雖然有道理，但卻也不盡然如此。這可以從牟宗三所提出的三種宋明儒論「人性、物性同異」的理論類型之對照中看出，這三種理論類型即：（1）《孟子》《中庸》與《易傳》為代表的先秦古義。（2）程明道據《中庸》《易傳》而發展的圓教義。（3）朱子據《中庸》《易傳》所發展的解析系統[96]。由於第（2）與（3）類型都認為超越的天理普遍地內在於萬物，而為萬物之性（雖然程明道是自「本體論地圓頓言之，或藝術性的圓照言之」[97]，在朱子則是「形上地分解地斷定語」[98]），丁時翰則不認為天理可以普遍地內在於萬物而為其性，他只認可天理可以內在於人而為人之性，所以並不是第（2）與（3）類型，而在論述形式上，似乎當歸之於第（1）類型，特別是這類型中會通《孟子》《中庸》與《易傳》的型態[99]。為什麼呢？牟宗三關於這個型態的談論如下：

> 依孟子，直下以人之內在道德性為人之真性，此內在道德性之性不但枯槁之物不能有，即禽獸亦不能有。依《中庸》、《易傳》「於穆不已」之天命流行之體，或「為物不貳，生物不測」之天地之道，總之，作為「道德創生的實體」之誠體、神體、乾元、道體，雖是創生地普妙萬物而為其體，然並不函著亦內在地具于每一個體之中而為其性，亦不函著每一個體真能具有之以為其自己之性。其創生地、超越

---

[95] 丁時翰：〈答敬叔袖示別紙壬午七月二十五日〉，同上書，卷6，頁188上。

[96] 請參閱牟宗三：《心體與性體》，第3冊，頁493-496。

[97] 牟宗三：《心體與性體》，第2冊，頁65。

[98] 同上注，頁495。

[99] 筆者也稱這型態為自道德實踐論性的型態。請參閱呂政倚：《人性、物性同異之辨——中韓儒學與當代「內在超越」說之爭議》（臺北：新文豐出版公司，2020年），頁317。

地為其體之義與內在地為其性之義是兩回事，這兩者並不能同一化。孟子之就內在道德性言之真性，如畀此真性之實義同了作為道德創生的實體之天命流行之體之實義，則兩者會通而一之，人有此內在道德性之性為真性，即等於有那作為道德創生的實體之天命流行之體為真性，此只限于就人說是如此（此實體既超越地為人之體，復內在地為人之性），而其他有生無生之物還是不能有。[100]

车宗三所論會通《孟子》《中庸》與《易傳》的型態，正與前文丁時翰自「心」的體用所論之「人性、物性異」論相仿。雖然如此，丁時翰可以證成嗎？因為這個型態必須在「心即理」之理論前提下方能獲得證成，而如前述，丁時翰雖然承繼退溪學派，主張理能活動，但是，（1）丁時翰至多只主張「理在心中」、「心合理氣」，而無法承認「心即理」，又（2）雖然丁時翰有「心為太極」的主張，但在朱子學的「理氣二分」、「心性情三分」的理論架構下，卻也不能直接地肯定「心」跟「太極」一樣都具有超越性。因此筆者以為丁時翰其實並不能證成他所談論的「人性、物性異」論。

　　至於李栻對於「人性、物性同異」的思考，如前文所分析的，是較丁時翰更貼近於朱子的思考的，一方面他主張「人性、物性同論」，一方面也恪守「理氣二分」、「心性情三分」的理論架構，並以「心」屬之形下之氣。但筆者以為還需要解決一個問題，才能對於李栻的「人性、物性同」論有較清楚的定位，即李栻究竟主張理能活動嗎？若李栻主張理不活動，則很明白地，他所闡述的就是朱子的「人性、物性同」論，但是他至少在論辯之初也批判李栗谷「理無為」之說，而主張「理能活動」。若他主張理能活動，而且又主張「心即理」，則他的「人性、物性同論」即與程明道圓教義下的「人性、物性同論」相似；不過，他明確堅持朱子「心是氣」的主張，所以也無法證成這類型的「人性、物性同論」。

---

[100] 參车宗三：《心體與性體》，第3冊，頁493-494。

（二）李栻是否主張「理能活動」在「隱體用」說中的問題

筆者之所以追問李栻究竟是否主張「理能活動」的問題，與丁時翰對他的「隱體用」所帶來的理論後果有關。由筆者在正文的論述可知，丁時翰是較李栻更強調「心」的創造性，認為「心」稟賦有「太極」全體的理，足以成為連結人文與自然的中介，並賦予自然以人文秩序，如引文 J2 所述。而在他強調「心」的創造性與對於人文秩序建立的關懷下，他除了擔憂奠基在李栻「隱體用」說的「人性、物性同」論將使「堯舜之性與雞犬之性無異」，令人文秩序遭受破壞之外，他也擔憂「隱體用」可能陷於兩種理論中：（1）落入道家「有生於無」之說，使太極成為虛無的存有；（2）落入佛老的虛無寂滅之說。而這兩種理論都不利於人文秩序的建立。

關於（1），李栻曾說：「理至有，故無不異；至無，故無不同。然無者未嘗無，有者未嘗有，則有無非有二也。」[101]這應當是闡釋他「顯／隱體用」的話，但是丁時翰批評李栻說：

> 「理至有，故無不異；至無，故無不同。」二句，鄙人以為違於先儒之旨……。
> 「理至無而至有云」者，猶言「無極而太極」，或言「自無極而為太極」者，朱子辨釋甚詳。又於象山答書中云：「不言無極，太極同於一物，而不足為萬化之根。不言太極，無極淪於空寂，而不能為萬化之根。」由此觀之，「至無而至有」不可云。「至有，故無不異；至無，故無不同」，其下兩三句，雖合有無而言。不能救上句之病者，人所易知，而敬叔之不悟何哉？敬叔之見，既已如此，故以人、物之性謂有隱、顯體用，而以「至有」當「顯體用」，以「至無」當「隱體用」。「至有」、「至無」分作隱、顯體用於一性之中，與分言

---

[101] 丁時翰：〈壬午四月在龜潭時敬叔所書示二條〉，《管窺錄》，收入《愚潭集》，筆寫本，卷6，頁186上。

「無極」、「太極」者，何以異哉？[102]

「理至無而至有云」，筆者並不見於李栻的信件中，不過李栻在答書也沒有否認他說過這句話，而說他也說過「太極為至無而至有，至虛而至實，故即前而包後，即後而涵前，言同而異在其中，言異而同在其中……」[103]。不過，筆者以為，重點並不在於李栻是否曾說過「理至無而至有」，而在於他怎麼理解「至無」與「至有」間的關係。或許因為在李栻也主張「理會活動」的情況下，丁時翰往道家「有生於無」的宇宙論來理解他的話。但其實朱子也將「無極而太極」詮釋為「無形而有理」[104]來為周濂溪辯護，就如同丁時翰也指出的，朱子曾說：「不言無極，太極同於一物，而不足為萬化之根。不言太極，無極淪於空寂，而不能為萬化之根。」若以此來看，筆者認為李栻「理至有，故無不異；至無，故無不同……」，與他後來在答書中的回應，若不往道家的宇宙論來理解，則未必有問題。雖然如此，可以看出丁時翰對於李栻創出「隱體用」概念來說本體的擔憂之一，即深怕他的「隱體用」淪落道家「有生於無」之說而不自知，侵害了代表儒家創造性的「太極」之說。

關於（2），可見於丁時翰以下批判中，他說：

> 此理至虛而有，至寂而感。虛而有，故有流行發見之妙用，而虛非無矣。寂而感，故「感而遂通天下之故」，而寂非滅矣。若謂隱體、隱用，則是無有流行發見之妙用，而虛而無矣。若謂體隱、用隱。則是無「感而遂通天下之故」，而寂而滅矣。吾儒異學之分，在於有無、感滅之間。今此敬叔所謂隱體、隱用者，似或近於虛而無，寂而滅之見。[105]

---

[102] 同上注，頁186下。

[103] 丁時翰：〈答敬叔袖示別紙壬午七月二十五日〉，同上書，卷6，頁188上。

[104] 黎靖德編：《朱子語類》，第6冊，卷94，頁2365。

[105] 丁時翰：〈答李都事敬叔別紙癸未六月十四日〉，《管窺錄》，收入《愚潭集》，筆寫本，卷7，頁197下-198上。

> 敬叔之隱體、隱用，則無物、無則，而徒具於各性之中。體虛無而窈
> 冥昏默，用寂滅而不動不行，是乃虛無寂滅底體用也。敬叔一生用工
> 於此學，畢竟所成就，乃是虛無寂滅之見，豈非可哀也耶！[106]

由筆者於正文中的論述可知，丁時翰對「隱體用」最主要的批判，就是「隱
體用」並無作用，如何能以「體用」稱之。現在更直接批判「隱體用」，其
實是佛老「虛無寂滅之見」；換言之，他認為李栻「隱體用」概念所預設的
是「理不活動」。對此，李栻回應說：

> 栻前書所謂「隱體用」，必與「顯體用」并言，未嘗有隱而無顯之
> 說，不知先生何從而云。栻以為：彼之虛，虛而無；此之虛，虛而
> 有。彼之寂，寂而滅；此之寂，寂而感。彼之隱，隱而隱；此之隱，
> 隱而顯。如何如何？[107]

李栻一方面認同丁時翰對佛老的批判，一方面則認為丁時翰誤解了他的「隱
體用」是沒有作用的，因為他的「隱體用」與「顯體用」是並立的一組概
念，分別表示天理的內在性（隱體用）與創造性（顯體用）。因此他否認丁
時翰對他「隱體用」的批判。筆者以為這中間的理論問題在於：丁時翰在主
張理能活動的前提下，他所理解的體用是直接體用，但朱子的理卻「只存有
而不活動」，其體用是間接的體[108]，而李栻的「隱體用／顯體用」其實
跟朱子的體用一樣，是間接的體用。因此他每每質疑李栻的「隱體用」沒有
作用。這可見諸前文李栻藉由月光之譬，以「隱體用」來說明人與天地萬物
都稟賦一個「隱於無形」、沒有任何表現的「太極」全體為其性，丁時翰即

---

[106] 丁時翰：〈擬示李都事敬叔丙戌正月十一日示之〉，同上書，卷7，頁203上。

[107] 李栻：〈李敬叔別紙癸未六月二十五日〉，同上書，卷7，頁199上。

[108] 如牟宗三指出的：在朱子「性與情、理與氣之間有一間隔之罅縫，即使于此說體用，
亦是繫屬籠絡的體用，而非『即活動即存有』之實體的體用也。」牟宗三：《心體與
性體》，第2冊，頁298。

質疑李栻是否將「本體」之「體」與「體用」之「體」判然為二。在丁時翰的質疑中，其實預設了理能活動，因此他認為「本體」之「體」與「體用」之「體」就是同一個能直接起用的本體，而「隱體用」作為「本體」卻無作用（其實是要通過「氣」為中介方能起用）。不過，李栻則沒有意識到這中間有一個朱子體用是直接的，抑或是間接的問題，以及連帶地涉及理能活動或不活動，所以他依據朱子「人性、物性同」論的立場進行了回應，一方面否定他的「隱體用」並無作用，一方面也不認為他將「本體」之「體」與「體用」之「體」分開（「以為「本體」之「體」異於「體用」之「體」字者，亦非栻之本意」，見註 36 引文）。由此可見，李栻雖然在論辯之初批判李栗谷的「理無為」之說，主張「理能活動」，但在詮釋朱子學的義理時，又不知不覺地又回到朱子「理不活動」的立場。顯而易見地，「理不活動」正是朱子的主張，而在朱子的理氣論中，天理正是超越的存有，因此，並不會如丁時翰所設想的，主張「理不活動」就落入佛老「虛無寂滅之見」。

　　由上述兩點分析來看，在丁時翰與李栻之間有關「人性、物性同異」問題的論辯，李栻所論雖然多合於朱子，但其實他對於「理是否活動？」與他根據朱子學而有的論述之間是否相合轍，其實沒有很清楚的意識。丁時翰所論雖然多與朱子不合，但在這場論辯中，他反而堅持了退溪學派「理會活動」的立場，雖然如此，由於朱子學系統本身的限制，所以他在回應李栻提出的心性關係問題時，顯得猶疑不定，因此也無法證成他以「心」為核心的體用觀。

韓儒奇正鎮論四端七情[*]

陳繪宇[**]

一、前言

　　奇正鎮（號蘆沙，1798-1879）是朝鮮後期的重要儒者，為參與「心說論爭」的重要儒者之一。他雖出身於畿湖學派，但卻不遵從栗谷之說，而與嶺南學派的李恒老（號華西，1792-1868）有密切往來[1]，並與同出於畿湖學

---

[*] 本文為國科會計畫「朝鮮性理學後期思想與當代朱子學詮釋之比較」（NSTC 111-2410-H-260 -035 -MY3）之部分研究成果。

[**] 國立暨南國際大學中國語文學系助理教授

[1] 蘆沙之後，弟子們承襲其「重理」思想，對當時承襲退溪學問的學派——華西學派及寒洲學派——帶來了很大的影響。19 世紀左右，蘆沙學派與華西學派、寒洲學派有密集的交流，如原師從於他人的鄭義林（號新齋，1845-1910）即深受蘆沙影響，而後成為蘆沙學派的代表學者之一；蘆沙學派的鄭載圭（號老栢軒，1843-1911）、崔琡民，與華西弟子金平默（號重菴，1819-1891）、崔益鉉（號勉菴，1833-1906）亦多有交流，而後結合，與栗谷學派之後的艮齋學派展開論辯。朴鶴來說：「奇正鎮死後，他的門人們除了一方面積極地繼承先生的理氣說，也展開比先生更廣泛的關於心的論議。特別是根據嶺南地區文人主導的關於心的主理性之論議及理解，在當時與加強了在這個地域的學問之影響力的寒洲學派有學術交流以外，也受到比起任何學派，有著更深化的學術交流的華西學派弟子的影響。」朴鶴來：〈蘆沙 奇正鎮 學派의 心說에 대한 考察〉《儒教思想文化研究》第 43 輯（首爾：韓國儒教學會，2011 年），頁 79。另亦可參金蓬坤：〈영남지역에서의 노사학파와 한주학파의 성립과 학술교류〉〔嶺南地區的蘆沙學派與寒洲學派的成立與學術交流〕《孔子學》14 號（安東：韓國孔子學會，2007 年），頁 65-84。

派的儒者們有激烈的論辯[2]。在他看來，李珥（號栗谷，1536-1584）言「理無為而氣有為」，或「陰靜陽動，機自爾也，非有使之」這一視氣之動是「自爾」，而非理「使之動」的說法，相當程度地減損了「理」的主宰性[3]，而嚴重違背朱子的「主理」思想。與其同時之畿湖學派學者，無論是湖論還是洛論，皆犯此錯誤。因此，他重新修正過去對朱子理論中「理」、「氣」與「二者關係」之理解，再次強調朱子學中「性理主宰性」的重要性[4]。例如，他嘗言「理之尊無對，氣何可與之對偶」[5]，反對過去儒者往往一言及「理」，便要涉及「氣」的做法，以「氣如何有與理對偶之地位」一義強烈批判之，並嚴格釐清理氣之上下關係，認為這才能更大程度地提高理的地位，也才符合朱子重視性理之立場。[6]

---

[2]　(1)以栗谷為批判對象而撰寫《猥筆》的蘆沙、其弟子鄭載圭、鄭義林，及(2)華西學派的崔益鉉，和(3)淵齋學派的宋秉璿（號淵齋，1836-1905）、宋秉珣（號心石齋，1839-1912），彼此之間有十分激烈的論爭。此一論爭後來還因華西學派與全齋學派的加入，使得畿湖學界內的論爭全面性地擴散開來。相關討論可參金蓬坤：〈19 세기 畿湖學界의 學說分化와 論爭〉《儒教思想文化研究》第 39 輯（首爾：韓國儒教學會，2010 年），頁 134。

[3]　蘆沙的理論除了基於傳統朝鮮儒學而開展之外，亦對當時的天主教思想有不少反省，如他對於「理之主宰地位、主宰力量」的重視，除了基於對畿湖學派的反省，亦由於他要從理論上以「理有為」來代替上帝主宰萬物之說。如金蓬坤說：「李恒老及奇正鎮的主理說是為了制止天主教的擴散，成立於 1839 年己亥迫害前後時期。李恒老和奇正鎮繼承宋時烈尊華攘夷之意，以及在主張斥邪論的同時，也為了對抗主張天主是萬物之主宰一說法的天主教，強化理的主宰，在理有為的觀點下分別確立『明德主理說』與『理一分殊說』。」金蓬坤：〈19 세기 畿湖學界의 學說分化와 論爭〉《儒教思想文化研究》第 39 輯（首爾：韓國儒教學會，2010 年），頁 133。

[4]　關於此義，我在博士論文中有詳盡梳理。參陳繪宇：《朝鮮儒學的「心說論爭」研究：朝鮮性理學的後期發展與朱子學的當代詮釋》（中壢：國立中央大學博士論文，2021 年 7 月）。

[5]　奇正鎮：〈猥筆〉，《蘆沙先生文集》，卷 16，收入《韓國文集叢刊 310》（首爾：民族文化推進會，2003 年），頁 372b-372c。

[6]　關於蘆沙於朝鮮性理學的定位，大體上皆同意：蘆沙屬畿湖學派之後，但其說卻更靠近嶺南學派思想。不過，也有學者認為蘆沙在「存有論」上，是以栗谷的理論來支撐；而在「價值論」上，則是跟隨退溪的立場，故是二理論之綜合。此主張見崔英

　　依此，推斷蘆沙不同意栗谷「氣發理乘」之說，應是順理成章之事。在他看來，此說強調氣可能影響理的彰顯，無疑是過於高看氣之重要性，而損害的理的絕對主宰地位。然而，他亦不同意退溪「理氣互發」之說，如其言「七情之外，本無四端，『互』字不好」[7]，又說「理發何害？但恐昧者觀之，以為理與氣根柢對峙，枝葉互發耳」[8]，在在批判「理氣『互』發」此種對舉理與氣之說法。由此，可見自朝鮮初期以來所建立的兩大理論皆非蘆沙所能認同。如此一來，他如何看待在朝鮮性理學中重要的「四端與七情」一問題，便有需要重新釐清；更重要者，透過此一釐清而突顯其對「理之主宰性、絕對性」之重視，即非直由其「吾懼夫氣奪理位也」[9]、「理之尊無對，氣何可與之對偶？」[10]等語所可比擬，而是能進一步對比前朝之說、甚至當代學者於朝鮮儒學四七之辯的研究成果，這對蘆沙重理思想的探究不僅更深刻且富脈絡性，亦更有助於當代朱子學之深入反省。

二、奇正鎮之「主理」思想
——自其對「機自爾」之反省出發

　　在深入蘆沙之「四端七情」論之前，本節先梗概其「重理」思想。
　　蘆沙的重理思想主要來自對畿湖之學的反省：一、與淵齋學派之論辯，主要起於蘆沙對栗谷「機自爾」的批評；二、對湖、洛二論的批評。他認為

辰：〈蘆沙 奇正鎮의 理一分殊에 관한 고찰〉《朝鮮朝 儒學思想의 探究》（首爾：여강出版社，1998年），頁296。

[7]　奇正鎮：〈答柳德鄰〉，《蘆沙先生文集》，卷11，收入《韓國文集叢刊310》，頁259b。

[8]　奇正鎮：〈答禹乃範〉，《蘆沙先生文集》，卷10，收入《韓國文集叢刊310》，頁230b。

[9]　奇正鎮：〈猥筆〉，《蘆沙先生文集》，卷16，收入《韓國文集叢刊310》，頁370d。

[10]　奇正鎮：〈猥筆〉，《蘆沙先生文集》，卷16，收入《韓國文集叢刊310》，頁372b。

無論是湖論還是洛論，皆犯了「理氣隔斷」的錯誤。依此，他提出了「理氣圓融」之說，並發展出其獨特的「理一分殊」論。本節集中疏理第一部分，即其對栗谷學「機自爾」之反省，旨在突顯蘆沙對「理之主宰性、絕對性」的強調。至於第二部分，雖亦是強調蘆沙「重理」精神的重要環節，但我已詳論於《朝鮮儒學的「心說論爭」研究：朝鮮性理學的後期發展與朱子學的當代詮釋》詳論，此處略過。

蘆沙學派與淵齋學派的論辯，起於蘆沙於〈猥筆〉及〈納涼私議〉二文中對栗谷「機自爾」的批評。淵齋學派的宋秉璿（號淵齋，1836-1905）、田愚（號艮齋，1841-1922）與宋秉珣（號心石齋，1839-1912）皆代表栗谷學的立場與他論辯。爾後，蘆沙學派後學鄭載圭（號老伯軒，1843-1911）、鄭義林（號日新齋，1845-1910）及崔淑民（號溪南，1837-1905）等人又有回應，逐引發論辯，如田愚著有〈納涼私議記疑〉及〈猥筆辨〉，宋秉珣著有〈辨猥筆說〉；鄭載圭則著有〈納涼私議記疑辨〉、〈納涼私議記疑追錄辨〉、〈猥筆辨辨〉，鄭義林著有〈辨田愚所著蘆沙先生納涼私議記疑〉、〈辨田愚所著蘆沙先生猥筆辨〉，崔淑民著有〈辨田艮齋涼議記疑〉等。蘆沙學派的發展，可說是由對栗谷學「機自爾」的反省開始，和淵齋學派及艮齋學派的論辯中發展的。

栗谷「機自爾」之說[11]，可見於其與成渾（號牛溪，1535-1598）之書信：

> 氣發而理乘者，何謂也？<u>陰靜陽動，機自爾也，非有使之者也</u>。陽之

---

[11] 「機自爾」之說出自徐敬德（號花潭，1489-1546）：「倏爾躍、忽爾闢，孰使之乎？自能爾也，亦自不得不爾，是謂理之時也。《易》所謂『感而遂通』，《庸》所謂『道自道』，《周》所謂『太極動而生陽者也』，不能無動靜、無闔闢，其何故哉？機自爾也。」李丙燾又有語：「『機自爾』一語，亦花潭之獨創語也。」徐敬德：〈原理氣〉，《花潭先生文集》，卷12，收入《韓國文集叢刊24》（首爾：民族文化推進會，1988年），頁 305c。李丙燾：《韓國儒學史略》（首爾：亞細亞文化社，1986年），頁 132。

動則理乘於動，非理動也；陰之靜則理乘於靜，非理靜也。故朱子曰：「太極者，本然之妙也。動靜者，所乘之機也。」陰靜陽動，其機自爾；而其所以陰靜陽動者，理也。[12]

在此段栗谷論「氣發理乘」義中，可見其論氣之動靜是「機自爾」、不是由它者使之動靜。即使是「理」，亦不能命令其如此如彼，而不過是乘於其上者。對此，蘆沙批評如下：

陽動陰靜，驟看皮面，果似自行自止。若深原其實，則壹是天命使之然也。天命然也，故不得不然，此之謂所以然；非天命之外，別有所以然也。今曰「其機自爾」，自爾雖不竢勉強之謂，而已含由己不佗由之意，又申言之曰「非有使之者」。說「自爾」時，語猶虛到，「非有使之」，語意牢確。真若陰陽無所關由，而自行自止者。祇此兩句，淺見已不可曉。[13]

天命既息矣，天命息而陰陽因舊，實所未聞。天命為萬事本領，今有自行自止，不關由天命者，則天命之外，又一本領也？兩箇本領，各自樞紐，則造化必無此事。又理弱氣強，吾懼夫氣奪理位也，非惟此也。[14]

由此兩段文獻，可見蘆沙強烈反對「機自爾」這一「由己不佗由」、「非有使之者」之說，陰陽動靜必當是「天命使之」才是。若機自爾，則不能逃

---

[12] 李珥：〈答成浩原〉，《栗谷全書》，卷10，收入《韓國文集叢刊44》（首爾：民族文化推進會，1989年），頁211b。

[13] 奇正鎮：〈猥筆〉，《蘆沙先生文集》，卷16，收入《韓國文集叢刊310》，頁370d。

[14] 奇正鎮：〈猥筆〉，《蘆沙先生文集》，卷16，收入《韓國文集叢刊310》，頁370a。

「天地間有二本領」之責，亦導致「氣奪理位」之弊。

雖乍看之下，陰陽動靜，似是自行運作，然細究其中，必有天地之理貫徹其中，使之不得不如此。在他看來，天地間所有事物，不在天命之外，即不在理之主宰之外。由此而論，豈有逃於天命之外之「機自爾」？此自是謬論。再反論，若天命息，即天理不主宰之狀況下，陰陽仍能自我運行。此自是實所未聞，若是，豈不表示天地間有一以理為主之樞紐，另又有一以氣為主之樞紐？天地間存在兩個本領，固是未聞；於此說下，理氣地位無差，甚至氣亦可不歸理之主宰，則理之主宰地位、絕對力量蕩然無存，此當為蘆沙所反對。因此，他說：

> 論以愚見，「自爾」二字與「所以然」三字，恰是對敵。「自爾」為主張，則「所以然」不得不退縮。今欲兩存而並用，其貌樣頗似魏延、楊儀同在丞相府，安能免畢竟乖張乎？此又事勢之必不可行者也。[15]

對於蘆沙，「自爾」與「所以然」二概念絕是相敵不相容。氣若具有自我主宰的能力，何須聽從理之主宰命令？不必依理之主宰方能運行，而能自我運行者，理於此處尚有存在之必要嗎？若理之存在不必然，即理不存在，萬物依然能化育流行，則還能說理是至高無對者、萬物根源者嗎？故「機自爾」一說，將嚴重抹殺理之地位，蘆沙當直以「必不可行」而強烈反對，並以魏延及楊儀之例，表示此說導致的「二本源」衝突，實是對天理的藐視。此外，他亦以「人乘馬」之喻表示對此說的不安：

> 蓋一名為理，便有所乘，「乘」非絲毫犯氣力字。而今人看所「乘」字與此異，有若太極漫無主張，忽見馬匹當前，趨捷而騰上樣。然則

---

15 奇正鎮：〈猥筆〉，《蘆沙先生文集》，卷16，收入《韓國文集叢刊310》，頁371b。

是馬也，終是塞翁之得，非自家元來所乘；騰上後事，又可知矣？勢
必之東之西，惟馬首是瞻，嗚呼危哉！[16]

在蘆沙看來，栗谷之學「機自爾」一說，即如「馬可自行飛騰、不受塞翁指
揮」之意；而「太極之理乘氣而行」之說，則如馬奔騰忽至，塞翁一躍而
上，忽而得馬。此說將導致二問題：一，於塞翁騰馬前，便先存在一「馬可
胡亂飛騰」之狀態。既然馬可不受命令、可胡亂飛騰，何以塞翁忽然騰上之
後，馬便要突然接受其指令、放棄自由奔走？再說，若塞翁騰馬後，馬有不
遵其號令之自由，則豈非表示塞翁反須聽任馬任意東西、隨之胡亂奔騰之
意？依此，則「理乘氣」一說之實際內涵，確是「理聽命於氣」，此顯非朱
子所同意之說。二，塞翁於騰馬前，似漫無主張地存在著，因其無從指揮、
無從主宰，只能待馬至前，然後躍上，至此才有發揮主宰之處（但仍不表示
馬必遵從其主宰）。此喻理有不發揮主宰能力、漫無目的地存在之可能，亦
喻其主宰能否發揮，尚須決定於氣、受制於氣，待氣至前受其命令，其主宰
地位才得以實現。此說若真，則此一漫無目的無主宰作用、須仰賴氣才得以
實現其地位者，還可稱為「至高無上之理」嗎？

因此，在蘆沙看來，栗谷「機自爾」之說根本極盡輕蔑作為萬物之本、
具絕對至高地位之理，亦違反朱子念念於強調理凌駕於萬物、為最高價值之
存在一義。對此他主張，理對於氣之主宰是「元來而有」，氣自存在之始必
得因理之主宰而運行，不可能有一獨立於理而存在之狀態，即不可能存在
「機自爾」。以塞翁乘馬之喻而言，馬不可能有「胡亂奔騰」之狀，因其行
動自始即須在塞翁之指令下，故牠的行動始終是有方向的、有目標的。這一
說法亦較能合理解釋「世界何以總是以有條理的、非雜亂無章的方式運行」
之狀。

---

[16] 奇正鎮：〈猥筆〉，《蘆沙先生文集》，卷16，收入《韓國文集叢刊310》，頁
371c。

三、奇正鎮之四端七情論

　　蘆沙之「四端七情」論主要見於〈偶記〉一文。此文之撰晚於〈納涼私議〉兩年，故其對「四端與七情」的思考，可視為其「重理」思想之延伸[17]。蘆沙清楚闡釋理具至尊無對之地位，對於氣有絕對主宰的力量，氣於理之必然主宰下，必是謙卑低下者，不可能與之相提並論。因此，他當然不可能同意退溪學派視「理發」與「氣發」為兩種不同來源之作用，更不可能認為兩者可相互影響。

　　退溪「理氣互發」說的內容，在與奇高峰的第一封書信[18]（第二次往

---

[17] 在韓國學界中關於蘆沙「四七論」的討論，雖於 1970 年代已可見於劉明鍾於《朝鮮後期 性理學》（大邱：以文出版社，1985 年）一書，但仍止於整理與分析，並無具體而詳細的討論。要至 2002 年朴鶴來的〈蘆沙 奇正鎮의 四端七情論〉一文，方有較詳細的討論。其後，金基柱也對比華西、寒洲及蘆沙等在四端七情的說法及心論之說法的連貫性。參閱金基柱：〈四端七情論으로부터 心即理로- 사단칠정논쟁에 대한 華西·蘆沙·寒洲의 결론〉〔自四端七情論通過心即理——關於在四端七情的華西、蘆沙、寒洲之結論〕《退溪學論叢》第 15 輯（大邱：嶺南退溪研究院，2014 年），頁 345-378。至最近，漸有更多文章討論由蘆沙四端七情論引發之論爭，並由此論爭過程見畿湖學派於朝鮮末期如何分化；或見蘆沙學派與寒洲學派二者如何綰合等，如 Sim Do Hoe：〈蘆沙 奇正鎮의 리기론과 사칠론〉〔蘆沙奇正鎮的理氣論及四七論〕《東亞人文學》40 輯（大邱：東亞人文學會，2017 年），頁 317-340。關於蘆沙理論在當代韓國學界的發展，參朴鶴來：〈蘆沙學 研究의 現況과 課題 —— 한국 철학계의 연구를 중심으로 —〉〔蘆沙學研究的現況與課題——以韓國哲學界的研究為中心〕《東洋古典研究》第 70 輯（江原道：栗谷學會，2018 年），頁 347-384。

[18] 此意可見於此段文獻：「故愚嘗妄以為情之有四端七情之分，猶性之有本性、氣稟之異也。然則其於性也，既可以理氣分言之；至於情，獨不可以理氣分言之乎？惻隱、羞惡、辭讓、是非，何從而發乎？發於仁義禮智之性焉爾；喜、怒、哀、懼、愛、惡、欲，何從而發乎？外物觸其形而動於中，緣境而出焉爾。四端之發，孟子既謂之心，則心固理氣之合也，然而所指而言者，則主於理，何也？仁義禮智之性粹然在中，而四者其端緒也。七情之發，朱子謂本有當然之則，則非無理也，然而所指而言者，則在乎氣，何也？外物之來，易感而先動者，莫如形氣。而七者，其苗脈也。安有在中為純理，而才發為雜氣？外感則形氣，而其發為理之本體耶？四端，皆善也，

復[19]）中即清楚展示：因「理發」與「氣發」而有的「四端」與「七情」二情，是就「所發根源」之不同而言。「四端」由粹然於中之仁義禮智之性直接發出，故是純然之善；「七情」則是感於外物之情，故無法直言此情是善是惡，還須視此情能否依理來判斷。依此，則「四端」與「七情」分屬兩端、「理發」與「氣發」分屬二源之義即十分明顯。當然，若再細究，即可知退溪「理氣互發」說並非天地有二本源之義，即使其有「理發與氣發」、「四端與七情」等看似分屬二元之說，但始終謹守朱子「理氣不離」之規定。在他與高峰幾次書信往返後，最後以「四則理發而氣隨之，七則氣發而理乘之」作結，主張「四端的理發氣隨」與「七情的氣發理乘」，不過是「所主之不同」。言「四端」時，所重在理，故言「理發」；言「七情」時，則著重於表示氣質的影響，故言「氣發」。依此，「理發」與「氣發」並非表示宇宙生化有「二根源」，而只表示理、氣於四端與七情二概念中「有所偏重」[20]。

　　由上所述，蘆沙對退溪「理氣互發說可能導致宇宙生化中有二本源之失」之批評，固可說並不十分中的，然即使如此，「對舉」理發與氣發[21]，

故曰，無四者之心，非人也。而曰，乃若其情，則可以為善矣。七情，善惡未定也，故一有之而不能察，則心不得其正，而必發而中節，然後乃謂之和。由是觀之，二者雖曰皆不外乎理氣，而因其所從來，各指其所主與所重而言之，則謂之某為理，某為氣，何不可之有乎？」李滉：《退溪先生文集》，卷16，收入《韓國文集叢刊29》（首爾：民族文化推進會，1989 年），頁 408b-408d。

[19] 楊祖漢說：「退溪、高峰『四・七論辯』第一次之往復，在此次辯論中，退溪未詳細展示四端七情分屬理氣之論據，而高峰之旨，則已十分明白。」見楊祖漢：《從當代儒學觀點看韓國儒學的重要論爭》（臺北：國立臺灣大學出版中心，2005 年），頁 75。

[20] 此意可見退溪此段文獻：「天下未有無氣之理，則非只有理，然猶可以專指理言，則氣質之性雖雜理氣，寧不可指氣而言之乎？一則理為主，故就理言；一則氣為主，故就氣言耳。四端非無氣，而但云理之發，七情非無理，而但云氣之發，其義亦猶是也。」李滉：《退溪先生文集》，卷16，收入《韓國文集叢刊29》，頁 418b-418c。

[21] 退溪亦自言理發與氣發是「對舉」：「若（七情）實非專指氣，而兼指理，則朱子於此（「四端是理之發，七情是氣之發」），不應與理之發者對舉，而併疊言之矣。」

亦已大幅減損理之主宰地位[22]：

> 四七非兩情，理氣無互發。[23]

> 七情之外，本無四端。「互」字不好，主客之說，皆非也。德之有
> 四，出於天而來歷分明；情之有七，感於物而面貌各別。若欲段段分
> 屬，則未知其可也。[24]

蘆沙很清楚地表示，「四端與七情」、「理發與氣發」並非是兩兩對舉、彼
此相互之概念，甚至亦非「主客」關係，故不可言四七為「二情」、理氣為
「互發」。雖「四端」與「七情」確如退溪所言，一出於天命之性，為純
善；一感於物，而展現為不同面貌之情感，但不能視之為「二情」，二者之
關係應是：受理所支配之「一情」。由於天地間只存在「理支配氣」一狀
況，四端與七情同屬氣，不過是因「發生源」不同才有概念上的區別，實則
應視為「一情」。他說：

（括弧內為筆者所加按語，此處以反詰方式，表示朱子亦有對舉之說。）李滉：《退
溪先生文集》，卷16，收入《韓國文集叢刊29》，頁418c。

[22] 事實上，早在退溪與高峰之論辯時，高峰已質疑退溪之說有「理弱氣強」之嫌。高峰
言：「蓋性之乍發，氣不用事，本然之善，得以直遂者，正孟子所謂四端者也。此固
純是天理所發，然非能出於七情之外也，乃七情中發而中節者之苗脈也。然則以四
端、七情對舉互言，而謂之純理、兼氣，可乎？論人心、道心，則或可如此說；若四
端七情，則恐不得如此說。蓋七情不可專以人心觀也。夫理、氣之主宰也；氣、理之
材料也。二者固有分矣，而其在事物也，則固混淪而不可分開，但理弱氣強，理無眹
而氣有跡，故其流行發見之際，不能無過不及之差。此所以七情之發，或善或惡，而
性之本體，或有所不能全也。」李滉：《退溪先生文集》，卷16，收入《韓國文集叢
刊29》，頁409d-410b。

[23] 奇正鎮：〈偶記〉，《蘆沙先生文集》，卷16，收入《韓國文集叢刊310》，頁
369b。

[24] 奇正鎮：〈答柳德鄰〉，《蘆沙先生文集》，卷11，收入《韓國文集叢刊310》，頁
259b。

性發為情，四端是也；七情是從外面粗說。究言之，衹是兩情，必欲配四德，則拘矣。[25]

四有所，非謂心不正之病，止於四者也。蓋舉四以見其餘也。然則羞恥、悲哀之不得其正者，亦在其中矣；且羞恥、悲哀，或是四端之發見，正欲其擴而充之，遽謂不得其正，可乎？[26]

由上所述，四端與七情之概念應如此看：(1)情有「由性而發」或「由外而感」之別，前者稱為四端，後者稱為七情。(2)然此稱呼實亦無多大意義，由性而發之情由於以「四德」拘之，才有「四端」之稱。其實由性而發之情不應拘於「四者」，其所指者，應是得其正之情。即是說，舉「四」，即須知實已涵其餘「羞恥、悲哀」等情，因只要由性而發，則情必正，即使如羞恥、悲哀，亦能得其正。由此，「四端」不限於「四」之義，明矣。(3)依上所述，無論是四端還是七情，皆是「情」，皆能自「惻隱、羞惡、辭讓、是非、羞恥、悲哀」來看，二者之差，不在「專指惻隱、羞惡、辭讓、是非」或「涵蓋全部情感」，而只在此情為「由性而發、不受外物影響」還是「受外物之感」。(4)值得注意的是，四端與七情雖因情是「由中而發」或「受外感而有」而有別，但二者實是聽命於「性之主宰」之一情。在蘆沙，天地間無不受性理之主宰，故七情雖外感而發，但亦受性理之主宰。由此，無論四端、七情，皆為性理主宰下之「一情」。

由上所述，「性理」對「四端與七情」之支配性可見一斑，亦見其中貫串著「性理具絕對主宰地位」之理論特性。再進一步言，由「理對四七之支配」言「理發」；由「四七之情」言「氣發」，則在「理發與氣發」一組概念中，蘆沙重「理發」遠甚於「氣發」，亦可推見。

---

[25] 奇正鎮：〈答李能白〉，《蘆沙先生文集》，卷5，收入《韓國文集叢刊310》，頁129d。

[26] 奇正鎮：〈答鄭伯彥〉，《蘆沙先生文集》，卷11，收入《韓國文集叢刊310》，頁240a。

　　在他看來，一切事物不脫理之主宰，故若以「理之主宰」為「理發」之
內涵，則可說一切事物皆於「理發」下運作——包括「氣發」，亦是如此：

> 氣之順理而發者，氣發即理發也；循理而行者，氣行即理行也。理非
> 有造作自蠢動，其發其行，明是氣為，而謂之理發、理行，何歟？氣
> 之發與行，實受命於理。命者為主，而受命為僕；僕任其勞，而主居
> 其功，天之經，地之義。是以言「逝者如斯」時，直言「逝者」，未
> 嘗言「乘氣如斯」；言「乾道變化」時，直言「乾道」，未嘗言「乘
> 氣」變化；言「太極生兩儀」時亦然，言「誠者，物之終始」時亦
> 然。濂溪〈圖說〉，傳法於此，故劈頭言「太極動而生陽，靜而生
> 陰」，不見一「氣」字，非遺卻氣機也。主之所向，僕豈有不往者
> 乎？其言光明直截，無可疑貳。[27]

　　在蘆沙，一切氣之流行皆不逃性理之主宰，甚至，與其說「氣在理之主宰作
用下流行」，更可說「氣之流行本身，即是理之主宰作用」。在他看來，天
地間生生不息，無非條理，無處不是秩序，既是生生之氣，亦是太極之理之
充斥。於此義下，又何必嚴分「理發」、「氣發」之異？其「氣發即理
發」、「氣行即理行」之語，即是此意。

　　只是宜注意的是，雖蘆沙有「氣發即理發」、「氣行即理行」之語，但
並不表示理與氣是以對等關係而存在；甚至更不應因此以為蘆沙肯定「氣之
作用等同理之作用」。如有此誤解，便不符其於「理具絕對主宰地位」一義
之強調，亦不符朱子「理無情意、無計度、無造作」之規定。既是如此，則
此處的「理發」、「理行」、「理之作用」當如何理解？他分明言「氣發即
理發」、「氣行即理行」，明白表示理之活動義；但又拒絕將「理之活動」
等同於「氣之活動」，要同時符合朱子「理無情意、無計度、無造作」之規

27　奇正鎮：〈猥筆〉，《蘆沙先生文集》，卷16，收入《韓國文集叢刊310》，頁371c-
　　371d。

定，則究竟其「理發」、「理行」、「理之作用」何意？

如上節所述，理之妙運乃是以「主宰氣之流行」的方式妙運著，此不與形下之氣之活動義混淆而論，而更有「主宰」、「根據」等內涵於其中，因此，理之活動與氣之活動還是有根本上差異。要了解「理之活動」，可自「理氣關係」來看。「理氣關係」如「主僕關係」，一事之成看似由任勞之僕人完成，但僕人之行動卻無不在主人之主宰下，故事之成與不成，皆應歸於主人。主人只是「主宰著」，不必親自以手足行動即能成事。再舉一例明此義：

> 貴人之出，非無車馬騶從，而見之者但以為貴人出，未嘗言其車馬騶從出也。[28]

當見貴人乘馬而出時，雖真正勞動者是車馬，貴人不過乘於其上，無任何行動，然此行應視為「貴人出門」，而非「車馬出門」，此自不待言。這是由於貴人雖不似車馬之有形動作，然其主宰命令，方是此行之真正關鍵。蘆沙所言之「理發」、「理行」、「理之作用」之義當由此理解。

綜上所述，「理發」及「理行」此等具「理能活動、運作」義之詞彙，可由幾方面來理解：(1)「理發」及「理行」強調的是理對一切活動——包括氣之流行——之「主宰作用」；由氣之角度而言，其流行必是飽滿充實地內蘊理之主宰。故言「理發」、「理行」，即理於氣化流行中表現之主宰作用。(2)既然「理發」及「理行」是指「理之主宰作用」，則必然要關聯受主宰之氣，有「主宰者」，亦必有「受主宰者」。故言「理發」或「理行」時，其中應已涵受主宰之「氣發」及「氣行」。(3)既然「氣發」與「氣行」只是以受主宰的方式，被蘊涵於「理發」及「理行」之概念下，事物表現之關鍵處又在理不在氣，則對天地中事物之說明，直以「理發」或「理

---

28 奇正鎮：〈猥筆〉，《蘆沙先生文集》，卷16，收入《韓國文集叢刊310》，頁371d。

行」表示當已具足。正如「貴人乘馬而出」，以「貴人出行」一語表示，義已具足。關於此意，蘆沙更舉古人言「逝者如斯」，而非「乘氣如斯」；言「乾道變化」，而非「乘氣變化」；言「太極生兩儀」、「誠者，物之終始」、「太極動而生陽，靜而生陰」等語證實己意，此些說法無不顯示天地運行之真正關鍵處「在理而不在氣」。亦即，雖天地間可見之處無不充斥著氣機鼓動，然於不可見之處，這些氣機鼓動實皆受理之主宰，故天地方能以有秩序的、生生不息的方式運行，「理之主宰」才是關鍵之所。[29]

　　明白了蘆沙的「理發」義，便不難了解他何以反對「四端與七情為二情」及「理氣互發」。因為無論是「四七之情」還是「氣發」，皆不能離開「理之主宰」而獨立存在，為至尊無對之理所籠罩。由此可總結：蘆沙雖承繼退溪「理發」說之傳統，甚至更徹底地發揮此義，極力強化「理之主宰地位」一義，然他並未因此即贊成退溪的「理氣互發」說，而是遵循並推展朱

---

[29] 楊祖漢於〈韓儒奇蘆沙對朱子學的理解〉一文中，亦對此段文獻有以下詮釋：「依蘆沙此『理主氣從』之說，確可對『理發』、『太極生陰陽動靜』，及『乾道變化』等語，作較為直接而順當的解釋。本來照朱子之理氣論，是不宜將理發解為理自身能發用〔……〕栗谷之解，便是要將太極或理之『生』義去掉，以符合朱子理不活動之規定。但如此解，於『太極動而生陽』之句意並不自然。當代牟宗三先生的想法近於栗谷，亦認為『生陰生陽』之『生』，不宜直接解作宇宙論式的生，即不宜解作陰陽直接由太極生出；當然牟先生並不似栗谷般以太極為不活動，而認為太極之生陰陽之『生』，是本體論式的『妙運』義。即牟先生認為周子太極動而生陽之言，應解作太極使陽動陰靜能不已地循環下去。如此作解實相當曲折，但似乎是不得不然的。因若直接解為太極有動靜，且生陰生陽，則形而下者直接由形而上者生出，這是不通的。若一定要將生解為直接的衍生，則只好說太極是渾然未分之元氣，陰陽由元氣生出，如此解雖文句可通，但不合周子義理。而蘆沙之說，則一方面維持了理為形而上者，陰陽為形而下者之分別，避免由太極直接生出氣來之不通之說，又可對理生氣，理發及太極生陰陽等語作出較順當之解釋。他據理主氣從之意，認為氣之順理而發，及陰陽由理主宰而生，便可說是理發及太極生陰陽。他順著理為主宰之義，作出可能是較符合文意之解釋。」見楊祖漢：〈韓儒奇蘆沙對朱子學的理解〉，收入李瑞騰主編《國立中央大學中國文學系專任教師論著集刊》（中壢：國立中央大學中國文學系編印，2009 年），頁 229-300。

子學「主理」的核心概念，貫徹其「理之尊無對，氣何可與之對偶」此一「理主氣從」說，將理在朱子學中的決定性地位再推至另一高峰。

　　然而，若再順著蘆沙的重理思想來思考，即一切存在皆不脫理之主宰而有，則一顯而易見之問題便立刻浮現：何以天地間仍有「惡」？人何以仍有不善之情？關於「惡」的這個問題，蘆沙以「理之不直遂」解釋之。以下進一步論述。

四、奇正鎮論「不善之情」

　　依上節所述，蘆沙認為「四端」與「七情」不過是「理發」主宰下之「一情」，只是一出於天命之性，一外感於物。簡言之，四端與七情可視為「一情之二種面向」。再說「理發」與「氣發」。蘆沙亦反對對舉二者，因為「理發」為「理之主宰作用」，主宰著天地間的一切事物，「氣發」亦應為其所主宰，如何能與其「對舉」？至此，蘆沙不遺餘力地突顯理之絕對主宰性，其意圖之明顯不待多言。只是，若天地萬物不離理之主宰而有，則何以仍有「不善」之情狀？又四七之情中的「不善之情」，該作何解？[30]

　　對此，蘆沙以「理之不直遂」來回應。此即是說，氣受制於自身之狀，而可能出現不能貫徹理之命令，造成了在具體狀況中，理雖已於氣之流行中發揮主宰作用，但卻不能貫徹至底。蘆沙此一解釋涵二義：(1)天地間只有「理」一根據，故即使說明「不善」，亦不能由另一根源來解釋，仍須依「理」而言。(2)「不善」之問題不源於「性理主宰力量減弱」，而在「氣

---

[30] 關於蘆沙對「惡」的說明，我另有〈韓儒奇蘆沙對「惡」之說明〉專文探討。我於此文對於蘆沙以「理之不直遂」解釋「不善」，所可能產生的缺漏有仔細探討。故以下僅扼要說明「理之不直遂」之義，以助於說明何以在「理發」之絕對主宰下的「七情」，仍可能出現「惡」。見陳繪宇：〈韓儒奇蘆沙「惡」之說明〉（原題為〈論韓儒奇蘆沙「惡」之合理性〉）《中國學報》第 91 輯（清州：韓國中國學會，2020年），頁 369-402。

性之參差不齊」。由於氣本身有清濁粹駁，貫徹理之命令時可能出現偏頗，故有不善。此一對「不善的說明」，並不妨礙「性理具絕對主宰性」一義。此義如下：

> 不善者，善之不直遂者也。不善亦安有別根乎？〔……〕以其害於善，而謂善之仇敵，可也；以其本於善，而謂善之孽孫，亦可也。是果外此理而別有根柢乎？[31]

> 曰：「理本可直遂，而有不直遂，則聽命於氣，固也。」曰：「此不知理之過也。理者，種子也，但有必然之妙，非有能然之力。以其有必然也，故可直遂；以其非有能然也，故或不直遂。莫非理也，其本然則有在矣。惟聖人主於必然，以致其能然，而後本然者得矣。是之謂繼天之所不能，深哉！」[32]

> 泥之濁，非水之本也，而非水，則不成泥也；蠹之食，非木之性也，而非木，則不生蠹也。事之惡，非理之本然，而非理，則惡無所由生也。然則理固兼善惡乎？曰：理之本然，固純善無惡，而及其乘氣流行，則不能無過不及之差也。氣不能無過不及者，亦理勢然也，而纔有過不及，則惡之所由生也。為仁而過則墨翟也，為義而過則楊朱也，為仁義而不及則子莫也。葉公之證羊，不得為直者，非證之理不直也，以其所證者其父也；仲子之不食鵝，不得為廉者，非不食之理不廉也，以其所不食者其母也。然本無直之理，則無證羊之事也；本無廉之理，則無吐鵝之事也。由是推之，則事有不善，而不害於理之

---

[31] 奇正鎮：〈答人問第三〉，《蘆沙先生文集》，卷16，收入《韓國文集叢刊310》，頁360d。

[32] 奇正鎮：〈答人問第三〉，《蘆沙先生文集》，卷16，收入《韓國文集叢刊310》，頁360d。

本善也；氣有用事，而不害於理為主宰也。[33]

　　蘆沙清楚指出，「不善」雖與「善」為反，然天地事物只有「理」一根源，「不善」亦當無外，須根於理而言，故其以「善之孽孫」喻之。然若深究，理既已具絕對主宰作用，則何以仍有「不善」？仍有「孽孫」？

　　對此，蘆沙以「必然之妙」與「能然之力」回應之。此是說，理對於氣之主宰雖是絕對的，具有使其必然往某方向前進之強制力，然並不保證氣於接受其主宰時，不會發生「力有不逮」之狀。如以「花生之種子」為例，此種子當能決定此作物必長成為花生，而不為其他作物，但並不保證此種子一定順利長成，因為它可能受限於自身，難以吸收養分、或於生長過程遭到毀壞等，導致此種子最終並未結出果實。故種子最終能否順利結果之「能然之力」，與花生種子必結出花生果實之「必然之妙」，是兩個不同的問題。此即是說，理對於氣之主宰能力屬「必然之妙」，而「理之直遂不直遂」則屬「能然之力」，其中還須考慮氣可能受制於自身的稟性，而無法貫徹理之命令。

　　如再以「人乘馬」為例，即馬雖願意貫徹人之命令，但牠仍可能因自身的體質、性格等狀況，而於貫徹人之命令時，突然倒斃或發狂奔走，不能確實貫徹人之命令。於此，馬並非特意干涉人之決定，但仍產生了人之決定有不能直遂之結果。由此可知：人必然主宰、命令馬往東赴西，屬「必然之妙」；而馬可能產生之「善之不直遂」，屬「能然之力」。人對於馬的必然主宰、命令，並不會因為馬之氣性而有所減損，即理之主宰性不因無「能然之力」，而減損其「必然之妙」。由此，既可說明何以性理具絕對主宰性，同時亦可說明何以天地間仍存在「不善」之狀。

　　此外，蘆沙還以「泥之濁」、「蠱之食」、「墨翟、楊朱、子莫」、「葉公之證羊」、「仲子之不食鵝」等多例，說明這些不善之結果非生於

---

[33] 奇正鎮：〈答閔克中〉，《蘆沙先生文集》，卷9，收入《韓國文集叢刊310》，頁210c-210d。

「不善之根」（甚至自始並無「不善之根」，因為天地間只存在「理」一根源），而是皆根於善根，卻於表現善理之時出現過與不及，方導致「不善」。在「葉公之證羊」[34]一例，子之告發其父攘羊一事，本是由「告發盜賊」一事著眼，由此當可言「公正之理」，但此人告發的對象卻是己父，忽略父子之間尚須顧念慈孝之情，如此，則公正之事便淪為偏頗、不善了。又如在「仲子之不食鵝」[35]之例，陳仲子不吃其兄受俸祿而得之鵝肉，此原是「清廉之理」的表現。但他在聽聞此一剛吃下之鵝肉是得於其兄，便不顧此鵝肉亦涵著母親為子烹煮的慈愛之心，馬上奔外嘔吐。如此，則原來不食其兄俸祿之食的「清廉之理」，一瞬間便流為「不顧母親愛子之心」的不善了。這些例子皆表示：檢舉其父攘羊，實際上亦建基於要矯正不義之舉的公正之理；而嘔吐母親為其烹飪的鵝肉，實際上亦根基於不吃其兄受俸祿之食的清廉之理。故「不善」並非自外而來，而是「根源於善」卻又不能恰如其分、無過無不及地表現而產生。

由上所述，簡單歸納兩點：(1)「善之不直遂」是氣稟材質問題，是氣於表現理之主宰時有過有不及者，故並不影響理對氣之絕對主宰性。這即是

---

[34] 《論語・子路》：「葉公語孔子曰：『吾黨有直躬者，其父攘羊，而子證之。』孔子曰：『吾黨之直者異於是。父為子隱，子為父隱，直在其中矣。』」見朱熹：《四書章句集註》（北京：中華書局，1984 年），頁 146。

[35] 《孟子・滕文公章句下》：匡章曰：「陳仲子，豈不誠廉士哉？居於陵，三日不食，耳無聞，目無見也。井上有李，螬食實者過半矣，匍匐往將食之，三咽，然後耳有聞，目有見。」孟子曰：「於齊國之士，吾必以仲子為巨擘焉。雖然，仲子惡能廉？充仲子之操，則蚓而後可者也。夫蚓，上食槁壤，下飲黃泉。仲子所居之室，伯夷之所築與？抑亦盜跖之所築與？所食之粟，伯夷之所樹與？抑亦盜跖之所樹與？是未可知也。」曰：「是何傷哉？彼身織屨，妻辟纑，以易之也。」曰：「仲子，齊之世家也，兄戴，蓋祿萬鍾。以兄之祿為不義之祿，而不食也；以兄之室為不義之室，而不居也；辟兄離母，處於陵。他日歸，則有饋其兄生鵝者，己頻顣曰：『惡用是鶃鶃者為哉！』他日，其母殺是鵝也，與之食；其兄自外至，曰：『是鶃鶃之肉也！』出而哇之。以母則不食，以妻則食；以兄之室則弗居，以於陵則居之；是尚為能充其類也乎？若仲子者，蚓而後充其操者也。」見朱熹：《四書章句集註》，頁 273-274。

說，氣雖可能有虛歉或激盪等過與不及之時，但其往何方向、以何種方式運行，皆不得不於理之主宰作用下進行，故雖言「善有不直遂者」，但仍絲毫不減理之絕對主宰性。故須區別「理之必然之妙」與「氣之能然之力」，「善之不直遂」應由後者而言。(2)「善之不直遂」並非另外根源於「不善之根」，實際上天地間亦無獨立於理之外的其他根源，故「不善」亦是「根於善」，只是如上所說，因氣稟自身的問題，於貫徹道理時有不能拿捏分際、出現偏頗之時，方出現不善。如兒子始於守公正之理、陳仲子始於貫徹清廉之理，但於貫徹道理時未拿捏分際，照顧父子之情或慈母之心，而出現差池，產生不善。不善之根亦為善根。

在蘆沙對「不善」之說明中，除了能見其對「理之絕對主宰性」之一貫主張之外，亦見其注意到「氣稟材質」之問題。延續此一主張，則他如何論四端七情中的「不善之情」，亦可推知。他認為，「不善之情」只能在「七情」一概念下而論，因為對比於「四端」之由中而發，由外感而發之情更容易表現過與不及。亦即，「七情」雖受性理之支配，但受氣稟材質之影響亦大，更容易因「氣能否發揮能然之力」，而產生不同之結果。他說：

> 或曰：「四端以理言，七情兼理氣言耶？」義林曰：「四端、七情皆理也，七情本非不善之謂，則何必別加一『氣』字耶？流而不善，方可謂氣？」
> 四端善一邊，故以理言；七情兼善惡，故曰兼理氣。此等理、氣字，以善、惡字看則都無事。[36]

上引前段，鄭義林之問最為重要，他作為蘆沙代表弟子之一，的確能切實掌握其師論「七情」、「氣發」及「不善之情」之間的關係，並扣問出重點：四端、七情原來便是受理主宰之「一情」，故言「七情」亦無不善。既然如

---

[36] 奇正鎮：〈答鄭季方〉，《蘆沙先生文集》，卷12，收入《韓國文集叢刊310》，頁278c。

此，何以還特以「氣發」歸屬於「七情」？這是由於要將「不善之情」歸於「七情」一處，才以「氣」歸於七情？就此，答案當是肯定的。

　　要得到「不善之情歸於七情」之論，進而言「七情兼善惡」，可分由三方面來說：(1)「七情」為受性理之主宰，同時亦感於外物。它雖與「四端」同受性理之主宰，但因不似四端直出於天命，還參有「外物之感」，故可能導致理不能直遂之情狀。(2)如前所言，理之不直遂並非由於理之主宰作用不足，而是氣稟材質之故。即理雖有「必然之妙」，然氣若未發揮「能然之力」，則理亦不能直遂。故說「理不直遂」是由於「氣發」。(3)基於前二點，則「七情」是「外物所感的氣發」，可能有「理不直遂」之結果，出現「不善之情」，其義自明。由此，說「七情兼善惡」，這是由於其以「氣發」為內容，可能出現「理直遂、理不直遂」等不同狀況，端看氣能否發揮能然之力。

　　以上為蘆沙「四端為純善，七情兼善惡」之義。退溪雖亦言「四端，皆善也。〔……〕七情，善惡未定也」，二者似有同工異曲之妙，但導致二者有此結論之因，卻截然不同。(1)在退溪，四端與七情之異必嚴分，二者是分由「理發」與「氣發」而致之情。此一說法背後，實有一更重要的意義：由「理發」而有之「四端」，才是真正實踐道德之關鍵處；而由「氣發」而來之情是自外感引發，不必然為善。二者之嚴分，方顯「理發」於道德實踐上之重要性。然而此一涵有「對舉」義之說法，卻為蘆沙所極力批評。蘆沙雖亦區分「由中而發用之理發」與「由外感引發之氣發」，然只是說明情感出現之「發生源」的不同，實際上皆屬經驗之「一情」，未如退溪有「對舉」之意。若真如退溪所言：「若（七情）實非專指氣，而兼指理，則朱子於此[37]，不應與理之發者對舉，而併疊言之矣」[38]，認為「四端與七情」及「理發與氣發」可雙雙對應、對舉，便是對理之至高無對地位之輕視。(2)

---

[37]　指「四端是理之發，七情是氣之發」之言。見黎靖德編：《朱子語類》（北京：中華書局，1986 年），頁 1297。

[38]　李滉：《退溪先生文集》，卷 16，收入《韓國文集叢刊 29》，頁 418c。

退溪之「四端與七情」是「異質」，四端發於仁義禮智之性，七情則由外物觸動形氣所發[39]；然在蘆沙，四端七情無非「氣發之一情」，是「同質」。就「理發與氣發」之關係而言，退溪既從「重理」而言「理發氣隨」，亦由「重氣」而言「氣發理乘」；但在蘆沙，只可能有「重理」的「理發氣隨」一途。(3)由上可推知，在退溪，「理發與四端」為一組概念，對舉「氣發與七情」；但在蘆沙，「理發」應為至高者，主宰氣——即主宰「四端與七情」。至於「氣發」，則專就「外感之情」一處言，可能出現能然之力不逮之時，致使理不能直遂，而有不善之情。

五、奇正鎮四端七情論之再反省

由上所述，蘆沙雖與退溪同有「四端為純善，七情兼善惡」之論，但他反對視「四端對七情」或「理發對氣發」為兩兩對偶。此對偶之舉，是高看氣，貶損理。下引一例說明，亦再為上文所說蘆沙的「四七論」簡單作結：

> 今以人騎馬之說推之。馬之曉解人意思，循軌而出者，謂之人出可也，不必以人腳行，然後謂之人出也。其或不受箝制而橫逸傍出者，謂之馬奔可也，不得以人在馬上，不謂之馬奔也。蓋既挑出四端而謂之理發，則外此七情，乃是情之奔逸者，故謂之氣發無不可。若或執據理氣發之說，疑四七之原有二本，則是豈朱子之本意哉？[40]

「人騎馬」之喻原已見於《朱子語類》[41]，朝鮮性理學者亦多有援引，以支

---

[39] 李明輝：《四端與七情：關於道德情感的比較哲學探討》，頁242。

[40] 奇正鎮：〈偶記〉，《蘆沙先生文集》，卷16，收入《韓國文集叢刊310》，頁369c。

[41] 此處原出於朱子：「太極猶人，動靜猶馬；馬所以載人，人所以乘馬。馬之一出一入，人亦與之一出一入。蓋一動一靜，而太極之妙未嘗不在焉。此所謂『所乘之機』，無極、二五所以『妙合而凝』也。」見朱熹：《朱子語類》，卷94，《朱子全

持己論。蘆沙於此一傳統，亦以「人出與馬出」喻「四端與七情」。他於此喻之詮釋，似同於退溪，然內涵實大有異。在退溪，「四端與七情」及「理發與氣發」是兩兩相應概念；然在蘆沙，對舉之說將導致「二本」之弊。天地間只應有「一理」之本，如何再有「氣發」之源？故於他之所論，皆可見他極力要避免此種大損理之根源性地位、理之絕對主宰地位之說。當然，若細究退溪之意，其「理氣互發」之說並非意指天地間有「二本」，而只是「有所重」之異。然即使如此，對舉理發與氣發，言二者「因其所從來，各指其『所主』與『所重』而言之」[42]，仍是嚴重貶損理之地位。

　　關於此喻，分析如下：

(1)　蘆沙首先指出，無論說「人出」還是「馬出」，皆是「人騎馬」，皆在「人主宰著馬之行」一狀態下所言。故當人之命令直遂於馬之行，二者義同不相斥。這就要說，無論是以「人出」比喻之「四端」，還是以「馬出」比喻之「七情」，皆是「一情」，且必然受理之主宰。

(2)　然細究之，「人出」與「馬出」雖皆指涉同一現象，所見只一「人騎馬而出」之狀，然二概念實有大差異。言「人出」，並非指人親自以腳行走，而是靠著命令馬行而至目的地，強調的是「命令的直遂」；而言「馬出」，則是直指馬移動四肢，貫徹人之命令，著重於可能導致理不能直遂之「四肢」。此是說，「四端」與「七情」雖是「一情」，皆聽命於理，但言「四端」時，強調的是理之命令直遂於情，是由中而發之情，未受外物所擾；而言「七情」，雖亦是理命令下之情，然此情是外感而有，故有直遂理之命令之時，亦有不遂之時。二者雖為「一情」，然言說分際有不同，須加以區別。

(3)　他特別說明「不善之情」何以就「七情」而論。於人乘馬之例中，馬雖

書》第 17 冊（上海：上海古籍出版社，合肥：安徽教育出版社，2002 年），頁 3128-3129。朱子此喻原是要表示理氣相須，而在朝鮮儒學中，卻轉而延伸出四端七情、人心道心等問題。

[42]　李滉：《退溪先生文集》，卷 16，收入《韓國文集叢刊 29》，頁 408b-408d。

聽命於人，但隨時可能因自身體質、性格等，致使其有不能落實命令之時。其或可能於行走途中倒斃、又或可能發狂奔走，雖皆非特意干涉人之命令，但仍產生了人之決定有不能直遂之結果。雖如此，人之命令仍未有絲毫削弱。此即喻氣雖受性理之主宰，仍可能因自身氣稟材質之故，導致貫徹理之命令時，出現偏頗。此一情況之奔逸，當由「氣發」而言，亦即是「七情」。

言至此，「四端為純善，七情兼善惡」，義已明朗。至於「理發與氣發」一組概念，則應另看。

(4) 「人出與馬出」可喻「四端與七情」，但不能是「理發與氣發」，後者之上下、主宰關係並不見於前者。因此，不可將「四端與理發」視為一組，對舉「七情與氣發」。

(5) 總而言之，無論是人出還是馬出，皆見「命令」顯於其中。四端與七情亦是如此，於情之各處表現，無不見其中「不得不」之意，正在此「不得不」之處，見「理之主宰」即在此，亦即「理發」。至於「氣發」，則不過是在理主宰之下的奔逸之情。

在蘆沙關於「四端與七情」與「理發與氣發」之論述中，無不貫穿著其「理之主宰力量」的強烈主張，故他雖與退溪有「四端為純善，七情兼善惡」之類似主張（退溪言「七情，善惡未定」），但卻堅決反對退溪「對舉」之說，更批評他由「重於理或重於氣」來區別四七，認為這無疑是在損害性理之絕對主宰性，亦貶損性理至高無對之地位。

討論至此，大有問題處應在於「不善之情」。正如韓國學者李相益所言：

> 奇正鎮言善惡皆在天理主宰著，而告誡惡的過失要回到氣而言，認為這對氣而言亦非委屈。〔……〕若氣接受理之命令而運行，其結果是善功歸於理的維持，惡則怪罪於氣的接受，這實不能說不是很不公平的對待。氣一點都不委屈？〔……〕上說善是天理之「本然」，惡是

天理之「不得不然而然」。[43]〔……〕在奇正鎮的語法中，「不得不然」即「必然」，與「所以然」同內容。惡以天理之不得不然及必然而言，這難道不是從存有論上正當化惡嗎？[44]

在李相益看來，蘆沙對惡的說明並不合理，不僅是由於對待「理」與「氣」時有失公允，更是由於此說將從「存有論」上肯定惡之必然性。李相益對朝鮮儒學的理解一貫，他於退、栗二說之間，更認同栗谷之說。但其對蘆沙之批評，亦非無理。蘆沙於說明「惡」之問題上，確有不盡之處。我於〈韓儒奇蘆沙對「惡」之說明〉一文，有詳細討論。另一位韓國學者崔英辰，亦對蘆沙論「惡」之問題有所討論：

> 「四端善一邊，故曰以理言；七情兼善惡，故兼理氣。」「氣之順理而發者，氣發即理發也。」如果以上述兩條為依據，七情之善「循理而發」，即為四端，則七情之惡只能是「逆理而發」。這與蘆沙將理作為氣的全部根據的性理學根本前提是相違背的。這是蘆沙性理學的

---

[43] 「善惡雖不同，豈有無所以然而然者耶？此之謂善惡皆天理，惡亦不可不謂之性。雖然就其中深探而究言之，則善者其本然也，<u>惡者，其不得不然而然者也</u>。合而言之，則兩簡然孰非天理；而分言之，則本然者在善，不在惡也。聖人財成輔相，遏惡揚善，亦曰<u>『主其本然者』</u>，而絀其不得不然而然者而已。<u>惡之歸咎於氣，非不知惡亦自天理來</u>。而其語意如曰『非其本然』，非欲以流放竄殛之典加於氣，造化本自如是，何呼冤之有？〔……〕水之過觴在山，亦非理外之事，則氣之聽命於理，信矣。而謂是本然則不可，故氣執其咎。」奇正鎮：〈答景道〉，《蘆沙集》，卷 4，收入《韓國歷代文集叢書 287》（坡州：景仁出版社，1999 年），頁 193。由《韓國文集叢刊》所收錄的《蘆沙先生文集》，缺「惡者，<u>其不得不然而然者也</u>。〔……〕而絀其不得不然而然者而已」，故以《韓國歷代文集叢書》收錄之版本為主。見奇正鎮：〈答景道〉，《蘆沙先生文集》，卷 16，收入《韓國文集叢刊 310》，頁 355d。

[44] 李相益：〈奇正鎮 性理學의 재검토〉，《哲學》52 輯（首爾：韓國哲學會，1997 年），頁 29-30。

侷限性所在，這或許來源於朱子學自身的理論侷限也未可知。[45]

此段是崔英辰認為何以自「七情」釋「惡」會有問題。於此之前，他尚有一段疏通蘆沙「四七非兩情，理氣無互發」與「蓋既挑出四端，而謂之理發，則外此七情，乃是情之奔逸者，故謂之氣發無不可」二看似矛盾之語：

> 蘆沙的性理學與朱子學體系有某些相悖的論述──旨在消解自身的普遍性與特殊性、人性與物性的同異、「互發說」與「一途說」等相悖的關係。以這種邏輯方法為基礎，我們可以解讀蘆沙四七論中相互矛盾的命題──「四七非兩情，理氣無互發」，「蓋既挑出四端，而謂之理發，則外此七情，乃是情之奔逸者，故謂之氣發無不可」。

在他看來，前句分明說(1)四端與七情不能視為「二情」，(2)理發與氣發不能是「互發」；但後句卻又順退溪脈絡，(1)分四端與七情，四端為「挑出者」，七情為「奔逸者」，且(2)四端與七情分屬「理發」與「氣發」，這分明是說「理氣互發」。如此豈非矛盾？對此，他分析道：

> 「理氣互發」是指在現象界上的作用只是氣發而已，理則是氣發的根據與控制。「四端理發，七情氣發」的「理發」是氣遵循理而發。正如馬隨坐騎者的意思行進，人的意志通過馬來表現一樣，理的「絕對善性」得到如實表現，從內容上看可以說是「理發」。對〈偶記〉所論，若如此解讀，即可消解「理發」中既否定又肯定的矛盾問題。這是因為所謂矛盾是指從同一觀點對同一對象同時予以肯定與否定，而

---

45 〔韓〕崔英辰：〈蘆沙奇正鎮的四端七情論之考察〉，收入民族與思想研究彙編，姜日天等譯，林月惠、李明輝中文編校：《四端七情論》（臺北：中央研究院中國文哲研究所，2019 年），頁 420-421。原韓文書由書光社（1992 年）發行。

以上陳述的觀點與此不同。[46]

(1)自「理氣互發」，即「四端理發，七情氣發」（後者）說，「氣發」自是由現象界而言之作用，但由於氣是「理流行之手腳」，故氣之表現又可視為理的自我表現[47]，由此亦可言「理發」。由此，理與氣既可言「無互發」，亦可言「互發」，前者是就「根據者與活動者」關係言，故不能說互發；後者是就發用時是「純善或兼善惡」而言，故說互發。(2)再續言，因「理發」是就「氣之根據」之角度說，由此一角度言情，自然是「絕對的善情」，故為「四端」；而「氣發」則是自「現象界作用」而言，可能出現受現象、經驗之影響，導致理之主宰不能逐之情，故為「七情」。由此，四端與七情既可言「非兩情」，又可言「兩情」。就「非兩情」說，四端與七情皆是有理為根據下之「情」；而就「兩情」說，則是說一為「受理絕對主宰的絕對善情」，一為「受現象界作用影響，可能出現有善有惡之情」。簡言之，看似矛盾之說，實際上只是言說分際不同而已，言「非兩情、無互發」，固是在「一為根據者，一為活動者」脈絡下說；言「兩情、互發」，則是就「一為純善無惡，一為兼善惡」而說。

其實，不必像崔英辰如此分層，原本就能解通蘆沙。蘆沙自始根本反對「理氣互發」，他雖言「理發」，亦言「氣發」，然亦明白表示「『互』字不好」。蘆沙說「理發」、「氣發」、「四端」與「七情」四者各有分際，既保留四者自朝鮮初期以來之討論，又反對兩兩「對舉」、「互發」之說。因此，前句「四七非兩情，理氣無互發」，不過為其一貫的反對「互發說」之立場；而後者「蓋既挑出四端，而謂之理發，則外此七情，乃是情之奔逸者，故謂之氣發無不可」，則是其各各分別言說四者之內容。說明內容，並不表示即要承認對舉之說。二說並無矛盾，毋需分層疏解。

---

[46] 〔韓〕崔英辰：〈蘆沙奇正鎮的四端七情論之考察〉，收入民族與思想研究彙編，姜日天等譯，林月惠、李明輝中文編校：《四端七情論》，頁 420。

[47] 〔韓〕崔英辰：〈蘆沙奇正鎮的四端七情論之考察〉，收入民族與思想研究彙編，姜日天等譯，林月惠、李明輝中文編校：《四端七情論》，頁 419。

　　而在此說之後，崔英辰又進一步言：

　　　然而，在蘆沙的四七論裡，仍然留下難以解釋的問題，亦即他對七情
　　　的論述：「七情，乃是情之奔逸者，故謂之氣發無不可」。[48]

　　在他看來，根據「四端善一邊，故曰以理言；七情兼善惡，故兼理氣」與
「氣之順理而發者，氣發即理發也」二句，是與「以理為一切之根據、萬物
之絕對主宰者」之理論體系衝突的。依他看，「順理而發用之氣」，亦可說
是「理發」，「四端」自是由此處說；而相對地，有「順理發用之氣」，就
有「逆理發用之氣」，此自是「惡」處，當歸於「七情」。對崔英辰來說，
蘆沙分明「將理作為氣的全部根據」，何以又說有「逆理之氣」？如理是一
切之根據、能主宰命令一切，何以還能有「逆理而發之氣」？討論至此，他
只說：「這是蘆沙性理學的侷限性所在，這或許來源於朱子學自身的理論侷
限也未可知」，認為是蘆沙留下之難題。

　　蘆沙論「惡」之處，固然有待商榷，然其問題應不在崔英辰所言之處。
按蘆沙之語，不善為「理之不直遂」，所謂「理之不直遂」，應包含二義：
(1)理具直接主宰義，(2)氣不具決定自己活動之能力。然後方說其義為：理
雖直接主宰氣，但氣仍可能受限於自身的材質，而導致理之主宰不能直遂。
依此，既然氣無決定自己活動之能力，一切不過受制於理之主宰，為「理流
行之手腳」，則它根本無「循理不循理」的問題，更無可能有「逆理」之
時。崔氏此些表示，皆不諦於蘆沙強烈主張理之主宰力量、氣無可與之匹敵
等義。如以人乘馬為例，崔英辰之說，便似馬具「遵循命令、不遵循命令」
之能力，甚至有「主動違反命令」之能力；然若究蘆沙之意，馬不能貫徹人
之命令，非「遵循不遵循」之問題，更不可能有「主動逆反命令」之時，只
不過受制於自身的材質，或可能體力不支、或可能性格問題等不可控的因

---

[48] 〔韓〕崔英辰：〈蘆沙奇正鎮的四端七情論之考察〉，收入民族與思想研究彙編，姜
日天等譯，林月惠、李明輝中文編校：《四端七情論》，頁420。

素，亦即其所強調，為「能然之力」的問題。「能然之力」不能發揮，並不妨礙「必然之妙」貫徹。崔英辰因為在氣之「能然之力」一處理解有偏失，才有「理為一切主宰、根據 vs. 氣之逆理而發」衝突之問。

　　言至此，則蘆沙於「理具如此強烈主宰力，何以又有不善？」一處，未充分解決之問題為何？應是「自由」之問題[49]。蘆沙對理發義之著力，幾乎要觸及「人可自我決定、自作主宰」義，只要再進一步，即可至「自我立法而自我實現」之境。[50]然其始終為朱子學，「理」並不能由「自我立法」開始，「道德之理」與「人之決意」必分為二。原來理氣二分，也是傳統朱子學的架構，人透過一步步格物致知，終能實現道德之理；但蘆沙又極力要強調理具主宰妙用義，故即成此情狀：天地間有一強制、命令我們的道德之理，且不由自我立法而有。若此說成立，就表示了人於此間是無自由意志及自由決意的[51]，如此，人之「可歸咎性」亦難言。簡化問題，即：(1)道德之

---

[49] 楊祖漢亦有言：「蘆沙於此肯定聖人有『主於必然，以致其能然』之功，此正是人道所以能繼天立極，參贊化育處，但如此的肯定人事之力，則必須論及人有其『自由』，若肯定人之自由，對於理主氣之義，又須作更深微的討論，此則蘆沙未能涉及。」他認為，蘆沙肯定人具能主動成就天道人極，但卻未論及「人之自由」，而使得理論不完備。但值得再進一步問的是：若「自由」之說於蘆沙理論中成立，則又要如何與「理對於氣具有絕對主宰」義相容？這似是蘆沙理論之侷限。參閱楊祖漢：〈韓儒奇蘆沙對朱子學的理解〉，頁 305。

[50] 此似退溪。李明輝即對退溪有過類似的評價：「退溪承認理有活動性，又視四端與七情為異質、異層，他其實已逸出了朱子性理學的基本間架，而回歸孟子的原初思想，且因而暗合於陽明的思路。然而他卻反對陽明的『心即理』說與『知行合一』說，可見他對陽明思想隔閡之深！」蘆沙同於退溪，對「理之活動性」不疑，甚至更有過之；但正如上文所說，他並未如退溪一般，視「四端與七情」為「異質異層」，故仍有別於退溪。藉此研究成果，當可再另文比較蘆沙與退溪之「四七論」，並進一步論其與陽明思想之關係，這當有助於重新定位蘆沙理論，亦可再見「四七論」於朝鮮後期理論發展的型態。見李明輝：《四端與七情：關於道德情感的比較哲學探討》，頁349-350。

[51] 康德對「意志」的區分有兩種：一為「有自由選擇作用的意志」，牟宗三翻為「自由決意」，德文為 Willkür，英譯為 Volition，這指的是「意志之受感性影響的現實作用」。另一種則指的是「純粹的意志、自由的意志、善的意志」等，德文為 Wille，

理如此強烈主導，人何以故仍為不善？(2)倘若天地間一切皆歸理負責，則人之不善如何被咎責？(3)又，人於此中「容易受氣質影響，卻又願意擺脫欲望誘惑，以道德之理為尊」之「道德性、尊貴性」，該如何說？我於〈韓儒奇蘆沙對「惡」之說明〉一文，由康德《單在理性限度內之宗教》書中論人具「動物性才能」、「人情性才能」及「人格性才能」，討論蘆沙「善之不直遂」之論。於此文，我認為蘆沙由「氣稟材質」解釋「不善」，只能說明前二者，但不能於「人格性才能」有充分說明，即對「人具遵從道德法則之自由」之問題不能完整解釋。進一步的討論詳見此文。

六、結論

蘆沙力主理具絕對主宰地位，貫徹其四端七情論。要點總結如下：

1.反對「理發與氣發」及「四端與七情」等概念兩兩對舉。(1)「理發」是「理之妙運」，指的是理以主宰的方式妙運著。正因這一妙運，可見天地間一切是以「有秩序、有條理」的方式進行。故理作為萬物之根據者、其尊貴地位豈是「氣發」可相對偶？又對他而言，「四端」亦是「氣發」，如何可將「四端之氣」視為「理發」？(2)至於「四端與七情」，亦不過是引發情感的兩種不同方式而已，一發生源為天命之性，為純善；另一是感物而有，兼有善惡。雖二概念須區別，但並不表示有不同的二情，天地間只有「一情」，即「受理支配之情」。簡言之，「理發」、「氣發」、「四端」

英譯為 Freedom，指的是人有絕對自發性，能自我立法的「自由意志」。而二者的關係，牟宗三云：「作為一般設準的那『自由』由意志之自律入，單明意志之立法性，即絕對自發性，而此處所謂『自由決意』之自由則只表示人的行為或格言之採用之或好或壞皆由自決，故人須對之負責。你可說此自由決意之自由即是那作為一般設準的自由之現實的投映——投映於意志之現實的作用而成為或好或壞的自決。好的自決固是自己負責，壞的自決亦是自己負責」。關於此一部分，可見牟宗三譯康德〈單在理性範圍內之宗教〉首部之案語處。牟宗三：〈第一章附錄：康德：論惡原則與同善原則之皆內處或論人性中之根惡（基本惡）〉《圓善論》（臺北：臺灣學生書局，1985年），頁 66-67。

與「七情」等詞語並不視為兩兩相對，而當以「理發」為首，統其餘三者。

2.「不善」是「理之不直遂」者。在蘆沙，性理是天地一切之根源，即使「不善」，亦根源於理，故「不善」不與「善」相對，而是結果與根源的關係。「不善」是由於「理之不直遂」，此是說：天地間一切事物之運作，雖終須籠罩於理之主宰之下，然卻仍可能受制於自身的材稟，導致理之主宰命令無法直遂而下。這一受制於自身材稟之說，僅具消極意涵。氣終究不具直接影響性理主宰之能力，只能被動地接受主宰命令，被動地受到自身材稟之限制而無法貫徹命令。相對於退溪或栗谷之視氣具影響力、能遮蔽理之彰顯等語，蘆沙之說確更貶低氣之地位，更顯理之絕對性。由此可說，「理之直遂與不直遂」決於「能然之力」，歸於「氣發」，亦屬「七情」。

3.由上所述，可總結四者之關係：「理發統四七，四端為純善，七情是氣發，兼善惡」。

蘆沙理論之特色在於「理之主宰、妙運」處，此不待言。固然其對理之「主宰、妙運」，即「理發」之解釋是否合於退溪原來的「理發」之說，還是推進退溪之說，當可再論，然此特點確能彰顯二義：(1)藉以反省朱子論「理」之義。朱子言理是「無情意、無計度、無造作」，如何符合此規定，又顯其「主宰命令」義，蘆沙詮釋確有其獨到之說。(2)顯發朱子「重理」精神。原來朱子重理，眾所週知，然而似蘆沙如此貶氣尊理，嚴加防範任何可能侵犯理之絕對地位、強調理能直接主宰命令的說法，則應非其他朱子學者所及。若由此再進一步對比其他朱子學者，或甚至當代學者之詮釋，應有助於再重新反省朱子學之內涵。

儒學的現代詮釋與反思

利瑪竇對「性善」與「仁」之詮釋*

林月惠**

摘　要

　　利瑪竇《天主實義》作為學術傳教的代表作，以「容古儒、斥新儒」展開論述，呈現出儒家與天主教的思想交鋒。他的「性善」論證，帶來亞氏範疇論的邏輯思維、實體學的存在層級，以及靈魂論與德行論的倫理思維，有助於亞里斯多德與儒家思想的對話。但利瑪竇「以愛釋仁」的論述，卻使天主教之「愛」全然取代儒家之「仁」，儒家思想的主體性隨之隱沒。唯有意識到彼此互為「他者」的豐富性與必要性，才能開啓真正的儒耶對話。

一、前言

　　眾所周知，從宋明理學至當代新儒學，多認為孟子「性善」論是中國哲學的主流思想[1]，而「仁」是儒學的核心理念，對中國文化具有定向作用。

---

*　本文為國科會補助之專題研究計畫「晚明與朝鮮後期中韓儒者的儒耶對話——以『儒家一神論』」為中心」（MOST 111-2410-H-001-058-MY3）的部分研究成果。論文撰寫與修改過程中，承蒙李明輝教授解惑並惠賜修改意見，衷心感謝，謹以此文敬賀李明輝教授七十榮退。

**　中央研究院中國文哲研究所研究員

[1]　孟子雖然提出性善論，但在唐代以前，性善論並非主流思想，直至宋明理學復興先秦儒學，性善論才成為中國哲學人性論的主流思想。

晚明利瑪竇（Matteo Ricci, 1552-1610）來華，開啟中西文化交流的契機，其
《天主實義》作為學術傳教的代表作，呈現儒家與天主教的思想交鋒。由於
利瑪竇以「補儒易佛」[2]為傳教策略，又以「容古儒、斥新儒」[3]展開論述，
故《天主實義》批判宋明理學而強調先秦儒學，對於孔、孟之「性善」與
「仁」，利瑪竇皆正面肯定並進行另類的詮釋。他雖贊同儒學「性善」（人
性本善）之說，但其詮釋的理論框架與論證，卻來自亞里斯多德（Aristotle,
384-332 BCE）與多瑪斯‧阿奎那（Thomas Aquinas, 1225-1274）為主的士林
哲學（scholasticism）。又他所詮釋的「仁」，一是靈魂之意志作用的後天
德行，一是以「愛天主、愛人如己」為「仁」的意涵，試圖以天主教之
「愛」融合儒家之「仁」。本文以《天主實義》為主，探究利瑪竇詮釋「性
善」與「仁」的理據與思維框架[4]，並從儒家的觀點，進行反思。

二、利瑪竇對「性善」的詮釋

根據梅謙立（Thierry Meynard）的研究，《天主實義》（1603 年出版）
作為利瑪竇最具有影響力的著作，其內容「抄襲」了羅明堅（Michele
Ruggieri, 1543-1607）的《天主實錄》，且與范禮安（Alessandro Valignano,

2　利瑪竇曾指出，保祿博士（徐光啟）提出「驅佛補儒」（Ciue Fo Pu Giu）四個字概括
　　對儒家士大夫的傳教策略，意即「破除偶像並完善了士大夫的律法」。參利瑪竇撰，
　　何高濟、王尊仲、李申譯，何兆武校：《利瑪竇中國札記》（北京：中華書局，1983
　　年），頁 485-486。又徐光啟於《泰西水法‧序》云：「泰西諸君子，〔……〕其實
　　心、實行、實學，誠信于士大夫也；其談道也，以踐形盡性，欽若上帝為宗。
　　〔……〕余嘗謂其教必可以補儒易佛，而其緒餘，更有一種格物窮理之學。」收入
　　《徐光啟全集》（上海：上海古籍出版社，2010 年），頁 290。
3　參張曉林：《《天主實義》與中國學統──文化互動與詮釋》（上海：學林出版社，
　　2005 年），第 5-6 章。古儒是指先秦儒學，新儒則指宋明理學（宋明新儒學）。
4　此一主題涉及利瑪竇對於儒家人性論與道德的理解，先行研究者如謝和耐（Jacques
　　Gerent）、孫尚揚、張曉林、劉耘華等多有論及，筆者受益甚多，但仍認為在義理的
　　分析上可再推進，尤其是利瑪竇詮釋儒家的理據與思維框架。

1539-1606）的《日本要理本》（1586 年出版）有很多相似之處[5]。不過，《天主實義》第七篇〈論人性本善，而述天主門士正學〉卻是利瑪竇於 1599 年在南京受官員李汝禎（李本固）之邀，而與三淮和尚（雪浪洪恩，1545-1608）辯論後所另行撰寫的著作[6]。在這個意義下，《天主實義》第七篇可說是利瑪竇的「創作」。值得注意的是，在此篇「中士」與「西士」的十八個問答中，只在篇末第十三至第十八個問答[7]涉及對三教合一的批判。而有關人性論及其功夫的討論，主要針對儒家而言，共有十三個問答[8]，利瑪竇直接訴諸邏輯與理性的論證，在儒家性善論的觀點外，提出天主教觀點下的「人性本善」之說與對「仁」的詮釋，藉此也證明天主教的觀點如同儒家一樣，是「正學」（正統）而非「異學」（異端）。我們可以想像，當年利瑪竇參加辯論時，文人儒生所舉的人性論問題，可能是直承《孟子》（告

5　參梅謙立：〈《天主實義》的文獻來源、成書過程、內容分析及其影響〉，收入利瑪竇著，梅謙立注，譚杰校勘：《天主實義今注》（北京：商務印書館，2014 年），頁 24。

6　利瑪竇晚年（1608 年）所撰寫的《耶穌會與天主教進入中國史》，對此次辯論有約略的記載。簡言之，三淮和尚、利瑪竇、瞿太素都受邀至李汝禎府上，當時約有三十位客人。先是三淮和尚就宗教問題與利瑪竇進行討論，雙方對天主教的造物主（天主）與佛教的萬法唯心展開第一輪辯論，各有論據，針鋒相對，氣氛緊張。宴席開始後，文人儒生於席間開始談論人性論問題，亦即，人的本性是善或惡？善從何而生？惡從何而來？三淮和尚引用大量佛教經典得出的結論是：「天地之主既不善，也不惡，他想以此證實，一件善的事物也可能會變成惡的。」利瑪竇則主張排除以雙方經典為根據，直接訴諸理性的論證。當然，在利瑪竇的敘述中，其論點未能使三淮和尚屈服，卻使其他在座者感到滿意。利瑪竇用漢語寫了一篇論文，收入《天主實義》中。參利瑪竇著，文錚譯，梅歐金校：《耶穌會與天主教進入中國史》（北京：商務印書館，2014 年），頁 254-259。對於利瑪竇與三淮和尚的辯論，耿寧有詳細的哲學分析，詳見耿寧著，張慶熊譯：〈利瑪竇與佛教的關係〉，收入倪梁康等譯：《心的現象——耿寧心性現象學研究文集》（北京：商務印書館，2012 年），頁 72-125。

7　《天主實義今注》：第七篇第 488-520 條，頁 199-205。

8　《天主實義今注》：第七篇第 421-487 條，頁 181-198。

子上六）公都子提問的「晚明版」：性無善無不善、有性善、有性不善[9]，但利瑪竇卻提出不同於孟子的論證與闡釋，對儒學的性善論提供另類的思考向度，值得關注。

（一）人性的定義

在《天主實義》第七篇開宗明義就藉由代表晚明儒者的「中士」之提問，來展開人性論的論述。中十提問：「夫吾儒之學，以率性為修道，設使性善，則率之無錯；若或非盡善，性固不足恃也，奈何？」[10]這樣的提問，顯示中國人性論的兩大觀點，一為《孟子》即心言性、《中庸》「天命之謂性」而來的性善觀點，一為「生之謂性」為主所包含的性無善無不善、性可善可惡、性惡（性不善）等觀點。雖然這兩大觀點，在宋明理學的「天命之性」（義理之性）與「氣質之性」的區分中，已有深入的分析。但對利瑪竇卻簡化此人性論問題，認為儒家之所以有人性論的爭議，在於只知其然，不知所以然[11]，缺乏邏輯推理的思考。因此，他並未訴諸儒家經典，而直接以亞里斯多德與阿奎那使用的哲學範疇與推理，論證「人性本善」。

異於以往儒家對於人性論的論述，利瑪竇從「定義」（definition）切入：

---

[9]　耿寧認為此次的人性論辯論是圍繞在從王陽明「四句教」以降的「四有」／「四無」，直至許孚遠與周海門的「九諦九解」辯論，乃至顧憲成「至善」與管志道「無善無惡」的辯論。參氏著：〈利瑪竇與佛教的關係〉，收入《心的現象──耿寧心性現象學研究文集》，頁 95。孫尚揚亦持相同見解，參氏著：《明末天主教與儒學的交流和衝突》（臺北市：文津出版社，1992 年），頁 80-81。此說或可備一說。謝和耐則指出無法確切地知道利瑪竇參加這次有關人性論討論的內容，也許是重複孟子的觀點，也許涉及宋明理學的義理之性與氣質之性的討論。見謝和耐著，耿昇譯：《中國與基督教──中西文化的首次撞擊》（北京：商務印書館，2013 年），頁 189。然筆者細讀《天主實義》第七篇的人性論討論，實在看不出與晚明「無善無惡」相關的內容。

[10]　《天主實義今注》：第七篇第 421 條（以 7-421 標示，下同），頁 181。

[11]　《天主實義今注》：「西士曰：吾觀儒書，嘗論性情，而未見定論之訣，故一門之中恒出異說。知事而不知己本，知之亦非知也。」（7-422），頁 181。

> 欲知人性其本善耶？先論何謂性？何謂善惡？夫性也者非他，乃各物
> 類之本體耳。曰各物類也，則同類同性，異類異性。曰本也，則凡在
> 別類理中，即非茲類本性。曰體也，則凡不在其物之體界內，亦非性
> 也。但物有自立者，而性亦為自立；有依賴者，而性兼為依賴。[12]

在利瑪竇看來，若要探究人性是否本善，則必須先定義「何謂性？」、「何謂善惡？」。利瑪竇對「性」所下的定義是：「各物類之本體」。在此，利瑪竇所言之「物類」[13]與「本體」[14]，與中國哲學的用法絕不相侔。作為存有者（beings）的萬物（things），是以「類」（category）來區分，故云「物類」（category of things）。論及各種物類，則同類必同性，異類必異性，這是從「範疇」來理解「萬物」，及其差異。進而言之，各種物類之所以不同，乃因其「本體」（fundamental essence）不同所致，此「本體」即是各物類的「性」（本性）。在此，利瑪竇將「本」、「體」分開界定。所謂「本」是指凡在別類原理之內的，就不是這類的本性，此即「同類同性」之意。所謂「體」是指凡不在此物本身之範圍內的，也不是此物之本性，此即「異類異性」之意。要言之，利瑪竇所謂「性」是物之所以為物的「本質」（essence）。據此，各物類之「本體」即是各物類之「本性」，各物類也根據「性」（本質）之不同，有了根本的區分。再者，將「物」分為「自立體」（實體，substance）與「依賴體」（附質，accident），並與「性」一起思考，則作為自立體之物，其「性」亦為自立體。如「人」為自立體，則人之為人之「性」（人性）亦為自立體。如「白」為依賴體，則白之為白之「性」（白性）亦為依賴體。這樣的思路，顯然是根據亞氏的範疇

---

[12] 《天主實義今注》：7-423，頁 181。

[13] 利瑪竇所謂「物類」，見諸他所舉之「物宗類圖」（即波菲力〔Porphyrius〕之樹），《天主實義今注》：4-195、4-199，頁 126、127。

[14] 《天主實義》中言及「本體」，有五條（82、247、268、423、448）六次，或就物之自身（itself），或就物之為實體（自立體）言，並無宋明理學具有形上、超越的「本體」（reality）之意。

論（theory of categories）與實體學（ousiology）的思考[15]。

實則，上述有關「性」的定義，也見於阿奎那的《神學大全》：

> 就如哲學家〔亞里斯多德〕在《物理學》第二卷第一章所說的：「性
> 是（一物之）活動根源，其在該物內，是本然地（per se），而不是
> 偶然地（secundum accidens）。」這種根源或是形式（forma），或
> 者是質料（materia）。所以，有時稱「性」為形式，有時稱「性」為
> 質料。又因為本性或自然生殖在所生者內的結果是其「物種或別類
> （species）的本質（essentia）」，也就是「其定義（definitio）所指
> 明者」；所以，物種或別類的本質也稱為「性」。波其武就是按照此
> 一方式在《論二天性》第一章中，替「性」下定義：「性是形成每種
> 東西的物種差別或種差（differentia specifica）」，種差即是圓滿完成
> 物種之界定或定義者。我們現在即是如此討論「性」，以性指物之本
> 質，或者一物之「是什麼」，或者物種或別類之物性（quidditas）。[16]

阿奎那從「性」（natura）這個名詞來自「生」（nasci）這個動詞（生之謂
性），由此引伸「性」指生物生殖的原理或根源（principium）[17]。阿奎那
並以亞里斯多德與波其武（Boethius, 480-524）之說，指出「性」是從「種
差」來定義而指出某物之所「是」的「本質」。顯然地，利瑪竇對於「性」
之定義，乃上承亞氏與阿奎那的邏輯思維，不是名目定義（nominal
definition），而是實質定義（real definition）。要言之，「性」即是諸物種
（物類）之「本質」。

---

[15] 亞里斯多德將物分為實體與附質，並提出十個範疇。不過，亞氏的範疇不只代表語言
述謂的主要形式，也反映存有的多種型態和基本結構。參劉創馥：〈亞里斯多德範疇
論〉，《臺大文史哲學報》，第 27 期（2010 年 5 月），頁 67-93。

[16] 多瑪斯‧阿奎那著，周克勤等譯：《神學大全》（臺南市：碧岳學社，2008 年），
第三集第二題第一節（第十三冊，頁 23）。

[17] 同前註。

　　在定義「性」作為物之為物的本質後，接著要探問的是「何謂人性」？利瑪竇隨即就人與其他存有者的根本差異來展開論述：

> 西儒說人，云是乃生、覺者，能推論理也。曰生，以別于金石；曰覺，以異于草木；曰能推論理，以殊乎鳥獸；曰推論，不直曰明達，又以分之乎鬼神。鬼神者，徹盡物理，如照如視，不待推論；人也者，以其前推明其後，以其顯驗其隱，以其既曉及其所未曉也，故曰能推論理者。立人於本類，而別其體於他物，乃所謂人性也。[18]

利瑪竇認為人與草木、鳥獸之不同，不僅是外貌與種類之差異，而是「魂」之不同[19]。唯獨人有「能推論理」的「靈魂」，此乃人之異於草木、鳥獸之處[20]，因草木、鳥獸「不能推理」。同樣地，人與鬼神之不同，也不在於有形與無形的不同，而在於鬼神「不待推理」。亦即，人性是由人與禽獸（或其他存有者）之「種差」來定義的。故所謂「人性」，乃是就人作為「立於本類」的「人類」，而與其他物類有別的「本質」。在利瑪竇看來，此「能推論理」意謂人的理性靈魂，具有理智（intellect）能力，他特別自鑄「靈才」一詞指稱之[21]。此在這個意義下，人之「性」同於人之「魂」（靈魂），「人性」意謂人類獨有的「能推論理」之「靈魂」。人（人類）作為自立體，人之「性」所指的理性「靈魂」亦是自立體。所不同的是，人是完全的自立體，人的靈魂（人性）雖是自立體，卻必與身體相結合，故是不完

18　《天主實義今注》：7-425，頁182。

19　利瑪竇提示：「鳥獸之貌既異乎人，則類、性、魂豈不皆異？」（《天主實義今注》：5-272，頁148）又說：「凡物非徒以貌像定本性，乃惟以魂定之。始有本魂，然後為本性；有此本性，然後定於此類；既定此類，然後生此貌。故性異同，由魂異同焉；類異同，由性異同焉；貌異同，由類異同焉。」（《天主實義今注》：5-271，頁148）

20　利瑪竇認為「人禽之別」在於人有理性靈魂。

21　利瑪竇使用「靈才」時，有時指是人之靈魂，有時指靈魂的理智能力──司明悟（intellect）。

全的自立體。

　　值得注意的是，利瑪竇為「性」、「人性」（人之性）下實質定義後，轉而批評宋明理學的人性論：

> 仁義禮智，在推理之後也。理也，乃依賴之品，不得為人性也。古有岐人性之善否，誰有疑理為有弗善者乎？孟子曰：「人性與牛犬性不同。」解者曰：「人得性之正，禽獸得性之偏也。」理則無二無偏，是古之賢者，固不同性於理矣。[22]

針對宋明理學以「仁義禮智」四德為人先天（a priori）本有的性理，利瑪竇提出反駁。他認為「仁義禮智」是藉由人的靈魂推理之後於經驗世界所習得的後天（a posteriori）德行，「仁義禮智」作為「德行」（virtues）[23]，其本身不是「人性」（human nature）。利瑪竇認為，宋明理學以「仁義禮智」為人性，是範疇的誤置，無法區分「自立體」與「依賴體」。他根據亞氏的實體學思維，認為「自立體」是不依賴他物而能自立之物，如天地、鬼神、人、動植物等；「依賴體」是指必須依賴他物才能存在，如五常、五色等[24]。據此，「理」屬於依賴體。按照前述「物有自立者，而性亦為自立」推

---

[22] 《天主實義今注》：7-425，頁 182。

[23] 因利瑪竇所言「德善」之「德」本於亞里斯多德的 'virtue'（arête），有德性、德行、美德等不同中譯。參陳繼紅：〈從詞源正義看儒家倫理形態論爭——以德性、美德、德行三個概念為核心〉，《南京大學學報》（哲學‧人文科學‧社會科學），2017 年第 3 期，頁 147-156。李明輝此主張採用「德行」來表述亞氏的德行論，或根據亞氏而來的「德行倫理學」（virtue ethics）。亦參李明輝〈康德的「德行」概念〉（未刊稿）。本文行文或引用中譯本時，一律使用「德行」翻譯 virtue，不另註明。

[24] 利瑪竇對於自立體與依賴體有詳盡的說明：「夫物之宗品有二：有自立者，有依賴者。物之不恃別體以為物，而自能成立，如天地、鬼神、人、鳥獸、草木、金石、四行等是也，斯屬自立之品；物之不能立，而託他體以為其物，如五常、五色、五音、五味、七情等是也，斯屬依賴之品者。且以白馬觀之：曰白，曰馬，馬乃自立者，白乃依賴者。雖無其白，猶有其馬；如無其馬，必無其白，故以為依賴也。比斯

之，「人」（人類）作為「自立體」，人之「性」應為「自立體」，故不能以「理」為人性。再者，古人可能懷疑人性是否為善？但不會質疑理有不善。且他運用古儒孟子與新儒宋明理學對於人性的詮釋衝突，來反對「性即理」。在利瑪竇看來，孟子宣稱「人性與牛犬性不同」，故應就人與禽獸之差異來討論人性。但宋明理學將孟子之說解釋為「人得性之正，禽獸得性之偏也」，這豈不是意謂人與禽獸有共同之性（理）嗎？其差異只在性（理）之偏正與否，但理本身不會有偏全之別。如此，人與禽獸沒有本質的差異。故利瑪竇認為，宋明理學以「仁義禮智」為「人性」，不符合先儒孟子之說，宋明理學家之「性即理」悖於孟子人性論。

實則，對宋明理學而言，不論程、朱（理學）或陸、王（心學），「性即理」是共識，亦肯認「仁義禮智」四德為人之所以為人之「性」，此性乃天之所賦與，純粹至善，亦稱性理、德性。宋明理學認為孟子不僅從「仁義禮智非由外鑠」（德性）來談論人之所以異於禽獸之處，且推至《中庸》「天命之謂性」，更將此性理推至本體論（存有論，ontology）的高度，以性理作為人與萬物之超越的存在根據。固然理本身無偏全之別，但人與禽獸對於性理的表現卻有偏全之分。亦即，人能充分實現性理，故得性理之正；禽獸因氣質之偏，無法充分實現性理，故得性之偏。然而，宋明理學結合人性論與本體論的論述，從利瑪竇的亞氏實體學之思路來看，其謬誤在於無法區分人性、物性，乃至天主性。他對宋明理學從「性即理」所談論的人性論的批評，也與他所批評的「太極是理」、「萬物一體」是同一思維邏輯。

（二）善惡的定義與惡的來源

利瑪竇不僅對（人）「性」採取亞氏的定義，對於善惡的定義亦然：

兩品：凡自立者，先也、貴也；依賴者，後也、賤也。一物之體，惟有自立一類；若其依賴之類，不可勝窮。如人一身固為自立，其間情聲、貌色、彝倫等類，俱為依賴，其類甚多。」（《天主實義今注》：2-83，頁95）

可愛可欲謂善，可惡可疾謂惡也。通此義者，可以論人性之善否矣。[25]

對利瑪竇而言，人既然以理性靈魂為人性，而善惡的定義，亦涉及理性靈魂的能力。儘管利瑪竇在《天主實義》論及「靈魂三司」[26]，亦即，靈魂有三種能力：司記含（司記，記憶，memory）、司明悟（司明，理智，intellect）、司愛欲（司愛，意志，will），但善惡的定義是與靈魂的「司愛欲」能力相關，而善惡所涉及的實踐問題，則需要司明悟與司愛欲兩者的配合，所謂「司明者尚真，司愛者尚好〔善〕」[27]、「二者相須，一不可廢」[28]。顯然地，「司明悟」（理智）與「司愛欲」（意志）是靈魂的兩種基本欲求（appetite）能力。「真與假」是理智之對象，「是在東西中」；「善與惡」是意志之對象，「是在心靈裡」[29]。故意志所欲求的東西謂之「善」，意志所不欲求的東西謂之「惡」，此即「可愛可欲謂善，可惡可疾謂惡也」。析言之，「可愛可欲」、「可惡可疾」是人的靈魂之意志的欲求，它以某種善為目的，此即亞氏《尼各馬可倫理學》所言「所有事物都以善為目的」[30]，或是阿奎那引亞氏倫理學的表達所言「善乃是『一切東西或萬物所欲者』」[31]。換言之，利瑪竇「可愛可欲謂善」的定義是訴諸亞氏《尼各馬可倫理學》的定義與「自然目的論」的論證[32]，如亞氏所舉之例，

---

25 《天主實義今注》：7-424，頁 181。
26 《天主實義今注》：7-449，頁 188。
27 《天主實義今注》：7-450，頁 189。
28 《天主實義今注》：7-451，頁 189。
29 參《神學大全》，第一集八十二題第三節（第三冊，頁 124）。
30 Aristotle, *The Nicomachean Ethics* (Oxford/New York: Oxford University Press, 2009), translated by David Ross, 1094/a. 參中譯本廖申白譯注：《尼各馬可倫理學》（北京：商務印書館，2009 年），頁 3-4。
31 《神學大全》，第一集第八十題第一節（第三冊，頁 108）。
32 鄧安慶指出亞里斯多德在《尼各馬可倫理學》中採取三種論證策略：自然目的論的論證、功能德性論的論證和經驗主義辯駁法（辯證法）論證。參鄧安慶：〈導讀：從《尼各馬可倫理學》找回對德性力量的確信〉，見鄧安慶譯注：《尼各馬可倫理學》（北京：人民出版社，2010 年），頁 9-14。

理財術的目的是財富，達此目的則可謂好的（善的）理財術。然而，就這些「具體的善」（好）而言的目的都是從屬的目的，也是相對的。亞氏真正要闡釋與追求的是「因其自身之故而被選擇」的「最終的善」，此即是「最高善」[33]。又「最高善」因其自身即是目的而被追求，故在亞氏的倫理學中所指的就是「幸福」（eudaimonia）。如同亞氏所言：「我們把那些始終因其自身而從不因它物而值得欲求的東西稱為最完善的。與所有的事物相比，幸福似乎最會被視為這樣一種事物。」[34]在這個意義下，「幸福作為最高善」[35]是指「靈魂的善」，而非「身體的善」或「外在的善」[36]。亦即，人的「善」是「靈魂的善」，人的「幸福」是靈魂的一種實現活動。換言之，「人的善就是靈魂的合乎那種最好、最完善的德行的實現活動。」也可以說，幸福（最高善）是「在一生中」，「靈魂的合乎最好、最完善的德行的實現活動」[37]，這是亞氏倫理學的最終目的。

　　靈魂除了有理性欲求外，也有底層的感性欲求，但利瑪竇所謂「可愛可欲謂善，可惡可疾謂惡」，主要是從意志欲求之目的來定義「善」，更明確的說法是：「善善惡惡」[38]。如同阿奎那所言：「正如理智必然依附第一或基本原理，意志也必然依附最後目的，即幸福。」[39]對利瑪竇來說，靈魂之意志所欲求的最後目的就是「天主之善」。

　　利瑪竇以從靈魂之意志欲求定義善惡後，進而討論人性之善惡：

　　　　若論厥性之體及情，均為天主所化生，而以理為主，則俱可愛可欲，

---

[33] *The Nicomachean Ethics*, 1094a. 廖申白譯注：《尼各馬可倫理學》，頁 4-5。

[34] Ibid, 1097a-1097b. 廖申白譯注：《尼各馬可倫理學》，頁 18。

[35] Ibid, 1095a. 廖申白譯注：《尼各馬可倫理學》，頁 9。

[36] Ibid, 1098b. 廖申白譯注：《尼各馬可倫理學》，頁 21-22。

[37] Ibid, 1098a, 廖申白譯注：《尼各馬可倫理學》，頁 20。

[38] 利瑪竇認為靈魂之司愛欲（意志）的作用即是：「其善也，吾以司愛者愛之、欲之；其惡也，吾以司愛者惡之、恨之。〔……〕司愛者，司善善，又司惡惡者也。」（《天主實義今注》：7-449，頁 189）

[39] 《神學大全》，第一集第八十二題第一節（第三冊，頁 120）。

而本善無惡矣。[40]

至論其用，機又由乎我，我或有可愛、或有可惡，所行異，則用之善惡無定焉，所為情也。[41]

夫性之所發，若無病疾，必自聽命于理，無有違節，即無不善。然情也者，性之足也，時著偏疾者也，故不當壹隨其欲，不察于理之所指也。身無病時，口之所啖，甜者甜之，苦者苦之；乍遇疾變，以甜為苦，以苦為甜者有焉。性情之已病，而接物之際，惧感而拂于理，其所愛惡、其所是非者，鮮得其正，鮮合其真者。然本性自善，此亦無碍于稱之為善。蓋其能推論理，則良能常存；可以認本病，而復治療之。[42]

利瑪竇對於人性善惡的討論，將宋明理學「體／用」（朱熹「性／情」）的框架，化用為人性於「先天／後天」的討論[43]。其一，從先天的角度而言，就理性靈魂所言的人性，其感性欲求、意志欲求、理智欲求都是天主所造，且因以理性作主，故不論感性欲求或意志欲求之「可愛可欲」之「善」（好），都是「本善無惡」，這個意義的「善」是「本性之善」（natural goodness）[44]。其二，就後天經驗的角度來說，作為行動主體的人，其靈魂的感性欲求之目的，善惡是相對而未定的；故相對於人性的情感慾望之善惡未定，需經由理性靈魂之意志欲求的選擇，才有客觀的善惡可言。就此而言

---

[40] 《天主實義今注》：7-427，頁183。

[41] 《天主實義今注》：7-428，頁183。

[42] 《天主實義今注》：7-429，頁183。

[43] 利瑪竇雖然批評宋明理學，但他為適應晚明儒者的思維方式，也多用宋明理學之概念，如「本體」、「體用」、「性情」等，但這些概念的含義，都與宋明理學的含義不盡相同。

[44] 孫尚揚、張曉林都將此從天主而來的善，以「自然之善」理解之，易生誤解，當是「本性之善」。

的「善」，就是「道德之善」（moral goodness）。其三，人性在後天經驗的表現或行動，有兩種狀態，一是如無病疾之正常狀態下，因服從理性的主導，故人性的表現或行動無不善。一是如已經病疾的非正常狀態下，若作為「性之足」的靈魂之最底層的感性慾望（感性欲求）不服從理性主導，則其所愛所欲之選擇，皆不得其正，猶如失去正常功能之味覺，就會「以苦為甜」、「以甜為苦」。雖然人性在後天的表現或行動有可能失序，但理性靈魂之「能推論理」的理智能力常存，可以使人性恢復正常狀態。換言之，人性或靈魂在後天經驗的表現或行動中，才有所謂道德的善惡可言；而就人性或靈魂自身的先天部分而言，是「本性自善」。

相對於人性因先天與後天立論之異而有「本性之善」與「道德之善」，中士進而追問：「若吾性既善，則惡自何來乎？」[45]利瑪竇的回應是：

> 吾以性為能行善惡，固不可謂性自本有惡矣。惡非實物，乃無善之謂，如死非他，乃無生之謂耳。如士師能死罪人，詎其有死在己乎？苟世人者，生而不能不為善，從何處可稱成善乎？天下無無意于為善，而可以為善也。[46]

利瑪竇再次強調，就人性或靈魂在後天經驗世界的表現與行動而言，固然能行善作惡，但不能就此論斷「性本自有惡」。因為，人由天主所創造，人性由天主所賦與，故「本性自善」，我們無法在人性的先天部分找出「惡」的根源。據此，利瑪竇提出「惡」的定義：「惡非實物，乃無善之謂。」亦即，「惡」並非實體（substance），它在人性或靈魂中沒有其實在性，如同「死」意謂「無生」（缺乏生命）一樣，「惡」意謂「缺乏善」（無善）。這樣對「惡」的定義，不是善惡二元對立的思維，而是來自於奧古斯丁（Augustine, 354-430）所說的：「惡正是善的缺乏，甚至在一定程度上，惡

---

[45]　《天主實義今注》：7-430，頁184。
[46]　《天主實義今注》：7-431，頁184。

根本就是不存在的。」[47]換言之，惡是善的缺乏（Evil is the privation of good.）。據此，利瑪竇推論按照「本性自善」，人人必須「為善」（朝向善），但人之所以能在後天經驗世界行善而成善，則需訴諸靈魂的「意志」能力。在此，「意志」決定人如何成善，善是靈魂的意志能力之所向、所指。沒有意志的發動，人無法為善、行善、成善。因此，利瑪竇強調：「天下無無意於為善，而可以為善也。」由此可知，就後天經驗而言的道德之善惡，取決於意志的作用。

不過，根據利瑪竇從先天角度宣稱「人性自善」、「惡非實物，乃無善之謂」，就可以推知，道德之「惡」乃人性在後天經驗的表現與行動所產生的。若意志欲求的選擇，不遵從理性欲求（理智）而屈服於感性欲求，就可能造成人性的淪落，此乃前述「性情之已病」的狀態。於是利瑪竇在《天主實義》第八篇之卷末，提出「第二性」，隱晦地表達天主教的「原罪」之說：

> 開闢初生，人無病夭，常是陽和，常甚快樂，令鳥獸萬彙順聽其命，毋敢侵害。惟令人循奉上帝，如是而已。夫亂、夫災，皆由人以背理犯天主命。人既反背天主，萬物亦反背於人，以此自為自致，萬禍生焉。[48]

> 世人之祖已敗人類性根，則為其子孫者沿其遺累，不得承性之全，生而帶疵；又多相率而習醜行，則有疑其性本不善，非關天主所出，亦不足為異也。人所已習，可謂第二性，故其所為，難分由性由習。雖然，性體自善，不能因惡而滅，所以凡有發奮遷善，轉念可成，天主

---

[47] Aurelius Augustine, *Confessions*, trans. Vernon J. Bourke, The Fathers of the Church, Vol. XXI, Ed. Roy Joseph Deferrari (Washington, D.C.: The Catholic University of America Press, 1953), p. 61.

[48] 《天主實義今注》：8-577，頁216。

亦必佑之。[49]

相對於利瑪竇在《天主實義》第七篇「人性本善」（本性自善）的理性論述，道德之「惡」勢必來自後天已經敗壞的人性，此敗壞的人性，乃利瑪竇所指「人所已習，可謂第二性」。據此，人類之「第二性」源於後天的「習性」，因其根深柢固，難以拔除，可能侵蝕人類先天「自善」的「本性」（人性），「故其所為，難分由性由習」。利瑪竇由人類敗壞的「第二性」來說明「惡」的來源，本不難理解。但當利瑪竇將「惡」的起源，訴諸天主教啟示宗教的「原罪」說時，其論述就轉為類似神話的敘述，亦即，人類之祖（亞當）因其濫用自由意志，反對背離天主之命，導致萬禍滋生。猶有甚者，因原祖已經敗壞的「人類性根」累及子孫，盤根錯節，使後世子孫不免生而受此敗壞性根（第二性）的影響[50]。從某個意義而言，利瑪竇訴諸敗壞的「第二性」來談「惡」的起源，若從後天「習性」的發生過程來看，晚明士人可以理解。不過，一旦涉及天主教「原罪」說的敘述，晚明士人是難以理解的。雖然如此，利瑪竇也許為適應儒家性善論的主流思想，即使提及原

---

[49] 《天主實義今注》：8-578，頁 216-217。

[50] 天主教傳統神學認為「原罪」包括兩種意義：「因性原罪」（originating original sin）與「果性原罪」（originated original sin）。前者指人類初始的罪惡行為，後者指人生而所處的惡性氛圍，是人類從開始所犯之罪的惡性後果。參溫保祿講述，李秀華筆錄：《原罪新論》（臺中：光啟出版社，1982 年）。不過，臺灣天主教神學家張春申神父指出，根據聖經「讓我們照我們的肖像，按我們的模樣造人」（《聖經·創世紀》一：26）的了解，以及梵二大公會議後天主教神學的當代研究，可說人性是善的。亦即，原罪與性善論並不對立矛盾。因為人是天主所創造的，原罪只是承認人類歷史中有罪的事實，也肯定此事實影響甚深（並非指將前人之罪惡遺傳給後人）；但即使如此，人類仍是天主愛與關懷的對象。若從《聖經·創世紀》神話「原罪」與「救恩」（救援）的對比來看，相對於「原罪」，天主的「救恩」常在，從不間斷，故張春申神父提出「原恩」這一個重要的概念，而這「原恩」最後通過耶穌基督圓滿地實現。詳見氏著：〈原罪與性善論〉，《哲學與文化》第 8 卷第 9 期（1981 年 9 月），頁 39-41。筆者認為，「原恩」如同「大父母」，都是極具創造性的概念，更能適應並與儒家思想融合。感謝陳德光教授惠賜資料，並給予啟發。

祖背命，仍強調「性體自善」，人不會陷溺於敗壞的「第二性」，人依舊有為善的根據，人的自由意志仍然有其功能，只要能轉念，即可發憤遷善。如前述所言，儘管在「性情之已病」的狀態下，因先天的「人性本善」（本性自善），靈魂之「能推論理」能力常存，故能發揮治療的功能。由此可見，利瑪竇在論及「惡」的起源時，並未特別著重天主教的原罪說，或是奧古斯丁「神正論」（theodicy）所涉及的主題，反而強調靈魂之「能推論理」（理智）、「轉念可成」（意志）的主動性。

（三）性善（良善）與德善（習善）

承上所述，利瑪竇明顯地區分人性的先天部分與後天部分。前者為天主所創造，以此論證「性善」（人性本善、本性自善）；後者涉及人性或理性靈魂於經驗世界的表現或行動，而因意志之「善善惡惡」的選擇，而有道德之善惡可言。在利瑪竇看來，孟子的「性善」，是指人性先天「自善」的部分，無涉於道德的善惡或德行的培養。而宋明理學訴諸以「仁義禮智」四德作為「性理」而論證性善，可說是範疇的誤置，且其「復其初」（復性）之說，不過回復天主創造的人性之本然狀態（本性自善），則人是天生的（inborn/innate）聖人[51]，何需修身為善呢？道德實踐或修身，就無施力之處。因此，利瑪竇強調：「人之性情雖本善，不可因而謂世人之悉善人也。惟有德之人乃為善人。德加于善，其用也，在本善性體之上焉。」[52]換言之，「人性本善」只是先天的「本性之善」，並不保證世人皆是善人，故後天的「德加於善」──德善，才具有道德的含義，也更具價值與意義。

職是之故，利瑪竇進而區分「性之善」（goodness of human nature）與「德之善」（goodness of virtue）：

---

[51] 由利瑪竇批評宋明理學若「復性」則「人皆生而為聖人」來看，對於人性之「先天的」理解，包含 a priori（人皆為天主所創造）與 inborn/innate。然而，「先天的」不等於「天生的」，利瑪竇對兩者沒有嚴格地區分。

[52] 《天主實義今注》：7-432，頁 184。

> 則固須認二善之品矣：性之善，為良善；德之善，為習善。夫良善者，天主原化性命之德，而我無功焉；我所謂功，止在自習積德之善也。[53]

並舉例說明之：

> 孩提之童愛親，鳥獸亦愛之；常人不論仁與不仁，乍見孺子將入於井，即皆怵惕；此皆良善耳。鳥獸與不仁者，何德之有乎？見義而即行之，乃為德耳。彼或有所未能、或有所未暇視義，無以成德也。[54]

在利瑪竇看來，孟子性善論所訴諸的「孩提」之「愛親」、「乍見孺子將入於井」之「怵惕」，「均為天主所化生」而呈現的「性之善」（性善），先天本有，不學而能，不慮而知，且無論不仁者（惡人）與禽獸，皆有此本能式的自然反應，這樣的行動，無須理智的分辨與意志的抉擇，故為「良善」（innate goodness）。相對地，利瑪竇認為，道德來自人性或靈魂能對善惡加以判斷（義，尚真），並以意志抉擇且付諸行動（仁，尚好），此二者的結合即是「德之善」，故云：「見義而即行之，乃為德耳。」反之，缺乏理智與意志的結合，「無以成德」。據此，「德之善」是指靈魂之理智與意志的作用，經由後天的努力與累積，才能成就的善行，故又稱為「習善」（acquired goodness）。在此論述下，利瑪竇所謂「性之善」、「良善」，從某個意義上說，近似先天的道德本能（moral instinct），不具道德意義與價值。而見諸靈魂之理智與意志作用，並在後天習得與累積的德行，即是「德之善」、「習善」。換言之，道德之善意謂「德之善」、「習善」。猶有進者，就道德價值而言，「德之善」高於「性之善」。利瑪竇強調，討論人性問題，雖需論及「性善」，但最重要的目的，在於「成善」（成為善

---

[53]　《天主實義今注》：7-435，頁185。
[54]　《天主實義今注》：7-436，頁185。

人），故云：「惟有德之人，乃為善人。」[55]

實則，利瑪竇區分「性善」與「德善」而凸顯「德善」之重要，也來自亞氏《尼各馬可倫理學》的「德行」理論。前已述及，亞氏倫理學以作為最高善的「幸福」為目的，而幸福是指我們在一生中，靈魂的最合乎最好、最完善的德行之實現活動。故要研究德行，就要研究靈魂。「人的德行」並非指身體的德行，而是靈魂的德行[56]。由於靈魂有一個無邏各斯（非理性，irrational）的部分和一個有邏各斯（理性，rational）的部分[57]，故德行也分為兩種，亞氏說：

> 德行分兩種：理智德行和倫理德行。理智德行主要通過教導而發生和發展，所以需要經驗和時間。倫理德行則通過習慣養成，因此它的名字「倫理的」也是從「習慣」這個詞演變而來的。由此可見，我們所有的道德德行都不是由自然〔本性〕在我們身上造成的。[58]

亞氏所謂的「理智德行」（intellectual virtue）是相應於靈魂有邏各斯（理性）部分的德行，如智慧（philosophic wisdom）、理解（understanding）與明智（practical wisdom），這是與理性能力相關的德行。而「倫理德行」（moral virtue）是相應於靈魂無邏各斯（非理性）部分的德行，如慷慨（liberality）與節制（temperance），這是與欲求能力相關的德行[59]。亞氏認為「理智德行」藉由教導而形成與培養，「倫理德行」由習慣而產生，二者在我們身上的養成，既不出於自然而然，也非違反自然，而且我們要先運用

---

[55] 《天主實義今注》：7-432，頁 184。

[56] *The Nicomachean Ethics*, 1102 a. 廖申白譯注：《尼各馬可倫理學》，頁 32。

[57] Ibid, 1102a. 廖申白譯注：《尼各馬可倫理學》，頁 32-33。

[58] Ibid, 1103a. 廖申白譯注：《尼各馬可倫理學》，頁 35。筆者參照鄧安慶譯注《尼各馬可倫理學》，將 moral virtue 譯為「倫理德行」。

[59] Ibid, 1103a. 廖申白譯注：《尼各馬可倫理學》，頁 34。

它們而後才能獲得它們。[60]。尤其，亞氏還特別提及「倫理德行」之「倫理」（cthike）與「習慣」（ethos）在希臘文的詞源學上本義同源[61]。因此，人的倫理德行並非從人的自然稟賦（人之本性）中發展出來的，而是自然賦予我們接受德行的能力，而這種能力通過習慣而完善[62]，把德行接受到我們之內，然後透過習慣讓自然天賦完善起來。在這個意義下，基於亞氏將人所固有功能的完善等同於人之德行的論證之「功能論證」（function-argument），亞氏德行論所關心的是，如何將人的「自然稟賦」（人之本性）轉化為「真正的德行」。[63]

顯然地，利瑪竇的人性論與德行論之思考框架源自亞氏的靈魂論與倫理學。故利瑪竇也認為，人之「德行」並非與生俱來的，它是在人類之「人性本善」（人性自善）的自然稟賦上，所添加的後天之「德善」、「習善」。故「德」之於人性（或靈魂），是一外在的連結，利瑪竇舉例說：

> 吾西國學者謂「德」乃神性之寶服，以久習義念，義行生也。謂「服」，則可著、可脫，而得之于忻然為善之念，所謂聖賢者也；不善者反是。但德與罪，皆無形之服也，而惟無形之心——即吾所謂神者——衣之耳。[64]

在亞氏的論述上，利瑪竇又根據阿奎那的說法，將「德」（德行）比喻為「神性」（靈魂）的寶服。如同阿奎那所言：「一切德行都是心靈的精神之美。」[65]亦即，後天的德行可以裝飾先天的靈魂之美。從士林哲學的角度來

---

[60] Ibid, 1103a. 廖申白譯注：《尼各馬可倫理學》，頁36。

[61] 參鄧安慶譯注：《尼各馬可倫理學》，頁77。

[62] *The Nicomachean Ethics*, 1103 a. 廖申白譯注：《尼各馬可倫理學》，頁36。

[63] 鄧安慶：〈導讀：從《尼各馬可倫理學》找回對德性力量的確信〉，《尼各馬可倫理學》，頁11。

[64] 《天主實義今注》：7-438，頁186。

[65] 《神學大全》，第二集第二部第一六八題第一節（第十一冊，頁453）。

說，我們之所以論及德行，其目的在於使靈魂達到最高善——天主。然而，
利瑪竇一方面強調，「德」（德行）作為「習善」，需要理智的分辨與意志
不斷地練習而為習慣（habit），並付諸行動。另一方面也指出，「德」（德
行）作為「神之衣」（靈魂之服），可說是「依附體」，人可以自由地穿上
或脫去這件衣服。因此，利瑪竇認為，儒家的「仁義禮智」是「習善」，是
四種後天久習養成的「德行」（倫理德行），並非人性先天本有的構成要
素。若人之靈魂穿上此衣（德行），則為有德之人、善人；若脫去此衣，人
還是人，只不過是罪人、惡人[66]。要言之，人之成善或為惡，成德或失德的
關鍵處仍在於人的理智分辨與意志之自由抉擇。

　　論述至此，可見利瑪竇對於「性善」的定義與論證，對於「性善」與
「德善」的區分與論述，並不憑藉儒家經典立論，而是以其熟悉的亞氏與士
林哲學之範疇論、實體學、靈魂論、倫理學之思維，對儒家的性善論與德行
論進行另類的詮釋。

三、利瑪竇對「仁」的詮釋

　　利瑪竇在《天主實義》第七篇雖然論證「人性本善」（本性自善），但
其論述的重點顯然轉向「德之善」（習善）。因此，如何「成德」才是為學
的關鍵所在。用儒家或宋明理學的術語說，「成德」即是「修身」或「功夫
論」所追求的目的；用天主教的術語說，「成德」即是「神修」[67]之學的目
的。當然，利瑪竇在與晚明士人的對話中，很清楚地意識到「仁」是儒家最
核心、最根本的德行，也是諸德之首，總攝所有的德行。故利瑪竇在亞氏與

66　參胡國楨：〈《天主實義》的倫理學〉，《神學論集》，第 56 號（1983 年），頁
　　319。

67　利瑪竇向中士介紹：「吾儕本體之神，非徒為精貴，又為形之本主，故神修即形修，
　　神成即形無不成矣。是以君子之本業，特在于神，貴邦所謂『無形之心』也。」
　　（《天主實義今注》：7-448，頁 188）亦即，對天主教而言，神修即是關注靈魂
　　（神）的操練，這是天主教的「成德」功夫。

阿奎那的德行論上，進一步以天主教的教理來詮釋儒家的「仁」，其論證與理據有更多格義的思想痕跡。

（一）司愛之本在「仁」，「仁」為尊德

利瑪竇對於儒家之「仁」的詮釋，也是從靈魂論與德行論切入，唯有透過靈魂的「司愛」能力之理性欲求，才能成就「仁」德。因此，他將靈魂的「司愛」（意志）與「司明」（理智）之理性欲求，對應於儒家的「仁」與「義」立論：

> 司明之大功在義，司愛之大本在仁，故君子以仁義為重焉。二者相須，一不可廢。然惟司明者明仁之善，而後司愛者愛而存之；司愛者愛義之德，而後司明者察而求之。[68]

雖然靈魂有三司，但利瑪竇採用阿奎那的說法，如同前引「司明者尚真，司愛者尚好」，他以理智能力的正確認知與是非判斷來詮釋儒家之「義」，而以意志能力的道德抉擇與行動來詮釋儒家之「仁」。因為理智有助於明辨是非，使意志能正確行動而持續；意志也愛好理智之判斷，使理智更值得追求。二者在人的具體道德行動中，缺一不可。不過，就人的道德認知而言，理智所成就的「義」德有優先性；而從人的道德實踐來說，意志所發動的「仁」德更具根本性。如同利瑪竇所言：「此學之貴，全在力行；〔……〕豈知善學之驗在行德，不在言德乎？」[69]據此，利瑪竇強調：「君子之學，又以仁為主焉。」[70]

利瑪竇從靈魂之理智與意志相須不可偏廢來詮釋儒家的「仁義並重」，又從「行德」的重要性來強調意志才能實現善行，故儒家之學「以仁為主」。儘管如此，利瑪竇還需要論證，為何儒家之「仁」能總攝諸德？為何

---

[68] 《天主實義今注》：7-451，頁189。

[69] 《天主實義今注》：7-459，頁191。

[70] 《天主實義今注》：7-451，頁190。

「仁」是儒家最核心、最根本的德行？換言之，利瑪竇認為「仁，尊德也」[71]
的理據何在？利瑪竇說道：

> 人心之司愛向于善，則其善彌大，司愛者亦彌充。天主之善無限界，
> 則吾德可長，無定界矣，則夫能充滿我情性，惟天主者也。然于善有
> 未通，則必不能愛。故知寸貝之價當百，則愛之如百；知拱璧之價當
> 千，則愛之如千。[72]

如前所述，在亞氏的倫理學，人之靈魂合乎德行最好的實現活動是以作為
「最高善」的「幸福」為最終目的。而就天主教教理而言，靈魂的意志作用
也以「天主之善」為最終目的。且意志所欲求的善越大，則靈魂的意志作用
更大。由於意志所欲求的「天主之善」無限，故意志所成就的「德」（德
行）之增長亦無窮。這顯示追求「天主之善」是一個永無止境的「成德」
（修德、神修）過程。亦即，能完全滿足全副靈魂之意志欲求的，只有作為
最終目的「天主之善」。如同《聖經》所言：「我的靈魂只安息在天主內」
[73]，或是奧古斯丁所說的：「我們的靈魂只有在祢〔天主〕內，才能得到安
息。」如此一來，根據「司愛之大本在仁」，則「仁」作為實現靈魂之意志
欲求最高善的德行，必指向「天主之善」。在此，「仁」之所以為「尊
德」，在於它以「天主之善」為最終目的。如是，利瑪竇巧妙地以理性的論
證，將儒家「仁」德之最終目的，指向天主教教理《十誡》最重要的第一
誡：「你應全心、全靈、全意愛上主，你的天主。」[74]如是，作為儒家最核
心的「仁」德與作為天主教最重要的「愛」（agape）在《天主實義》的論

---

[71] 《天主實義今注》：7-452，頁 190。

[72] 《天主實義今注》：7-469，頁 193-194。

[73] 本文引用《聖經》為天主教思高聖經學會譯本，1989 年臺灣十六版，《聖詠》六十
二：2。

[74] 《聖經·瑪竇福音》二十二：37。亦參見《天主教教理》（臺北市：天主教教務協進
會，1996），第二部分第一章，2083 條，頁 485。

述中相遇了。當然，利瑪竇也藉此改變儒家之「仁」的意涵。

（二）「仁」是「愛天主與愛人如己」

在利瑪竇的詮釋下，儒家之「仁」德，是本於靈魂之意志作用而實踐出來的善行、德行。因此，從靈魂之意志欲求言，「仁」表現為「愛」的理性欲求，可說是「理性之愛」。而「仁」作為意志的理性欲求，以愛天主與愛人為其目的。如是，利瑪竇引用「仲尼說仁，惟曰『愛人』」[75]，將儒家之「仁」化用為天主教之「愛」，並宣稱：「余曰仁也者，乃愛天主與夫愛人者。」[76]又說：

> 夫仁之說，可約而以二言窮之，曰：「愛天主，為天主無以尚；而為天主者，愛人如己也。」行斯二者，百行全備矣。然二亦一而已。[77]

當利瑪竇將儒家之「仁」詮釋為「愛天主」、「愛人如己」時，他已經從意志之理性欲求「天主之善」的論證，若合符節地嵌入天主教的信理，亦即，《瑪竇福音》所言：「你應全心，全靈，全意，愛上主你的天主。這是最大也是第一條誡命。第二條與此相似：你應當愛近人如你自己。全部法律和先知，都繫於這兩條誡命。」[78]利瑪竇這樣的詮釋，就「愛人」（如己）部分，雖來自《論語》，晚明士人固然不反對，但就「愛天主」的部分，卻是利瑪竇添加的新含義，晚明士人對此很陌生，乃有「仁之玄論歸于天主」之言。[79]

值得注意的是，利瑪竇將「仁」詮釋為「愛天主」與「愛人」，必得進一步解釋二者的關係。他的解釋是：

---

[75] 《天主實義今注》：7-457，頁190。

[76] 《天主實義今注》：7-457，頁190。

[77] 《天主實義今注》：7-468，頁193。

[78] 《聖經·瑪竇福音》二十二：37-40。

[79] 《天主實義今注》：7-483，頁197。

> 天主愛人，吾真愛天主者，有不愛人者乎？此仁之德所以為尊，其尊
> 非他，乃因上帝。〔……〕天主諸善之聚，化育我，施生我，使我為
> 人，不為禽虫，且賜之以作德之性。吾愛天主，即天主亦寵答之，何
> 適不詳乎？[80]

利瑪竇指出，「愛天主」必能「愛人」，因為從天主教創造論的觀點來說，
天主為「諸善之聚」，祂因愛人而創造人（天主愛人），吾人與他人俱是天
主所造、所愛，祂賦予人的靈魂之意志有愛的能力，可以回應天主之愛。在
這個意義下，「吾真愛天主者，有不愛人者乎？」換言之，吾人「為天主」
而「愛人」。顯然地，在理論與行動上，「仁」之所以為「尊德」，在於
「愛天主」，具有根源義與優先性。故利瑪竇所詮釋的儒家之「仁」，其含
義為：「愛天主」與「為〔愛〕天主」而「愛人（如己）」。

　　實則，利瑪竇以「愛」釋「仁」，不僅使儒家之「仁」添加「愛天主」
的新含義，也使儒家「愛人」的含義，有所轉變。利瑪竇說道：

> 然愛天主之效，莫誠乎愛人也。所謂「仁者愛人」，不愛人，何以驗
> 其誠敬上帝歟？愛人非虛愛，必將渠饑則食之，渴則飲之，無衣則衣
> 之，無屋則舍之，憂患則恤之、慰之；愚蒙則誨之，罪過則諫之，侮
> 我則恕之，既死則葬之，而為代祈上帝，且死生不敢忘之。[81]

相對於「愛人」為「仁」，因增加「愛天主」的超越向度與優先性，所以利
瑪竇所詮釋的「仁者愛人」，乃是以「愛天主」之愛而「愛人（如己）」。
也可以說，「愛人」是「愛天主」之功效或效驗。故利瑪竇強調「愛人非虛
愛」，必須有具體的「愛人」德行（仁德），才能印證或驗證「愛天主」
（誠敬上帝）之「尊德」。至於基於「愛天主」而來的具體「愛人」德行，

80　《天主實義今注》：7-468，頁193。
81　《天主實義今注》：7-477，頁195。

利瑪竇所舉之例，見於《瑪竇福音》代表天主的君王所說的：「凡你們對我最小兄弟中的一個所做的，就是對我做的。」[82]具體的「愛人」德行是：「因為我餓了，你們給了我吃的；我渴了，你們給了我喝的；我作客，你們收留了我；我赤身露體，你們給了我穿的；我患病，你們看顧了我；我在監裏，你們來探望了我。」[83]「仁者愛人」的內涵，已經置換為天主教的具體善功，利瑪竇舉出的九個具體「愛人」之德行，已經提及天主教宗教倫理實踐的「形哀矜」與「神哀矜」等十四個善功的大部分[84]。不過，這些具體的「愛人」德行，其對象是天主所創造的一切人類，尤其是弱勢者（最小兄弟）。這樣無分別的「愛人」之「仁」德，並非儒家以五倫為主的倫理德行（如父子有親、長幼有序、夫婦有別、君臣有義、朋友有信），也與儒家所強調的「愛有差等，施由親始」有別。

　　由此可見，利瑪竇以「愛天主」與「愛人」詮釋儒家之「仁」，不僅增添「愛天主」的新義，也改變「愛人」的舊義，顯示天主教與儒家不同的道德倫理思維。

（三）「仁」為「博愛」

　　對於利瑪竇以「愛」（愛天主、愛人如己）來詮釋儒家之「仁」，中士質疑「愛己」也易生誤解[85]。利瑪竇遂強調「血氣之愛」（physical love）與「神理之愛」（spiritual and rational love）的不同：

---

[82]　《聖經・瑪竇福音》二十五：40。

[83]　《聖經・瑪竇福音》二十五：35-37。

[84]　羅雅谷（Jacques Rho, 1593-1638）所撰《哀矜行詮》，就提出「形哀矜」七端：食饑者、飲渴者、衣裸者、顧病者、舍旅者、贖虜者、葬死者；「神哀矜」七端：啟誨愚蒙、以善勸人、責有過失者、慰憂者、赦侮我者、恕人之弱行、為生死者祈天主。此書大旨在於闡明「愛人如己」之實功，日後儒家天主教徒王徵所組織的「仁會」，即具體實踐此「哀矜十四端」。參肖清和、郭建斌校點：《哀矜行詮》之提要，收入周振鶴主編：《明清之際西方傳教士漢籍叢刊》第一輯，第三冊（南京：鳳凰出版社，2013 年），《哀矜行詮》，頁 3-6。

[85]　《天主實義今注》：7-474，頁 194。

> 血氣之愛，尚為群情之主，矧神理之愛乎？試如逐財之人，以富為
> 好，以貧為醜，則其愛財也。如未得，則欲之；如可得，則望之；如
> 不可得，則棄志〔之〕；既得之，則喜樂也；若更有奪其所取者，則
> 惡之；慮為人之所奪，則避之；如可勝，則發勇爭之；如不可勝，則
> 懼之；一旦失其所愛，則哀之；如奪我愛者強而難敵，則又或思禦
> 之；或欲復之，而忿怒也。此十一情者，特自一愛財所發。[86]

在此，利瑪竇以「愛財」之「愛」為例，指出此「愛」乃出自感官欲求，屬
於「血氣之愛」，這是靈魂非理性的部分，由此而有情感與慾望之交織，故
為「群情之主」。利瑪竇藉由阿奎那的說法，依據慾情（concupiscibilis）與
憤情（irascibilis）而衍生十一情，亦即：「在慾情方面有三種情，即：愛
（好）與憎惡，願望與逃避，喜樂與哀愁。在憤情方面也有三組，即：企望
與失望，畏懼與勇猛，以及忿怒；忿怒沒有相與對立者。所以，類別不同的
情共為十一種，六種在慾情方面，五種在憤情方面。這十一種，包括了靈魂
所有的情。」[87]這些非理性的情感，不僅在「愛財」上如此，在「愛色」、
「愛功名」、「愛爵祿」上亦然，指向其所愛之目的，誠如利瑪竇所言：
「有所愛，則心搖，其身體豈能靜漠無所為乎？」[88]。在這個意義下，「血
氣之愛」產生情感與慾望，「天下萬事皆由愛作」，本無道德的善惡可言。
但利瑪竇意識到「血氣之愛」若要與「愛天主」、「愛人」之「愛」相較
時，則是不同層次的愛，他稱之為「神理之愛」，即是靈魂的理性之愛，意
謂意志的理性欲求。在具體的行動中，道德的善惡繫於理性。若「血氣之
愛」聽從「神理之愛」則為善；反之，則為惡。在此區分下，「仁」作為
「愛」（愛天主、愛人）之詮釋，顯然屬於「神理之愛」，而非「血氣之
愛」。若就天主教的「愛」觀而言，「神理之愛」是 agape（聖愛），「血氣

---

[86]　《天主實義今注》：7-475，頁 194-195。

[87]　《神學大全》，第二集第一部第二十二題第三節（第四冊，頁 252）。

[88]　《天主實義今注》：7-476，頁 195。

之愛」是 eros（慾愛）。兩者有別，但並非對立。據此，儒家之「仁」類比
於天主教之「愛」，只能從 agape 來說，是一種超越的德行（supernatural
virtue）。

　　由於「血氣之愛」與「神理之愛」的區分，「愛人」乃脫離己私己利的
目的性與血緣關係的自然性，而具有客觀的道德價值與意義。利瑪竇說道：

> 夫仁之理，惟在愛其人之得善之美，非愛得其善與美而為己有也。譬
> 如愛醴酒，非愛其酒之有美；愛其酒之好味，可為我嘗也，則非可謂
> 仁于酒矣。愛己之子，則愛其有善，即有富貴、安逸、才學、德行，
> 此乃謂仁愛其子；若爾愛爾子，惟為愛其奉己，此非愛子也，惟愛自
> 己也，何謂之仁乎？[89]

利瑪竇認為，「愛人」在於被愛之人本身的美善，不是因為被愛之人的美善
對我有利而愛。亦即，「愛人」旨在愛人之美善、成人之美善；而非以「愛
人」為手段，而圖己私己利。同樣地，如同愛美酒，美酒本身即是目的，而
非因為美酒之美味為我所喜愛而愛之。又如「愛己之子」（爾愛爾子），乃
愛子本身之善，願其能有富貴安逸而成就其才德，並非為期望子之奉養自己
而愛子。在這個意義下，「愛人」之「愛」，指向被愛之人歸於其善，「愛
人」即是目的，沒有「手段」與「目的」的交換，蘊含無條件、不求回報之
愛。利瑪竇之後，艾儒略（Giulio Aleni, 1582-1649）曾區分「利愛」、「情
愛」、「仁愛」三種愛，其中，「惟愛因天主而發者，謂之仁愛。蓋己與天
下之人，皆天主所生。既愛天主，安有不愛天主所生之人？故仁愛者，必合
天下極疏極遠之人，而皆愛之者，此愛惟聖賢能之。」[90]顯然地，利瑪竇所

---

[89]　《天主實義今注》：7-480，頁196。

[90]　艾儒略云：「愛有因己而發者，謂之利愛；是因彼人有利益於我，而後愛之者也，此
　　　愛即惡者亦有之。愛有因人而發者，謂之情愛；是因彼人為我之親戚故舊，而後愛之
　　　者也，此愛即愚者亦有之。〔……〕之三者雖均謂之愛乎？而公私大小之懸，判若天
　　　壤矣。聖教所謂愛人如己，則惟取仁愛行之，而情愛未嘗不包。若利愛則直夷然不屑

謂「神理之愛」即是艾儒略所謂的「仁愛」，就「愛人」之「人」而言，是指天主所創造的一切人類。如是，「愛人」也指向天主教特有的宗教倫理德行——「愛仇敵」[91]與「博愛」（caritas）。

　　有關「愛仇敵」之義，在《天主實義》的論述，是從「或有愛之而反以仇，則我可不愛之乎？」[92]的提問談起，利瑪竇說道：

> 惡者固不可愛，但惡之中亦有可取之善，則無絕不可愛之人。仁者愛天主，故因為天主而愛己愛人，知為天主，則知人人可愛，何特愛善者乎？愛人之善，緣在天主之善，非在人之善。[93]

利瑪竇指出，一般所認為的「仁」之為「愛人」，必須有所回報，故愛禽獸金石並非「仁」德。但利瑪竇「以仁釋愛」的「愛人」，是不求回報之愛，面對恩將仇報之人（仇敵或惡者），仍是吾人所愛之對象。「愛人」不僅「愛善者」而已，即使是「惡者」（仇敵），從「天主愛人」而「仁者愛天主」的角度看，不論善者、惡者皆是天主所創造，故「人人可愛」，即使是惡者，其本性自善，無不可愛之人。就吾人「愛人」的德行來說，並非愛惡者之惡行，而是愛惡者仍有改惡遷善之可能。就此而言，「愛人」（善者、惡者）最終指向「天主之善」，而非「人之善」。如是，基於為「愛天主」而「愛己」、「愛人」之「愛」，使愛惡者或愛仇敵才成為可能。由「愛

者也。」《口鐸日抄》，卷三，收入周振鶴主編：《明清之際西方傳教士漢籍叢刊》第一輯，第三冊，頁436-437。

91　《聖經・瑪竇福音》五：43-48：「你們一向聽說過：『你應愛你的近人，恨你的仇人！』我卻對你們說：你們當愛你們的仇人，當為迫害你們的人祈禱，好使你們成為你們在天之父的子女，因為他使太陽上升，光照惡人，也光照善人；降雨給義人，也給不義的人。你們若只愛那愛你們的人，你們還有什麼賞報呢？稅吏不是也這樣作嗎？你們若只問候你們的弟兄，你們作了什麼特別的呢？外邦人不是也這樣作嗎？所以你們應當是成全的，如同你們的天父是成全的一樣。」

92　《天主實義今注》：7-479，頁196。

93　《天主實義今注》：7-481，頁196。

人」而進至「愛仇敵」,是天主教宗教倫理德行的獨特之處,此又為儒家之「仁」再添新義。

另就「仁」為「博愛」之義來說,利瑪竇說道:

> 故雖惡者亦可用吾之仁,非愛其惡,惟愛其惡者之或可以改惡而化善也。況雙親、兄弟、君長與我有恩有倫之相繫,吾宜報之;有天主誡令慕愛之,吾宜守之;又非他人等乎,則雖其不善,豈容斷愛耶?人有愛父母,不為天主者,茲乃善情,非成仁之德也,雖虎之子為豹,均愛親矣。故有志於天主之旨,則博愛于人以及天下萬物,不須徒膠之為一體耳。[94]

利瑪竇認為,「愛人」不僅及於惡者,而儒家五倫所指之對象,也在「愛人」之列,因為天主十誡的第四誡,就有愛父母的誡命[95]。吾人乃因愛天主而遵守天主之誡命而愛父母,即使父母不善,仍應愛之,此可謂「仁」德(行)。相反地,「人愛父母」若不「為天主」而愛,則只是基於血緣關係而來的感性衝動或生物本能的反應——善情,即使是禽獸亦能愛其親,不具有道德的意義,並非「成仁之德」。因此,吾人若「愛天主」、「為天主」、「有志於天主之旨」而「愛人」,則所愛之對象就超越血緣關係而無親疏遠近之別,包含一切人類與天下萬物,這即是利瑪竇所謂的「博愛」。值得注意的是,此「博愛」乃基於「愛天主」而來的倫理德行,它雖泯除所愛對象存在的差異性,但仍保有「造物者」(天主)與「受造物」的存有論差異。相對於利瑪竇誤解的宋明理學「萬物一體」之泯除天主與受造物的區分,利瑪竇強調「博愛」並非「萬物一體」。要言之,利瑪竇認為「博愛」與「萬物一體」對立不並存,前者為一神論(monotheism)的必然實踐要求,後者則為泛神論(pantheism)之謬誤。

94　《天主實義今注》:7-482,頁 196-197。

95　《聖經・出谷記》二十:12:「應孝敬你的父親和你的母親,好使你在上主你的天主賜給你的地方,延年益壽。」亦參見《天主教教理》,頁 508。

綜上所論，利瑪竇對「仁」的詮釋，一言以蔽之，「以愛釋仁」。表面上他雖有取於《論語》「仁者愛人」之說，實則是以亞氏與阿奎那的靈魂論、德行論的目的論思維，以及天主教「愛天主」的核心信理來格義儒家之「仁」。「仁」無論作為「尊德」，或是「愛天主與愛人」，乃至為「愛天主」而要求的「博愛」，都是以「愛天主」為最終目的。「愛」的對象雖然不同，但都歸向「善」（天主之善）。就此而言，利瑪竇所詮釋的「仁」是經由自由意志選擇後，以「天主之善」為目的所成就的「愛天主」、「愛人」（博愛）的德行。相較於儒家之「仁」，利瑪竇所闡釋的「愛天主」、「愛仇敵」（愛惡者），固然是新義，即使是「愛人」、「博愛」之義，也與儒家「仁者愛人」、「博愛之謂仁」相去甚遠。

四、利瑪竇「性善」與「以愛釋仁」的反思

（一）「性善」兩義

如前所述，利瑪竇《天主實義》的「性善」論述，是以他在南京與晚明士人論辯後所撰寫的作品，他無須適應儒家權威「經典」，直接訴諸人類共有的「理性」，所以更能顯示其西方式的思維邏輯。利瑪竇於《耶穌會與天主教進入中國史》，就曾對中國人的人性論有所評論：

> 他們〔文人儒生〕的思維卻沒有邏輯，不知如何區分本性之善（natural goodness）與道德之善（moral goodness），也不知道如何區分人性中固有的東西與後天獲取的東西。當然他們更不曉得人是因為原罪而墮落的，要靠天主的救助和聖恩。直到今天，他們的這個問題仍然懸而未決。[96]

利瑪竇認為中國儒者有關人性論問題爭論不休的原因，在於儒者缺乏邏輯思

---

[96] 利瑪竇著，文錚譯，梅歐金校：《耶穌會與天主教進入中國史》，頁257。

維與不認識天主教教義。就前者而言，儒者無法區分人性天生固有的
（innate）部分與後天習得的（acquired）部分，導致先天的「本性之善」與
後天的「道德之善」相混淆。從後者來說，他指出儒者未能得知原罪才是人
性敗壞之根，必須仰賴天主救恩。可見利瑪竇將中國人性論的討論看得「太
簡單」了。

　　雖然如此，利瑪竇卻提供一套根據亞氏與士林哲學的思維，從「定義」
來討論「人性」、「善惡」，進而論證「性善」。這套抽象思維來自亞氏的
範疇論與實體學，對儒者相當陌生。中國哲學對於「性」的規定或「人性」
的討論，歷史悠久，從孔子以前至宋明以後，對於「性」的規定，大體可分
為三種進路：一是「生之謂性」，告子、荀子、董仲舒、王充、劉劭等之以
「氣性」（自然生命）言性；一是《中庸》「天命之謂性」的「宇宙論進
路」（cosmological approach）；一是孟子以「仁義內在」而「即心見性」
的「道德的進路」（moral approach）[97]。這三種進路都不是以「定義」的抽
象方式來規定「性」或討論「人性」。即使「生之謂性」，也不是實質定
義，勉強可說是「描述的定義」（descriptive definition），本身不涉及物或
人之本質問題，而是指個體存在時所本具的「自然之質」（自然特性），亦
即，董仲舒所謂「性之名非生與？如其生之自然之質謂之性」。這種以「生
物學進路」（biological approach）而言的「生之謂性」，顯然與《中庸》、
孟子言「性」的論述層次不同。

　　實則中國哲學所謂「性善」的思想，乃就《中庸》「天命之謂性」與孟
子「即心見性」而立論。前者就天命、天道「於穆不已」的創生原理，賦予
人與萬物的存有以真實性，故「天命」之「性」具有超越的意義，「天命」
是所有存有者（人與萬物）的超越根據與來源。這個意義下的「性善」之
「善」，是從存有論的角度來說，類比於利瑪竇從天主創造所言的「本性自
善」，可謂「本性之善」。值得注意的是，「性善」之具有道德的含義，則

---

[97] 參牟宗三：《中國哲學的特質》（臺北市：臺灣學生書局，1987 年），第八講、第
九講，頁 59-74。

由孟子「即心見性」所闡發。同樣地，孟子也不以「定義」的方式來作概念的分析，或以邏輯來抽象地論證「性善」，而是以具體的「啟發語言」（heuristic language）[98]來呈現人之「性善」。孟子說：

> 人之所以異於禽獸者，幾希。庶民去之，君子存之。舜明於庶物，察於人倫，由仁義行，非行仁義也。（《孟子・離婁下》19）

此是孟子的「人禽之辨」。他不從「人」作為「物類」之一的「人類」來思考「人禽之別」，人與禽獸不是「類」的不同，「人性」也不是由「種差」來定義其「本質」或「人之所是」。相對地，孟子是從「人」作為道德（或價值）的存有者來理解「人性」，所以才有「庶民去之，君子存之」的選擇與「舜明於庶物，察於人倫，由仁義行」的道德實踐。亦即，人與禽獸（萬物）皆由天命賦性，但唯有人能自覺其所稟受的「天命之性」而付諸道德實踐，此是人異於禽獸的「幾希」處。據此，由「人禽之辨」所理解的「人性」是著眼於道德價值的。故孟子的「人禽之辨」是「價值」的不同，不是「類不同」的差異[99]。

　　由「人禽之辨」而進至「性善」，孟子訴諸人人皆有的「不忍人之心」：

> 所以謂人皆有不忍人之心者，今人乍見孺子將入於井，皆有怵惕惻隱之心。非所以內交於孺子之父母也，非所以要譽於鄉黨朋友也，非惡其聲而然也。由是觀之，無惻隱之心，非人也；無羞惡之心，非人也；無辭讓之心，非人也；無是非之心，非人也。（《孟子・公孫丑》上 6）

---

[98] 唐君毅之語，牟宗三藉以說明「內容真理」（intensional truth）所使用的語言風格。　參牟宗三：《中國哲學十九講》（臺北市：臺灣學生書局，1983 年），頁 28。

[99] 牟宗三：《中國哲學的特質》，頁 64。

在「乍見孺子入井」的具體情境下，人所湧現的「怵惕惻隱之心」即是「不忍人之心」，也是道德本心。此本心可以在人的意識中直接呈現，表現為惻隱、羞惡、辭讓、是非之心，因它不夾雜任何目的（如「內交於孺子之父母」、「要譽於鄉黨朋友」、「惡其聲」），故其直接呈現的道德要求是「無條件的」，故有道德的含義——純善的道德本心、純善的道德意識。在這個意義下，孟子以「道德本心」言「性善」之「善」，就意謂「道德之善」（moral good）。換言之，「性善」意謂以人之「道德之善」本身為「人性」，人之為人，人之所是，即在於此道德性（morality）或道德理性，人也因此成為道德主體。

若將利瑪竇的「性善」與儒家的「性善」對比而觀，就可發現兩種「性善」義。利瑪竇從天主創造的角度言「本性自善」，進而推論「人性本善」。他雖指出人性有超越根據與神聖來源，但此「人性本善」之「善」，雖謂之「良善」（innate goodness），卻沒有道德的含義。相對地，儒家的「性善」，不僅指出人性有先天超越的根據——「天命之謂性」——，且此天命賦性更藉由孟子之道德本心、道德意識能直接呈現無條件之純善，而有道德的含義。相較之下，利瑪竇之「性善」與「道德之善」無關，是一客觀靜態的存有論預設。儒家之「性善」緊扣「道德之善」，「本性之善」就是「道德之善」，此道德性就是人性的先天根據與內在起源，且此道德性必須落實於具體的經驗世界而發生作用，這是一套動態且與道德主體相關的人性論。由此可見，利瑪竇僅以天生固有的「本性之善」與經驗習得的「道德之善」的區分來批評儒家的人性論，不僅簡化儒家的性善論，也與儒家性善論的哲學洞見失之交臂。

（二）「德善」兩義

利瑪竇因「本性之善」與「道德之善」之別，故有「性之善」與「德之善」之異。尤其，按照利瑪竇所根據的亞氏靈魂論與倫理學的思考，從後天習慣養成的「德善」（習善），才具有道德含義，才是他要強調的重點。因

為，「夫德行之樂，乃靈魂之本樂也」[100]，亦即，「德善」作為「倫理德行」，所追求的是靈魂之善。

　　從利瑪竇對於「德善」所做的道德思考，我們可以對比儒家的道德思考。儒家對於「德」或「德善」的思考與利瑪竇不同。大體而言，孔子以前中國古代的「德」大多泛指「德行」，且是兼內外而言，不是非內即外[101]。孔子之時，《論語》記載「德行：顏淵、閔子騫、冉伯牛、仲弓」（《論語・先進》2），以此四位孔門弟子為「德行」之代表，仍是內外結合。不過，經由孔子特別突出「仁」之「德」，就意謂春秋之際的「德行」論已經朝向「內在化」發展。如孔子喟嘆：「天生德於予，桓魋其如予何？」（《論語・述而》22）又說：「志於道，據於德。依於仁，游於藝。」（《論語・述而》5）降至孟子，不僅以四端之心來意謂「仁義禮智」之「德」，也主張「仁義內在」，更宣稱：「仁義禮智，非由外鑠我也，我固有之也，弗思耳矣。」（《孟子・告子》上）自此之後，「在心為德」成為儒家論「德」的主流。

　　如鄭玄（127-200）對「德行」的解釋是：

　　　德行，內外之稱，在心為德，施之為行。[102]

朱子的解釋則是：

　　　德行，得之於心而見於行事者也。[103]

---

[100] 《天主實義今注》：5-310，頁156。

[101] 參陳來：〈古代德行倫理與早期儒家倫理學的特點──兼論孔子與亞里士多德倫理學的異同〉，《河北學刊》，第22卷第6期（2002年11月），頁31-36。

[102] 鄭玄注：《周禮注疏》，卷14，收入《十三經注疏》第三冊（臺北市：藝文印書館，2001年），頁210。

[103] 朱熹撰，黎靖德編：《朱子語類》（北京：中華書局，1986年）第3冊，卷39，頁1010。

由此可見，「得之於心」、「見諸行事」、「施之為行」三者結合，就是儒家言「德」的意涵。

降至宋明理學，又從「本體論」與「工夫論」的角度，將儒家之「德」做更清楚的論述。陳淳（1159-1223）說道：

> 德便是就人做工夫處論。德是行其道而實有得於吾心者，故謂之德。何謂行是道而實有得於吾心？如實能事親，便是此心實得這孝。〔……〕大概德之一字，是就人做工夫已到處，乃是做工夫實有得於己了。[104]

他另從本體論來說：

> 古經書雖是就多做功夫實有得上說，然亦有就本原來歷上論，如所謂「明德」者，是人生所德於天，本來光明之理具在吾心者，故謂之明德。〔……〕又有所謂「德性」者，亦只是在我所德於天之正理，故謂之德性。[105]

要言之，從工夫論來說，「德」即是後天的「德行」，具體表現於經驗世界。就本體論言，「德」即是先天的「德性」。「德性」是「德行」的實踐根據，「德行」是「德性」的印證。據此，儒家論「德」，既是先天內在的道德本性（德性），又是見諸行事、施之於行的後天道德行為（德行），兩者皆是「道德之善」，亦是「德善」。此即是《天主實義》中士所代表的儒家道德思考：「性本必有德，無德何為善？所謂君子，亦復其初也。」[106]

在筆者看來，利瑪竇所謂「德善」，代表亞氏與士林哲學的道德思考，「德善」獨立於「性善」之外，先天的「性善」是「本性之善」，後天作為

---

104 陳淳著：《北溪字義》（北京：中華書局，1983年），頁42。
105 同前註，頁43。
106 《天主實義今注》：7-433，頁184。

「倫理德行」的「德善」才是「道德之善」。但儒家之「德善」與「性善」有內在連結，兩者皆以道德理性為內在之德、人之為人之性。甚至可以說，因「性善」故「德善」，「性善」即是「德善」，這是儒家的「德善」義。在這「德善」兩義的對比下，我們可以說，利瑪竇所代表的道德思考是「發展模型」（development model）[107]，作為「倫理德行」的「德善」，並非天生的，但自然賦予我們接受倫理德行之潛能，而這種潛能之完成與實現，需要透過後天的習慣教養。就此而言，「德善」是靈魂之理性作用從「潛能」（potentiality）到「實現」（actuality）的「發展」過程。這一發展模型意謂「德善」本身並不完足，它必須在追求「善」的目的過程中發展才能充分實現。這也使其道德思考有很強的目的論色彩，是一種道德實在論（moral realism）的理論型態。相對地，儒家的「德善」所代表的道德思考是「發現模型」（discovery model），它意謂「德善」即是「性善」，我們的道德生活、德行之關鍵在於「發現」此內在而直接呈現的道德本心、道德意識或道德理性（德性），且因「發現」此「德性」（善性），具體的「德行」（善行）得以培養與發展。儒家這樣的道德思考，繫於道德主體的覺醒與行動，道德之善的判準不待外求，是一道德主體主義（moral subjectivism）的理論型態。由利瑪竇與儒家對「德善」的不同理解，凸顯中西方不同的道德思考，差異極大，影響至今。

（三）「愛」與「仁」

利瑪竇的「以愛釋仁」，雖然開啟天主教與儒家核心理念的相互詮釋，但他的詮釋卻得到「混為一談」[108]的負面評價。的確，利瑪竇「以愛釋

---

[107] 美國學者艾文賀（Philip J. Ivanhoe）以「發展模型」和「發現模型」來區分孟子心性論與陽明的不同，筆者並不認同，但此兩種模式，卻可以用來區分利瑪竇與儒家道德思考的不同。艾文賀之區分，見 *Ethics in the Confucian Tradition: The Thought of Mencius and Wang Yang-ming* (Atlanta, Georgia: Scholars Press, 1990), p.73.

[108] 謝和耐批評說：「基督教的慈善與中國人的『仁』之道德，被傳教士混為一談，它們不可能具有同樣的內容。基督教的『愛人』出自對上帝之愛，僅僅與上帝相比才

仁」的詮釋中，充滿天主教教理先行的適應策略，亦即，他是立基於「愛天主」、「為天主」的核心教理下，來詮釋儒家「仁者愛人」。要言之，儒家之「仁」即是天主教之「愛」，其具體德行就是：愛天主與愛人。然而，我們要反思的是，利瑪竇所展示的「以愛釋仁」，對於天主教之「愛」有充分地說明嗎？對於儒家之「仁」的詮釋，其誤區何在？

眾所周知，「愛」（agape）是基督宗教倫理生活的準則，也是信仰實踐與神學真理的核心概念。但對晚明儒者或中國人而言，其含義並不容易理解。利瑪竇以天主教之「愛」詮釋儒家之「仁」，從學術或傳教的立場上看，足以顯示他的文化與學術敏感度，此格義是必要的。問題在於，《天主實義》作為要理本（catechism），是針對非基督徒而以自然理性來論述天主教的思想與教義，故利瑪竇的理性論述無法充分表達天主教「愛」的含義。實則，希臘文對於「愛」有三種表達方式：eros, agape, philia。這三種含義，利瑪竇似乎都提及了，如在《天主實義》的「血氣之愛」即是 eros（慾愛），偏向人的感官欲求；「神理之愛」意謂 agape（聖愛），「天主愛人」、「〔人〕愛天主」、「愛人如己」之「愛」，都與 eros 不同，應屬於 agape。而在《交友論》中，利瑪竇著重的是 philia（友愛）。對利瑪竇而言，最重要的是向晚明儒者或中國人介紹天主教之核心教義——愛（agape）。

然而，如何在利瑪竇接觸晚明儒者的傳教初期，就讓中國人理解或接受作為啟示宗教的天主教並不容易，這實在有主客觀的限制。就天主教而言，「愛」（agape）是從神與人的「位格」（person）關係展開的。就神人關係所言的「愛」（agape），包含神對人的愛、人對神的愛、人對人的愛，用利瑪竇的話說，就是「天主愛人」、「〔人〕愛天主」、「〔人〕愛人如己」。其中，「天主愛人」之「愛」是 agape 的本義，因為「天主是

有意義和價值，也就是為了愛上帝而愛人。中國人的倫理則相反，教誨人要富有人情味和慈悲感。〔……〕人在發展其仁義和互相的本性時，才能接近天這種自發行為的典範，才會達到對天理的感知——真正的智慧。」見謝和耐著，耿昇譯：《中國與基督教——中西文化的首次撞擊》，頁 202-203。

愛」[109]，「愛」（agape）是天主的本性，天主因「愛」（agape）而創造天下萬物，故「愛」（agape）專指「天主之愛」。此「天主之愛」是天主教（乃至整個基督宗教）「愛」的原型，作為「絕對祂者」的「天主」所表現出來的愛，必須是自發的、自存的、非事先籌劃的、無限的、無條件的[110]。而「〔人〕愛天主」、「〔人〕愛人如己」之「愛」，實際上是指人對「天主之愛」的仿效[111]、回應（以愛還愛），或對天主命令的遵行。在這個意義下，人之「愛」（愛天主、愛己、愛人）可說是 agape 的引申義。猶有進者，誠如《若望一書》所言：「愛就在於此：不是我們愛了天主，而是他愛了我們」[112]、「我們應該愛，因為天主先愛了我們。」[113]亦即，先有「天主愛人」，我們才能「愛天主」、「愛人如己」。這樣神人之間獨特的位格關係，意謂「天主愛人」的先在性、主動性，也是天主教「愛」觀的獨特性。

不過，利瑪竇在《天主實義》的闡釋中，僅一次提及「天主愛人」，卻有九次提及「〔人〕愛天主」。換言之，「〔人〕愛天主」是利瑪竇反覆強調闡明的重點。事實上，天主教作為啟示宗教的一神教，「天主愛人」有三種表現形式：表現在天主創造人與萬物過程中的愛；表現在天主與其選民訂立盟約的愛；通過天主之子耶穌基督所表現出來的愛[114]。這三種表現意謂「天主之愛」（天主愛人）與「〔人〕愛天主」的真實互動，是「你—我」的位格關係，在中國文化的脈絡下，利瑪竇不易闡明。實際上，後二者對晚明儒者與中國人是難以想像的，利瑪竇只能訴諸天主的創造之愛。然而，作

---

[109] 《聖經·若望一書》四：16：「天主是愛，那存留在愛內的，就存留在天主內，天主也存留在他內。」

[110] Anders Nygren, *Agape and Eros*, translated by Philips S. Watson (Chicago: University of Chicago Press, 1982), p.15.

[111] 《聖經·路加福音》六：36：「你們應當慈悲，就像你們的父那樣慈悲。」

[112] 《聖經·若望一書》四：10。

[113] 《聖經·若望一書》四：11。

[114] 參姚新中著，趙豔霞譯：《儒教與基督教：仁與愛的比較研究》（北京：中國社會科學出版社，2002 年），頁 147。

為位格神與造物主的天主之存在或創造，利瑪竇訴諸的證明與說明，對晚明儒者與中國人極為抽象與陌生，也沒有以歷史文化為載體而使啟示真理「道成肉身」（incarnation）的親切感。在某個意義下，利瑪竇訴諸天主創造而言的「天主愛人」也是抽象的，是理論上的預設，而非活生生的發生於歷史文化中的存在體驗，難以內在化。

　　如此一來，「天主愛人」與「〔人〕愛天主」呈現不對稱的傾斜，無法展開「你─我」之位格互動的真實性。作為「天主之愛」的 agape 的本義不明顯，就人而言的「〔人〕愛天主」之 agape 的引申義，反而成為利瑪竇闡釋天主教之「愛」的焦點。在這個意義下，人只能不斷地、主動地透過「〔人〕愛天主」的定向，使「愛人如己」所包含的「愛己」、「愛人」有其普遍性、神聖性、超越性，藉此來體會並回應那不可見的「天主之愛」（天主愛人）。其結果，「〔人〕愛天主」就落實在對誡命（十誡）的遵守、善功（如「哀矜十四端」等愛德行動）的實踐。那作為「絕對祂者」的「天主之愛」或「天主愛人」的主動性、先在性難以充分彰顯。人若沒有對「天主愛人」的主動性有所領受，沒有對「天主之愛」有內在深刻的體會，則「〔人〕愛天主」或「愛人如己」就失去行動的泉源，可能流於教條主義。就此而言，利瑪竇在《天主實義》中對「天主之愛」（天主愛人）的闡釋較為薄弱，不能完全彰顯天主教「愛」（agape）的真諦。

　　至於利瑪竇以「愛」釋「仁」，從儒家哲學來看，限縮了「仁」的豐富的義理內涵，無怪乎《天主實義》的中士就提出質疑：「但仁道之大，比諸天地無不覆載，今曰一愛已爾，似乎太隘。」[115]雖然利瑪竇以「愛人」詮釋「仁」有儒家經典的根據，但孔子在《論語》中回答弟子問「仁」各有當機指點的不同表達，不宜只限於「愛人」之意。況且「愛人」只是最素樸、最合乎日常經驗的對「仁」的體會而已，未能窮究孔子論「仁」之義蘊。當然，在孔子之前，《尚書》、《詩經》都出現「仁」字，且「仁」作為眾多「德行」之一而被論述，其含義與「愛」最為相關，如「為仁者，愛親之謂

---

[115] 《天主實義今注》：7-474，頁 194。

仁」，可說是春秋時期對「仁」之通行的理解[116]。不過，到了孔子，他將人之所以會愛人、愛親的根源揭示出來，使「仁」得以深化而成為其中心思想。故孔子在《論語》中並不以定義的方式言「仁」，而是在啟發門弟子的生命自覺時言「仁」。他也不輕易以「仁」讚許人，也不以「仁」自居。據此，我們可以將「仁」理解為「一個人的自覺地精神狀態」，此自覺地精神狀態有諸多面貌與層級的表現，向內開闢人內在的人格世界，向上開啟人類無限融合與向上的超越向度。此自覺精神落實於具體生活時，也要求成己與成物。因此，孔子論「仁」可說是哲學的突破，其意義在於認定「仁」是人之所以為人的規定，亦即是作為生命根源的人性。因此，孔子對「仁」的發現與開顯，已經超越之前以「愛人」、「愛親」為「仁」的一般看法，奠定中國人性論的方向與中國文化的基本性格[117]。

　　尤其，從孔子以降直至宋明理學對於「仁」的詮釋，就更為豐富。從主觀面說，「仁」是「仁德」（德性、德行、品德）、「仁心」（惻隱之心）；就客觀面言，「仁」也是「仁道」（道德原則、生生之道）、「仁體」（創生本體）。因此，在儒家對「仁」之義蘊源遠流長的詮釋中，以「愛」釋「仁」雖是漢、唐儒者的主流見解，但僅止於對「仁」之倫理現象的描述，缺乏對「仁」之超越面向的闡釋。同樣地，利瑪竇以「愛人」詮釋「仁」，難免引起前述中士「似乎太隘」的批評。不過，利瑪竇以「愛天主」為定盤針來詮釋「愛人」時，在某個意義下，他無須訴諸宋明理學的道德形上學，就能使「仁者愛人」保有「仁」的超越向度。然則，利瑪竇以「愛」釋「仁」的理論誤區何在？

　　利瑪竇以「愛」釋「仁」雖有來自天主教的新義，卻丟失儒家之「仁」的精義。其偏差在於他對儒家「愛親」、「惻隱」的理解有偏差，以及對「一體之仁」的排斥。如前所述，利瑪竇將儒家所重視的孩提之「愛親」與乍見孺子將入井之「怵惕」（惻隱），皆視為「經驗底事實」，以為這些天

---

[116] 參陳來：〈古代德行倫理與早期儒家倫理學的特點——兼論孔子與亞里士多德倫理學的異同〉，頁31。

[117] 參徐復觀：《中國人性論史》（臺北市：臺灣商務印書館，1979年），頁69-100。

生的情感是本能的反應，同於禽獸，沒有道德含義。但對儒家而言，「親親，仁也」，「愛親」與「怵惕」（惻隱）之情，不同於禽獸之本能反應，而是「仁」作為「人性」最本真的呈現之處，也是道德理性的初發之機。「愛親」與「怵惕」（惻隱）本身即是「無條件」的至善之心，人人固有之，必須以「理性底事實」[118]來理解。如此一來，「愛親」與「怵惕」（惻隱）雖呈現於經驗世界，但卻有先天的根據，最能顯示儒家之「仁」的具體性、普遍性，不宜與本能的情感反應或血緣關聯混為一談。

　　同樣地，儒家言「仁」，也必臻至「萬物一體」的「一體之仁」的境界。但利瑪竇囿於亞氏實體學的思維，強烈批判儒家「萬物一體」冒犯造物主——天主[119]。不過，對儒家而言，由「愛親」而體會「仁」，「愛有差等，施由親始」，如此「愛」的落實才有真實的人性根據。且儒家之「愛親」本非著重於血緣關係，而是以此推擴至天地萬物，而與之一體相關，共鳴共感，強調仁者能參贊天地之化育，體現天地創造的意義與價值。因此，由「愛親」到「萬物一體」，正是儒家以「親親、仁民、愛物」所展現的普遍之愛——「一體之仁」。它不同於墨家「兼愛」之泯除倫理分位上的差異性，也不同於利瑪竇之「博愛」本於「天主之愛」。因此，利瑪竇類比地以「愛」釋「仁」，就儒家而言，從初始（愛親）到終向（萬物一體），均兩頭落空，差之毫釐，謬以千里。

---

[118] 「理性底事實」是康德《實踐理性底批判》之概念，李明輝對此有詳盡的闡釋，參氏著：《康德倫理學與孟子道德思考之重建》（臺北市：中央研究院中國文哲研究所，2004 年），頁 45-57。筆者以此概念來顯示儒家作為「不學而能、不慮而知」的「愛親」、「惻隱」是道德意識的直接呈現，是先天「既與的」，不以經驗為根據，不同於感性知覺的經驗。

[119] 利瑪竇批評：「墨翟兼愛人，而先儒辯之為非；〔……〕天主之為天地及其萬物，萬有繁然：或同宗異類，或同類異體，或同體異用。今欲強之為一體，逆造物者之旨矣。」（《天主實義今注》：4-251，頁 143）

五、結語

　　相較於《天主實義》中有關「天主存在」、「靈魂不朽」的論題，利瑪竇對「性善」與「仁」的詮釋，應該是最能貼近中國哲學與儒家思想的最核心論題。然而，利瑪竇以其亞氏與士林哲學的知識框架所論證的「性善」極為抽象，以天主教教理所進行的「以愛釋仁」也只能環繞在「愛天主」立論，對中國人而言，仍是抽象的普遍之愛。在這個意義下，利瑪竇對「性善」與「仁」的詮釋，更凸顯天主教與儒家核心理念的差異。誠如謝和耐的批評所言，這僅是「表面的相似性」，其實「中國人和基督徒的倫理之間具有根本性的差別」[120]。然而，這並不意謂利瑪竇與儒家思想的相遇沒有意義與價值。

　　從廣義的「格義」作為一種文化交流方法而言[121]，利瑪竇對於「性善」與「仁」的詮釋，雖是一種初步的、不成熟的和過渡性的方法，但卻對儒家的核心理念可能開啟另類的新解釋、新視野。持平而言，利瑪竇的「性善」論證，帶來亞氏範疇論的邏輯思維、實體學的存在層級，以及靈魂論與德行論的倫理思維。利瑪竇的闡釋是清楚的，有助於亞里斯多德與儒家思想的對話。相對地，利瑪竇以天主教之「愛」（agape）詮釋儒家之「仁」時，限於主客觀因素，他的闡釋是不充分的，有其盲點。尤其，從利瑪竇「以愛釋仁」來看，天主教之「愛」全然取代儒家之「仁」，儒家思想的主體性也隨之隱沒。這是過度強調傳教策略而影響客觀學術理解所帶來的限制。

---

[120] 謝和耐著，耿昇譯：《中國與基督教──中西文化的首次撞擊》，頁 202。

[121] 「格義」有狹義與廣義的兩種區分，前者指佛教進入中國所運用的方法，以中國原有的概念去比配佛教的概念；後者指運用新舊概念的類比來達到對新學說之領悟的方法。格義作為一種文化交流的方法，有其特徵：1)一種開啟性的、起始性的必然方法；2)一種初步的、不成熟的和過渡性的方法。參倪梁康：〈交互文化理解中的「格義」現象──一個交互文化史的和現象學的分析〉，收入氏著：《意識的向度：以胡塞爾為軸心的現象學問題研究》（北京：北京大學出版社，2007 年），頁 183-187。

　　當然，作為天主教傳教士的利瑪竇，從採取「補儒易佛」策略開始，「合儒」、「補儒」、「超儒」[122]就作為天主教與儒家思想對話的思考框架，影響明、清之際的傳教士與儒家基督徒。在此框架下，曾出現儒耶思想融合的理論嘗試，值得參考；但也可能因傳教的「目的性」太強，推到極端，儒家可能淪為附屬的「工具性」價值，而遮蓋儒家的本色與主體性。在當今多元宗教與跨文化的複雜處境下，儒家與基督宗教作為中西方的重要精神傳統，都有自我更新與創造的實踐要求，也有對話的必要[123]。唯有能「平視」對方，意識到彼此互為「他者」的豐富性與必要性，才能開啟真正的儒耶對話！

---

[122] 參湯一介：〈論利瑪竇匯合東西文化的嘗試〉，（澳門）《文化雜誌》（1594-1994 澳門聖保祿學院四百週年論文特輯），第 21 期（1994 年），頁 90-96。

[123] 參白詩朗（John Berthrong）著，彭國翔譯：《普天之下：儒耶對話中的典範轉化》（石家莊：河北人民出版社，2006 年）一書。

「爲何」與「如何」
——對荀子秩序問題的反省

東方朔[*]

　　"去亂求治"問題，亦即有秩序的生活如何可能的問題是古人思考政治問題的核心，按照荀子的說法，"治之為名，猶曰君子為治而不為亂"（〈不苟〉），可以看出，在荀子心目中，社會、政治問題中最重要也是最基本的是"秩序"問題[1]。秩序問題主要涉及到荀子的政治學或政治哲學問題，也可以說就是荀子思想的本質問題。

　　我們知道，先秦諸子九流十家，蓬勃興盛，其源皆起於周室衰微，諸侯並作，天下大亂。雖諸子間立言相異，各引一端，但萬千議論，究其要歸，無不在平治天下，故司馬談〈論六家要旨〉云："夫陰陽、儒、墨、名、法、道德，此務為治者也。直所從言之異路，有省不省耳。"蓋所謂"治"者，即治理也，指向有秩序的生活。學者認為，先秦諸子的思想在某種意義

---

[*]　復旦大學哲學學院教授

[1]　參閱陳弱水："立法之道——荀、墨、韓三家法律思想要論"，載劉岱總主編：《中國文化新論·思想篇（二）：天道與人道》，北京：三聯書店 1992 年，第 83 頁；Kim-chong Chong, *Early Confucian Ethics: Concepts and Arguments.* Chicago: Open Court 2007, p.87.

上皆可以被認為是一種政治哲學的思考[2]，或良非無故，而德效騫（Homer H. Dubs）更直接地指出，在荀子的思想中，"政治哲學成為哲學的高峰（culmination）和目的，其餘的一切皆必須從屬於政治哲學。"[3]

一

如前所說，先秦諸子雖立說各異，但他們都面臨一個共同的時代課題，即如何在一個混亂的世界中尋求一個理想的秩序，這是他們在目的上的"同"；而這樣一個理想的秩序畢竟應該如何建立？這便涉及他們在具體方法上的"異"。我們提出"目的"上的"同"與"方法"上的"異"只是在較為抽象的意義上來說的，因為所謂"目的"上的"同"只就"同"在重建秩序這個大方向來說的，但具體到秩序的實質內容，各家顯然並不相同；同樣，所謂"方法"上的"異"也是如此，事實上，不僅諸子百家對於如何實現自己心目中的理想秩序有各自的方法，即便同一流派中的不同個人——如孟子和荀子——也有各自不同的方法。不過，雖然我們說各家各派在實現秩序的方法上各有不同，但若從總體上來觀察，他們在面對"為何會亂、如何去亂"的問題時在方法上似乎又有某些相同或相似的地方，今以墨、道為例，學者已經指出，他們在重建秩序的邏輯前提或出發點上都具有某種類似"自然狀態"的理論預設。我們要問，為什麼研究秩序重建需要一個類似"自然狀態"的理論預設？這裡的原因之一是要通過某種類似於思想實驗的方式為我們重建秩序的工作提供一個認知上的理由：讓我們假設存在這樣一種狀態，在這種狀態下，沒有國家政府，沒有法規和其他一切約束措施，似乎一切皆是被允許的，那麼，我們的生活狀況將會怎樣？通過對這種狀況的描述，我們進而可以獲得一個有關建立國家政府、法則規範的必要性的理

---

[2] Etienne Balazs, *Chinese Civilization and Bureaucracy: Variations on a Theme,* ed by Arthur F. Wright, trans. By H. M. Wright, New Haven: Yale University Press 1967, p.195.

[3] Homer H. Dubs, *Hsuntze: the Moulder of Ancient Confucianism,* London: Arthur Probsthain 1927, p.51.

由，而這個國家政府、法則規範存在的理由也就是為何要建立秩序的理由。

　　或許是出於類似的思考，墨子認為：「聖人以治天下為事者也，必知亂之所自起，焉能治之；不知亂之所自起，則不能治。」（〈兼愛・上〉）按照墨子的說法，要實現天下"如何"而有秩序的目的，則必先瞭解天下"為何"會沒秩序的根源。在〈尚同・上〉中墨子曾就天下"為何"會沒秩序有這樣的描述[4]：

> 古者民始生，未有刑政之時，蓋其語人異義。是以一人則一義，二人則二義，十人則十義，其人茲眾，其所謂義者亦茲眾。是以人是其義，以非人之義，故交相非也。是以內者父子兄弟作怨惡，離散不能相和合。天下之百姓，皆以水火毒藥相虧害，至有餘力不能以相勞，腐朽餘財不以相分，隱匿良道不以相教，天下之亂，若禽獸然。
> （〈尚同・上〉）

依墨子，在遠古人類剛剛誕生，還沒有刑法政治的時候，人們用語言表達意見各不相同，所以一人有一種意見，兩個人就有兩種意見，十個人就有十種意見，人越多，人們不同的意見也就越多。每個人都以自己的意見為是而以別人的意見為非，導致相互攻擊。所以在家庭內部，父子兄弟常因意見不同而相互怨恨，致使家人離散不能和睦共處；天下的百姓，都用水、火、毒藥相互殘害，以致有餘力者也不互相幫助，有餘財者寧願讓它腐爛，也不分享給別人，有好的想法見解也隱藏在自己心裡，不肯教給別人。如是，天下的混亂，就如禽獸一樣。很明顯，在墨子所描述的"自然狀態"中，天下為何會亂乃根源於人們是非標準的不一，而人們之所以會各是其是，就在於沒有一個在上的絕對權威來統一標準、管束民眾，其結果是父子兄弟怨惡離散，百姓荼毒相害，"天下之亂，若禽獸然"。亂因既明，則如何去亂止爭？墨

4　《墨子・兼愛上》對"亂之所自起"提供了另一種說法，但兩種說法皆涉及到虧人以自利的人類本性，今不做詳細的說明。

子認為：“夫明虖天下之所以亂者，生於無政長。是故選天下之賢可者，立以為天子。”（〈尚同‧上〉）為什麼要“立天子”？依墨子，“立天子”的目的就在於確立絕對的政治權力，以天子之是非為是非，使天下歸於秩序，故云“察天下之所以治者何也？天子唯能壹同天下之義，是以天下治也。”（〈尚同‧上〉）這便是墨子由“自然狀態”的理論預設所推出的一套“為何”及“如何”建立秩序的政治主張。其實，在道家那裡我們也可以發現有“為何會亂、如何去亂”的說法，如《莊子‧馬蹄》篇云：“夫至德之世，同與禽獸居，族與萬物並，惡乎知君子小人哉！同乎無知，其德不離；同乎無欲，是謂素樸；素樸而民性得矣。及至聖人，蹩躠為仁，踶跂為義，而天下始疑矣；澶漫為樂，摘僻為禮，而天下始分矣。”與墨子不同，莊子把“自然狀態”理解為道德上最好的時代，亦即人類天性保存得最完善的時代，那時候人與禽獸同居，與萬物聚合生存，沒有君子小人之別。人人都不用智巧，本性就不會喪失；人人都不貪不欲，所以都純真質樸；純真質樸便能保持人的本性。惟到世上出了聖人，勉力求仁，竭力為義，於是天下開始出現迷惑；縱逸求樂，煩瑣為禮，於是天下開始了分裂。在莊子的眼裡，社會的紛爭動亂都源於所謂聖人的“治”，聖人人為制定的仁義禮樂對人的自然本性而言完全是一種外在的束縛，是造成亂的根源[5]。那麼，如何去亂？如何回到“至德”的時代？依道家，根本的方法在於要“無”掉聖人制作的仁義禮樂，摒除這些外在的束縛，這樣我們才能返回到一個合符事物自然本性的秩序世界。

　　現在我們回過頭來看看荀子對“為何會亂、如何去亂”的思考。應該說在先秦儒家中，荀子對此問題也有類似“自然狀態”的描述，〈富國〉篇云：

　　　　萬物同宇而異體，無宜而有用為人，數也。人倫並處，同求而異道，

---

[5]　《道德經》第 38 章云：“故失道而後德，失德而後仁，失仁而後義，失義而後禮。夫禮者，忠信之薄而亂之首。”

同欲而異知，生也。皆有可也，知愚同；所可異也，知愚分。勢同而知異，行私而無禍，縱欲而不窮，則民心奮而不可說也。如是，則知者未得治也；知者未得治，則功名未成也；功名未成，則群眾未縣也；群眾未縣，則君臣未立也。無君以制臣，無上以制下，天下害生縱欲。欲惡同物，欲多而物寡，寡則必爭矣。故百技所成，所以養一人也。而能不能兼技，人不能兼官。離居不相待則窮，群居而無分則爭；窮者患也，爭者禍也，救患除禍，則莫若明分使群矣。強脅弱也，知懼愚也，民下違上，少陵長，不以德為政：如是，則老弱有失養之憂，而壯者有分爭之禍矣。事業所惡也，功利所好也，職業無分：如是，則人有樹事之患，而有爭功之禍矣。男女之合，夫婦之分，婚姻娉內，送逆無禮：如是，則人有失合之憂，而有爭色之禍矣。故知者為之分也。

此段引文很長，包含的意思很豐富。按照荀子的說法，在"群眾未縣"，君臣未立、"無君以制臣，無上以制下"的前政治社會中，人群聚集而居，但由於人的本性天生就具有好利惡害且貪得無厭的特點[6]，而滿足人的本性欲望的物品卻有限，因而在沒有國家政府所具有的一系列強制約束措施的情況下，"勢同而知異"的人們便會為滿足一己之私的欲望肆無忌憚地縱欲行私，最終釀成人與人之間的爭奪和衝突，所謂"強脅弱也，知懼愚也，民下違上，少陵長，不以德為政：如是，則老弱有失養之憂，而壯者有分爭之禍矣。"在上引的這段文字中，荀子通過不同的論述脈絡，十分突出人類在自然狀態下的一個"爭"字，"爭"用我們今天的話來說大體就是"衝突"的意思，衝突的結果自然是"亂"和"窮"[7]；在〈性惡〉篇中，荀子又以假

---

[6] 荀子云："人之情，食欲有芻豢，衣欲有文繡，行欲有輿馬，又欲夫餘財蓄積之富也；然而窮年累世不知不足，是人之情也。"（〈榮辱〉）

[7] 《荀子》一書，除開"爭子"、"爭奪"、"爭臣"、"爭友"、"諫爭"之外，言及"爭"字凡 59 見，且"爭"常常與"亂和窮"連言，它提醒我們，"為何會爭、如何止爭"實乃構成了荀子念茲在茲的核心關懷。

設的方式為我們生動地描述了一幅人類在沒有政治國家、沒有法則規範的情況下的生存圖景："今當試（謂"嘗試"，引者注）去君上之勢，無禮義之化，去法正之治，無刑罰之禁，倚而觀天下民人之相與也。若是，則夫強者害弱而奪之，眾者暴寡而嘩之，天下悖亂而相亡，不待頃矣。"（〈性惡〉）此處所謂"君上之勢"、"禮義"、"法正"、"刑罰"等等乃是泛指政治國家的各種法則規範。依荀子，如果沒有政治國家及其所具有的強制約束措施，人們只會生活在強害弱、眾暴寡，天下悖亂相亡的"叢林世界"中。很顯然，荀子把天下為何會亂的根源理解為人性欲望的貪得無厭以及所欲對象的有限和稀缺，也就是"欲多而物寡"則爭以及人"群居而無分則爭"的矛盾和衝突，所以荀子說："今人之性，生而有好利焉，順是，故爭奪生而辭讓亡焉；生而有疾惡焉，順是，故殘賊生而忠信亡焉；生而有耳目之欲，有好聲色焉，順是，故淫亂生而禮義文理亡焉。然則從人之性，順人之情，必出於爭奪，合於犯分亂理，而歸於暴。"（〈性惡〉）那麼，如何擺脫這種弱肉強食的叢林世界？如何建立一個"正理平治"的秩序社會？荀子認為，需要有一個"知者"或聖王出來建立政治國家，為人們制定禮義法度，故荀子云："古者聖王以人之性惡，以為偏險而不正，悖亂而不治，故為之立君上之勢以臨之，明禮義以化之，起法正以治之，重刑罰以禁之，使天下皆出於治，合於善也。"（〈性惡〉）

　　從上面簡單的敘述中我們不難看到，"治與亂"的問題在荀子那裡乃已然呈現出了理論上的"為何"與"如何"的思考，亦即我們說的"為何會亂？如何去亂？"前者是對"亂因"的根源上的思考，後者是對"去亂"的方法上的思考，而這些思考構成了我們理解荀子政治哲學的內在的根本線索。

二

　　無疑的，對荀子的思想研究而言，我們常常碰到的一個問題是，荀子的思想應當如何講？尤其是應當如何開始講？"應當"總是意味著存在某種標

準。但遺憾的是，這樣的標準並不容易找到。回顧近一百五十年的研究成果，尤其是近二、三十年來的研究成果，我們會發現，研究荀子思想的進路和講法不僅表現出內容豐富，形式多樣的特點，而且也呈現出愈發引人注目的一個熱點，其中學者對荀子的政治思想、政治哲學便嘗試了各種不同形式的探討，表現出各不相同的講法，如有的學者從社會起源出發，有的學者則從群居和一出發；有的學者從天人之分出發，有的學者則從人之性惡出發，如此等等，不一而足。應該說，其中的任何一種講法都包含著特定作者對荀子政治哲學的理解，也都有其觀察問題的獨特視角[8]。但如何透過《荀子》一書的"眼目"亦即通常我們說的問題意識，梳理出一套合乎邏輯演繹的系統，進而呈現出荀子政治哲學的面貌，這便涉及對荀子思想的"重建"。理論上，對荀子思想的重建工作應當包含三個方面：確立荀子思想的目的，證立目的本身以及提供實現目的的途徑和方法，顯然，這種重建工作所包含的三個方面皆有賴於我們準確把握荀子思想的邏輯前提和出發點，而這個邏輯前提和出發點即指向荀子"欲多而物寡"則爭的理論預設。

　　審如是，當我們考察荀子對"為何會亂"的追問時，我們在觀念上和方法上便應該區分"理"和"事"或"根源"與"起源"兩種不同的解釋。需要說明的是，"事"和"起源"的解釋並不同於"理"和"根源"的解釋。所謂"事"和"起源"的解釋通常是對某種行為或現象給出處境性的、脈絡性的說明，例如對於天下"為何會亂"？我們可能會直接聯想到荀子所處時代王綱失墜，諸侯爭霸，政治生活秩序蕩然無存的"現實處境"或"歷史環境"，《史記‧孟軻荀卿列傳》謂"荀卿疾濁世之政，亡國亂君相屬，不遂大道而營于巫祝，信機祥，鄙儒小拘，如莊周等又滑稽亂俗……"，這裡所說的"濁世之政，亡國亂君相屬"，大體說的是政治環境；而"營于巫祝，信機祥，鄙儒小拘，如莊周等又滑稽亂俗"等等說的是觀念世界的處境。其實，《荀子》一書對此也有相關的說明，〈堯問〉篇記荀子之時"上無賢

8　參閱鄭治文：《道德理想主義與政治現實主義的統一：荀子政治哲學思想特質研究》（濟南：山東大學出版社 2020 年），該書提出了自己的看法，值得一讀。

主，下遇暴秦，禮義不行，教化不成，仁者絀約，天下冥冥，行全刺之，諸
侯大傾。"又云："當是時也，知者不得慮，能者不得治，賢者不得使。故
君上蔽而無睹，賢人距而不受"，這些說法大抵就是對荀子所處的現實處境
的描述。以"現實處境"或"歷史環境"的事實與天下混亂之間建立起對應
的關係，在發生的意義上對事件或現象的產生無疑有其相應的解釋效力，例
如天下"為何會亂"？我們會說是因為"上無賢主""諸侯大傾"，或"知
者不得慮""君上蔽而無睹"等等，這種解釋所著眼的是現實的事上的因果
解釋。不過，需要指出的是，這種"處境"和"環境"的事實相對於荀子的
哲學思考本身而言，我們最多只將其視作思想學說產生的外緣條件，換言
之，從政治哲學的角度上看，荀子對天下"為何會亂"的思考主要不是注目
於對經驗現象的事實解釋或起源的解釋，而是基於其對所以會亂的"理"的
或"根源"上的邏輯的解釋。所謂"理"和"根源"上的邏輯的解釋，意指
荀子所注目的是對所以造成此等亂象的究竟根源的探求，或指向的是對亂象
背後的普遍的、最終的原理的說明，這種說明荀子是以一套特殊理論語言來
加以表述的，這套特殊的理論語言的核心即是基於人之性惡的"欲多而物
寡"則爭、人"群居而無分則爭"，爭則亂，亂則窮的表述。荀子通過這種表
述所呈現的是對亂象的"根源性"的探求，而不是對亂象的"起源性"說明。

　　假如我們認同荀子對"為何會亂"的思考不是著眼於對經驗現象上的事
的解釋，而是著力於尋找造成此一"亂象"的經驗事實背後的根本的普遍的
道理，那麼，我們便有理由對"禮"或"禮義"這一荀子思想中的核心概念
給出一個新的理解。〈禮論〉篇開頭一段說：

> 禮起於何也？曰：人生而有欲，欲而不得，則不能無求。求而無度量
> 分界，則不能不爭；爭則亂，亂則窮。先王惡其亂也，故制禮義以分
> 之，以養人之欲，給人之求。使欲必不窮於物，物必不屈於欲。兩者
> 相持而長，是禮之所起也。

此段的核心在說明"禮之所起"，通常情況下人們會自然地傾向於認為這是

在說禮的起源[9]。不過，如果這裡的 "起" 說的是 "起源"，則其指涉的應該是有關先王如何制作 "禮" 的具體的過程和方法，對此荀子在〈性惡〉篇中的確有簡明的描述，如云："聖人積思慮，習偽故，以生禮義而起法度"；又云："故聖人化性而起偽，偽起而生禮義，禮義生而制法度"，此處 "積思慮，習偽故"、"化性而起偽" 即是在 "起源" 的意義上說明聖人或先王具體是如何 "生禮義" 的過程和方法。但揆諸上引〈禮論〉的文本，我們發現荀子並沒有向我們呈現這個過程和方法。從人生而有欲，欲而不得則不能無求；求而無度量分界則不能不爭，爭則亂，亂則窮，進而推出先王惡其亂也，故制禮義以分之，以使欲與物兩者能相持而長。在這種語意結構中，荀子明顯是要向我們解釋先王 "為何" 要制禮義，而不是說明先王 "如何" 制禮義。"如何" 之問指向的是先王制作禮義的具體過程和方法，這是 "起源" 的一種解釋；"為何" 之問指向的是在給定的條件下，禮義為什麼是必須的理由，這是 "根源" 的一種解釋。換言之，在荀子，"禮為什麼是必須的"？其理由正在於，惟有實行聖人制作的 "禮"（以國家制度所表現的一整套法則規範）才能使我們擺脫自然狀態下的爭奪和衝突，實現 "欲" 與 "物" 之間的相持而長，進而避免人類的悖亂相亡，故云 "禮義之謂治，非禮義之謂亂也。"（〈不苟〉）由此可見，"禮" 表達的首要意義（根源意義）是 "政治性秩序" 賴以建立的制度設施，並藉由這些制度設施來矯飾、規範人的情性欲望，使之合於確定的度量準則，進而實現 "正理平治" 的秩序世界，故荀子又云："禮者，政之輓也"（〈大略〉），"國無禮則不正。禮之所以正國也"（〈王霸〉），也正因為如此，我們認為，荀子所說的 "禮" 或 "禮義" 的首出意義是政治學的，而非倫理學的[10]，它表達的是與 "自然狀態" 下沒有國家政府、法則規範相反的組成政治社會的一切強

9　參閱北大本：《荀子新注》，北京：中華書局 1979 年，第 308 頁；張覺：《荀子譯注》，上海：上海古籍出版社 2012 年，第 264 頁；王森：《荀子白話今譯》，北京：中國書店 1992 年，第 237 頁。

10　"禮" 或 "禮義" 的首出意義是政治學的，但它同時也包含著倫理道德的含義，參閱拙著：《差等秩序與公道世界》，上海：上海人民出版社 2016 年，第 172 頁。

制和約束措施。

　　何以荀子會認為在政治國家缺乏的狀態下，人類的生活會處於強害弱、眾暴寡乃至"天下悖亂而相亡不待頃"的局面呢？顯然，荀子政治哲學的過人之處就在於，他敏銳地意識到，在沒有國家政府、法則規範的有效約束之下，人性的自然必然性將不可避免地把我們捲入到劇烈的爭奪和衝突之中。從荀子"欲多而物寡"則爭、人"群而無分則爭"的理論預設中，政治國家的存在及其必要已然是人類生存得以可能的前提，也是秩序建立的保證，而人的"好利欲得"的天性又根本承擔不起作為任何政治和道德規範的基礎；故而與孟子頗為不同，荀子以得之於常識的健全感覺在他的思想世界中便巧地驅逐了對人性的美好的道德想像，依荀子，如欲實現去亂止爭和秩序的重建，斷不能如孟子那樣藉由"以不忍人之心，行不忍人之政"的道德的方法，將政治問題化約為道德心[11]；因為在"人之性惡"的條列下，道德並不能獨立於政治而被說出，而政治國家的存在反倒是禮義道德得以可能的前提和保證。審如是，依荀子，我們必須對政治生活謀求"道德"上的辯護，重新恢復政治生活對於道德生活的嚴肅性和優先性。在〈性惡〉篇中，我們可以讀到的一個明顯的事實是，荀子反復強調的主題正在於：人之性惡當下即意味著人需要統治[12]，被統治構成了人滿足欲望及生存的結構性前提。荀子通過此一論證，使得政治國家及其制度設施存在的合理性和必要性在先秦儒

---

[11] 黃俊傑認為，在孟子的思想中，"政治領域並不是一個諸般社群、團體或階級的利益相互衝突、折衷以及妥協的場所；相反地，孟子認為政治領域是一個道德的社區（moral community），它的道德性質依靠人心的價值自覺的普遍必然性來保證。"參閱氏著：《孟學思想史》，卷二，臺北：臺灣"中央研究院中國文哲研究所籌備處"1997 年，第 414-415 頁。

[12] 讓我們看荀子在〈性惡〉篇中不厭其煩的說法，荀子云："古者聖王以人性惡，以為偏險而不正，悖亂而不治，是以為之起禮義，制法度，以矯飾人之情性而正之，以擾化人之情性而導之也，始皆出於治，合於道者也。"又云："古者聖人以人之性惡，以為偏險而不正，悖亂而不治，故為之立君上之埶以臨之，明禮義以化之，起法正以治之，重刑罰以禁之，使天下皆出於治，合於善也。"又云："今人之性惡，必將待聖王之治，禮義之化，然後始出於治，合於善也。"

家思想中獲得了前所未有的嚴肅性，荀子第一次明確地為政治國家之於秩序重建的可能和必要提出了邏輯清晰的辯護。

三

至此我們已經看到，荀子對“為何會亂”的問題為我們給出了一種根源性的解釋，而對“如何去亂”的問題，荀子則訴諸於先王或聖王出來為人們建立政治國家，制定禮義法度，依荀子，這是人們能夠免於衝突，過上“群居和一”生活的唯一途徑，故荀子云“先王案為之制禮義以分之，使有貴賤之等，長幼之差，知愚能不能之分，皆使人載其事，而各得其宜。然後使穀祿多少厚薄之稱，是夫群居和一之道也。”（〈榮辱〉）又云“非聖人莫之能王。”（〈正論〉）

的確，在荀子所預設的理論系統中，我們似乎有足夠的理由去承認和接受由聖王為我們所建立的國家制度及其法則規範的必要性和合理性：相對於自然狀態下人類“悖亂相亡不待頃”的結果而言，沒有比聖王帶給我們“正理平治”的秩序社會更好的了。然而，即便如此，這種說法本身卻沒有終止哲學層面上的追問：我們需要給出一些堅實的理由來說明，具體的現實層面上的國家統治如何能夠獲得道德上的有效辯護？或者說，我們需要有一種同樣堅實的論證來表明我們有一種服從政治權力統治的道德義務，其中的原因在於政治哲學本質上是一門規範性的學科，政治哲學的研究主要不在於描述事物“事實”上如何，不能只滿足於因果解釋上的合理性，而是要致力於探討事物“應當”如何，進之於滿足道德證成意義上的正當性[13]。假如一個政治國家及其法則規範的建立只是基於因果解釋上的合理性而缺乏道德證成上的正當性，那麼，它有什麼理由要求人們內心的接受和服從？而沒有人們內心從服的政治統治又如何具有穩定秩序的長遠效力？追問至此，則相對於“為何會亂”的問題，對荀子而言，在理論上，對“如何去亂”問題的回答

13　參閱拙文：“‘說明’與‘證成’”，《哲學分析》2022 年第 6 期。

便不能僅止於提出一套國家制度和法則規範，還必須要為這種國家制度、法則規範提供道德上的證成，這構成了我們反省荀子對秩序問題思考的另一重要內容。

其中的道理並不複雜，蓋即便荀子認為在給定的條件下，建立政治國家，確立聖王君主的權力以止爭去亂是必要的、合理的，然而，合理的並非一定就是正當的，"合理性"也並不等同於"正當性"。"合理性"常常與提出某種主張的"原因"聯繫在一起，這種原因的解釋是描述性的；而"正當性"則與提出某種主張的"理由"密切相關，這種理由的解釋是規範性的，是被要求的、經得起證成的。例如一個學生會訴諸於"堵車"將自己上課遲到的原因加以合理的解釋，但老師仍會說"即便堵車，你也不應該遲到，或者說即便堵車，你也有理由準時上課"。"不應該遲到"、"有理由準時上課"便是老師對學生提出的正當性要求，它蘊含著不論出於何種原因，作為一個學生，準時上課是學生的本份，"本份"是理由，是一種普遍性的規範要求。審如是，對荀子而言，對於"如何去亂"問題的解答，便不能僅僅停留於合理性的解釋上面，至少我們不能輕易地說，為了擺脫暴力和衝突的生活，所以我們就必須無條件地接受聖王或君主為我們所制定的一切政治義務。很顯然，通過非正義的甚至是極權、暴力的手段也可以達到去亂的目的，但我們卻很難為此類行為給出道德正當性的證明。

假如以此作為分析的方法，則我們看到，在荀子的思想邏輯中，為了擺脫混亂的狀態，我們便只有確立起聖王君主的絕對權力，嚴格遵循其制定的禮義法度。為此，荀子一方面不遺餘力地推尊聖王君主，另一方面則不惜採取各種手段強化禮義法度對人們的約束。然而，如果我們問，聖王君主憑什麼有權力統治民眾？他們的權力因何而有？依荀子，聖王或如理的君主乃是"道德純備，智惠甚明"之人，他們所擁有的權力在根源上並不需要、也沒有必要得到民眾的意志同意和認可[14]。在荀子看來，在人欲無窮而物品有限

---

[14] 參閱拙文"權威與秩序的實現——荀子的'聖王'觀念"，《周易研究》2019 年，第 1 期。

的狀態下，領導群倫，制定規則以擺脫困境的工作只能寄望於那些德能優異的聖王君主身上，因為民眾百姓多是一群愚陋無知且自私好利之人，他們不學問，無正義，以貨財為寶，以富利為隆，故但可引之於大道，而不可與其共明事理[15]，故云「彼眾人者，愚而無說，陋而無度者也。」（〈非相〉）民眾既愚昧淺陋，自利偏私，則邏輯上他們也就沒有能力僅僅依靠他們自己選擇出那些有德能的統治者，相反，民眾的愚陋閉塞卻只有等待「知者」的照拂和開示。向使無君（聖王），民眾的生存便只會依循「縱性情，安恣睢」（〈性惡〉）的邏輯，人群社會也便只能服從於叢林法則。從荀子「君子理天地……無君子，則天地不理」（〈王制〉）的說法中，我們不難看到，聖王君主是以救世主的身份出現的，聖君一出，則「群生皆得其命」（〈王制〉），相反，若不仰仗和依賴聖王君主，則「百姓之力、百姓之群、百姓之財、百姓之勢」乃至「百姓之壽」皆不能得其善果，也不能得其善終（〈富國〉）。因此，荀子把尊君置於其政治思考的首位，「君者，國之隆也」（〈致士〉），「君者，治辨之主也，文理之原也，情貌之盡也，相率而致隆之，不亦可乎？」（〈禮論〉）「立隆而勿貳。」（〈仲尼〉）[16]既然在荀子眼裡，聖王君主是至尊無上的「天帝」、「大神」，「勢位至尊，無敵於天下」，（〈正論〉），邏輯上由其所制定的一切制度設施、法則規範對於民眾而言便自然是無條件的、「決定性的義務」（conclusive obligation），是無可抗拒的命令，故荀子說「凡言議期命是非，以聖王為師」（〈正論〉），而一切不符合聖王之意的皆可斥之為「奸言，奸說，奸事，奸能」，既為「刑法之所不舍」，也為「聖王之所不蓄」。

　　與此同時，假如說荀子通過其特殊的理論預設論證了政治國家及其權力統治的必要性的話，那麼，荀子所置重的「禮」作為止爭去亂的根本手段在

---

[15] 《正名》篇云：「夫民易一以道，而不可與共故。」郝懿行謂「夫民愚而難曉，故但可偕之大道，而不可與共明其所以然，所謂『民可使由之，不可使知之』。」

[16] 蕭公權認為，在荀子那裡，「政治組織既由聖智之君主以產生，政治生活亦賴繼體之君主而維持。治亂繫於一人，則尊榮殊於萬眾。」參閱氏著《中國政治思想史》，瀋陽：遼寧教育出版社 1998 年，第 103 頁。

其思想系統中也便無形中獲得了"國家理由"（reason of state）的形式[17]，換言之，在荀子那裡，"禮"所具有的"國家理由"的實質意義在於為國家利益和國家行動提供合法性敘事和正當性說明，因而對秩序重建或對國家的"有用性"成為考量政治和倫理選擇的首要標準。也因此，荀子所言的"禮"便不僅獲得了"權力"與"道德"的雙重身份，而且也成為"國家治理術"的一部分[18]，由此我們便不難理解何以荀子會認為"仁義德行，常安之術也"（〈不苟〉），亦即仁義道德是實現社會政治長治久安的手段和方法。不難看出，荀子的此一說法已經為國家的統治者以"道德"之名合法地使用暴力開啟了方便之門，荀子也欲以聖王君主一己之意見，正天下之視聽，強天下之必從，進而實現"天下無隱士，無遺善，同焉者是也，異焉者非也"（〈正論〉）的世界[19]。顯然，在荀子所構築的理想秩序中，"禮"對民眾而言只是"要求"而不是"同意"，由君王加諸給民眾的政治義務是絕對的、無條件的，凡"不順禮義"、"不是禮義"者，皆可以"國家理由"的名義為"聖王之所禁"（〈非十二子〉）。不僅如此，對荀子而言，對異見、異行的嚴禁只是第一步，為了實現自己心目中的秩序理想，荀子還傾向於用暴力來剷除類似現象，〈非相〉篇記"聽其言則辭辯而無統，用其身則多詐而無功，上不足以順明王，下不足以和齊百姓，然而口舌之均，應唯則節，足以為奇偉偃卻之屬，夫是之謂奸人之雄。聖王起，所以先誅也，

17　參閱邁內克：《馬基雅維利主義》（時殷弘譯），北京：商務印書館 2008 年，第 56 頁；又見拙文"荀子倫理學的理論特色——從'國家理由'的視角說起"，《文史哲》2020 年，第 5 期。

18　柯雄文認為，"在效果上，以禮為中心的荀子思想中，我們所能得到的，與其說是個人主義的道德，毋寧說是權力主義的（authoritarian）道德。"Antonio S. Cua, "Dimensions of Li (Propriety)", *Human Nature, Ritual, and History: Studies in Xunzi and Chinese Philosophy*, Washington, D.C.: The Catholic University of America Press, 2005, p.46.

19　邁內克認為，"凡掌權之人都不斷受到一種精神上的誘惑，那就是濫用權勢，越過正義和道德的界限。當我們分析由'國家理由'激勵的行為時，我們就足夠清楚地看到這一點。"參閱《馬基雅維利主義》，第 67 頁。

然後盜賊次之。盜賊得變，此不得變也。”荀子類似的說法自然不止於此，但聞觀此言卻不免讓人心生怖慄。我們要問，為了讓人們擺脫爭亂，過上安寧而有秩序的生活，荀子注重和強化政治國家及其所具有的各種強制約束措施固然有其必要性和合理性，可是，當一種政治統治及其加諸於民眾的各種政治義務只是出於統治者一己之意志，不是出於人們內心的同意和認可，而且依靠警察、監獄和絞刑架作後盾強使人們服從的話，那麼，這樣一種政治統治如何具有道德上的正當？如若權力統治沒有道德上的正當，又如何能夠收穫人們對政治的忠誠？類似問題殊非自外強加給荀子的，而是任何一種實現“秩序的持久和穩定”的主張所內在包含的。

荀子的思想影響中國二千餘年，謂其有助於君權之專斷，當非捕風捉影之說，此亦今日之反省所不可不注意者。

四

政治學者沃林在談及霍布斯與洛克的“自然狀態”理論時說道，如果在沒有爭奪和衝突的情況下創造出來的政治秩序，便已不再是具有的維護社會與文明的特殊作用的“政治性”的秩序，也會無形中貶低政治範疇的特殊意義[20]。沃林的這一說法與伯林將政治哲學理解為“惟有在各種目標相互衝突的社會中”（only in a world where ends collide）方能原則上成立的主張在旨趣上具有異曲同工之妙[21]。若由此觀之，則荀子藉由“欲多而物寡”則爭的理論預設所呈現的對秩序問題的思考無疑具有典型的“政治性”秩序的意義，我們也可以說，在先秦儒家中，通過對秩序問題的“為何與如何”的追問，荀子是第一個自覺地意識到必須為秩序的重建尋求一個清晰、確定的邏輯前提的儒者；尤為難得的是，在儒家注重道德以言政治的傳統中，荀子也第一次嚴肅認真地思考了政治的本質，並以自己特殊的理論語言，為政治和

---

[20]　參閱沃林：《政治與構想》（辛亨復譯）上海：上海人民出版社2009年，第323頁。
[21]　轉引自網路 https://book.douban.com/review/13605987/。

政治國家存在的合理性和必要性提出了令人信服的辯護和論證，在這個意義上，荀子的主張的確“構成了對儒家觀點的極為老練的哲學解釋和辯護”，荀子也不愧為是一位重要的具有世界意義的哲學家[22]。

事實上，假如我們認同政治哲學成立的可能條件需建立在各種利益和目標相互衝突的社會之中的話，那麼，荀子對“欲多而物寡”則爭、對人“群而無分則爭”以及對“勢位齊，而欲惡同，物不能澹則必爭”的反復叮嚀，並藉此叮嚀所演繹出的一套達成和諧而有序社會的論說，已經將儒家對政治問題的思考第一次賦予了令人耳目為之一新的面貌：由於人之性惡及其導致的一系列的爭奪，使得政治和政治國家的存在獲得了無可辯駁的優先性。我們從荀子“性善，則去聖王、息禮義；性惡，則與聖王、貴禮義”（〈性惡〉）的說法中所能讀出來的最溫和而又最決絕的結論是，孟子的性善論將使政治國家的存在在重建秩序的過程中變得可有可無，故荀子必須瓦解孟子所創說的一套“知識背景”，拋棄那些“孟子式的”不切實際的幻想。如是，從爭奪和衝突的前提中，荀子已然將儒者以往“我怎樣才能過上幸福美滿的人生”的詢問，改變成兩個相關但並不完全相同的問題：“我們如何能夠在一起生活？我們又如何能夠在一起道德地生活？”前一個問題處理的正是在衝突的狀態下，人群的“群居和一”的生活如何可能的問題，這一問題雖是初步的，卻是最為緊要的（primary），它使得“政治哲學”在荀子的思想中變成了一個值得我們反復咀嚼的概念，至少在理想秩序的“可欲性”和“可行性”的張力之間，荀子的主張能夠讓我們帶著更少的幻想回到現實；它同時也意味著荀子的政治哲學並非一開始就著意於為人們配置“幸福的功能表”——這樣的功能表自然是不可缺少的——但它首先必須依靠聖王權威帶領人群面對和開墾一片荊棘叢生、虎狼出沒的野蠻之地。依荀子，由聖王權力和禮義法度為核心的政治國家既被看成是組織和統一人群的法式，以使相爭相奪者能連而貫之，群而和之，則其充實飽滿，莊嚴隆重所表現的

---

[22]　T. C. Kline Ⅲ and Philip J. Ivanhoe, "Introduction", in *Virtue, Nature, and Moral Agency in the Xunzi,* ed by T. C. Kline III and Philip J. Ivanhoe, Indianapolis/Cambridge: Hackett Publishing Company, Inc. 2000, p.ix.

分量之重，廣被之遠[23]，乃所以使荀子的政治思想能夠為"大爭"的時代提供適切的理論武裝；後一個問題則賦予了荀子的政治哲學以儒家的特色：荀子雖主"人之性惡"，然而，荀子卻藉由其積學、教化的理論，系統地論證了"塗之人可以為禹"的主張，從而為"我們如何能夠在一起道德地生活"交出了一份影響深遠的答卷，這已構成了荀子思想研究的另一重要課題[24]。

　　然而，必須指出，在"為何要有秩序"的問題上，荀子竭力推尊的一個統一的、絕對的權力統治固然能夠讓人們一時懾服，藉此也可以在某種程度上完成"如何而有秩序"的時代課題，不過，在政治哲學中，"如何而有秩序"的問題本質上涉及到政治秩序的實現與穩定，而政治秩序的實現和穩定卻向來都是正當性的評價對象，亦即任何政治秩序的達成，對於統治者和被統治者而言，權力都必須要有一個道德基礎。即此而言，荀子在君主權力的來源、轉移和制約等方面卻並沒有完成正當性的相關論證[25]，相反，由於荀子的整個心思都膠固於理想秩序的實現，汲汲於聖王治理之道的落實，至是而使得"禮義"獲得了具有"自足且獨斷"（content – independent and peremptory）的"國家理由"的性質。在荀子的思想中，聖王、禮義本身即代表著理想的秩序，而且是唯一的、完滿的標準，故云"學也者，固學止之也。惡乎止之？曰：止諸至足。曷謂至足？曰：聖王。"（〈解蔽〉）又云："禮者，治辨之極也，強國之本也，威行之道也，功名之總也。"（〈議兵〉）聖王和禮義既然是至足，是極則，它們對人們的是非言行便具有絕對的壟斷權、解釋權和支配權，故云"凡言不合先王，不順禮義，謂之奸言"（〈非相〉），"凡事行，有益於理者，立之；無益於理者，廢之。

---

[23] 參閱牟宗三：《名家與荀子》，臺北：臺灣學生書局 1979 年，第 215-218 頁。

[24] 施特勞斯曾這樣認為，"政治哲學這個知識領域，一方面包括道德哲學，另一方面包括狹義的政治學。"參閱列奧·施特勞斯：《霍布斯的政治哲學》（申彤譯），南京：譯林出版社 2001 年，第 7 頁。

[25] 參閱拙文"權威與秩序的實現——荀子的'聖王'觀念"，《周易研究》2019 年，第 1 期；"荀子的政治正當性理論——以權力來源為中心"，《現代哲學》2019 年，第 5 期；"荀子論權力的轉移——從政治正當性的角度看"，《荀子研究》第二輯（顏炳罡主編），上海：上海三聯書店 2020 年 6 月。

夫是之謂中事。凡知說，有益於理者，為之；無益於理者，舍之。夫是之謂中說。事行失中，謂之奸事；知說失中，謂之奸道。奸事、奸道，治世之所棄，而亂世之所從服也。"（〈儒效〉）然而，當一個社會只受單一的、排他的目標所支配，而且這種目標又為君主的權力所獨佔、靠君主的權力意志來定於一是時，則為了實現這種秩序目標，調動各種手段甚至不惜動用酷吏和絞刑架也便順理成章地獲得了"正當性"的名義。如是，在荀子的思想中，我們看到，權力的專制化與道德的國家化恰如頰骨齒床，相互倚傍，達到了令人吃驚的對稱，而後世之君隱竊此義，相侵相篡，紛紛籍籍；秦漢以後，更為曲學之儒所假借，助長了專制現象的產生，蕭公權謂"此雖荀子所不能逆睹，而其立說之有未安，亦由茲可以推見。"[26]

　　我們有理由認為，荀子所遺留給我們的問題至今依然是一個值得我們重視的問題。

---

[26]　蕭公權：《中國政治思想史》（一），第 109-110 頁。

朱子「眞知必能行」如何證成

文碧方[*]、洪明超[**]

引　言

　　「真知必能行」嗎？人們會說，未必，甚至還會認為，即使真知也無須行。但當以嚴謹性、系統性著稱的理學宗師程頤、朱熹如此宣稱時，學者們便覺得程朱如是說，一定有他們的根據和道理。其根據和道理何在？於是，他們紛紛絞盡腦汁、想方設法，力圖證成程朱此命題，或著力於「真知」概念結構的探討，或試圖援引外來理論來解釋，或大量引用程朱有關知與行的文字作比附性的論證。許多這類論證，有一個共同的特點，即糾纏於程朱所舉的具體事例，論證繁瑣而又穿鑿，不是缺乏說服力，就是不了了之，並未真正證成此說，可謂勞而無功。

　　程朱所舉的具體事例，最著名的如「老虎傷人」[1]，程子認為被虎傷過的人才會真正懼怕老虎，而沒見過老虎的人，則只會有老虎可怕的觀念。又如朱子說：「如人既知烏喙之不可食，水火之不可蹈，豈肯更試去食烏喙，蹈水火！」[2]人知道有毒有害的東西，必然會避而遠之。但程朱在此並非就事論事證明其中知行間的必然關係，因為它們確實是生活中顯而易見的事

[*]　武漢大學哲學學院教授
[**]　武漢大學歷史學院博士後
[1]　程顥、程頤：《二程集》（北京：中華書局，2004），頁 188。
[2]　黎靖德編：《朱子語類》（北京：中華書局，2011），頁 311。

實。相反，程朱舉這些例子，乃是想借用其中「知」與「行」不證自明的必然關聯，來間接地類比道德實踐中「知」與「行」亦有必然關係。

因此，程朱提出「真知必能行」的真正目的是為了探討道德認知與道德踐履之間的關係，所指涉的是道德領域而非認知領域，在道德領域知與行如車之兩輪、鳥之兩翼，知行相須，知是為了行，行亦本於知，道德認知與道德踐履之間必須是相應一致的。這也是他們作為儒者的關懷所在。因而可以說，在程朱那裡，「真知必能行」是一道德命題而非認知命題。

並且，那種類比嚴格說起來是有問題的。首先，在經驗界中，既可以舉出很多例子證明「真知必能行」，同樣也可以舉出很多反例否證此命題。其次，即便是在「虎傷人」或「不食烏喙」中，「知」之能引出「行」的動力也是建立在人的生存本能之上的。這種基於本能而來的必然性嚴格說來並非真正的必然性，因為人是能借助理性來打破的。例如人雖然好生惡死，但又能克服這種生存本能而捨生取義，「古人刀鋸在前，鼎鑊在後，視之如無物者，蓋緣只見得這道理，都不見那刀鋸鼎鑊！」[3]

因此，用這些例子來討論「真知必能行」，最多只能讓人較為直觀地體認「真知」的狀態和特徵，在學理層面則無益於解決道德實踐中「知」與「行」的問題，因為兩者只有一種外部的相似性，在內在作用機制上則完全不同。

因而在道德實踐領域，繼續糾纏於這些例子是無益的，停留在一般認識領域的探討，亦不得要領。那些基於生理本能的活動不可能具有真正必然性，也並非程朱關切之所在。程朱最終關切的是道德實踐中如何實現「真知必能行」，也就是說，「真知必能行」在道德領域的根據和動力究竟何在。要探尋這一根據和動力，除了回到作為其基礎的道德心性論，別無他途。

---

[3]　黎靖德編：《朱子語類》（北京：中華書局，2011），頁 2670。

一、「心」與「性」「理」之關係

　　朱子曾說：「致知所以求為真知。」[4]格物致知本身是為了「窮理」，而能夠窮理就能夠得到真知，由此又能引出必然的實踐。相反，「今人知未至者，也知道善之當好，惡之當惡。然臨事不如此者，只是實未曾見得。若實見得，自然行處無差。」[5]未能獲得真知者，便會「知而不行」。由此，我們可以發現「真知」實際上與「理」有著緊密的關聯。然而正如上文所說，程朱心中的「真知必能行」乃是一個道德命題而非認知命題。那麼其「理」也非一般的物理，而是「性理」，因為不發源於性理的實踐，便不具有道德價值，也會受到「義外」的責難。

　　因此，要瞭解和把握程朱的「真知」說，程朱在「心」「性」「理」問題上的觀點與看法就至為關鍵。朱子究竟是如何來看待「心」「性」「理」及其之間的關係呢？他說：

> 「程子『性即理也』，此說最好。今且以理言之，畢竟卻無形影，只是這一個道理。在人，仁義禮智，性也。然四者有何形狀，亦只是有如此道理。有如此道理，便做得許多事出來，所以能惻隱、羞惡、辭遜、是非也。」[6]

朱子對程頤的「性即理」最為推崇，稱其為「顛撲不破」、「真有功於聖門」，因為「性即理」對朱子而言：一方面，此性此理作為天道天理在人之天命之性，乃「無形影」、「無形狀」的形上超越之根據；另一方面，此性此理作為內在於人的仁義禮智之性，乃人之為人的內在本質規定。既然人之仁義禮智之性即天命之性即天道天理，超越而又內在，那麼，此性此理是如何落實於人的呢？朱子說：

4　黎靖德編：《朱子語類》（北京：中華書局，2011），頁 283。
5　黎靖德編：《朱子語類》（北京：中華書局，2011），頁 302。
6　黎靖德編：《朱子語類》（北京：中華書局，2011），頁 63-64。

> 「邵堯夫說：『性者，道之形體；心者，性之郭廓。』此說甚好。蓋道無形體，只性便是道之形體。然若無個心，卻將性在甚處！須是有個心，便收拾得這性，發用出來。蓋性中所有道理，只是仁義禮智，便是實理。」[7]

他又說：「理無心，則無著處」[8]，「性是理，心是包含該載，敷施發用底。」[9]這表明在朱子看來，此超越的「性」「理」內在於人，是內在於人之心的。也就是說，人之心「包含該載」此「性」「理」。他說：「心雖是一物，卻虛，故能包含萬理。」[10]「凡物有心而其中必虛，如飲食中雞心豬心之屬，切開可見。人心亦然。只這些虛處，便包藏許多道理。」[11]人之心之所以能「包含萬理」，就在於其「虛」，此處以雞心豬心中空可包含道理來論人心，似乎表明「心」是形而下的具體物質，然而朱子這只是一種比喻而已，若不以辭害意，便可知他要表達的是心與理的緊密關聯性。

此「性」此「理」何以要「著處」於人之「心」呢？前引朱子說「須是有個心，便收拾得這性，發用出來」，這表明人所本具的性理不能直接發用，必須通過心才能發揮出作用。因為在朱子看來，「氣則能凝結造作，理卻無情意，無計度，無造作。」[12]「理」本身是形而上的，無形無狀，亦不活動。而「心」不同，它不僅能「盛貯該載」，而且能「敷施發用」，故不動的「理」必須通過「心」來發用。

為何「心」有此機能呢？朱子說：「人心之靈，莫不有知」[13]，「心者，人之神明，所以具眾理而應萬事者也」[14]，「心者人之知覺、主于身而

---

[7] 黎靖德編：《朱子語類》（北京：中華書局，2011），頁 64。

[8] 黎靖德編：《朱子語類》（北京：中華書局，2011），頁 85。

[9] 黎靖德編：《朱子語類》（北京：中華書局，2011），頁 88。

[10] 黎靖德編：《朱子語類》（北京：中華書局，2011），頁 88。

[11] 黎靖德編：《朱子語類》（北京：中華書局，2011），頁 2514。

[12] 黎靖德編：《朱子語類》（北京：中華書局，2011），頁 3。

[13] 朱熹：《四書章句集注》（北京：中華書局，2011），頁 6-7。

[14] 朱熹：《四書章句集注》（北京：中華書局，2011），頁 349。

應事物者也。」[15] 從這些朱子對「心」的經典表述來看，「心」具有
「靈」、「神明」、「知覺」的特質，心之知覺通於理，對理本有所知，故
心有「具眾理」「妙萬理」知覺理等機能。並且，朱子又稱：「心與理一，
不是理在前面為一物。理便在心之中，心包蓄不住，隨事而發。」[16]「此兩
個說著一個，則一個隨到，元不可相離，亦自難與分別。舍心則無以見性，
舍性又無以見心。」[17] 按照他的看法，儘管「心」非「性」「性」非
「心」，但「心」與「性」或「理」卻「元不相離」，理是心中之理，心是
具理之心。可見，朱子所謂的「心」與「性」或「理」不僅互相規定，而且
彼此不可或缺。

　　從上述對朱子「心」「性」「理」及其之間的關係的討論來看，朱子所
謂的「理」即「性」是「心」的本質規定與形上根據，朱子所謂的「心」是
「包含該載」「性」「理」之心，是「知覺」「性」「理」之心，是「敷施
發用」「性」「理」之心，是與「性」「理」「元不相離」之心。因此，朱
子的這種內具性理、知覺性理，外又發用之「心」顯然非經驗中心理學意義
的「心」，而是在某種意義上具有超越性的心。以下我們再以此「心」統合
「性」「情」進行討論。

二、心統性情

　　對於上述這些「心」特點，朱子用了一個更精練的概念來表達，即「心
統性情」。他說：

> 「舊看五峰說，只將心對性說，一個情字都無下落。後來看橫渠『心
> 統性情』之說，乃知此話有大功，始尋得個『情』字著落，與孟子說
> 一般。孟子言：『惻隱之心，仁之端也。』仁，性也；惻隱，情也，

15　朱熹：《朱熹集》（成都：四川教育出版社，1997），頁 3436。
16　黎靖德編：《朱子語類》（北京：中華書局，2011），頁 85。
17　黎靖德編：《朱子語類》（北京：中華書局，2011），頁 88。

> 此是情上見得心。又曰『仁義禮智根於心』，此是性上見得心。蓋心
> 便是包得那性情，性是體，情是用。『心』字只一個字母，故
> 『性』、『情』字皆從『心』。」[18]

依朱子之見，心不僅內具仁義之性，而且能將此內具的仁義之性發用為惻隱
羞惡之情，一心之中，性為體，情為用，性情皆從於心，故心兼性情、心包
性情、心統性情、心主性情。可見，對朱子而言，若只說「性」，則因
「性」不動，不能發用，故情無著落；若單說「心」，雖「心」能動，無性
理之心則無靈明知覺，僅為「氣心」，不能真正統攝主宰性情。因此，我們
完全可以說，朱子的「心」必然是一個統括「性」與「情」的總體性概念。

　　他又說：「性、情、心，惟孟子橫渠說得好。仁是性，惻隱是情，須從
心上發出來。『心，統性情者也。』」[19]「心之全體湛然虛明，萬理具足，
無一毫私欲之間；其流行該遍，貫乎動靜，而妙用又無不在焉。故以其未發
而全體者言之，則性也；以其已發而妙用者言之，則情也。」[20]性是不動
者，情是動者，不動的「性」只有通過心的發用才能顯現。若無「心」，作
為體的性乃是無動無用無發之「性」；若無性，則能發用的心乃無體無本無
根據之「氣心」。因此，作為統括性情的「心」乃能夠統括體與用、動與
靜、未發與已發。對朱子來說，性情、體用、動靜、未發已發這些要素若缺
一個，都不是他所謂的完整的「心」。

　　毫無疑問，朱子這種統括性的心，亦即「心之全體」，這也是其「中和
新說」的核心內容。他以「心統性情」之「心」取代了原本「中和舊說」中
的「心」。在「中和舊說」中，朱子認為「人自嬰兒以至老死，雖語默動靜
之不同，然其大體莫非已發，特其未發者為未嘗發耳」[21]，性為未發，心為
已發，未發已發非時間先後關係，而是體用關係，性為體，心為用。因未發

---

[18] 黎靖德編：《朱子語類》（北京：中華書局，2011），頁91。

[19] 黎靖德編：《朱子語類》（北京：中華書局，2011），頁93。

[20] 黎靖德編：《朱子語類》（北京：中華書局，2011），頁94。

[21] 朱熹：《朱熹集》（成都：四川教育出版社，1997），頁3949。

之性體是通過已發之心來表現的，故察識良心之發亦即「察識端倪」，就成了朱子「中和舊說」時期的工夫。然而，這種「察識端倪」的工夫卻為朱子帶來了深深的困擾，他後來深覺察識端倪「恐浩浩茫茫，無下手處，而毫釐之差，千里之謬將有不可勝言者」[22]，不僅言語事為之間「常躁迫浮露，無古聖賢氣象」[23]，而且常覺「胸中擾擾，無深潛純一之味」[24]，特別是在與湖湘學者的接觸與辯論中，朱子感到以「察識端倪」為工夫的湖湘學者「不事涵養」，好高好速又好空言，因此「氣象迫狹」。他認為，造成這些困擾和流弊的根本原因在於，那種在心之已發處「察識端倪」的工夫論，終究在未發處缺失一段工夫，而工夫又與對心性論結構密切相關。於是，朱子棄舊說轉向新說，「性為未發，心為已發」之「心」被「心統性情」之「心」取而代之。那麼，相較於舊說，此新說中「心統性情」之「心」究竟有何特點？朱子說：

> 「方其存也，思慮未萌而知覺不昧，是則靜中之動，……及其察也，事物紛糾而品節不差，是則動中之靜。……有以主乎靜中之動，是以寂而未嘗不感；有以察乎動中之靜，是以感而未嘗不寂。寂而常感，感而常寂，此心之所以周流貫徹而無一息之不仁也。……蓋主於身而無動靜語默之間者，心也，仁則心之道，而敬則心之貞也。」[25]

此統性情之心，以仁為道，寂然不動，感而遂通，既主乎靜中之動，又察乎動中之靜；既寂而常感，又感而常寂，發用流行，周流貫徹，為人一身之主。毫無疑問，此統性情之心，不僅是人之道德實踐的來源，而且是人之道德實踐的動力。當然，此寂然不動之心還僅指「思慮未萌」時心合於理的狀態。朱子又說：

22　朱熹：《朱熹集》（成都：四川教育出版社，1997），頁 1405-1406。
23　朱熹：《朱熹集》（成都：四川教育出版社，1997），頁 3528。
24　朱熹：《朱熹集》（成都：四川教育出版社，1997），頁 3384。
25　朱熹：《朱熹集》（成都：四川教育出版社，1997），頁 1404。

> 「據此（程子）諸說，皆以思慮未萌，事物未至之時，為喜怒哀樂之
> 未發。當此之時，即是心體流行，寂然不動之處，而天命之性體段具
> 焉。以其無過不及，不偏不倚，故謂之中。然已是就心體流行處見，
> 故直謂之性則不可。……未發之中，本體自然，不需窮索。但當此之
> 時，敬以持之，使此氣象常存而不失，則自此而發者，其必中節
> 矣。」[26]

當人喜怒哀樂未發之時，具天命之性的心體雖寂然不動，卻自然流行，無過
不及，不偏不倚，無需窮索。此「未發之中」之氣象，全在於事物未至、思
慮未萌之時，心與性合，心與理合，存此「未發之中」，則發必中節。顯
然，這種「未發之中」之氣象是「心體」的一種理想狀態。而保持這種氣
象，則能夠發必中節。然而這種氣象並非自然便能保有，而需要通過工夫來
保持。

三、「主敬」與「致知」

如何使「心體」的這種理想狀態常存不失？又如何使此流行不已之「心
體」發必中節？朱子採用了一種與「中和舊說」之「察識端倪」有所不同的
工夫論，此即小程所提出的「涵養須用敬，進學則在致知」。[27]為了保有
「心體」的這種理想狀態，朱子在繼承小程「持敬」與「致知」的工夫論的
同時，更做了許多創造性的發揮。

朱子稱：「人之為學，千頭萬緒，豈可無本領？此程先生所以有持敬之
語。只是提撕此心教它光明，則於事無不見，久之自然剛健有力。」[28]
「『敬』之一字，真聖門之綱領，存養之要法。」[29]「人之心性，敬則常

26　朱熹：《朱熹集》（成都：四川教育出版社，1997），頁 3528。
27　程顥、程頤：《二程集》（北京：中華書局，2004），頁 188。
28　黎靖德編：《朱子語類》（北京：中華書局，2011），頁 209。
29　黎靖德編：《朱子語類》（北京：中華書局，2011），頁 210。

存，不敬則不存。」[30]朱子之所以認同小程「敬」之工夫，是因其乃為學之綱領，作為綱領和要法的「敬」之工夫，非有別用，就在於存養心性，提撕此心，敬則心性存，不敬則心性不存。朱子說：

> 「蓋心主乎一身而無動靜語默之間，是以君子之于敬，亦無動靜語默而不用其力焉。未發之前，是敬也固已主乎存養之實；已發之際，是敬也又常行於省察之間。」[31]

按朱子的看法，人之語默動靜，皆不可無心，也就是說，無論「思慮未萌」的未發之時，還是「思慮已萌」的已發之時，心皆為之主。要使此心在動靜語默之間時時作主，周流貫徹，非敬不可著其功。未發之時持敬是為了存養此心，已發之際持敬是為了使此心「常行於省察之間」，故持敬之功貫未發已發。

　　未發之時究竟如何以「敬」來存養此心？朱子說：「敬，莫把做一件事看，只是收拾自家精神，專一在此。」[32]「持敬」並非視心體為一物件，而是收拾自家精神，心體自己貞定自己。他又說：「敬只是常惺惺法，所謂靜中有個覺處，只是常惺惺在這裡，靜不是睡著了。」[33]「持敬」是心體自己覺其自己、心體自己肯認其自己、心體自己操存其自己。他還說：「只是常要提撕，令胸次湛然分明。」[34]「持敬」是令心不昏昧，時時警覺，從而使心體湛然分明，虛靈明澈。他也說：「學者常用提省此心，使如日之升，則群邪自息。它本自光明廣大，自家只著些子力去提省照管它便了。不要苦著力。著力則反不是。」[35]心體本自光明，本自湛然，本自自然流行，故不可

30　黎靖德編：《朱子語類》（北京：中華書局，2011），頁 210。

31　朱熹：《朱熹集》（成都：四川教育出版社，1997），頁 1404。

32　黎靖德編：《朱子語類》（北京：中華書局，2011），頁 215。

33　黎靖德編：《朱子語類》（北京：中華書局，2011），頁 1503。

34　黎靖德編：《朱子語類》（北京：中華書局，2011），頁 2767。

35　黎靖德編：《朱子語類》（北京：中華書局，2011），頁 201。

著力把捉以生「助」之病，只需持敬以警覺警省而「勿忘」。

　　已發之際的「持敬」又是何以盡省察之責？朱子說：「『敬』字通貫動靜，但未發時則渾然是敬之體，非是知其未發，方下敬底工夫也。既發則隨事省察，而敬之用行焉，然非其體素立，則省察之功亦無自而施也，故敬義非兩截事。」[36]「敬」貫動靜，表明「敬」不僅是未發之工夫，也是已發之工夫。在未發之時，此心知覺不昧，「敬」亦警覺警省，故虛靈明覺之心與「敬」即合而為一，此心體即敬之體，此敬體即心之體。未發時敬體心體已立，已發時時時提撕此精察明覺之「心體」亦即「敬體」，便自能隨事省察。朱子指出：

> 「學者尤當隨其念之方萌而致察焉，以謹其善惡之幾也。……而細微之事，乃他人之所不聞，而己所獨聞。是皆常情所忽，以為可以欺天罔人，而不必謹者，而不知吾心之靈，皎如日月，既已知之，則其毫髮之間，無所潛遁。」[37]

　　對於已發時「持敬」之工夫，朱子尤為注重「念之方萌」的省察，人之一念方萌之時，極為細微而又隱微，不僅易為常情所忽，而且往往導致人之自欺。在人所不知己所獨知的一念萌動之時，儘管人容易因其私念做出欺天罔人之事，但吾心之靈皎如日月，毫髮隱微之間，無所潛遁。毫無疑問，此時時刻刻能「皎如日月」般省察人之一念之萌的「吾心之靈」即朱子所謂的「知覺不昧」「虛靈洞徹」之心。正如朱子說：「蓋人心至靈，有什麼事不知，有什麼事不曉，有什麼道理不具在這裡。」[38]對他來說，他所謂的「心統性情」之心因其理在心中、心與理合，故此心不僅「至靈至明」「靈明不昧」「虛靈洞徹」，而且「有什麼事不知」、「有什麼事不曉」、「有什麼

36　朱熹：《朱熹集》（成都：四川教育出版社，1997），頁 2047。

37　朱熹：《中庸或問》，《朱子全書》第六冊（上海：上海古籍出版社；合肥：安徽教育出版社，2002），頁 554-555。

38　黎靖德編：《朱子語類》（北京：中華書局，2011），頁 264。

道理不具在這裡」，此心不但萬理皆具，而且萬事皆能「知」能「曉」。

在朱子所繼承和發揚的小程「持敬」與「致知」工夫論中，如果說朱子的「持敬」工夫是為了提撕與存養具理之心，使與理相合之心呈現；那麼，「致知」則是為了對治氣稟物欲對合理之心的障蔽，使之虛靈明覺、發而中節。

心之所發何以會摻雜物欲之私？何以會有氣稟之障蔽？朱子說：

> 「蓋人心本善，方其見善欲為之時，此是真心發見之端。然才發，便被氣稟物欲隨即蔽錮之，不教他發。此須自去體察存養，看得此最是一件大工夫。」[39]

朱子在此所謂的「真心」或「本善」之心顯然即心理合之心。朱子指出，此「真心」甫一發用亦即見善欲為之時，氣稟物欲隨即阻擋之、蔽錮之。對這一現象，朱子未多作解釋，只是要人自己去體察存養，並認為能透徹瞭解此中緣故「最是一件大工夫」。他說：

> 「若夫人物之生，性命之正，固亦莫非天理之實，但以氣質之偏，口鼻耳目四支之好，得以蔽之，而私欲生焉。是以當其惻隱之發，而忮害雜之，則所以為仁者有不實矣；當其羞惡之發，而貪昧雜之，則所以為義者有不實矣。此常人之所以雖欲勉於為善，而內外隱顯，常不免於二致，其甚至於詐偽欺罔，而卒墮於小人之歸，則以其二者雜之故也。」[40]

朱子認為：人稟性理而生，此性理內具於心，此性理之心之發本無不善，但當此具理之心發用時，人之氣質之偏以及口鼻耳目等自然生命本能極易障蔽

---

[39] 黎靖德編：《朱子語類》（北京：中華書局，2011），頁 228-229。

[40] 黎靖德編：《朱子語類》（北京：中華書局，2011），頁 592。

與阻隔此具理之心之發用，如惻隱發時忮害隨即雜之，羞惡發時而貪昧隨即雜之，等等，從而使得此心發時心與理相離、內外不一、隱顯相悖、發不中節。何以如此？因為人本具理之「真心」是心理合之心，其所發本「純于義理而無雜乎物欲之私」，當人之所做所為「純于義理」之時，必引起自然生命本能之反抗、感性欲望之反彈。[41]朱子對這一人之生命中恒常存在的現象和問題有著深刻地體察，他深知人之德性生命與感性生命如影相隨。他對「持敬」與「致知」的工夫論的所有思考，可以說都是為了對治這種感性欲望的反彈，讓「吾心之全體大用無不明」。

正是基於對氣稟物欲這一警覺和認識，他對象山之學頗為不滿：「陸子靜之學，千般萬般病，只在不知有氣稟之雜，把許多粗惡底氣，都把做心之妙理，合當恁地自然做將去……只道這是胸中流出自然天理，不知氣有不好底夾雜在，一齊袞將去，道害事不害事！……只我胸中流出底是天理，全不著得些工夫，看來這錯處，只在不知有氣稟之性。」[42]象山以「發明本心」為宗旨，認為其學確實是「除了『先立乎其大者』一句，全無伎倆」[43]。在朱子看來，象山這種視心之所發自然是天理的主張，不僅不知氣稟夾雜之害，而且在「發明本心」「立乎其大」之後也全無工夫。

毫無疑問，朱子對象山學的這種批評，是以他的為學宗旨和為學工夫為標準的。相較於象山「發明本心」的為學宗旨，朱子亦宣稱自己為學也是以「求放心」為宗旨：

> 「『顧諟天之明命』，古注云：『常目在之』，說得極好。非謂有一物常在目前可見，也只是長存此心，知得有這道理光明不昧。方其靜坐未接物也，此理固湛然清明；及其遇事而應接也，此理亦隨處發

---

[41] 康德謂此現象為「自然的辯證」，而楊祖漢亦指出程朱的格物窮理有助於解決這種人心的偏邪。參見楊祖漢：〈程伊川、朱子「真知」說新詮──從康德道德哲學的觀點看〉，《臺灣東亞文明研究學刊》，8.2（2011.12）：184。

[42] 黎靖德編：《朱子語類》（北京：中華書局，2011），頁 2977。

[43] 陸九淵：《陸九淵集》（北京：中華書局，2012），頁 400。

見。只要人常提撕省察，念念不忘，存養久之，則是理愈明，雖欲忘
之而了可得矣。孟了曰：『學問之道無他，求其放心而已矣。』所謂
求放心，只常存此心便是。存養既久，自然信向。……若是若存若
亡，如何會信，如何能必行？又曰：千書萬書，只是教人求放心。」[44]

他指出聖賢的千書萬書都是為了教人求放心，隱然把「求放心」作為了學問
宗旨。而求放心又不過是通過持敬來長存此心而已。當然，朱子的這種「求
放心」之心與象山「發明本心」之心顯然有別。他之所以提出這種內具性
理、外有發用之心亦即「心統性情」之心來與象山的「本心」相區別，是因
為他認為自己頗知氣稟之雜、物欲之私對心的障蔽和阻隔。對朱子來說，相
較於象山所確信的那種除了「先立乎其大」「全無伎倆」的工夫論，他認為
自己有對治氣稟之雜、物欲之私的為學工夫，即「持敬」與「致知」的工
夫。

　　朱子「持敬」的工夫上文已有所說明，下面看朱子究竟是如何通過「格
物致知」的討論來對治氣稟物欲於合理之心的障蔽和阻隔的。

　　　「劉坼父說格物、致知。曰：他所以下『格』字、『致』字者，皆是
　　　為自家元有是物，但為他物所蔽耳。而今便要從那知處推開去，是因
　　　其所已知而推之，以至於無所不知也。」[45]

　　　「因鄭仲屢之問而言曰：致知乃本心之知。如一面鏡子，本全體通
　　　明，只被昏翳了，而今逐旋磨去，使四邊皆照見，其明無所不到。」[46]

「格物」「致知」究竟所「格」何物所「致」何知？依朱子之見，所格之物
所致之知，並非別的，而是「自家元有之物」，「自家元有之物」就是自家

---

[44]　黎靖德編：《朱子語類》（北京：中華書局，2011），頁316。
[45]　黎靖德編：《朱子語類》（北京：中華書局，2011），頁292。
[46]　黎靖德編：《朱子語類》（北京：中華書局，2011），頁283。

「本心之知」。「本心之知」顯然是心對自身本具之理的所知，如不被他物
所蔽，則此心通體透明。因此，完全可以說，朱子的「格物」「致知」無非
是去除具理之「本心」的昏翳，使此合於理之心虛靈明徹、無所不知、無所
不明、發而中節。

> 「如今說格物，只晨起開目時，便有四件在這裡，不用外尋，仁義禮
> 智是也。」[47]

> 「子淵說：『格物，先從身上格去。如仁義禮智，發而為惻隱、羞
> 惡、辭遜、是非，須從身上體察，常常守得在這裡，始得。』曰：
> 『人之所以為人，只是這四件，須自認取意思是如何。……事事物物
> 上各有個是，有個非，是底自家心裡定道是，非底自家心裡定道非。
> 就事物上看，是底定是是，非底定是非。到得所以是之，所以非之，
> 卻只在自家。此四者，人人有之，同得於天者，不待問別人假
> 借。』」[48]

對朱子而言，格物所窮之理無不本於人之所具的仁義禮智之理，人無此四者
無以為人。人何以知此四者？在於此四者內具於人之心。內具此四者之心不
僅能知是知非、定是定非，而且能發而為惻隱、羞惡、辭遜、是非之情。由
此可見，朱子主張和強調「格物窮理」，其目的最終都是為了要人去真正體
察和認取自家的仁義禮智之心。這在朱子最具創造性最能代表他思想的《格
物致知補傳》中也有著鮮明的體現：

> 「所謂致知在格物者，言欲致吾之知，在即物而窮其理也。蓋人心之
> 靈莫不有知，而天下之物莫不有理，惟於其理有未窮，故其知有不盡

---

47 黎靖德編：《朱子語類》（北京：中華書局，2011），頁 285。
48 黎靖德編：《朱子語類》（北京：中華書局，2011），頁 285。

也。是以《大學》始教，必使學者即凡天下之物，莫不因其已知之理而益窮之，以求至乎其極。至於用力之久，一旦豁然貫通，則眾物之表裡精粗無不到，吾心之全體大用無不明矣。此謂物格，此謂知之至也。」[49]

對於朱子這段文字的理解，見仁見智，莫衷一是，即使陽明也曾為此困惑多年。而從上述可知，朱子所謂的「格物致知」，顯然是以內具性理、外有發用的心為基礎。他所謂的「莫不因其已知之理而益窮之」，也顯然是指在心對自身本具之理已有所知的基礎上去「益窮之」。他所謂的「豁然貫通」，無疑是心自身的覺悟，心覺悟者為何？即覺悟到所窮之理無非心中本具之理。「物與我心中之理本是一物，兩無少欠，但要我應之爾。」[50]所格所致所窮之理，與我心中之理並無二致，皆本於我心中內具的性理，所格所致所窮都是為了喚醒心自身的這種覺悟亦即「豁然貫通」。「吾心之全體大用無不明矣」也無疑是指心已達至心與理合、隨時發用、無不中節之境。他說：「以其理之同，故以一人之心，而於天下萬物之理，無不能知；以其稟之異，故於其理或有所不能窮也。理有未窮，故其知有不盡，知有不盡、則其心之所發，必不能純于義理而無雜乎物欲之私。」[51]人之心所本具之理即天下萬物之理，心之所發用，如無物欲之私必能純於義理，致知窮理無非去此物欲之私，讓心與理合、發用中節。

四、明德

事實上，朱子對於這種具理而能發用之心，這種「心之全體」，也有專門的概念來表達，即「明德」。他自己也意識到，單單說「性」，便不能表現此理的活動性，道德活動便沒有動力；單單說「心」，又容易被混淆為中

[49]　朱熹：《四書章句集注》（北京：中華書局，2011），頁 6-7。
[50]　黎靖德編：《朱子語類》（北京：中華書局，2011），頁 220。
[51]　朱熹：《朱熹集》（成都：四川教育出版社，1997），頁 591-592。

性的「氣心」，道德實踐便沒有根據。於是他在《大學》中發現了「明德」這一概念，借助這個概念，便能夠很好地表達綜括心性情的「心之全體」[52]，能夠表達具理之心的本然發用，而這種心之全體，也才能夠提供道德實踐的動力，才是道德實踐上「真知必能行」的可靠保障。

那麼，「明德」有什麼特點呢？朱子云：「明德者，人之所得乎天，而虛靈不昧，以具眾理而應萬事者也。」[53]明德稟受於天，而內在於人，並且具有萬理而能應萬事。朱子又說：「所謂明德者，又人人之所同得，而非有我之得私也。」[54]他認為「明德」具有普遍性，是人所共有的。

然而明德最重要的特點，則是能夠自然發用，不失自身之光明。朱子說：

> 「但為氣稟所拘，人欲所蔽，則有時而昏；然其本體之明，則有未嘗息者。」[55]

> 「若人之明德，則未嘗不明。雖其昏蔽之極，而其善端之發，終不可絕。但當於其所發之端，而接續光明之，令其不昧，則其全體大用可以盡明。」[56]

上文論致知時指出，人在現實中常常受到氣稟的障蔽，但朱子認為即便障蔽之極，明德亦能突破這些限制而必然地呈現出來。明德「未嘗息」「終不可絕」，表明了它本身能夠不受經驗界的決定，不受制於自然的因果性。這種

---

[52] 「明德」為「心之全體」，可參見王碩〈「明德」與「明明德」辨義——以《朱子語類》為中心〉，《中國哲學史》，4（2011.11）：79-87。

[53] 朱熹：《四書章句集注》（北京：中華書局，2011），頁3。

[54] 朱熹：《大學或問》，《朱子全書》第六冊（上海：上海古籍出版社；合肥：安徽教育出版社，2002），頁508。

[55] 朱熹：《四書章句集注》（北京：中華書局，2011），頁3。

[56] 黎靖德編：《朱子語類》（北京：中華書局，2011），頁261。

作用，恰恰能夠提供道德實踐的動力。即便障蔽之極，明德也終究不會泯滅，而是生生不息、源源不斷，能衝破物欲氣稟的枷鎖，推動人產生道德情感，促使人去進行道德實踐。朱子說：

> 「明德未嘗息，時時發見於日用之間。如見非義而羞惡，見孺子入井而惻隱，見尊賢而恭敬，見善事而歎慕，皆明德之發見也。」[57]

> 「明德是自家心中具許多道理在這裡。本是個明底物事，初無暗昧，人得之則為德。如惻隱、羞惡、辭讓、是非，是從自家心裡出來，觸著那物，便是那個物出來，何嘗不明。」[58]

　　惻隱、羞惡這些道德情感，正是明德衝破氣稟限制的當下呈露。並且它能夠在不同情境下自然發出不同的道德情感，能夠自然應物而中節，這乃是根源於其本具這許多道理，其本身自然光明，因而其發見亦不待勉強。

　　那麼這種「明德」究竟是什麼？朱子對明德的描述使其又像心，又像性，面對弟子的詢問，他的回答亦較為模糊。他很清楚如果把明德只說成是「性」，便無法表現其發用的特點；如果只說成「心」，又容易被視無關性理的中性的「氣心」。因此「明德」單說成「心」或「性」都不能窮盡其義。面對弟子的詢問時，他只能說「此兩個說著一個，則一個隨到，元不可相離，亦自難與分別。舍心則無以見性，舍性又無以見心，故孟子言心性，每每相隨說。」[59]因為正如上文討論的「心統性情」，明德實際上正是統攝「性」的「心」，是「心之全體」，因而不能簡單地以心或者性界定。也因此，朱子更經常勸勉弟子們在自身上體會，而非在概念上求索：

> 「只要你實去體察，行之於身。須是真個明得這明德是怎生地明，是

57　黎靖德編：《朱子語類》（北京：中華書局，2011），頁 262。

58　黎靖德編：《朱子語類》（北京：中華書局，2011），頁 263。

59　黎靖德編：《朱子語類》（北京：中華書局，2011），頁 88。

> 如何了得它虛靈不昧。須是真個不昧，具得眾理，應得萬事。只恁地說，不濟得事。」[60]

> 「但要識得這明德是甚物事，便切身做工夫，去其氣稟物欲之蔽。能存得自家個虛靈不昧之心，足以具眾理，可以應萬事，便是明得自家明德了。若只是解說『虛靈不昧』是如何，『具眾理』是如何，『應萬事』又是如何，卻濟得甚事！」[61]

因為「明德」作為「心之全體」，是「性」呈現、發用於「心」的本然狀態，必須通過親身體悟才能證得，而不能只通過概念來把握，因此必須實下工夫，否則無益於修身成德。

因此，我們發現朱子討論了「心」與「性理」的緊密關係，建立了「心統性情」的心性論架構，但都偏重於概念的分析。直到他揭發出「明德」一詞，才更精練地表達了這種「心之全體」的內涵。《大學章句》朱子終身改訂，是其最權威的本文。他對「明德」一詞的討論，便是從綜合的角度來揭示這種「心之全體」的功能和特點。可以說到了「明德」這裡，其「心統性情」的架構才更凝練地落實出來。

而正是通過「明德」這一概念，我們能夠發現人的道德實踐本有其根據，人的道德活動本有其動力。並且這種「明德」，正如朱子說的，是能在現實生活中自然呈現、發用，乃至突破桎梏表現出來的。這便是解決道德實踐中「真知必能行」的最終根據，是道德實踐中「真知必能行」能夠證成的根本保證。當然，明德雖然能夠自發且突破桎梏，但是為了讓此「明德」在日用之中更容易發見，讓人的道德實踐更具有動力，修身工夫仍然是不可或缺的。上文討論的「主敬」和「格物致知」，便正是要「接續」、彰顯此心本有之光明的工夫。

---

[60] 黎靖德編：《朱子語類》（北京：中華書局，2011），頁 264。

[61] 黎靖德編：《朱子語類》（北京：中華書局，2011），頁 265。

五、總結

對程朱「真知必能行」的問題，前人已做過頗多探討。但是許多討論都將其視為一個認知命題，又糾纏於程朱所舉的經驗事例中，未能明確這是一個道德命題，因而不但有隔靴搔癢之感，亦終究不可能證成此說。明確了程朱此命題之本意在於探討道德實踐，則必須回到作為其基礎的心性論中進行討論。

通過對朱子「心」之架構的討論，可知其「心」乃本具「性理」而同時能發用「性理」之「心」，是「心統性情」之心，是光明不昧的「心之全體」。「心」本具有「知」的維度，能知其本具之性理；又有能發用、活動的維度，能夠表現、呈現此性理。修身工夫的「主敬」和「致知」，亦是圍繞此心，要使此心的這種本然作用更有力、更順暢地實現出來。而「明德」則是這種「心」的更凝練的表達，明德「未嘗息」「終不可絕」，能夠衝破氣稟之桎梏呈現出來，更把這種動力表現得淋漓盡致。朱子「心」的這些特點如此燦然昭著，他千言萬語都是在論說此鮮明特點，人們對此似乎視而不見，不是誤解此「心」，就是曲解此「心」。這除了朱子心性論架構本身之複雜精微外，也與他過於注重對心在概念上進行分解有關，從而使得「心」作為一個完整的整體的意義被遮蔽。特別是現代新儒家大師牟宗三以「心性情三分」來疏解朱子之「心」，並視其「心」為「氣心」為「認知心」，[62]朱子這一整體意義的「心」愈發掩而不彰。因此，回到朱子這一整體意義上的「心」刻不容緩。因為這一整體意義上的「心」，是他整個思想系統的拱心石，是理解他龐大又複雜的體系的樞紐點。

從朱子這一整體意義上的「心」亦即「心之全體」來看他所謂的「真知必能行」，此「心之全體」不僅是「真知必能行」的根據，而且是「真知必能行」的動力。於是，「真知必能行」如此明白可解，「真知」必能「行」又如此自然而必然。「真知必能行」於焉證成。

---

[62]　參見牟宗三：《心體與性體》下冊（上海：上海古籍出版社，1999），頁 222。

參考文獻

1. 程顥、程頤，《二程集》，北京：中華書局，2004。

2. 黎靖德編，《朱子語類》，北京：中華書局，2011。

3. 朱熹，《四書章句集注》，北京：中華書局，2011。

4. 朱熹，《朱熹集》，成都：四川教育出版社，1997。

5. 朱熹，《中庸或問》，《朱子全書》第六冊，上海：上海古籍出版社；合肥：安徽教育出版社，2002。

6. 楊祖漢，〈程伊川、朱子「真知」說新詮——從康德道德哲學的觀點看〉，《臺灣東亞文明研究學刊》，8.2（2011.12）。

7. 陸九淵，《陸九淵集》，北京：中華書局，2012。

8. 王碩，〈「明德」與「明明德」辨義——以《朱子語類》為中心〉，《中國哲學史》，4（2011.11）。

9. 朱熹，《大學或問》，《朱子全書》第六冊，上海：上海古籍出版社，安徽教育出版社，2002。

10. 牟宗三，《心體與性體》下冊，上海：上海古籍出版社，1999。

論劉宗周之孟子學

陳士誠[*]

一、本文之目的與研究進路之選擇問題

本文之目的乃要揭示劉宗周對孟子學之理解，這乃要重組其說在一個論證中，即是說明所謂斷然規範之可能性如何成為可理解的；這表示，此重構之所以是可確信的，乃奠基在本詮釋中其學能解答斷然規範如何可能之倫理學問題。然以上說明，乃屬於孟子學之進路，由是即可提供宗周學與孟子學相連結之倫理學線索，而非是在文本上進行分類的研究方法。如是，這裡即有一個研究進路的問題。

在時近哲學工作者對劉宗周之理解，或偏向對其學在儒學流派作判教之工作，或偏向於藉孟子心學為詮釋方向；本文採後者。然此判教之研究方法，雖清晰地把宗周學歸類在密教中，但卻也限制它往顯教如孟子學之可能詮釋。依這判教所示，宗周學既被判定屬密教，便即應與屬顯教的孟子心學保持距離，以免混淆。這也是本文不採取此判教方式進行研究之理由，因為劉宗周之學不只於慎獨學，而是充滿著由孟子開啟的儒家作為顯教之心學。[1]

---

[*]　南華大學生死學系副教授

[1]　劉宗周有批判孟子本心四端之說，但當中只表示其人對四端之誤解，而非其學之所必涵：「孟子姑不與之〔案：指告子〕深言，汲汲以惻隱羞惡辭讓是非指出箇善字，猶然落在第二義耳。性既落於四端，則義理之外便有氣質紛紜雜揉，時與物搆，而善不善之差數睹。」（《劉宗周全集 三上》〈答王右仲州刺〉，頁 389），他質疑四端

　　此判教工作起始於牟宗三先生，把宗周學視為慎獨學，謂此學乃「重重複複，其旨歸不過是以心著性，歸顯于密」，以此兩點綜括宗周學的「獨特的精神與獨特的義理間架」，[2]故牟先生對此學之分析也總圍繞這兩點進行論說。他主張這歸顯於密乃宗周學之基本性格，在此密教之判定下，即選擇

乃非根源的第一義，而心、性分別以四端表之，致使有性與氣質相混之病。筆者以為，劉宗周貶四端說，很易得到修正而無損其本意，即四端是心之性具體地分別表現，而本心則可從渾然流行義來理解，劉宗周其實亦有修正云：「故將自其分者而觀之，燦然四端，物物一太極；又將自其合者而觀之，渾然一理，統體一太極。」（《劉宗周全集 二》〈原旨〉，頁 329），四端之說不會有與氣質雜揉之弊，以四端只是人對統體太極之本心分別之言，一如仁、義、禮與智是理義之分言。因而四端與本心之別在於分別說之，或合一說之，其本源是一。故劉宗周說四端會有氣質雜揉之病，只是其誤解，故別處劉宗周亦明言，四端可從名色言，可從一氣流行之機，是故四端非知覺之外的名色，理與覺並不二分；然亦可從名色而分別言之，於此，覺與理為二：「惻隱羞惡辭讓是非，皆指一氣流行之機，呈於有知有覺之頃；其理有如此而非於所知覺之外。另有四端，名色也，即謂知此理，覺此理猶二之也。」（《劉宗周全集 三上》〈復沈石臣〉，頁 427。）然筆者以為，若從心官之思上說「思則得之」，則本心概念也只不過是人倫理地自覺自得之本性，是人自覺之一體流行，四端是其發用，需指向某特定方向者，在其中，覺與理在對應不同倫理學問題，自當有別，與「氣質紛紜雜揉」扯不上關係。在〈學言中〉亦有貶《孟子》抬《中庸》之說：「孟子以惻隱……徵性之善，猶曰：『有心善，有心不善』，故曰：『有性善與不善』。……惟《中庸》以喜怒哀樂言之……是非之心，哀之發也。喜怒哀樂之未發，則仁義禮智之性也。」（《劉宗周全集 二》，頁 486。）劉宗周雖有此類文本，但此乃其誤讀《孟子》所至，而非其哲學在本原上與《孟子》心思概念衝突。因為，此所謂「有性善與不善」明顯並非孟子之語，而是公都子引告子質疑孟子性善論之說，後孟子為反駁此人性不確定說，即在下文對人性善論展開有名的「乃若其情，則可以為善也」（《孟子》〈告子上〉）以心明性之辯。此誤讀基本上不會引致其學與此心思概念之衝突。近年有視劉宗周貶心揚性之說，大概是就孟子之心學需回歸到《中庸》之天命之性。然筆者以為，其討論有近於牟宗三對宗周學定性為以心著性一樣的詮釋見解，然此類說法，自有其文本根據，但劉宗周論心亦非只從自覺言，亦有從不應而知之自覺本身言，如下文劉宗周即以孟子之不應而知解《易》之何思何慮。（《劉宗周全集 二》〈人極圖說〉，頁 4。）如此，覺就是心之性，外此並無非自覺可言。再者，此貶心揚性之說，對筆者以心官之思為起始以明其倫理學並無阻礙。

2　《牟宗三先生全集 8》，頁 371。

無視劉宗周對孟子學有實解之文本，反批判他「看輕孟子」、於孟子「無實得」，[3]又評劉宗周對孟子「思則得之」之論為「通泛」，以為只需專於自家誠意慎獨即可，而非「隨意更端」[4]。然而，無視劉宗周在慎獨外談論孟子心官之思這顯教思想，林月惠對此卻也不完全認同，其謂孟子心官之思在宗周學中乃有意義者，肯定了孟子心思之主宰性在宗周學之實踐意義，[5]並指出牟先生未能見到劉宗周言思之「積極意義」（該文註 37）。

　　關於歸顯於密，牟先生乃把「心學之顯教歸于慎獨之密教」[6]，即是將「良知之顯教歸於『意根最微』之密教」。[7]關於以心著性，良知是自覺，牟先生主張「自覺必有超自覺者以為其體」，此體即是穆穆乎不已者之性體；[8]而若性體離開心即「無以體驗體現而體證之者」，此即以心著性，此表心與性「形著之關係，亦是一自覺與超自覺之關係」[9]。而這形著關係早見於胡宏，二者乃同一思路。[10]牟先生於宗周學之詮釋即集中在這兩點之分

3　《牟宗三先生全集 8》，頁 374。

4　《牟宗三先生全集 8》，頁 419。

5　見林月惠：〈蕺山論「已發未發」──從觀念史的考察談起〉（刊於《劉蕺山學術思想論集》，臺北：中央研究院中國文哲研究所籌備處印行，1998），頁 296。

6　《牟宗三先生全集 8》，頁 366。

7　《牟宗三先生全集 8》，頁 367。

8　《牟宗三先生全集 8》，頁 367。

9　《牟宗三先生全集 8》，頁 367。

10　見《牟宗三先生全集 8》，頁 365-372。替牟宗三觀點進行辯護的，近年有劉佳銘：〈從劉蕺山之經典詮釋論其思想型態之歸屬〉（刊於《國立政治大學哲學學報》，28 期，2012），該文透過分析劉宗周之經典詮釋（分別是《易傳》、《中庸》、《大學》、《論語》與《孟子》）以支持牟先生以心著性之觀點；關涉及本文之孟子學，劉氏謂劉宗周把孟子之四端視為「人道邊事」，只掌握儒學之主觀面，而《中庸》則「不涉人分」，「言性第一義」（頁 228），掌握儒學之客觀面，而此比前者更根本；最後判斷說劉宗周乃要把孟子體系「融攝入性天的層面」（頁 229）。劉氏此說有與鍾彩鈞觀點相近處，鍾氏即視劉宗周貶孟子之心與揚《中庸》之性，主張劉宗周把四端之根，放在《中庸》喜怒哀樂之未發中，四端只其變形，《中庸》之性，是孟子善性之根柢；至〈證學雜解〉，明確主張《中庸》超過孟子：「心是生氣虛靈之統、生生之主，也就是人的本質，不一定要從自覺上說。而且，自覺之前是自然的階

析工作上；在慎獨學之判定下，人亦難期望牟先生能積極對待在宗周文本上屬孟子學之顯教義理。[11]然而，這乃是對宗周學研究的一項損失，因為有慎獨之密教思想，不等於不能有顯教思想；而若兩者不矛盾，二者自當可合理地並存。但牟先生把宗周學判定為密教，卻把其中的顯教思想抹殺掉，此並無必要；其實他最多能做到的只是判定宗周學中有密教思想，而非屬於密教思想，因就算有密教思想但卻亦可同時有顯教思想，二者並不互斥。

　　劉宗周之學被歸類到慎獨學乃起於黃宗羲，黃氏謂其師於《論語》有學案，於《大學》有統義，於《中庸》有慎獨義，惟在《四書》獨漏《孟子》無成書，故以《孟子師說》補其師之缺云云。[12]牟先生在其《從陸象山到劉

段，就人的本質而言，毋寧是更根本。」（〈劉蕺山與黃梨洲的孟子學〉，刊於《劉蕺山學術思想論集》，頁 384-386。）黃敏浩在其《劉宗周及其慎獨哲學》（臺北：臺灣學生書局，2001，頁 86 之註 122。）中引〈易衍〉以證心宗之有限性，但所引之劉宗周文並無心宗一詞，而只謂性本天而心本人。他以為心宗與性宗之別即在於此，是從人之道德實踐還「未能純乎其純」來說心宗，故他理解劉宗周之心即從「有限性」而來，是故心之概念在劉宗周即不能直接等同性與天，心乃從「後天而奉天時」說：「此時吾人的心亦不能是無限的宇宙心或形而上的實體，它是有限的，只能為道德界的主宰，卻不能是存在界的根源」（頁 87）。劉宗周自有從「囿於形者」來說心，黃氏藉此說性較高崇，從而堅持劉宗周視心為有限的。黃氏再以劉宗周從《孟子》之心官之思說其有限性，所謂：「心之官則思，思曰睿，睿作聖」以《中庸》之誠者天之道說性之無限性，所謂「誠者不勉而中，不思而得，從容中道，聖人也」，並依此而說劉宗周貶心揚性，但性「畢竟較為尊崇」、「心尊貴，而性更尊貴」（頁 91）。關於劉宗周心、性關係，可參楊國榮：〈理性本體之重建——劉宗周與心性之辯〉（《劉蕺山學術思想論集》）之討論，此文詳論心在一般意義下的經驗性，以及性如何為心之本體。亦可參看李明輝：〈劉蕺山對朱子理氣論的批判〉，刊於臺北，《漢學研究》，十九卷，二期，2001，頁 25 中亦有心可形上可形下理解之說明。

11　以心著性之說乃牟宗三對胡宏之分判，指胡宏屬顯教；劉宗周雖亦言以心著性，但牟先生指其歸顯於密而屬密教。（《牟宗三先生全集 8》，頁 370）可知以心著性與歸顯於密於牟先生言屬不同概念。

12　黃宗羲：《孟子師說》，載於《劉宗周全集 六》，頁 627。宗周學遠離孟學之印象，即源於此。

蕺山》一書中對劉宗周有頗多批判，[13]其實乃承黃氏視宗周學為慎獨學之偏見所衍生而來，而且透過其獨有的判教之理解方式把宗周學偏歸為密教，從而有對劉宗周於孟子之理解有所批判。他再進一步主張此學乃避免陽明學流蔽而來，以為在此流蔽中學者把陽明心學之本心流露與情識相混；為此，劉宗周即把心體藏於意根最微中而為歸顯於密之密教。[14]然而，人雖不必反對宗周學有此密教思想，但慎獨並不是宗周學之全部。把劉宗周學歸類為密教是何其困難的，因為只要在其文本中找出某些顯教思想為反例即可推翻其判斷。

　　以下試舉一例說明。劉宗周嘗在〈學言上〉把《孟子》「心之官則思」與《尚書》〈洪範〉之「思作睿，睿作聖」相連：

　　心之官則思；思曰睿，睿作聖。[15]

---

[13] 牟宗三批判劉宗周，以為他「復陷於聶雙江、羅念菴之窠臼」（《牟宗三先生全集 8》，頁 375），也即所謂現成良知與本源良知之差異，甚至批評「此則是完全穿鑿，無一是處」。在猛烈的批判背後，牟先生指出其理解之誤，首先是在對知一詞之虛實不分，即是，知止，知先與知本之知，乃「虛位字，良知是實體字」。牟宗三批判劉宗周把作為實體字（指良知本體）「知藏於意」之知與作為虛字（動詞，指良知之動）「知止」之知相混，見其《牟宗三先生全集 8》，頁 390。林月惠在此以為後者是功夫，知止之止乃指至善地，即良知。（〈劉宗周對《大學》〈誠意章〉的詮釋〉，見《中國文哲研究集刊》，臺北：中央研究院中國文哲研究所，第 19 期，2001 年 9 月，頁 423-4。）。虛字與實字之分，例如我知上帝，但我並不是上帝（《牟宗三先生全集 8》，頁 391），因而知止之知，非良知之知，前者是某人對某物之知，乃動詞義，後者是心之本體，乃實體義。於牟先生，劉宗周有更嚴重的問題，對意念之理解未能與良知區分到不同層次上，他本人即主張這兩層之分：「意為意念，屬感性層，知為良知，屬超越層」（頁 377）。牟先生也非一味責難，即指出其意即心所存主之說「自可成立，但不必辯難良知教」（頁 378），以為這存主之說，即是意之超越義，此義陽明良知學即有，只是「陽明未先點出這超越意義的意而已」（頁 377）。

[14] 《牟宗三先生全集 8》，頁 365-367。

[15] 《劉宗周全集 二》〈學言上〉，頁 448。

同是思，孟子之思，屬心之主體，《尚書》之思，由於未論及心，故只表道德活動，由思到睿而於聖。《孟子》本心之「思」與〈洪範〉之「思」，少為人注意此關連之意義。在北宋，此〈洪範〉「思曰睿」被周濂溪納入其《通書》之〈思第九〉中作一經典詮釋，牟宗三主張此乃周濂溪把主觀義的思與其天道誠體連結，從而使這形上實體獲得一主觀性，不再為純客觀的。[16]但主觀性始終還不是先秦孟學之本心主體，牟宗三依此即指濂溪未用孟子本心之思而批評他對孟子心學「無真切的理解」。[17]現在，劉宗周既把孟子心官之思綜合到此〈洪範〉中，依同理，牟先生應稱許劉宗周對孟子有「真切的理解」，但事實卻反而批評為「看輕孟子」，於孟子「無實得」。

反此，唐君毅詮釋劉宗周不在判定其學之所屬，也未曾以它屬某學（如慎獨學）便排斥它可有顯學（如孟子心學）之可能，故知其詮釋未如牟宗三般以評價學派為目的，而以就其心學內容論宗周學，在其《中國哲學原論原性篇》中不採牟先生密教與顯教之對揚，而簡單直接地從劉宗周對心意關係之理解上進行，在其中，意乃心之存主，故意乃好惡一機，[18]此好惡乃謂：意作為心之存主，先於善惡，乃好善惡惡之心體本來面目，故非為善而去其惡；在此存主之意中，若既無惡，又何來除惡？除惡是人有惡意後之事，所以唐氏以劉宗周意作為心之存主批判除惡說，以良知此時只是如一監察官，欲就善惡念之起，作逆收之勢。[19]這即進入劉宗周與王陽明之別，前者，意是心之存主，後者乃心之所發為善惡。就此而言，唐氏乃從孟子心學論宗周學。

然若依此，宗周學既可從孟子心學理解，然孟子心學又可從何處著手？筆者從先秦儒學之義著手，它表現為一斷然規範性。劉宗周乃明代最後一位大儒，以先秦儒之義著手研究，算是一種對傳統之回歸。

16　《牟宗三先生全集 5》，頁 356。
17　《牟宗三先生全集 5》，頁 374。
18　《唐君毅全集》，十三，頁 494-5。
19　《唐君毅全集》，十三，頁 498。

二、由斷然規範見心之本然──劉宗周對孟子之理解

　　先秦儒家中所言之義，漢學家好以合宜詮釋，如安樂哲等甚至主張以義析解宜乃是古代中國的通用解釋，[20]其實在孔孟子之義，非表合宜，義乃表一嚴格規範之理。在先秦之所謂義，需以理析之，此可在〈公孫丑〉中孟子把行不義與殺不辜對等地視為不可為之事，此表命令，甚至以天下換之也不為，此表義之無條件性：「行一不義，殺一不辜，而得天下，皆不為也」。義一詞之意涵其實不難解，當與不義、不辜對比，可知孟子之義有其嚴格性，要人「不為」，乃表禁止，甚至於以天下換之也「皆不為」，此謂，義之價值根本不能用作交換，是無條件的，它表人何事可為，何事不可為之無條的命令。如是，此命令非從時地上的合宜與否而言，也非從量上言的適當與否來理解，而是從斷然可或斷然不可之規範來理解，這即所謂義務。後來義之義務轉為漢代的合宜，但宋明儒並不接受這偷換的詮釋而回歸到義者理也之老傳統；這回歸一直到明代末的劉宗周，他以「斷斷乎必於此也」[21]表示道德上斷然的規範。它乃表示：人有須為之事──應然，亦有決不可做之事──禁止；也即人乃斷然地被規範去做或不去做，非能恣意妄為，這是先秦儒者留下的根本見解，此見解，劉宗周乃從《大學》所云好好色，惡惡臭相連來理解：

> 好，必於善，如好好色，斷斷乎必於此也；惡，必於惡，如惡惡臭，斷斷乎必不於彼也。[22]

「斷斷乎必於此」、「必於此而必不於彼」，乃表倫理規範之必然性，即表義務之命令意，或必不可如此，即表義務之禁止意。這義務概念需在主體之

20　郝大維，安樂哲合著，何金俐譯：《通過孔子而思》（北京：北京大學出版社，2020），頁110。

21　《劉宗周全集　三上》〈答葉閏山四〉，頁439。

22　《劉宗周全集　三上》〈答葉閏山四〉，頁439。

動機上的說明，因義務之概念不只於從必於此或必不必此來說明，這只表合理性，而合理之事，還涉及人之意欲動機才能得到一完整的理解，因為只有在與動機相關，此理才能被理解為對人之規範，否則只如太陽是圓的一樣，並未表示對人有所要求的規範，因而只表一正確性。在動機上，劉宗周乃以好惡論：此斷然規範乃是以好好與惡惡說明與人之動機相關，在這相關中，這斷然規範不只是正確性，且同是可理解為一能對人作出要求之命令。此出自《大學》「所謂誠其意者，毋自欺也。如惡惡臭，如好好色，此之謂自慊」，宋明儒者喜用《大學》說好惡與理義之關係，劉宗周不例外，他把好惡用於理義之上，由好好與惡惡表人在理義之愉悅中的接受與拒絕之主觀動機，並藉此窺見其所謂心存主之誠，故續云：

> 必於此而必不於彼，正見其存主之誠。[23]

在此存主之誠中，良心知善即好之，即願之，如好好色；良心知惡即厭惡之，拒之而不願，如惡惡臭，其實此乃表知行合一之義。陳來質疑在知行合一中，既然知之即行之，則人若知惡，便即是行了惡？[24]此乃誤解，因此知乃在「好好色，惡惡臭」中理解，若知惡之知是一行動，此所謂行動，乃謂惡（厭惡或厭棄）於惡（善惡之惡，即不善），行了拒惡，而不是去行或實現某惡之事。劉宗周云惡惡之行乃一「惡在不善」：

> 「如惡惡臭，如好好色」，蓋言獨體之好惡也。……既自好自惡，則好在善，即惡在不善；惡在不善，即好在善，故好惡雖兩意一機。[25]

此謂：惡惡即是好好，知惡，乃知此為惡，既知之已涵拒之，即「惡在不

---

[23] 《劉宗周全集 三上》〈答葉閏山四〉，頁 439。

[24] 陳來：《有無之境》，頁 98。

[25] 《劉宗周全集 二》，〈學言下〉，頁 522-523。劉宗周在此言獨體之自好自惡，此乃表孟子之良心義，在此，也沒有以心著性或者歸顯於密之問題。

善」；至於人在行為上沒有拒之，乃是人故意違逆其良知，而非謂在良知之知中實行了惡。心是「鑒察官，謂之良知，最有權」[26]，心只有權，它亦是意之機，此好好與惡惡，此知善知惡，皆心之發，此即是機，機乃「發動所由也。發非機也，以發為機」。[27]故所謂兩意一機，即知善惡、好好惡惡皆心之發動。由是，劉宗周把斷然規範，好惡之動機連結到心，這是對心之完整的倫理學理解；而這理解方式原自孟子所開啟的心學，劉宗周把此兩意一機歸到孟子心性之說，完全是正確的：

> 心是無善無惡，其如動而為好惡，好必善，惡必惡，如火之熱，水之寒，斷斷不爽，乃見其所為善者。《孟子》性善之說本此。故曰：「平旦之氣，其好惡與人相近者幾希。」此性善第一義也。[28]

劉宗周謂，好善惡惡，孟子良心之善性乃本此。然若對孟子學無真切了解，決不能說出此孟子性善說乃本於此好善惡惡，此乃良心本然之性，在其中，劉宗周先說心之善惡，然後說其好惡，此暗指心之知善惡與其好惡合而為本心之性。牟宗三先生在分析陽明對本心之理解時即指出這善惡與好惡合，並以此為一節之標題：〈王學是孟子學〉，[29]此心之本性先由孟子揭示，劉宗周卻知陽明學乃隨此而來之，有云：

> 《孟子》言本心，言良心，言人心，言不忍人之心，言四端之心，言赤子之心，不一而足，最後又言良知、良能，益勘人親切處。凡以發明性善之說，此陽明先之教所自來也。[30]

---

[26] 《劉宗周全集 二》，〈學言下〉，頁511。

[27] 《劉宗周全集 二》，〈學言下〉，頁514。

[28] 《劉宗周全集 二》，〈學言下〉，頁519。

[29] 〈第三章王學之分化與發展 第一節王學是孟子學〉，見《牟宗三先生全集 8》，頁177。

[30] 《劉宗周全集 二》，〈學言中〉，頁502。

　　若不了解孟子心性之學，劉宗周難說出其間的連繫。對《孟子》與《大學》之連結更不只於好好惡惡，更有良知與知止。

三、劉宗周連結《孟子》之良知與《大學》之知止

　　慎獨之說，《大學》與《中庸》皆有，是否可把宗周學限於此？在〈答史子復二〉中劉宗周即把《大學》知止之知與孟子首言的良知之知相結合：

> 知止之知，合下求之至善之地，正所謂德性之知，良知也。[31]

如是，是否可如牟宗三先生般說劉宗周看輕孟子？說有著力於慎獨故可，但難於把其學圍於隱密之慎獨，以下先說明他如何以《大學》之知連結到孟子之良知及其衍生之概念。

　　知止，乃源自於《大學》之「知止而後定」，亦有「止於至善」之說，指無條件的，自身的善；良知一詞只在《孟子》〈盡心〉出現一次，然其不慮而知之概念，表示此知乃無依思慮的根源的善，劉宗周把知止與良知結合，就概念上完全恰當：知，乃良知之知，止是停止義，此謂止於至善之地，即是良知。然又何以能把良知視為至善之地？此則這涉及良知概念之內涵，即連繫到孟子之「思則得之」，劉宗周有云：

> 古人立言，字字鞭入底裏，其要歸於知止耳，所謂「思則得之」也。[32]

故知止於良知之至善，乃謂一切善皆以良知止處為歸宿，此即是「思則得之」之謂。「思則得之」乃出自《孟子》〈告子上〉：「心之官則思，思則得之，不思則不得也。」此所謂「官」，孟子時皆官職之職義，而非後來衍

---

[31]　《劉宗周全集　三上》〈答史子復二〉，頁 454。

[32]　《劉宗周全集　三上》〈復沈石臣〉，頁 426。

生出的感官之官義，朱子即以職司言，此表心之主宰。[33]劉宗周之心，即生生之主乃統氣，而思乃是說心常醒不昧之官：

> 生氣宅於虛，故靈，而心其統也，生生之主也；其嘗醒而不昧者，思也，心之官也。[34]

故知劉宗周之心，乃隨孟子心思之官而來者；劉宗周亦知此詞之本義，故隨朱子，以職言官：

> 「心之官則思」，一息不思，則官失其職。[35]

官不只在孟子並無感官義，就算在《荀子》其實也表職，只不過於心官，荀子提升到「天君」以治耳目之五官：「耳目鼻口形能各有接而不相能也，夫是之謂天官。心居中虛，以治五官，夫是之謂天君」（《荀子》〈天論〉）。官，雖一般從政治言，表示國家在行使職權的客觀表示，但在此乃是倫理的，謂心有其與耳目不同之職司。心之職乃所謂「位」，其失職，乃謂人離棄此心所掌職權之位。此職與位皆從主宰義說，故劉宗周隨上文有云「思即是良知之柄」，[36]進而，在〈學言上〉頁 448 中謂孟子以官言心乃指人在其職掌之中不容躲閃，此即謂人在實踐中之斷然性：

> ……總不如孟子一句道破，曰「心之官則思」。如為官者問及職掌何在？則有此官，便有此職掌。一事事不容躲閃，而其工夫亦自不難。

在上節二中已明劉宗周把《大學》之好好惡惡與斷然規範作連結，並以《孟

---

[33]　朱子：《四書章句集注》《孟子 告子上》，頁 335。

[34]　《劉宗周全集 二》〈原心〉，頁 327。

[35]　《劉宗周全集 二》〈學言中〉，頁 492。

[36]　《劉宗周全集 二》〈學言中〉，頁 492。

子》〈公孫丑〉「行一不義，殺一不辜，而得天下，皆不為也」之無條件性
的命令說明；在此「不容躲閃」之義與心官之職相連，正表示斷然規範與心
主體之立法關係，此乃心官之職所表示者。此心官之「思」有不同層面，有
為小人說弗思耳，有為庸人說思無邪，有為眾人說慎思，有為賢人說近思，
儼若思則為聖人說，最後無思而無乎不思乃對《易經》之「何思」說。[37]

　　心官之思，乃倫理能力之才義，相應〈告子上〉「操則存」句。此人操
而存，即表道德自主主宰性，謂人之道德實踐無借它者，乃全操存在自己
者，完全的獨立自主性，由人自己之實踐決定即可達致者。劉宗周於此的道
德自主性有切解，故藉《孟子》中引孔子語做說明：

> 乃夫子則曰：「操則存，舍則亡，出入無時，莫知其鄉。」須知此
> 心，原自存，操則存，又何曾於存外加得些子？[38]

此操存說雖謂出自孔子，惟不見於《論語》，只存於現存《孟子》一書之引
述，此卻與上文《孟子》「思則得之」等義相呼應。此自主之主宰，乃謂人
之道德價值完全操存在自己手裡——人操持，則得之，謂「何曾於存外加得
些子？」此表完全獨立於外的自主性，此乃心之主體所特有的本性。劉宗周
常言意乃心所存，非心所發，此存即此操存義之存，乃謂心之操存即可致其
所思之實現，乃指本心在實踐上之自我實現，故不能因人之私意加存得些
子，此義即源於此孟子之說無疑。[39]

---

[37] 《劉宗周全集 二》〈學言上〉，頁448。

[38] 《劉宗周全集 二》〈證學雜解〉，頁310。

[39] 在《劉宗周全集 三上》〈答葉潤山四〉中劉宗周亦有云：「意為心之所存，正從《中
庸》以未發為天下之大本，不聞以發為本也」（頁 438），在此劉宗周只謂意乃心之
本然所存處，故續云：「身既本於心，心安得不本於意？」，而意是發動，故劉宗周
此說只表示心意為一，即心所思者即是心之發動，其間並無善惡雜揉，此本體即工夫
之說。依本文之詮釋，孟子心思之即得之，乃表示此心意為一之說：本心自主性，其
思即是發動，心本體即是工夫，故在《劉宗周全集三上》〈復沈石臣〉中有云：「又
云：『思則得之』，思即致知之別名，原來即本體即工夫也。」（頁42）。

　　劉宗周對孟子學之心義，掌握得深，說他看輕孟子，乃言重。這「思則得之」處於儒學倫理學中在主體上之奠基性地位，而非一泛泛之可有可無的偶然概念，它自身具足，而具足則在自我反思中可能。

四、以孟子學解《易》──劉宗周心學之進一步解

　　上文已論及孟子之思是心之主宰與自我實現義，然思一詞之義，在劉宗周處亦關涉到《易》之「何思何慮」，所謂：

> 「天下何思何慮」，何曾止向七尺討分曉乎？……大《易》曰：「兼山艮，君子以思，不出其位」，認得位字清楚，亦何至坐馳之有？[40]

在《中庸》亦有所謂「思誠」，然則又何以知劉宗周所謂「思」出於《孟子》「思則得之」而非《中庸》？《孟子》與《中庸》皆有「思誠」說，然《中庸》卻無心一詞，且《孟子》之思，乃扣緊人道德上的自主性言，故劉宗周在下文即把《孟子》中「思則得之」與「出位之思」連結在一起。此謂，思與慮，非從身軀義解；所謂思之位，乃指心官之本位；與上文心官之思相連，心之本位，即是其職司職能，乃思則得之的道德能力，此能力是心之體，乃炯然有覺者：心思之體，即是其覺；出位而離其職，即是念：

> 問：「人有出位之思否？」，曰：「孟子曰：『思則得之，不思則不得也』；出位，非思也，念也。炯然有覺者，思之體；倏然無根者，念之動。」[41]

劉宗周以覺訓心，在出位之思外，又有「覺離本位」之說，在〈證學雜解〉

---

[40] 《劉宗周全集　三上》〈與門美十四〉，頁592-3。

[41] 《劉宗周全集　一》〈論語學案三〉，頁551。

中有云：

> 覺離本位，情識熾然，聰明乘之……理識之病，深則鑿，淺則浮。[42]

此情識與聰明而來的理識之病，最原初處乃緣於覺離其自己之本位。[43]位，依上文，當是思之職能義，故出位與離位，其義一也。此心思之體即以覺顯，此覺乃具足，故在此覺中即可實現其所覺者；此覺非念，而是赤子之心所反求即是之自覺：

> 然赤子之心，人皆有之，信得及，直下便是聖人。所謂信得及者，只於此心中便覺一下耳，……卻非於此心之外又加毫末也；此心原來具足，反求即是。[44]

聖人概念之基礎即是此反求自己即是之覺，此覺即是心思，聖者即是覺者；此思而即得之之思，不是認知上的思考，而是上文心官之思，劉宗周別出心裁，又一次把此《易》之思慮，與孟子思想相連結，只不過不從心官之思言，而以心之不慮而知相連結：

> 《易》曰：「天下何思何慮？天下同歸而殊塗，一致而百慮，天下何思何慮！」無知之知，不慮而知；無能之能，不學而能，是之謂無善

---

[42] 《劉宗周全集 二》〈證學雜解〉，頁311。

[43] 所謂「位」，亦可從《中庸》之慎獨與形上思想給合，故有「位育」之說，「位育」出自《中庸》：「天地位焉！萬物育焉！」，所以「位育」是藉《中庸》天命之性的存有學上言，但就劉宗周言，此「位育」乃可藉慎獨而中和言；「慎獨而中和，位育，天下之事畢矣！」（《劉宗周全集 二》〈證人要旨〉，頁6），又云：「慎獨即是致中和，致中和即是位育」（《劉宗周全集 三上》〈答履思五〉，頁367）

[44] 《劉宗周全集 三上》〈論羅近溪先生語錄二則示秦履思〉，頁420。

之善。[45]

　　可知劉宗周以孟子之「思」解《易》之何思何慮，並非偶然！何思何慮，並非不思不慮之笨人；亦非見聞之知，因見聞需在經歷中達致，故必以學而後至之。此不學而能之思，意謂不在既定的善中，而由心官之思即可達致者；因而，此只表示思與知即是心之實踐即其所得之謂。劉宗周此「不慮而知」與「不學而能」，乃源自《孟子》之〈盡心上〉。此知，是良知之知，人對此無不知，也即是思則得之之思。思之中，沒有不得者，折枝徐行之德，思之，即可為之，為之，即可達至之，這是分析地必然者。若要挾太山超北海，這自非良知良能之事，而是實際事務之能。良知良能乃道德之能，人之謂不能，乃是不願為之藉口：「為長者折枝，語人曰：『我不能。』，是不為也，非不能也。」（〈梁惠王上〉）。道德之思，即是道德之能，思之，即能之，能之，即可行之，不為不行而無所得，只是不思不願之者；無能，只是推責之藉口：「……人死則曰：『非我也，歲也。』，是何異於刺人而殺之，曰：『非我也，兵也！』」（〈告子上〉）。孟子這心官之概念，乃是具足無缺之道德能力，思與知，乃即是其實行，實行即是實現。孟子此說，其理由乃在於：若真有所不足不能，人連承擔責任都不可能──總不能責備一能力不足者。然若人能承擔其責，則本心所思，即是人必要為之者。故思與為，其實是統一在一起者。劉宗周承孟子思則得之之倫理學概念，其基礎即在於：若言某人在倫理上有所不能者，則此人即在倫理上無責可承；因而本心之思，即是使人之倫理責任成為可能的先行條件者。

五、結語

　　劉汋以為其父對陽明學之理解有三變，始疑，中信，後辨難，夫惟信之篤而辨之切（《劉宗周全集　五》《劉宗周年譜　崇禎十六年》，頁 488），

---

[45]《劉宗周全集　二》〈人極圖說〉，頁 4。

此說是依史料在時間歷程上的哲學史解讀，而非一哲學解析。若哲學地解析宗周學，本文為此下一註腳：若劉宗周未能解讀出陽明學之實義，是其本人之解讀問題，然若在此解讀以為其學離孟子學而另有性格，卻也不必，因為哲學地解讀劉宗周文本，其中即蘊涵一孟子心性之學。宗周學包含孟子心性之學乃無疑者，陽明學乃承孟學，如是，三者於此乃心性之學的一脈相承者。宗周學之倫理學理解在本文中被重構，此理解乃把斷然規範及動機連結在心之上，從而說明人之道德規範以及責任如可可能，此非哲學史或哲學分類之工作，而是一依倫理學理解而來的哲學詮釋。

引用文獻

劉宗周：《劉宗周全集 六冊》。（臺北：中央研究院中國文哲研究所籌備處，1996。）

朱子：《四書章句集注》。（臺北：鵝湖出版社，1984。）

王先謙：《荀子集解》。（北京：中華書局，2012。）

牟宗三：《牟宗三先生全集》。（臺北：聯經出版事業公司，2003。）

唐君毅：《中國哲學原論原性篇》，《唐君毅全集》，十三。（臺北：臺灣學生書局，1991。）

黃敏浩：《劉宗周及其慎獨哲學》。（臺北：臺灣學生書局，2001。）

李明輝：〈劉蕺山對朱子理氣論的批判〉。（臺北：《漢學研究》，十九卷，二期，2001。）

鍾彩鈞：〈劉蕺山與黃梨洲的孟子學〉，《劉蕺山學術思想論集》。（臺北：中央研究院中國文哲研究所籌備處印行，1998。）

林月惠：〈蕺山論「已發未發」——從觀念史的考察談起〉，《劉蕺山學術思想論集》。（臺北：中央研究院中國文哲研究所籌備處印行，1998。）

林月惠：〈劉蕺山對《大學》〈誠意章〉的詮釋〉，《中國文哲研究集刊》。（臺北：中央研究院中國文哲研究所，第 19 期，2001。）

楊國榮：〈理性本體之重建——劉宗周與心性之辯〉，《劉蕺山學術思想論集》。（臺北・中央研究院中國文哲研究所籌備處印行，1998。）

陳　來：《有無之境》。（北京：北京大學出版社，2013。）

劉佳銘：〈從劉蕺山之經典詮釋論其思想型態之歸屬〉。（臺北：《國立政治大學哲學學報》，28 期，2012。）

郝大維，安樂哲合著：《通過孔子而思》，何金俐譯。（北京：北京大學出版社，2020。）

儒家思想中的超越性問題

陳　贇[*]

　　關於儒家思想的超越性問題，比較流行的是馬克斯・韋伯的如下觀點，儒家思想並沒有發展出經驗與超驗之間的分離性架構，因而它缺乏變革世界的激情，其思想取向被導向的更多的是對現實世界秩序的適應。[1]然而，卡爾・雅斯貝爾斯在其軸心時代理論中強調，正是在希臘、印度和中國三個地區發生了精神突破運動，其實質是從「自然民族」到「歷史民族」的升華，而作為這一突破之核心的則是超越性意識的興起。[2]沃格林在其「天下時代」的論述中進而將精神突破運動進行擴展，並將其置於帝國征服對具體社會摧毀的背景下，這一背景使得人們在具體社會內部展開的自我確證不再可能，而不得不投向與權力分離的精神領域，這一領域在人那裡的敞開位點是

[*]　華東師範大學中國現代思想文化研究所暨哲學系教授，教育部長江學者

[1]　陳贇：〈馬克斯・韋伯與儒家孝道倫理的超越性問題〉，《道德與文明》2021 年第三期。儒家的超越性問題，往往以儒家的宗教性維度之名義而被中國學人思考，對於思考最為深入的無疑是李明輝教授，其論文〈從康德的"道德宗教"論儒家的宗教性〉堪為典範，該文收入哈佛燕京學社編《儒家傳統與啟蒙心態》（南京：江蘇教育出版社，2005），又收入李志剛、馮達文編《從歷史中提取智慧》（成都：巴蜀書社，2005）。也收入李明輝《儒家與康德》（增訂版，臺北：聯經出版事業公司，2018）。謹以此文向李明輝老師致敬！

[2]　陳贇：〈雅斯貝爾斯的軸心時代理論與歷史意義問題〉，《貴州社會科學》2022 年第 5 期。

人的心性或靈魂，而不再訴諸與宇宙節律的合拍。[3]無論是軸心時代理論，還是天下時代學說，都將超越性意識的顯發及其在人類歷史中的多元平行進展關聯起來，只不過在雅斯貝爾斯的普遍歷史架構中，這種平行性是時間上的共時性，即公元前 800 年至前 200 年這 600 年時間中人類歷史在三個地區顯現出來的共同性；而在埃里克・沃格林那裏，這種平行性更應是意義上的等價性。

　　歷史地看，那些精神突破的擔綱者們由於與他們所置身其中的具體社會保持了前所未有的間距，甚至難以調和的衝突，這反而使他們擁有了超越性的視域和批判性的態度，實現了與具體社會的分離，本傑明・史華茲就以「後退一步，向前觀望」（stand back and look beyond）表述這種視域。[4]所有這些都突破了韋伯關於儒教中國缺乏經驗性與超越性張力的觀點。問題並不在於儒家傳統是否具有超越性的向度，而在於如何理解超越性意識的不同類型，尤其是當這些類型以多樣化方式出現時，無法以其中的一種類型而化約其他的類型。接續他們的洞見，則可以從貫通軸心時代理論與天下時代理論共有的精神突破運動來刻畫儒家思想超越性意識的開顯問題。

一、超越性與歷史性的交構

　　所謂的精神突破運動，很大程度上是精神從捆綁它的給定性條件中掙脫而獲得獨立，這種獨立性可以在人類經驗的符號形式中獲得表達，從而具有自己的本己性位置。就中國語境而言，從「三代以上」到「三代以下」的秩序轉變，首先意味著「治出於一」到「治出於二」的權力與精神的分離格局，地上的君主不再有壟斷通天的特權，人人皆可以在其本有的心性中通達天道，這也就是何以在「三代以上」到「三代以下」的轉折時期人性論興起

---

[3]　陳贇：〈沃格林論"天下時代"的秩序轉換〉，《社會科學》2022 年第 12 期。

[4]　Benjamin Schwartz, "The Age of Transcendence", *Daedalus* 104, No2:17 (1975).

的根源；[5]與此相應，人性、人心、人情成為秩序的根據，它們在「三代以上」則是渾然於宇宙論秩序中，消融在高高在上且不近人情的神聖性天命意識中，精神突破則將其解放出來，成為秩序根據的獨立一極，人由此而成為與天、地並列的一極，中國思想中天地人三才之道意識的出現，正是人之成為秩序之獨立一極的表現。

當雅斯貝爾斯將精神突破運動與超越性意識的興起關聯起來時，構成其前提的則是自然與歷史的區別，而沃格林則將這一區分延展為宇宙與歷史的區分。宇宙即自然，它們構成與歷史的對峙，這是雅斯貝爾斯與沃格林背後的共同預設。神話時代的人們深感自身被捲入到了大自然節律所呈現的宇宙論秩序中，而與宇宙節律的保持一致，則是太古存有論的根本取向；與此相應，歷史作為對自然的宇宙節律的否定，被等同於宇宙節律之不規則的偶然和意外。與此相應，米爾恰・伊利亞德所刻畫的上古社會中，泯除歷史的意識深深地隱藏在神話敘事的中心，而唯有通過泯除歷史意識，宇宙論秩序中的「神顯」才不會受到干擾，因為在精神突破之前，神是作為宇宙內最高事物而被凸顯，此與精神突破之後神不再是宇宙內事物，而是世界及其存在者整體的根據大不相同。「神顯」關聯著神聖的開端或創生，對絕對起源、萬物開端的全神貫注是精神突破之前的上古心靈所特有的，宇宙誕生的神話則是上古宗教／神話的核心內容。這種神聖開端關聯著歷史的抑制：以宇宙秩序確證生存的那些「宇宙人」與後來的「歷史人」不同，他們「或者定期性地泯除歷史；或者不斷地尋求超歷史範例與原型而貶抑歷史；或者賦予歷史某種後設歷史的意義（循環理論，末世論的旨歸等等皆是），若此種種，其宗旨皆是認為歷史事件本身沒有價值。換言之，他不認為歷史是他人自身存在模式的一個特殊範疇」[6]。基於自然的宇宙論秩序，總是要麼具有回到太初整體，要麼重複宇宙誕生，以保持人們歸屬其中的集體主義生活形式具有

---

[5]　陳贇：〈“治出於二”與先秦儒學的理路〉，《哲學動態》2021 年第 1 期。

[6]　米爾恰・伊利亞德：《宇宙與歷史：永恒回歸的神話》，楊儒賓譯，臺北：聯經出版事業公司，2000 年，第 127 頁。按：楊儒賓將作者譯為“耶律亞德”。

一種宇宙論的結構（cosmological structure）。[7]

　　生存的宇宙論結構與精神突破之前的宇宙王權關聯在一起，對於那些在宇宙論王國中被統治的民族（如以色列）而言，掙脫宇宙論王國的統治就同時關聯著掙脫宇宙論秩序，因為那些王國將自己支配的社會秩序以神話等符號深深地嵌入到天地萬物組成的宇宙論秩序中。由此精神突破運動在於將人與更高的神，甚至是比宇宙的創世神更高更絕對的上帝關聯在一起，畢竟宇宙的創世神還可以是宇宙論王國秩序的潛在支持者，甚至是其統治的正當性來源。那麼，新的上帝唯有與這種絕對神關聯起來時，生存本身才能超越王權及其連通的宇宙論節律，這樣的超越性，向上就是構建超越宇宙論秩序的絕對神，向下就是分離人的身和心以凸顯純粹的精神性——靈性，超越性的實質就是在純粹精神性（靈性）與絕對神之間建立溝通——這就是在猶太－基督宗教中可以引申出來的具有古典靈知主義特色的超越性。擺脫了宇宙論秩序的天道就以絕對者的身份向人的靈性敞開，而超越者本身則以絕對自由和純粹創造為內容。敞開絕對者的方式來自靈性的啟示，後者建立了個體內在性與天道絕對性之間的無中介連通。這種超越性方式採取了從身心結構中分離出身體，從宇宙和社會中剝離出宇宙節律和社會禮法，因而超越性表現在對身體、社會和宇宙的否定。

　　在中國思想中，超越性意識的誕生同樣與三代的宇宙論王國的失序——

---

[7]　米爾恰·伊利亞德指出：“每一次危機的關鍵時刻，在每一個通過儀式裏，人們再次重演太初世界的戲劇。共演出兩次：一是回到太初的整體，二是重複宇宙的誕生，也就是打破原始的統一性。……個人與集體的生活具有一種宇宙論的結構：每一個生命都構成了一個循環，它模仿著世界永恆的創造、毀壞和再創造。——達雅克神話賦予了太初的整體性以極其重要的意義。幾乎可以說，達雅克人癡迷於神聖的兩個方面：太初和整體。世界因神聖而善、而有意義，它來自生命樹，也就是說，來自完成的神性。只有太初的整體，其神性才是完美無缺的。——神聖的歷史發生了，歷史必須通過周期性的重複而獲得永恆，將實在固化在胚胎狀態，如同在一開始那樣淹沒在太初的神聖整體裏面，是不可能的。……每一個神話都表現出前後相續的、連貫的一系列太初的事件，但不同民族以不同方式對這些重大行為做出判斷。”（伊利亞德：《探尋：宗教的歷史和意義》，晏可佳譯，上海：上海書店出版社，2022 年，第 98、99、100 頁）

禮壞樂崩相關。當人以歸屬於宗法集體主義的方式而歸屬於宇宙論秩序的三代生存方式不再有效時，每個人以盡心——知性——知天的方式而與天道直接相通，便打破了宇宙論王國中王者對通天權的壟斷，於是與天相通的德不再被限定在政治層面，而是通向了人性內在固有的品質，不再被王者或統治階層所獨占，而是面向每個人敞開，不再僅僅以「同姓則同德」「異姓則異德」（《國語・晉語》）所表達的集體生存方式的倫理風尚顯現，而是轉向以內在的道德開放自己。當人可以通過內在心性而直通天道時，心性自身成為秩序的根據之一，而對人所顯現的天道本身也內在於人性之中。

　　儒家思想雖然發展出了具有超越性意義的天道概念，但這一概念並非以對身體、社會和宇宙的否定為前提的，相反，一種在個人、社會、宇宙之間的張力性結構主導了對道的理解，個人沒有被化約為去身體化、去社會化、去宇宙化的純粹精神化或智性化個人，以這種個人的理性或精神性（靈性）對宇宙內事物進行分割和定義以達成秩序的方式並沒有得到鼓勵。這使得道在具有創生性品質的同時更具有調節性特徵，道者導也，引導性的內涵規定了道以道路為象徵，它需要各方面的共同參與。道的這種引導性品質同時構成了道的創生性品質的限定，道的那種生天生地、神鬼神帝的一面雖然被引出，但生而不有、為而弗恃、長而弗宰的另一維度也被給出。這兩者構成了道的生生與無為向度，二者並行不悖。這就導致了道雖然生天生地，但卻並非從虛無中按照自身意志創造天地。道的創生性乃是作為「物固自生」（《莊子・在宥》）之根據與引導而出現。道並不主宰萬物，而是給出了物之自為主宰的根據；道不是生出了萬物，而是給出了萬物之自生自成的根據。

　　既然天道之生物，實即物之自生；天道之成物，即物之自成，那麼，天道的意義在哪裏呢？萬物之自生自成本身卻是源自天道。《論語・陽貨》：「子曰：天何言哉，四時行焉，百物生焉。天何言哉！」這與《大戴禮記・哀公問》中孔子貴天道之不已意思相通：「如日月西東相從而不已也，是天道也。不閉其久也，是天道也。無為物成，是天道也。已成而明，是天道也」。孔穎達曾將天地的精神（天地之心）理解為「不為而物自為，不生而

物自生」[8]，更早地，可以看到對天道、天命的無為表述：「無為為之之謂天」（《莊子・天地》），「莫之為而為者天也，莫之致而至者命也」（《孟子・萬章上》）郭象以「物各自生」「物各自造」解釋天道，這就是將天道的角色理解為引導者而不是支配者。[9]《論衡・自然篇》：「天動不欲以生物，而物自生，此則自然也。」朱熹也說：「天只是一氣流行，萬物自生自長，自形自色，豈是逐一妝點得如此！」[10]天道並非世界的最終決定者，也並非一個虛無主義世界中的意義授予者。天道並不直接介入萬物的自生自成，而只是這種自生自成的根據。於是，按照一個終極絕對而獲得支配天下及其萬物的正當性的構想失去了基礎，那種根據能夠把握這種絕對者的理性或靈性來進行分割、定義世界內事物及其秩序的方式也失去了正當性。萬物各自據其源自天道的性命而生活，這種性命自身又是本己性的，但又是天道在此物那裡的分殊化展開。萬有各有其天命，這一天命即隱藏在其性命之中。即便是治理天下的統治者，也必須以引導者的角色出現，引導人們正定性命而已。「政者，正也。正也者，所以正定萬物之命也。」（《管子・法法》）「乾道變化，各正性命」（《周易・乾卦・象傳》），正是儒家思想基於其超越性的天道而構建的秩序原理。

各正性命的秩序成了天道在生活世界的展開，它支持的是融入和參與世界，而不是否棄世間：「不能愛人，不能有其身；不能有其身，不能安土；不能安土，不能樂天；不能樂天，不能成其身。」（《禮記・哀公問》）這使得中國思想傳統中的超越性意識並沒有導向從世間的逃離，而是走向世間內的萬有的協和共生。相比之下，這種逃離在猶太－基督宗教中卻被鼓勵，以《出埃及記》的象徵被靈知主義者擴展開來，不僅世界，而且歷史，都成了必須從中逃離的「埃及」意象，惟其如此，才能保證世間性的生存本身乃

8　王弼、韓康伯注，孔穎達疏：《周易注疏》，《十三經注疏》（整理本）第 1 冊，北京：北京大學出版社，2000 年，第 132 頁。

9　郭慶藩：《莊子集釋》，北京：中華書局，2013 年，第 51、105 頁。

10　朱傑人等主編：《朱子全書》第 15 冊《朱子語類》第 45 卷，上海：上海古籍出版社、安徽教育出版社，2002 年，第 1585 頁。

是一種朝聖之旅，而世間性的家國天下乃至身體，最終都只不過是臨時性的驛站，人被刻畫為大地上的異鄉者，世間及其一切都僅僅具有臨時性的意義。儒家思想在發展超越性意識的同時，卻對世間性生存予以肯定，但這種肯定並不等同於將人與世間性建立在給定性捆綁關係中，而是建立在對世間性生存的轉化與提升上。

　　精神突破運動的結果，是對於被拋與一個具體社會或政治共同體的給定性捆綁，個人有了選擇退出的可能性。出處、進退、隱顯，因而自春秋戰國時代開始，成為儒家思想視野中的生存的不同樣式。然而，與西方古典靈知主義不同，從具體社會及其禮法秩序中的退出或出離，並非轉向一切非世間性的超驗性絕對，而是投身於歷史中展開的文化，正是文化保證了不同的社會與政治共同體的連續性，任何社會與共同體都將如有機體那樣面臨生老病死、興衰成敗的命運，但文化通過歷史記憶卻可以被傳承、被延續。文化的核心又是具體社會中的人對天道的體驗，天道自身無所謂歷史，但其對人的顯現必須通過人的體道經驗，後者是歷史性的，前人的體道經驗匯聚為歷史中的文化，文化作為道之顯者，構成人類歷史之本質，與道相通的超越性意識在中國古典思想中被引向了參與歷史文化之賡續的活動，於是，孔子所謂的「與於斯文」，構成「對越上天」的方式。[11]「斯文」意味著歷史過程中的精神傳承，通過斯文，個人得以突破或超越他所置身其中的具體社會，而得以向著跨世代性的歷史文化世界開放，後者並非純粹的超驗之域，但卻通過向著過去和未來的開放而突破並提升作為生存處境的當下。由此，當下不再受制於自然的宇宙節律。道（天道）與文（斯文）在歷史中交會，人之參與道體，即被轉化為參與「斯文」。歷史性在中國的超越性意識中由此而獲得了基礎性的意義。一個人超出他自身的社會和時代的方式，並不是在心靈體驗中朝向非時間性的永恒，而是進入歷史、參與和推動歷史、成為歷史的一部分。這就導致了歷史對於中國人而具有的宗教性意義，或者用趙汀陽的

---

[11] 陳贇：《中庸的思想》，杭州：浙江大學出版社，2017 年，第 52-67 頁。

話來說，一種歷史為本的精神世界在中國思想中被建立[12]——而這在追求非時間性的永恒的希臘傳統與猶太—基督宗教中是難以想像的。在西方，歷史與哲學的張力，或者說經驗與先驗的張力與衝突始終存在，以至於尼采慨歎「缺乏歷史感是一切哲學家的遺傳缺陷」[13]。古希臘世界對確定性的非世間性的理念世界的執著，與基督教末世論思想結合在一起，導向了對歷史的如下理解，歷史只是以克服歷史為目的，歷史終結所開啟的非時間性的永恒才是歷史的終極目的。因而時間與歷史自身毫無意義，只有通過一種終極目的，歷史才被給予了意義。「假如歷史的意義在歷史事件已經自明，那麼，就根本不存在關於歷史的意義這個問題。但另一方面，只是就一種終極意義而言，歷史才可能表現為無意義的」[14]借助於末世論的與目的論的終極目的，西方思想剝奪了歷史自身的意義。但是，對中國思想而言，歷史承載著跨世代的體道經驗，這些體道經驗表達為能化之「斯文」，後人的體道無以繞過「斯文」，而只能以參與「斯文」方式展開，「斯文」不但連接了人與道，而且溝通了作為生者的人和作為死者的鬼神，因而「斯文」本身就具有神聖性的意義，道之生生通過歷史過程中「斯文」之延續而實現。歷史與天道便不再是兩個互不相關者，而是相即相入的，天道必然通過歷史而向人敞開自身。這就是天道在人那裡的歷史性。

　　歷史在中國文明中的位置，相當於神話在西方文明，它是表達人類經驗的原初性符號形式，[15]正如在西方文明中哲學、宗教、科學等都從神話中分殊出來；中國知識譜系的三支——經、史、子，都是從「原史」的分化，不僅六經皆史，諸子皆史，而且後世的史學也是從「原史」中分殊出來，史在

---

[12] 趙汀陽：〈歷史為本的精神世界〉，《江海學刊》2018 年第 5 期；趙汀陽：《歷史‧山水‧漁樵》，北京：生活‧讀書‧新知三聯書店，2019 年，第 1-2 頁。

[13] 弗里德里希‧尼采：《人性的，太人性的——一本獻給自由精靈的書》，楊恒達譯，北京：中國人民大學出版社，2005 年，第 16-17 頁。譯文根據英文本略有改動。

[14] 卡爾‧洛維特：《世界歷史與救贖歷史：歷史哲學的神學前提》，上海：上海人民出版社，2006 年，第 33 頁。

[15] 陳贇：〈"原史"：中國思想傳統中的原初符號形式〉，《船山學刊》2022 年第 6 期。

中國，一如神話在西方，構成最為古老的符號形式，可謂百科學術之母體。[16]在經了史從原史中分化以後，經史雖然被分殊開來但又具深層聯繫，即經即史，即事即道，歷史被賦予了顯道的超越性意義。道體通過歷史過程中人對道體的參與而自我顯現，但這種顯現既是不完全性的，也是相對性的，並且最終都要轉化為歷史中的體道經驗，人之體道或參與道體，通過與歷史中的他人的體道經驗的貫通的方式而展開，這就是歷史文化世界對於道體開顯所具有的根本性意義。正是這一點使得中國思想更加注重天道的歷史性，與此相應，超越性意識不再如同希臘那裡，構成歷史性的否定，相反，超越性與歷史性的相即相入、相涵相攝，才使得歷史對於中國思想而言本身就具有超越性向度，一切類型的道之體驗或神顯經驗，最終都通過歷史中的經驗而轉化為人文的教化形式，從而被納入人道範疇，這就使得中國古典思想的超越性意識與歷史性之間具有某種深層的互補性和共構性。於是，我們看到，儒家思想中超越性意識的取向，它不是拔離地面、朝向真空，而是轉向歷史中的文化宇宙，在世間以歷史過程中以參與文化宇宙的綿延而指向歷史為本的精神世界。

二、人性的自我理解及其超越性根據

在雅斯貝爾斯與沃格林那裡，歷史與自然的對立，關聯著歷史與宇宙的對峙。精神突破意味著歷史意識的發生以及對自然的宇宙論節律的突破。歷史意識關聯著精神事件所界定的紀元性意識——人類歷史此前紀元與此後紀元被區分的意識，而宇宙作為自然事物整體則是精神突破運動之前的秩序樣態。泯除歷史以回歸永恒，不能採用「轉投自然而跨越歷史」的方式，雖然後者可以獲得「復歸無意識的生命，更深刻地復歸無生命的自然力的清晰性」的體驗，「引向靜謐、雀躍和無痛苦的統一」，但那卻被雅斯貝爾斯視

---

[16] 陳贇：〈"治出於二"與中國知識譜系的創建〉，《江蘇社會科學》2022年第6期。

為「逃離了人類和我們自身」。[17]儒家思想在精神突破之後仍然保持著對宇宙論秩序的敬意，因而被沃格林視為突破不完全性之表現。但沃格林的複雜性在於，他正確地看到以神話符號表達的宇宙論風格的真理與精神突破之後以哲學、啟示這兩種符號表達的生存真理，具有意義上的等價性質，這意味著不能再以落後與先進、野蠻與文明來看到精神突破前後的狀況，人類探尋生存真理的形式和符號可能有所不同，但就其意義而言，卻不分軒輊。

　　將人視為宇宙人，乃是各種神話所表達的古老的真理。人同於其他生存者的地方，在於它是眾多的生存者——萬物——之一，但人又因位居生存者鏈條的頂端，具有其他生存者所沒有的「東西」——譬如仁、義或禮，又不同於其他生存者；更重要的是，人是萬物鏈條中的集大成者，會通萬物，從而具有一個世界性的視域，將互不相知、互不相與的生存者納入世界整體視域。《荀子·王制》曰：「水火有氣而無生，草木有生而無知，禽獸有知而無義，人有氣、有生、有知，亦且有義，故最為天下貴也。」荀子對人的理解，同時具有以上雙重內涵：一方面人具有其他生存者所不具有的「義」，這是人能夠進行分工並進一步組建社會的基礎；另一方面，其他存在者的屬性，如水火之「氣」、草木之「生」、禽獸之「知」，皆在人那裡匯聚，它與人所獨有之「義」結合在一起，從而構成了人的本性。前一方面呈現的是人性之自我定義的種差，它往往通過人禽之辨的話語得以被識別；後一個方面，則將人作為一個複構，由於人匯聚了生存者的各個層級因而人也具有了感應萬物、會通萬物於一身的能力。這個意義上的人不再是一物，不再是生存者，而是具有非生存者的特性，它是生存者全體——宇宙——的一個縮影：「天便脫模是一個大底人，人便是一個小底天。吾之仁義禮智，即天之元亨利貞。凡吾之所有者，皆自彼而來也。故知吾性，則自然知天矣。」[18]

17　卡爾·雅斯貝爾斯：《歷史的起源與目標》，李夏菲譯，桂林：漓江出版社，2019年，第 374 頁。

18　朱熹著，朱傑人、嚴佐之、劉永翔主編：《朱子全書》第 16 冊《朱子語類》，上海：上海古籍出版社、安徽教育出版社，2002 年，第 1937 頁。

天既是包舉萬物之宇宙總體，[19]也是宇宙萬物的根據，作為根據的天道內在於宇宙萬物之中，同樣也內在於人性之中，人可以通過理解人性來理解宇宙，反過來通過宇宙來理解人性。

人性的以上兩個維度共屬一體，但二者之間並非給定的和諧或一致，相反，這兩個維度始終處在一種結構性的張力之中，人因此而具有了選擇與決斷的自由。其一，人作為與眾不同的萬物之一而與萬物隔離，生存在人所獨有的特異性之中，並以此自我界定。帛書《五行》云：「循草木之性，則有生焉，而無好惡。循禽獸之性，則有好惡焉，而無禮義焉。循人之性，則巍然知其好仁義也。不循其所以受命也，循之則得之矣，是侔之已。故侔萬物之性而知人獨有仁義也，進耳。」人與草木一樣皆有生，但區別在於草木無好惡；與禽獸一樣有好惡，而人則有禽獸所沒有的禮義。由此，人是侔同萬物之性但又有萬物所不具有的特異之物。由此而來的「盡性」，就是不僅不能放棄、而且必須堅持並充分發揮人之區別於其他存在者的特異性。其二，人作為一個微型宇宙，而與天地萬物構成的大宇宙相涵相蘊、聲息相通，這就是人可以在其生存體驗中可以渾然與物同體的根源。這個意義上的實踐已經不再可以為「盡性」所含，因為在這裡人的生存體驗所連通到的不再是每一物各有的與形相連但同時也為形所限的獨有之「性」，而是人與其他生存者在根源處的相通，因而它被視為「至於命」的實踐，這種活動由於超越了「大體」與「小體」的區隔，而能「踐形」，即在形色上彰顯人之所以為人的可能性，在人的這種可能性中，與天地之承載萬物的品質具有相似性。

如果說朱熹業已指出了人以外的其他存在者並不具有貫通宇宙全體的能

19　郭象注《莊》云：「天地者，萬物之總名也」「故天者，萬物之總名也。」（郭慶藩：《莊子集釋》，北京：中華書局，2013 年，第 21、51 頁）雒君章《更生論》云：「善哉！向生之言曰：『天者何？萬物之總名。人者何？天中之一物。』」（梁釋僧佑撰，李小榮校箋：《弘明集校箋》，上海：上海古籍出版社，2013 年，第 235 頁）清人黃叔琳《硯北易鈔》卷 12 云：「又觀向秀所注《莊子》有云『天者萬物之總名』，尤超出意表。」明末哲人劉宗周繼承了向郭的這一說法。

力：「雖鳥獸草木之生，僅得形氣之偏，而不能有以通貫乎全體」[20]，那麼，董仲舒明確肯定只有人這種生存者才能貫通天文天地萬物，從而成為與大宇宙相應的小宇宙：「物疢疾莫能偶天地，唯人獨能偶天地。」（《春秋繁露・人副天數》）貫通天地萬物的能力也可以理解為人的特異性，但這一特異性與人之具有禽獸所不具有的特異者（如仁義等）並不在同一個層面。仁義這種特異性，是人區別於其他生存者的品質，而會通天地萬物則是人連接溝通天地萬物的能力。從前者出發所導致的人的定義，是排除人與其他生存者的相似性，[21]而彰顯人的獨有的特異性，因而在這裡要求給出的是人與天地萬物之間的界限，通過這個界限所理解的人，則最終往往被導向「大體」，即道德性、精神性、理性等，它是在排除「小體」即生物性、感性等的過程中達到的，換言之，以區分大小體的方式，將人的自我界定交付給大體，而對自己與其他存在者共有的小體特徵加以否定。從後者出發所導致的則是人與萬物的一體性與貫通性，在這裡人得以界定自己的方式並不要求排除相似性，得以彰顯的乃是更高層面上的一體性與貫通性，因而人不再是排除了生物性與感性的道德性、理性或精神性，而是小體與大體一體貫通而大小區別不再成立的統一整體。人並不是單憑他的理性、精神性、道德性，才貫通天地萬物，而是他的所有方面本身就與宇宙具有最深層意義上的同構或

---

[20] 朱熹著，朱傑人、嚴佐之、劉永翔主編：《朱子全書》第 6 冊《四書或問・中庸或問》，第 551 頁。朱熹："天之生物，有有血氣知覺者，人獸是也；有無血氣知覺而但有生氣者，草木是也有生氣已絕而但有形色臭味者，枯槁是也。是雖其分之殊，而其理則未嘗不同。但以其分之殊，則有其理之在是者不能不異。故人為最靈而備有五常之性，禽獸則昏而不能備，草木、枯槁則又並與其知覺者而亡焉。但其所以為是物之理，則未嘗不具爾。若如所謂'絕無生氣便無生理'，則是天下乃有無性之物，而理之在天下乃有空闕不滿之處也，而可乎？"（朱傑人、嚴佐之、劉永翔主編：《朱子全書》第 23 冊，第 2854 頁）

[21] 相似的問題，在朱熹哲學中得以表達，這個表述的重點在於強調人的品德與天地之德之間的相似性："仁，便如天地發育萬物，人無私意，便與天地相似。但天地無一息間斷，'聖希天'處正在此。"（《朱子全書》第 17 冊《朱子語類》卷 95〈程子之書〉，第 3178 頁）"而今講學，便要去得與天地不相似處，要與天地相似。"（《朱子全書》第 15 冊《朱子語類》卷 36〈論語〉，第 1357 頁）

相似性，因而共同參與了人顯現宇宙的複合能力。

　　人的自我界定的上述兩種可能性，邵雍將前者稱為「人亦物」，即人作為物種之一的可能性，將後者稱為「物之物」，即人不再是萬物之一，而是作為一種「存在區域」，在這個區域中，萬物得以被感知、被會通，從而成為同一個世界的不同事物，而人並非與物有別的獨立事物，而是這個宇宙顯現自身的一種場所：「然則人亦物也，聖亦人也。有一物之物，有十物之物，有百物之物，有千物之物，有萬物之物，有億物之物，有兆物之物。為兆物之物豈非人乎！」「物之至者始得謂之物也。……夫物之物者，至物之謂也。」[22] 人異於萬物者並不僅僅在於人擁有物所不具的仁義等現成品質，而是一種貫通萬物使之納入宇宙整體的能力，「夫人也者，暑寒晝夜無不變，雨風露雷無不化，性情形體無不感，走飛草木無不應。所以目善萬物之色，耳善萬物之聲，鼻善萬物之氣，口善萬物之味。靈於萬物，不亦宜乎」[23]。人的能力使得人對宇宙整體的經驗成為可能，而這種體驗本身卻是其他生存者所不具備的：「人之所以能靈於萬物者，謂其目能收萬物之色，耳能收萬物之聲，鼻能收萬物之氣，口能收萬物之味。聲色氣味者，萬物之體也。目耳鼻口者，萬人之用也。」[24] 人之靈於萬物並不在其獨有的道德性與理性，而在於其能通達萬物整體。

　　王船山將這個意思表達得更為清楚。就天地萬物自身而言，它們各為形象而不相知、判然區分而互不相與，在這個意義上，天地萬物置身其間的宇宙整體似乎缺乏感知自己的感官中樞，但這種「不相與，不相知，皆其跡也」，就「跡」而言，可以說「天地之無心可矣」；然而人正是「天地之心」，即宇宙感知自己的感官中樞，「及觀於人，而後知其心在是已」。彼此不相知、不相與的萬物，通過人的「斟之酌之，會之通之」，而成為同一

---

[22] 邵雍：《邵雍集》，郭彧整理，北京：中華書局，2010 年，第 7 頁。

[23] 邵雍：《邵雍集》，第 4 頁。

[24] 邵雍：《邵雍集》，第 6 頁。

個宇宙中的不同事物，因此，「天地之靈，以人而靈」[25]。在人的究極境地，「其能以一心觀萬心，一身觀萬身，一物觀萬物，一世觀萬世者焉」，「其能以心代天意，口代天言，手代天功，身代天事者焉」，「其能以上識天時，下盡地理，中盡物情，通照人事者焉」，「其能以彌綸天地，出入造化，進退古今，表裡人物者焉。」[26]在這個意義上，人是宇宙的縮影，這意味著，人是天地的雙重代表，在萬物那裏代表天地，在天地那裏代表萬物，人因而位居天地的核心位置，即那種使得天地萬物得以會通為一個整體的特殊場所。當然，這裡的「人」乃是「大寫的人」，即《荀子・王制》所謂的君子：「君子者，天地之參也，萬物之總也。」人是天地的參與者，不是與物區隔的萬物之一，而是萬物之全體。

在亞里士多德、赫爾德乃至沃格林人那裏，可以看到對人的後一種理解，即人並非僅僅是某個東西，而是一個「實在之域」（a realm of reality，Seinsbereich Mensch），它匯聚了完整的存在鏈條，因而不再僅僅是一種存在者。只不過對於人的這種理解，在他們那裏，更多地與人的靈魂學相關，即靈魂成為人經驗完整的存在整體的「感受中樞」。這樣一種理解，凸顯的仍然是人之相對於其他存在者的具有辨識度的特異性，只不過這一對人的定義不同於第一種人性定義，它將對人的理解不再著眼於人物之辨的層面，而是提升到人與宇宙關係的層面。

為了回答上述問題，我們必須重新回到人的原初宇宙經驗，它同時也是原初的秩序經驗，其核心是人與宇宙渾然一體的體驗，「大人」與「宇宙」的交互滲透、彼此涵攝、你中有我、我中有你，成為原初秩序經驗的顯著特點。不僅人不將自身區別於萬物，而且，人自身也與天渾然不分。在這種渾然一體的經驗中，人依然在宇宙整體中獲得了人的身位，但這種身位不是通過突顯特異性、採用區隔化方式達成的，而是人與宇宙萬物在交織疊構中共生、互融。人在這裡獲得了不同的界定方式，即人自身作為一個存在整體或

---

[25] 王夫之：《船山全書》第 13 冊《船山經義》，長沙：嶽麓書社，2011 年，第 692-694 頁。

[26] 邵雍：《邵雍集》，郭彧整理，北京：中華書局，2010 年，第 7-8 頁。

一個生態系統，就是一個小宇宙或縮微宇宙，人並不是一個存在者，而是存在整體的映現。[27]

　　精神突破運動意味著原初宇宙經驗的分殊化，它展開為天與地的分化、人與神的分化、世界與社會的分化，更重要的是世界及其根據的分化，分化了的社會與人、事物不再以渾淪未分的原初宇宙經驗的整體作為生存的意義，而是以世界的超越性根據作為意義的源頭。這個意義之源在原初宇宙經驗中是作為宇宙內事物的最高存在者——在西方是「神」，在中國是「天」。然而伴隨著原初秩序經驗之分化的，是宇宙論風格的真理被生存真理所取代，生存真理是朝向根據的生存，譬如「在天之下的生存」或「在神之下的生存」。

　　根據本身的分化有不同的形式：其一，當根據作為具體事物的根基時，它內在於事物的本性中，成為內在於事物中的「天」，譬如在人之天、在物之天，人性與物性的概念由此而產生。這裡的根據就是本性的概念，它指向事物的自身規定。其二，當根據作為世界之根據時，它指向存在者整體的根據，作為世界整體的終極目的或終極原因或終極意義而被領悟，但它本身卻並非實體，並非宇宙內事物，因而無法以把握事物的方式把握它，它將事物的生存導向與自然宇宙節律的合拍，根據在這裡被分化到這樣一個特定位置，即萬物整體的世界——漢語的表達是「天地之間」或「天下」。這樣的根據意味著主導一切具體事物的普遍根據，在儒學語境中，它是「乾元之天」，「乾元之天」與「坤元之地」的交合而化生萬物，構成具體事物及其整體的根據。其三，當根據不再被局限於宇宙中，甚至也不是產生宇宙的根據，它有著並非可以從事物的根據，乃至事物整體的根據來加以理解的深邃內涵，它不是被領悟為創造世界的造物主，而是被領悟為創造世界的造物主之根據，也就是比造物主更高的神時，它只與造物者關聯而不直接作用於具體事物，這樣的根據就超越了宇宙的節律，超越了事物的整體，而是純粹的

27　陳贇：〈秩序與渾沌的居間性平衡：論莊子的秩序形上學〉，《孔學堂》2023 年第 1 期。

「在天之天」或「天之自身」，它構成根據的根據。「在天之天」也就是「太一」「太虛」所表達的更原初的「天」，與「天地」之「天」不同，前者是「太一之天」或「太虛之天」，後者是「乾元之天」。「太一之天」自身分化出乾元之天與坤元之地，兩者的交通和成對具體事物的生成負責，因而人與萬物都是乾坤之子。但作為乾元之天、坤元之地之來源的「太虛之天」或「太一之天」，不倚靠其他事物或資源，自生自化。[28]在基督教語境中，太虛之天就是比造物者更高的絕對神，是萬物之根據的根據，保羅、馬克安傳統的「神顯（theophany）經驗」，就是對之的體驗，這種神顯不再訴諸宇宙節律，不再與任何特殊的事物相關，相反，它是對宇宙的徹底逃離，以徹底逃離達到徹底的超越。在中國的語境中，「根據的根據」就是所謂的「太一之天」或「太虛之天」，它雖然與乾元之天同樣具有創生性，但卻是本質不同的創生性，乾元之天的創生性，創生的對象是天下的萬物，創生的方式是與坤元之地相交，在具體事物的創生上，乾元之天並不具有自主性，而是必須通過與坤元之地的結合才能創造萬物。然而「太虛之天」或「太一之天」創生的對象不是具體事物，而是乾元之天與坤元之地，它創造的不是物，而是造物者；其次，它的創造僅僅通過它自身而展開，並不借助於其他事物，因而它的創造即其自由之表現。但乾元之天對事物的創造卻並非其自由的表現，而是其合作、交通精神的表現。天地作為具體事物的根據，又是在太一分化為天地的過程中衍生的，根據的根據則是「太一」，「太一」作為根據是沒有根據的根據，其根據就是它自身。

　　既然有了根據的上述分化，朝向根據的生存真理也就有了不同的層次：其一，本於人性的生存，謹守人之所以區別於其他存在者的本性，安於人在宇宙中作為萬物之一的位置，人禽之辨、人物之別都是這一層次的生存真理的構成部分。根據所帶來的超越將人引向以人的人性（精神性、道德性、理性、歷史性）對人的非人性（生物性、感性、自然性、本能等）的超越。原

---

[28]　陳贇分殊了“太虛之天”與“乾元之天”，參見陳贇：〈氣化論脈絡下的身體與世界〉，收入林月惠主編：《當代中國哲學的議題：以氣論與身體為中心》，臺北："中央"研究院中國文哲研究所，2019 年，第 161-215 頁。

初宇宙經驗中的植物生長節律、四時更替、天體的運行等，不再被作為秩序的唯一基礎；在「天下時代」或「軸心時代」，人性論的興起，構成一道新景觀。如何理解人性？通常的取向是通過人禽之辨分離出人的自主領域，以減法的方式獲得人性的界定，其方法是不斷地排除人與動物的共有屬性，而將人所獨有而「非人」（如動物）所無的特異性，作為人性的本質規定。其結果便是人性的內容被理性、道德性、精神性、社會性等所占據，而欲望、激情、感性、生物性、自然性等被排除在外。由此，「人」的確立必須通過排除「非人」維度，「人」由此被視為生存在「人」與「非人」的對待張力中的存在者。當人禽之辨視角進入的內部時，人本身也被分為「人」（其內容為或理性、或道德性、或精神性、或社會性、或歷史性，等等）與「非人」（其內容為或感性、或生物性、或自然性，等等）兩個部分。其二，本於造物主之神的生存或本於乾元之天的生存，它把人與萬物聯繫在一起，共同遵守宇宙的節律，乾坤父母、民胞物與就是這種意義上的生存。它的超越性展開在對以宇宙性對社會性的超越、以方外對方內的超越、以世界對社會的超越。其三，本於太一之天或本於保羅意義上的最高上帝，就是不僅超越一切具體事物，而且更進一步超越社會與宇宙，達到純粹的創造性與自由性本身。

在第一種生存取向中，人與根據是以分離的方式達到統合，被突出來的是真正意義的人之所以為人的特徵，但這種方式卻以離開最高根據（太一）與次級根據（乾元之天）及其造物（天地、萬物）為代價的，人類是世界中的孤獨者。第二種方式中，人與根據的關係是達到與其所有造物的統一，人有整體的世界在，並融合在世界之中，與物為春；人是天地萬物之友。第三種方式中，人不僅逃離萬物，甚至逃離天地，只是與最高根據的太一或保羅意義上的創造造物者的上帝合一，變成不再是萬物之一、不再是宇宙內事物的純粹自由與創造性這兩者的精神的人格化身，當然這種化身本身其實沒有身體，只有精神，因為在身體上達不到對宇宙萬物的逃離，逃離只能發生在純粹精神或靈性的層面上，因而在這個以根據的根據為根據的生存，其實是完全純粹精神性的生存。

　　普通的個人在成為自主的君子的修養，採取的是第一條道路，君子在人禽之辨、人物之辨中將自身確立為人性的體現者，在這個意義上是「大寫的人」，這是與普通人（庶人）相比的「大寫的人」，大寫的人或者是理性主體，或者是道德主體，或者是精神性主體，等等。同時這種大寫的人，是人類政治社會秩序的積極參與者，但對於包含萬物的宇宙秩序卻沒有興趣。因而第一條道路是政治社會中的人通過大體（精神、理性、道德性）與小體（自然、感性、生物性）的分層而達到的自我確證，這種確證本身也是構建社會分層（統治者與被統治者）的方式。這主要是因為人性界定的方式，本質上是突出人的特異性的方式而構造區隔性，這種區隔性本來發現在人與其他存在者（「非人」）之間，但現在被引入人與人的關係之中，這就達到了社會分層的效果。當孟子區分「大體」（心之官）與「小體」（耳目之官）時，他意在導出「從其大體為大人，從其小體為小人」（《孟子·告子上》）的社會分層，如此，不僅「勞心者」「勞力者」與「治人者」「治於人者」的分層有了合法性，而且，前者對後者的支配也有了正當性基礎：「有大人之事，有小人之事……故曰或勞心，或勞力；勞心者治人，勞力者治於人；治於人者食人，治人者食於人，天下之通義也。」（《孟子·滕文公上》）在羅馬法系統中，人禽之辨以所有者與所有物的內涵充實「人」與「非人」，「人」意味著自權者的身份，而「非人」則意味著他權人，自權人以「人」的身份可以正當地將「他權人」（被視為「非人」的人）合法地視為自己的財產，譬如家主對妻子、奴隸擁有所有權，後者只能被作為非人之物來被對待，當人格被界定為所有者時，我們進一步看到了這種支配活動的法權化形式。

　　以人性為根據的生存，構建了一種支配性秩序。這種支配性秩序在人的內部，體現為理性、精神性、道德性、社會性等對感性、生物性、自然性的支配，「人」往往因此而被視為司法主體，即一個能夠控制其動物性維度（「非人」）的主體（如雅克·馬里坦），或歸責主體（如康德），或者歸罪主體（如基督教），這樣人就被視為與「非人」對待的「人」。人禽之辨一旦進入世界歷史秩序中，就導致了目的論視域中「人」的符號化現象，

「人」被抽象化為某種理念或理想，與此相應的是如下的理念，「『人類』在歷史上的過去還從未存在過，也不可能在任何一個當代中存在……『人類』是一個理念和一個理想。」[29]當人禽之辨以突顯特異性達成人性的界定時，必然會造成人格（person）與人類（human being）的分離，在齊斯特拉姆·恩格爾哈特《生命倫理學》中我們看到了這一觀念：並非所有的人類都是人格，並非所有的人格都是人類；甚至，某些現實的人類只能是潛在的人（potential person）、或非人（non-person）、甚或反人（anti-person）。[30]不符合「人」的特異性者，作為「非人」，在道家哲學視域中便是「棄人」「棄物」。一旦承諾了「棄人」和「棄物」的合理性存在，那麼，泯除或排斥的方式就具有了正當性。在近代的文明等級論與國際法語境中，我們看到一旦某個民族與文明聲稱自己配得上人類符號，它就是在宣示擁有了代表人類的法權，從而獲得了對作為棄人或棄物的野蠻民族的正當的殖民權和支配權。

　　要想達到人無棄人、物無棄物的世界秩序，就必須超越第一種秩序，即基於人性的秩序，而達到萬物一體的視野，這就是第二種秩序。事實上，早期政治社會的王者採用的是第二條道路，他必須以造物主意義上的根據自我顯現，下面的亞述箴言傳達了早期人類具有普遍性的統治經驗，統治者必須作為一種大人，走向以造物者為根據的生存：「大人是神的一個字，而（其他）人是大人的影子；大人是王，猶如神鑒。」王借助於天地神奇力量而達成的統治，被視為神的影像。拉貝特在其《亞述──巴比倫王權的宗教性質》（1939）中強調：「王在神人之間有著特殊的地位，他在某種程度上是聯結人的世界與崇高的神界的力量」，而且「他被神選中，他本身不是神，

29　卡爾·洛維特：《世界歷史與救贖歷史：歷史哲學的神學前提》，第47頁。

30　"不是所有的人類都是嚴格意義上的人，不是所有人類都能成為道德主體的人。……嬰兒在這個意義上不是人。極其衰老者和嚴重智障者從這個重要方面來看都不是人。"（齊斯特拉姆·恩格爾哈特：《生命倫理學》，轉引自羅伯托·埃斯波西托：《人與物：從身體的視點出發》，邰蓓譯，武漢：長江文藝出版社，2022年，第36頁）

而是特別的人」³¹。這也與維柯關於人類歷史階段中的「神的時代」的刻畫相互印證。軸心時代或天下時代進行的精神突破，就是實現了宇宙秩序與人性秩序的分離、世界與其超越性根據的分離，這一分離的核心便是人性的獨立，人性與超越的直接關聯的實現，而不必通過王者的中介。因而分化之後，克服第一種基於人性為根基的秩序在帶來秩序的同時也帶來棄人和棄物的問題，必須朝向第二種根據下的生存真理，這在莊子那裏是從宇宙的視角超越政治社會的禮法秩序，達到「磅礴萬物以為一」（《莊子‧逍遙遊》）「天地與我並生，萬物與我為一」（《莊子‧齊物論》）的層次；在張載那裏，則是「民胞物與」的層次：天地是人的父母，他人是人的兄弟，萬物是人的夥伴。這樣的生存真理的根據，不可能再是在人禽之辨、人物之別中構建的人性，而是人與萬物共同的根據，就是乾元之天，所以張載有「乾坤父母」之說。這種以乾元之天為根據的秩序一旦與王權結合，王將自身作為天的代表，以實現帝國征伐的意識形態工具，那麼以此為根基的生存也會帶來問題。

　　第一種生存真理在社會內展開，第二種在宇宙內展開，它們都建立在對社會與宇宙的信任的基礎上。一旦社會處於極端創傷而在社會內部不可能得到撫平時，且在政治社會的支配被上升為宇宙秩序時，第三種生存真理就出現了，它不僅是對社會的反抗和逃離，也是對宇宙的反抗和逃離，人脫離在世者的身位，而達到「未始有物」的新層次：以「太一」為根基則指向天地渾淪性的超越性，以保羅式的上帝為根據則走向創造性與自由性本身。由此而被界定的生存，一方面只能是完全地個體性的，另一方面只能是純粹精神性的。就前者而言，它必須拒絕一切服務於世間性的共同性，如果存在著共同體的話，那麼也只能是「相與於無相與」的類似於保羅傳統開發出來的「靈性共同體」，後者的特性是在世而不屬世，其在世的目的就是為了棄世，以達到純粹的非世界性的生存。這種生存真理可以為帝國征服下的人類

---

³¹ 保羅‧利科：《惡的象徵》，公車譯，上海：上海人民出版社，2003 年，第 194、214 頁。

提供反抗帝國支配的慰藉，但同時它也攜帶著對世間秩序以及對人的敵視，因而構成一種徹底逃離的形上學。逃離是反抗的方式，但卻不以建構天地之間的秩序為目標。因而它包含著對一切實質性的秩序的顛覆，是人類文明的「負經」；正如第一種秩序與第二種秩序雖然有著自身的問題，但卻是人類文明的「正經」。

三、生存真理的分化與儒家的中道原理

我們可以從宇宙論風格的真理到生存真理的分殊化的視角回看對人性的兩種定義：一種將人放在人物之別、人禽之辨語境中加以理解，它是一種以減法為方式的定義，減去人與物的共同性，凸顯人的特異性，這種特異性就被視為人性。這樣的人性界定將人視為萬物之一，但又不同於所有其他萬物的存在者。另一種界定則將人視為小宇宙，即宇宙的縮微性的相似物，人身上會通了所有存在者的特性（如前引荀子的界定，人有氣、有生、有知、有義），正如宇宙包含了所有的存在者。這兩種界定中，一者將人視為一物，作為萬物之一的某物，一者將人視為會通萬物的小宇宙。人作為一個小宇宙，在生物學意義上意味著人體是一個生態系統，它並不屬於人的意識與理性所掌握的對象，而是有著數千億微生物構成的系統，人體全部細胞在 14 天時間內基本上能完全更新一次，這個生物大系統自身就如同一個微型宇宙。但這種生物學的生態系統的理解並非人是小宇宙的哲學內涵。

對人的第二種定義，由於在人與宇宙的關係上展開，而宇宙並不是一個具體的存在者，因而人也就不再是一種可以由對象化方式加以把握的客體之物。只要在客體之物上加以把握，將這種定義視為人之不同於其他存在者的特異性之所在，那麼，這種特異性就會被視為一種本質主義意義上的現成屬性，其實這種人性定義只是人的一種有待展開的潛能，它需要人通過自己的生命存在顯現。即便是對第一種人性定義，也不能作為人已經擁有了的現成屬性來看待。畢竟，人的自我界定的可能性，並不是一種作為客體之物可以經驗方式發現的現成品質，而是必須以參與的方式將其生存投身其中，而後

得以證成的生存真理。生存真理不同於客體化真理的關鍵所在，它並不能以意向性（intentionality）方式加以把握。由於意向性意識總是對某物的意識，它所把握的只是意向世界（外部世界對象的感性知覺）中的客體這一結構性層次，在這一層次中意識本身被作為對應性的意向主體，即意向性客體的對應相關項。然而，在意識指涉意向性客體的同時意識自身還有一種「顯亮性」（luminosity）的結構層次，它本質上是對各種實在領域的參與，實在並非意向性客體，而是包括意識以及意向客體等在內的存在共同體，其核心是天（神）、人、社會、世界的相互參與。意識的以上兩種層次，對應於沃格林所說的兩類實在，即物－實在（the thing-reality）和它－實在（the it-reality）。[32]值得注意的是，「它－實在」的經驗具有「被動」性質，不能還原為某種先驗主體的建構，意識在此並不屬於作為軀體之功能意義上的人，而是人遭逢作為存在根基之天的力量之牽引、並被其穿透，在其指引下自身運作，進而言之，意識之顯亮性就位於軀體中的人類意識與被作為事物來意向的實在的「之間」。[33]

意向性的經驗或可解決認識論批判以及對外部世界的客體化對象經驗的認識，但它並不是意識結構的所有可能性，它不能解決與求索根基的經驗相關的超越問題。當將之運用於參與實在的人時，人也就被現成化為客體之物。關於事物性的語言和認知主體把握客體的語言，訴諸概念（concept）；但顯亮性的體驗無法被概念壓縮或還原，而是只能以符號（symbol）加以象徵。對人與實在的實體化的根源正在於以意向性方式解釋面對人與實在，以至於顯亮性意識層次無法透顯。「經驗之恰當理解的最嚴重障礙」是「實體化嗜好」，「感性知覺的世界之客體對象，已經如此強有力地變成『事物』

---

[32] Eric Voegelin, *The Collected Works of Eric Voegelin, Vol.18, Order and History V, In Search of Order*, edited by Ellis Sandoz, Columbia & London: University of Missouri Press, 1999. p.29.

[33] Eric Voegelin, *The Collected Works of Eric Voegelin, Vol.18, Order and History V, In Search of Order*, edited by Ellis Sandoz, Columbia & London: University of Missouri Press, 1999. p.30.

的模型，以至於不經意間闖入到非對客體性經驗的理解，那些經驗不是關乎客體對象，而是關乎實在之奧秘」[34]。實在的奧秘只有以符號化象徵的顯亮性經驗中才能被開啟。意識就不再是對人的意識之外的實在有知覺的人類意識，而必定是參與性的純粹經驗的居間實在，雖然不可以描述性但卻可以闡釋性的方式來理解。[35]在顯亮性的意識層次，主體與客體的經驗模式不再有效，那只是意識參與實在的敞亮性經驗被誤置在意向性經驗層次而產生的混淆。進一步地，如果沒有顯亮性的意識層次，甚至意向性經驗自身也是不可能的。[36]

　　意向性意識與顯亮性意識都是從原初的純粹經驗中的分殊化形式。原初經驗將神、人、社會與世界經驗為一個存在共同體，神與人、社會與世界作為宇宙內事物，以類比的方式被關聯在一起，在各自的層次上彼此參與互涵，世界既不是一個去神性的內在物理世界，神也不是一個宇宙之外的神，相反它是宇宙之內的「事物」。就此而言，神與人、世界與社會之間作為生存真理的兩極結構而被體驗為類比所建立的同質性（consubstantiality）關聯。在這種宇宙論風格的真理中，宇宙是以全體的方式被納入生存張力結構中去的，這種張力將自身表達為宇宙內不同參與者之間的等級秩序。但原初經驗所傳達的宇宙論風格真理往往通過神話的符號表達自身，當哲學這一符號承載的智性意識與啟示這一符號承載的靈性意識出現以後，宇宙論風格的真理就以分殊化方式解體為生存真理，宇宙被分解為內在世界及其超越性的神性根基，在這種語境中，天（或神）雖然仍然可以視為萬物之總體，但更

---

[34] Eric Voegelin, *The Collected Works of Eric Voegelin, Vol.28, What is History? And other Late Unpublished Writings*, edited with An Introduction by Thomas A. Hollweck and Paul Caringella, Baton Rouge & London: Louisiana State University Press, 1990. p.184.

[35] 埃里克·沃格林口述、桑多茲整理：《自傳體反思錄》，段保良譯，北京：華夏出版社，2018 年，第 94 頁。

[36] 對沃格林關於顯亮性經驗與意向性經驗及其分別的探討，參見朱成明：〈沃格林意識理論與東西知識傳統的深度對話〉，楊國榮主編《思想與文化》第 29 輯，上海：華東師範大學出版社，2022 年，第 92-115 頁；陳勃杭：〈埃里克沃格林對意向性和啟明性的區分〉，楊國榮主編《思想與文化》第29輯，第 142-173 頁。

重要的則被視為世界的超越根基，原初宇宙體驗退藏為生存真理的隱性背景。

　　儘管人類生存的經驗有從緊湊到分殊的進展，這一進展只是使得經驗本身對意識而言變得更加清晰，而並沒有改變生存真理的張力性結構。就生存結構而言，生存展開在兩種力量的結構性張力之間：一端是人的探尋、求索，另一端是根基的推動或牽引，這個根基或者被符號化為天，或者被符號化為神，但這並不重要。因為，所謂的天（或神）並不是外部世界中的實體，而是生存張力結構體驗中的極點，孟子曾以「莫之為而為者，天也；莫之致而至者，命也」（《孟子·萬章上》）來拒絕將天實體化為某物的經驗，「天」或「神」只是根基的不同符號，根基本身是生存體驗中對人而言具有向上牽引作用的力量複結（power complexes），[37]它常被表述為各種形式的「超越者」，但其實是一種沒有「超越者」（不能在意向性層次加以實體化理解的自足性的）的超越性力量，它在人的權能範圍之外，對於人的知行而言都具有無法透明的特徵。人自身其實也不是一種現成的固化實體，而是通過在超越體驗中與天的力量複結有所區分的另一種力量；並不存在一個被天的超越秩序普照、不越雷池半步的人的秩序；在一個更廣大的存在秩序中運作、互動的力量，則是通過模糊人類與超人類的界限者這種方式來達到人自身的。[38]

　　人在其求索根基的生存運動中被來自根基的力量（它並非生存者，而是無定意義上的非生存者，構成生存者的本源）所穿透、所照亮而向上提升自身，而這種向上的提升正是參與實在的要求，任何一種生存真理的參與都伴隨人的向上的轉化，即超越自身的現成狀態；但同時生存張力的另一極中還

---

[37] 這一術語來自沃格林對荷馬史詩中的諸神的解析（Eric Voegelin, *The Collected Works of Eric Voegelin, Vol.15, Order and History II, The World of the Polis*, edited by Athanasios Moulakis, Columbia & London: University of Missouri Press, 2000. p.170）。

[38] Eric Voegelin, *The Collected Works of Eric Voegelin, Vol.15, Order and History II, The World of the Poli*s, edited by Athanasios Moulakis, Columbia & London: University of Missouri Press, 2000. p.170.

存在著來自作為生存者的人這一極點的反拉力、反牽引，只要這種反拉力、反牽引占據上風，人就會被墜落為意向性客體，世界因而也會成為與人的參與實在的運動無關的外部世界。實在經驗的兩極作為體驗的兩個極點，有著多種多樣的符號化形式：譬如生與死、不朽與必死、圓滿與缺陷、時間與永恒、秩序與失序、真理與非真理、生存的覺解與生存麻木、愛上帝（*amor Dei*）與自愛（*amor sui*）、開放心靈（*l'âme ouverte*）與封閉心靈（*l'âme close*）等等[39]，它們作為張力體驗的兩極，是向上與向下的兩種力量，人就生存在這兩種力量的作用之中，對張力的意識並不是一個由某一認知主體接收到的對象化信息，而恰恰是實在得以在其中顯明自身的那個過程。[40]在個人那裡，並不存在一旦得道之後就自此達到了人性的最高可能性，即那種被設想出來的完成了的人，即便是瞬間綻放的永恒體驗也仍然無法脫離生存體驗兩極之間的結構性張力；就社會而言，並不存在一個原初的伊甸園式的開端性的美好社會或末世論意義上的絕對終極的地上天國，社會本身也永遠處在張力之中，為了任何一種絕對王國而瓦解張力的動員都最終走向社會失序。生存的真理就開放在生存體驗的兩極之間的張力性結構中，而無法消除其中的任何一個極點，也無法將其實體化（客體化）為內在世界或超驗世界中的某物，因而無論是在個人層面，還是在社會層面，時時刻刻的戒慎恐懼，都是面對張力的必要態度。任何試圖消除兩端中的任何一端極點的做法以及將任何一種極點實體化的取向都將導致生存真理的畸變，從而造成個人乃至社會的失序。

　　在生存體驗的兩極力量的交互作用中，實在對其參與者呈現自身。將兩極保持在張力結構中的生存真理因其著眼於不同的極點，而有不同的類型。沃格林指出：從緊湊的宇宙論真理的分殊化進展已經解析出兩種生存真理：

---

[39] Eric Voegelin, *The Collected Works of Eric Voegelin, Vol.12, Published Essays 1966-1985*, edited with an introduction by Ellis Sandoz, Baton Rouge & London: Louisiana State University Press, 1990. p.119.

[40] 埃里克·沃格林：《秩序與歷史》第 4 卷《天下時代》，葉穎譯，南京：譯林出版社，2018 年，第 305 頁。

一是以希臘為代表的著眼於人的探尋的人學真理（anthropological truth），
這一真理類型包含了以心（靈魂）作為感受超越之中樞相聯繫的全部範圍內
的問題，它對應於從原初宇宙體驗中的智性分殊化，其符號化形式是哲學；
二是在猶太－基督教中出現的「救贖真理」（soteriological truth），它對應
於原初體驗的靈性分殊化，其符號化形式是啟示。[41]緊湊性（compact，意
為渾淪而易簡）與同質性（通過類比來聯繫相似的兩者，如人與神、世界與
社會）是宇宙論風格的真理的特色，而無論是人學真理還是救贖真理，則都
是經由分殊化進展而達致的非同質化真理。在宇宙論風格的真理中，根基被
作為宇宙內最高事物；但是在生存真理激發的卻是超越性體驗。在古希臘的
人學真理中，根據被辨識為神性努斯，在求索生存根據的超越體驗，正是人
的努斯與神性努斯的合一、相互參與（metalepsis）的體驗。其內核是人的
智性意識，即努斯，也就是孟子所說的本心，被經驗為感受生存張力的神性
根基的感受器官。人學真理一旦喪失了來自根基的推動，那麼智性意識就會
蛻變為作為主體的人的屬性，努斯的邏各斯化、邏各斯的邏輯化，邏輯的數
理化，數理的數量化（數據化），就是必然的，隨之而來的是哲學不再承受
生存張力而是下降為智者的論辯技術。伴隨著智性意識而展開的生存真理，
將人體驗為「既體驗著存在秩序、又在自身秩序中向存在秩序調諧的存在」
[42]，「人類本性核心之點在於，對根基以追問著的知曉與知曉著的追問這種
形式敞開。通過這種敞開，秩序從存在根基直接流入人的存在。──這超越
一切內容、形象、以及模型」[43]。知曉與追問本身刻畫出的是智性的體驗，
它不是對某物的體驗，而是對追問本身的體驗，是人在這種體現中向著存在
根基的生成的體驗。當孟子以盡心的方式去知性、以知性的方式知天時，孟

---

[41] Eric Voegelin, *The Collected Works of Eric Voegelin, Vol.5 The New Science of Politics*,
　　edited with an Introduction by Manfred Henningsen, Columbia & London: University of
　　Missouri Press, 2000. pp.149-162.

[42] 埃里克·沃格林：《記憶：歷史與政治理論》，朱成明譯，上海：華東師範大學出版
　　社，2017 年，第 186 頁。

[43] 埃里克·沃格林：《記憶：歷史與政治理論》，第 197 頁。

子給出的也是基於人的探尋以敞開生存根據的「人學真理」。

　　而對救贖真理而言，對於生存的根據已經無法基於人的主動探尋來實現，相反，人必須變成完全的被動者，接受來自更高存在或力量的恩典或啟示。這是以徹底放棄屬人性的機制以開放屬神性、屬天性的機制的方式。屬人的機制的充分放棄，不僅消除任何我性者，而且消除人性者，這時候天（在保羅那裏是上帝）對人的作用就會呈現；重點不再是從內在於人體與內在於世界中的人性與人心出發，來貫通天道；而是人心、人性與世界等中徹底地逃離、脫離，而將人作為人與世界剝離之後的純粹剩餘物——生下來的只有純粹精神，以等待上天的啟示或恩典。因而，救贖真理是被超越性俘獲的體驗，是完全被「根據的根據」完全牽引的體驗。意向性認識已經不再能接近它，以意向性經驗敞開的只是「物－實在」，而是只能以顯亮性意識來敞開的「它－實在」[44]。

　　沃格林以其深刻的思辨，將現象學的意向性體驗奠基於顯亮性體驗的基礎上，拒絕了以先驗主體名義發動的去世界化的誘惑。他以智性或靈性接納生存張力，由此而區分上述兩種生存真理，這就使得在他那裡，雖然可以避免從世界中的靈知主義逃離，他拒絕並避免了將永恒與終末拉入時間與歷史之內的靈知主義思辨，而是將並非時間中而且也不受歷史影響的永恒在時間－歷史中的臨在，視為導引此世生存的定秩化力量，據此將人之此世的生存轉化為一種具有末世論性質的朝聖之旅——確切地說是朝向神之下的不朽之生存。這是一種在實體化了的上帝之死後，那種全知敘述主體退隱之後採取的沒有超越者的超越性道路，這是為西方的生存真理所做的最偉大辯護。

　　然而，儒家思想對生存真理的探尋，卻既無法被化約為人學真理，也無法被等同於救贖真理。儒家思想通過「仁」突破了三代宇宙論秩序，將禮法秩序奠定在人性的展現理解——仁——的基礎上，但同時儒家又以中道的思想將三代以上與三代以下貫通起來，從而形成了生存論上的中道真理，這一

---

[44] Eric Voegelin, *The Collected Works of Eric Voegelin, Vol.18, Order and History V, In Search of Orde*r, edited by Ellis Sandoz, Columbia & London: University of Missouri Press, 1999. p.51.

真理的核心是兩極的交互內蘊和彼此平衡。不同於人學真理將承受超越根基的感受中樞理解為作為智性意識的靈魂（努斯，Nous），也不同於救贖真理將之理解為作為靈性意識的靈性，儒家思想將人的全體作為感受超越體驗的中樞，由此我們看到在儒家的表述中，不是人心是天地之心，而是人是天地之心，即不是人通過心——無論是作為意識還是精神，而是通過人整個的生命存在，來貫通超越性的天道——儘管這種超越性並沒有實體化了的超越者，而只是生存的根基。這就使得生存張力中的兩極點並沒有被限制在意識經驗中，而是在身心一體的生命整體中回應天人兩極之間的上升性與下拉性的力量。換言之，在沃格林發現的兩種生存真理中，一個共同的特點是身心分離，二者被對應為自然與精神、自然與歷史、感性與理性等等多重對立。真理只是顯現在精神、歷史、理性的場域，而自然與感性等則是必須被放棄的「棄物」。當然，去除以上預設，兩種生存真理還是具有普遍性的意義。

　　儒家乃至整個中國哲學給出的是中道真理，它具有自己的特質。中道真理並非對人學真理與救贖真理（或者啟示真理）的否定，在中道真理看來，「由人而天」的「人學真理」與「由天而人」的「救贖真理」，乃是在不同情境下採用的不同道路；在人性的、太人性的時代情境下，採用「由天而人」的救贖真理就是中道真理的展開方式；在一個充滿對人與世界的逃離與毀壞的精神氛圍內，「由人而天」的人學真理就是中道原則的體現。中道真理並不能固化為與人學真理、救贖真理不同的第三種真理，而毋寧被視為一種更高的調節性原理。調節意味著使不同的生存真理樣式與它回應的病理、問題與氛圍相應，使之得當。這是一種不將中道真理固化為一級真理類型的理解，而是看作位於一級真理之上或之後的第二序的真理，這一真理的核心是照亮人學真理與救贖真理的不同運用，引導其回歸適宜的、健全的發用狀態，避免真理的畸變。在這個意義上，儒家的中道真理並非能被固化、凝固化為與人學真理、救贖真理並列的真理，而是一種不落入任何實質性生存真理的調節性原理。孟子在強調「執中」的時候尤其反對「執一」，在他看來，「執一」就是對「執中」的最大傷害。「執一」在這裏的語境中，可以寬泛地靈活地理解為某種特定的生存真理，既能靈活運用而又能不與某種特

定的生存真理形式捆綁。這本身就是「執中」的體現。

　　然而，如果具體地來看時，中道真理是否可以在與救贖真理、人學真理共處同一平列層次而視為一種不同於二者的第三種真理呢？在一定意義上，這也是可以成立的。事實上，在儒家思想傳統中，從堯舜禹到文武周公到孔子，對「中」的強調可謂不遺餘力，它貫通了二帝、三王與孔子。[45]但在精神突破之前，二帝三王的中道原則與宇宙論王國秩序具有極大的關聯，它是一種體制化的秩序的關聯，在那種關聯中，「中」是宇宙的中心（「宇宙的臍帶」）、是人神相通的中心，並非一種個體生存的精神性的關聯。所以，精神突破之前，「中」與帝王相關，帝王是人神的雙重代表，「中道」意味著帝王在人神或天人之間的聯結或溝通：由於王者對通天權的壟斷，因而全人類的統一被寄托於這種王者一人那裏，王是天的代表，王就是整個天下之主和天下的所有者，不過他是作為天的子孫來實現這一功能的，宇宙被想像為一個國家，它流向了政治社會，而王者本身代理天的主權，而有對天下統治的正當性。一旦從王者也會更替的層次來說，人受制於王、王受制於天、政治受制於宇宙、歷史受制於禮法，王者唯有以「中」（王者之通天）才能獲得統治的正當性，所以登基典禮就是基於「中」的統治權的儀式化宣示。「中」意味著王者所獨有的統治天下的正當性，「中」只能在王者與王者之間加以傳承，而不能被傳承給王者以外的人。

　　在精神突破之後，作為向每一個人開放的生存真理，「中道」意味著每個人生存中的發生的天人相與或神人相與之道，也就是尋求生存根據的超越之道。但由於生存根據自身的分殊化進展，因而中道原則包含幾個層次：其一是天人（人神）相與交通，相與指的是相互的參與，人參與到天中、天參與到人中；交通指的是天人之間的聯結和貫通，二者必須克服分離的狀態，而達到某種程度的交通與平衡。其二，由於作為生存根據的天自身的分化，因而在人之天（性）、在地之天（乾元之天，萬物之母）、在天之天（天地之母）這三種根據必須保持平衡，不能以其中的某一個吃掉另一個，即便以

45　陳贇：〈朱熹與中國思想的道統論問題〉，《齊魯學刊》，2012 年第 2 期。

某一個為主導，也要注意到其得失局限，以免發生生存真理的畸變。

　　基於對三重根據的平衡要求，我們還可以將儒家的中道真理所要求的張力性平衡分解為三個維度：一是在個人、社會、宇宙、根基之間的平衡，這種平衡將作為根基的天道內嵌在個人、社會、宇宙中，對於「宇宙」之外的「宇宙」，也即是張載哲學中「經星之外」的「天外之天」，王船山哲學中的「與地隔絕之天」「在天之天」，以及黃宗炎所謂的「地下之地，天上之天」[46]，皆存而不論，保持懸置，而將生存真理開放在個人、社會與宇宙節律的平衡中，以宇宙節律來調校個人與社會秩序，以社會秩序來連接個人生存與宇宙節律。二是就個人而言，身心的平衡以及交互滲透，使得生命整體本身作為與宇宙節律的相似物而被體驗。這就要求人不僅在他的心性秩序中「盡心」，而且在其身體秩序中「踐形」，無論是盡心，還是「踐形」，都將人的心與形的相涵相攝、相即相入作為核心，心性體驗中所獲得的「德」浸潤在身體之「文」中，「德潤身」（《禮記‧大學》），治氣之術和養心之道結合在一起，使得生命整體就可以成為一個接受生存真理張力的「場所」。「人本天，天亦本人。離器而道不可見，故道器可以上下言，不可以先後言。」[47]三是超越性與時間－歷史性的平衡，這一點與古希臘的人學真理、古以色列的救贖真理具有顯著不同，後兩者都將生存張力開放在永恆的臨在，即非時間的永恒體驗與時間意識的居間，歷史被經驗為時間在時間意識中的自我取消以為永恒的臨在開道。但在儒家思想中，永恆不是時間意識的取消，而是被體驗為時間中的持續生生不已，生存真理的時間與永恆兩極因而具有了不同的內涵，這是由於中國思想的氣化空間是陰陽相摩相蕩的場所，它內在地包含了勢能、消耗與阻力，因而不能被扁平化、均質化，更無法別理念化、形式化。這與熱力學第二定律之前古希臘的那種理想化幾何學空間，即那種可以為概念或理念所穿透的理念空間具有很大的不同，也與猶

---

[46] 黃宗炎：《周易尋門餘論》卷上，收入黃宗義：《易學象數論（外二種）》，鄭萬耕點校，北京：中華書局，2010 年，第 365 頁。

[47] 黃宗義：《明儒學案》第 2 版（修訂本），沈芝盈點校，北京：中華書局，2008 年，第 1522 頁。

太－基督教傳統通過所望與所信就可以抵達的在大地、時間與歷史之外的超越空間更為不同。所以儒家那裡並沒有生發出救贖真理潛藏的知卜導向，即以超越宇宙的更高神性來脫離社會與宇宙，甚至超越造物主的邏輯，而將人置放在絕對的自由與絕對的創造性本身。相反，在儒家的氣化世界中，力與勢的牽引與反拉受到更大的關注，由於並不期待任何類型的氣外空間，因而儒家生存論的中道真理那裡並沒有滑向靈知主義的危險，但它的危險在於將來自根基一極的推動削弱或萎縮為世俗秩序的辯護，即馬克斯・韋伯所說儒家以身份倫理的執著而廢黜了超越的根基。

更重要的，儒學以及道家所突出的世界理解，具有「化則無常」（《莊子・大宗師》）、「唯變所適」（《周易・繫辭下傳》）的取向，在那裡，一切皆流，萬物皆化，沒有既定的目的，也沒有末世論的方向。作為根基一極的「天」，在儒家思想脈絡中被分殊化為：(1)不可測度而時時刻刻都在潛移默化的「天之體」，此即「為物不貳」之天；(2)在日月星辰中呈現但從來不能被固定拘泥的「天之象」，即法象之天；(3)唯有對人而言可以與之統合的「天之德」。儒家對生存根基的理解，著眼於人的生存張力，無論是「天之體」，抑或是「天之象」，都在無常之化中，不是人的生存根據，而人所納入其生存根基的則是可以使人貞定的「天之德」，「天之體」無法顯化，「天之象」在氣化之五常中運作；在萬物生生不已的過程中所顯發的「天之用」中，則可以體驗到「天之德」。中道的生存真理直契「天之德」，將其化為生命生活的一部分，但「天之德」卻無法被以語言方式充分符號化，也無法被意向性意識所客體化，因而，天在人那裡所表現出來的就不是創世的言說，譬如《約翰福音》所謂的「道成肉身」，而是不言之默。人在四時運行、百物化生中感受到不言之天德，體之於身，因而人可以自己生命的「文」與「德」來顯現並確證中道真理。由於有確實的德行作為依據，因而不再如沃格林那樣在意識－實在－語言的複合組構中打轉，而是以生命之文與生命之德體驗天人之際的中道真理。作為中道真理的代表者，儒家的聖人不再是超越性的先知與哲人，他們在與凡俗的生存抵抗中彰顯其來自根基的吸引力，而儒家的聖賢則超越了超越性，因而能夠即凡而聖，化聖

於凡，因而聖賢追求的不是理念化或純粹靈性的生存，而是即出即入、在入世與出世之間達成了真正的平衡。沃格林所呼喚的生存真理張力體驗之兩極的居間或在意識中的均衡，出現在作為未來思想之可能性的儒家哲學中，在那裡，已經不再需要預設非時間性的永恒與全知敘述主體的末世期待視域，在這個不變的只有變化的宇宙－歷史的洪流中，人所據以自我貞定者，則是與宇宙萬物在「體」「象」「用」上的更加徹底的分離，但在這分離的同時卻又可以使人最終貞定的「德」。

然而，世間性的事情總是兩面性的，沒有任何一種生存真理類型可以占據真理本身，它們作為通向真理、充實生存之意義的方式都是等價性的，具有意義上的平行性。保羅那種徹底超越宇宙而聚焦於靈性意識的救贖真理，很容易導向古典靈知主義，即對世間的逃離與否棄，但也容易激發一種極端的創造精神。雅斯貝爾斯對西方文明的九個特徵的總結中，[48]總是強調各種極端性的張力，他們彼此之間的緊張與競爭甚至衝突，給西方近代文明帶來了變革人類歷史的前所未有的活力，當然也有毀滅性的力量。正是西方近代的科學與技術，將人類帶入了現實層面上的世界歷史時代，真正實現了地球人在生存意識空間中的一體化。這在一定意義上也與保羅傳統追求極端的超越性相關，而極端的超越性指向追尋自由與創造本身。同樣，儒家的中道生存真理在抵達人類生命的安寧與政治社會的和平秩序方面做出了巨大的貢獻，避免了各種各樣激進的極端主義的破壞，但同時它對於世界往往具有韋伯所說的極大的適應主義立場而缺乏激進的批判主義和變革主義的立場，無論是黑格爾還是韋伯乃至沃格林都看不到儒家傳統本著精神它缺乏那種本著精神的立場與自然的決絕斷裂的悲壯情懷與變革世界和人性的英雄主義的激情。儒家對於中正和平的凸顯本身中道真理的一個表現，但同時在動盪的巨變時代，它似乎難以指引那種激進的甚至是偏執的創造激情。在這個意義上，從今天的背景來看，我們必須意識到，任何一種生存真理都並不占有真

---

[48] 卡爾·雅斯貝爾斯：《歷史的起源和目標》，李夏菲譯，桂林：漓江出版社，2019年，第88-93頁。

理的全部領域，而是在其不同的情境下而有不同的意義。因而對於作為文化成員與文明共同體成員的個人而言，只有以超越共同體向著其他共同體及其敞開的真理開放的方式，才能提升共同體。立足於中道真理，向著「人學真理」與「救贖真理」開放，以這種方式才是現代意義上的「執中之道」。無論是哪種真理，都匯聚到文化世界及其歷史中，作為精神性的補給滋養人類，這就要求一種根植於歷史性的超越意識。

總體而言，古希臘和以色列的精神突破所取得的成就，在於其生存論真理創建了新的符號形式：「只有在以色列和希臘，宇宙論形式才因在存在中的飛躍（亦即各個靈性神顯事件和智性神顯事件）而徹底瓦解，並讓位於新的符號化表達——啟示和哲學。」[49]中國的精神突破雖然發生，卻被沃格林視為具有不完全性與不徹底性，其本意大概在於中國既沒有徹底地擺脫宇宙論秩序，也沒有充分敞開靈魂的位點以朝向超越性的體驗。然而，相對於古希臘哲人以「哲學」符號創建的「人學真理」和以色列先知以「啟示」符號發明的「救贖真理」，中國的聖賢則給出了在人極與天極之間的「中道真理」，後者意味著沃格林所謂的「居間」的機制化，這一機制化本身當然是將超越性意識引向歷史中的文化宇宙而得以達成，人類立足於歷史中綿延的文化宇宙以與自然宇宙彼此協調，從而實現了對超越性的居間性轉化。

---

[49] 埃里克·沃格林：《秩序與歷史》第 4 卷《天下時代》，第 387 頁。

儒家政治文化與華人民主政體的未來展望[*]

林遠澤[**]

一、前言

　　過去一百多年來，從康、梁的立憲派到孫中山的革命派，從「打倒孔家店」的五四新文化運動到共產中國「批孔揚秦」的文化大革命，傳統中國追求現代化的過程，總是與民主化的挑戰以及對儒學的批判反思脫不了關係。歷經兩次世界大戰，在民族自決的世界格局中，亞洲地區出現了三個主要由華人建立起來的政治共同體：中國、新加坡與台灣。透過二十世紀後半葉以來的政治實驗，這三個政治共同體分別為華人民主政體的發展，提供了中國（威權）模式、新加坡（半威權）模式與台灣（民主）模式等三種不同的選項。華人社會深受儒家文化的影響，這三個華人民主政體之所以會有顯著不同的政治模式，除了受到複雜的地緣政治與經貿全球化分工的影響之外，更具關鍵性的因素，則在於他們如何各自去調節儒學與民主之間的關係，以使他們的社會文化背景能與國家政治制度的設計相一致。

[*]　本文係作者參與台大黃俊傑特聘講座教授所主持之「儒家思想的 21 世紀新意義」研究計劃的子計劃研究成果。本計劃受「中華文化教育基金會」研究經費補助，特此申謝。

[**]　國立政治大學哲學系特聘教授

　　時至二十一世紀，歷經二戰以來的政治實驗，台灣、新加坡與中國的民主發展，都陷入深淺不一的危機關卡中。華人民主政體未來應何去何從，而儒學對此又應提供什麼型態的理論建構，以使華人未來的民主政體能有相應的民主政治文化，做為其穩定發展的基礎？為回答這些問題，我認為應徹底釐清已經爭執一百多年的儒學與民主的關係，以在系統區分的關係模式上，對可能的華人民主政體進行評估，說明未來哪種模式值得期待。本文底下將透過儒學與民主之可能關係的系統性區分：在相容論中，分判出持民主轉型論的台灣模式，以及持儒學實用論的新加坡模式；在衝突論中，分判出持儒學揚棄論的西化模式，與持民主取代論的中國模式（二）。在簡要檢討這四種模式後，我將指出，從亞洲價值論、經由賢能政治論，走向新威權主義的中國模式，是一種走向歧途的發展。他們受到在合理的威權主義中的官僚技術主義之意識形態宰制而不自覺（三）。而目前仍然值得期待的台灣民主模式，則惟有重新找回儒學的內在精神，才能在二十一世紀為華人民主政體立下典範（四）。

二、「儒學與民主」關係的四種論述模式分析

　　學界以往對於儒學與民主之間的關係，大都是根據傳統中國的現代化過程，進行它在特定區域內發生的歷史敘事。華裔澳洲學者何包鋼則嘗試將儒學與民主的關係類型化成四種論述典範，以進行概念性的探討。[1]他將儒學與民主的關係區分成「矛盾範式」、「兼容範式」、「混合範式」與「批判範式」等四種理論形態。「矛盾範式」指堅持儒學與民主絕不相容的觀點，這種觀點以杭亭頓為代表。「兼容範式」認為儒學中一些要素是與民主觀念或民主制度相適應的，狄百瑞等人為這種看法的主要代表。「混合範式」透

---

[1] 　請參見：何包鋼，〈儒學與民主關係的四種範式〉，《黨政研究》，2021 年第 1 期，頁 72-82；何包鋼撰，朱亞輝譯，〈西方儒家民主研究評介〉，《哲學探索》總第 2 輯，頁 247。後一篇論文特別聚焦在論述英語學界對於四種範式中的「混合範式」的新理論貢獻。

過對於複雜的制度與行為的實踐考察，說明東亞的民主實踐總已經是東西方文化的混合物，他並將陳祖為、金聖義與貝淡寧（Daniel A. Bell）看成是對這個模式有貢獻的代表性學者。至於「批判範式」則用來指蔣慶與康曉光等大陸的新威權主義儒家，[2]他們以儒家為尺度，批判民主制度無助於中國，鼓吹中國的立憲政體應即採行立儒教為國教的王道與仁政。

何包鋼在此區分出來的四種範式，仍然相當缺乏區分的系統性與內容的代表性。例如，在兼容範式中，他主要提到：「地方紳士階層的傳統可以被理解為一個自治的社區，具有一定的對本地的自治權，甚至可被看作是地方民主的一種原始形式。儒家的學堂制度亦是一種公共論壇，知識精英在學堂裡就道德、社會以及政治問題進行探討和辯論，這種制度可被轉變成現代社會的政治協商……儒家的諫議機制可被轉變成一種現代權力檢察系統。這些儒家思想及其制度均與自由民主相適應。」[3]但對於港台新儒家有關儒家主張「天視自我民視」、「民為貴、社稷次之、君為輕」等主權在民的觀點，係與西方民主理念相容的看法，則未曾一提。這使得他所謂的兼容範式，並無法區分出儒家與民主的相容關係，究竟是僅限於治道民主（亦即行政權的合理化）的相容，還是也包括政道民主（亦即國家主權或立法權的正當性基礎）的相容。由於他的兼容範式看來僅提及治道民主的相容，他對於混合範式的說明，因而也僅侷限於探討在當前中國鄉村選舉以及地方協商制度中，

---

[2]　學界目前習於使用「大陸新儒家」一詞來專指蔣慶、康曉光、陳明等主張恢復儒教或主張威權主義的儒家學者。但我同意李明輝先生對於這個用詞的質疑，請參見李明輝於 2014 年 12 月接受《澎湃新聞》專訪的內容（https://www.thepaper.cn/newsDetail_forward_1295434）。近年來，大陸有許多學者深研儒學，他們或是對儒學的傳統義理有深入的研究，或對儒家的現代意義多所闡發。「大陸新儒家」這個多義詞的指涉範圍，實不宜被簡化成僅蔣慶、康曉光等學者所代表的片面立場。本文因而將用「新威權主義儒家」或「大陸的新威權主義儒家」的名稱，來指稱這些學者的觀點。對於蔣慶等人的「大陸新儒學」觀點，即使在大陸內部也引發許多不同意見的批判，參見：張世保（編），《大陸新儒學評論》（北京：線裝書局，2007）。

[3]　何包鋼，〈儒學與民主關係的四種範式〉，頁 75。

「儒家紳士議事傳統與西方協商民主理論」的結合。[4]但這其實仍是一種在威權體制下的有限民主，這種有限的民主，其實並不是民主。[5]

依何包鋼的區分，混合範式應預設兼容範式做為其前提，因為惟有儒學與民主基本上不矛盾，那麼混合實踐的嘗試才是可能的。就此而言，混合範式只是兼容範式的實踐形式。且由於治道的民主並不必然能保證政道的民主，於是他將主張賢能政治優越於民主政治的貝淡寧，視為是混合範式而不是屬於批判範式的代表，也就不會讓我們感到奇怪了。批判範式既然同樣主張儒學與民主是不相容的，那麼它應當也是矛盾範式的一種，而無法算是一種獨立的範式。因而，如果混合範式只是兼容範式的實踐形式，而批判範式只是矛盾範式的激進形式，那麼何包鋼對於儒學與民主的四種範式的區分，顯然的確只停留在相容或矛盾範式的片面對立中。

黃誠、陳偉杰、陳文政與單文婷的批評因而是正確的。他們依據 Nicholas Spina、Doh C. Shin（辛道徹）與 Dana Cha 等人的觀點，[6]指出何包鋼等人對於儒學與民主關係的論述模式的區分「實有過度簡化或二分法之嫌」。如同黃誠、陳偉杰指出的：「民主或民主政治有其基本內涵，除了原始字義之『自我統治』外，應包括若干程序原則（如公平參與、代議機制、審議對話、多數統治）與實質價值（如人權保障、價值維護、多元寬容、少數權利），前者為手段，後者為目的。同理，歷經千年以上歷史磨練的儒學

---

[4] 何包鋼，〈儒學與民主關係的四種範式〉，頁 76，更詳細的討論請參見他的專著：何包鋼，《協商民主：理論、方法和實踐》（北京：中國社會科學出版社，2008）。

[5] 何包鋼與許多大陸學者，都認為中國大陸在鄉鎮層級所實施的選舉與政治協商活動，即已經是一種基層民主的建立。但事實上，從創建當代審議式民主理論的哈伯瑪斯觀點來看，除非能徹底尊重言論自由，以能在人民主權的程序主義理解中，透過溝通自由取得溝通權力，以抗衡行政權的獨裁，否則仍不能稱得上有真正的民主可言。參見哈貝馬斯著，童世駿譯，《在事實與規範之間——關於法律和民主法治國的商談理論》（北京：三聯書店，2003），頁 180-185。

[6] Spina, Nicholas, Doh C. Shin, and Dana Cha. "Confucianism and Democracy: A Review of the Opposing Conceptualization", *Japanese Journal of Political Science*, 12.1 (2011): 143-160.

傳統，卻猶能在自由民主盛行的當代社會（例如臺灣）中存續，顯見其基本內涵至少應該包括『自由民主成分』與『非自由民主成分』兩部分。在此理解下『肯定論』者選擇性地結合儒學的『自由民主成分』與民主的實質價值相結合，從而導出兩者相容之結論，自然有所偏失。同理『否定論』者反其道而行，選擇性地挑選儒學的『非自由民主成分』來與民主政治的程序價值（特別是選舉代議機制）相連結，其所導出『兩者不相容』之結論，自亦屬一偏之見。」[7]陳文政與單文婷並據此提出一個較具系統性的區分（圖一）：[8]

		儒學	
		自由民主成分（仁愛、恕道、民本、人文等價值）	非自由民主成分（順從、義務、威權、集體主義、社會和諧等）
民主	程序民主價值（民治價值）	（混合論）	衝突論
	實質民主價值（民享價值）	調和論	（混合論）

圖一：「儒學與民主」關係之論述模式

　　這個圖表雖然能令我們較為系統地看出，傳統的兼容論（或稱肯定論以及此處所稱的調和論）實係主張儒學的自由民主成分應能與實質民主價值相容，而矛盾論（或稱否定論以及此處所稱的衝突論）的立論基礎，則在於儒學的非自由民主成份與程序民主價值相違背。但我們卻看不出來，在此「混合論」（或稱為折衷論）與「調和論」究竟有什麼範疇上的區別可言。也設想不出來，儒學強調仁愛與恕道等自由民主的成份與代議制選舉等程序民主價值，是如何能夠相混合的？更難理解的是，儒家強調威權與集體主義等非

7　黃城、陳偉杰，〈儒學與民主：臺灣民主化脈絡下的回顧與前瞻〉，《哲學與文化》，第 40 卷，第 9 期，頁 94-95。

8　陳文政、單文婷，〈儒學與民主：中國大陸民主化脈絡下之挑戰與機遇〉，《哲學與文化》，第 40 卷，第 9 期，頁 120。

自由民主的成分，是如何能與人權保障與多元寬容等實質民主價值相混合？無怪乎，他們會將杜維明、貝淡寧與李晨陽都視為混合論這一論述模式的相同類型，[9]而無視他們之間的立場可能存在根本上的差異。

　　儒學與民主都不是內含單一的概念，要對儒學與民主的各種可能關係，進行全面性的論述，的確是難以完成的工作。[10]但即使如此，我們仍然可以先劃分出問題所在的不同象限，而先分別討論在該象限內的代表性觀點。我底下將結合上述學者的研究成果，從儒學與民主存在有關係的三個象限，提出四種論述類型（圖二）的理論可能性：

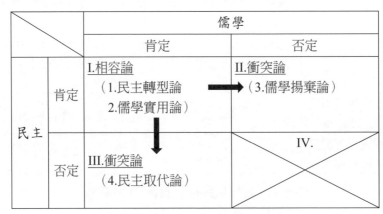

圖二：儒學與民主的四種論述類型

在這個圖表中，象限一的「相容論」是指一種既肯定儒學也肯定民主的立場。相容論的底線是兩者不矛盾，但在儒學與民主之間，卻仍有各自側重一方的立場差異可言。那種主張儒學與民主雖相容，但更偏重民主的價值者，

9　黃城、陳偉杰，〈儒學與民主：臺灣民主化脈絡下的回顧與前瞻〉，頁 93；陳文政、單文婷，〈儒學與民主：中國大陸民主化脈絡下之挑戰與機遇〉，頁 117。

10　如同何包鋼也指出：「如果用上述四種模式，並且考慮三種民主模式，即競爭性的選舉民主、協商民主、精英民主，那麼儒學和民主的關係就更為複雜。如果以這三種模式為主軸，再加上述四種分析範型，把它們放在一個表中，那麼就會產出十二種關係。」詳述各種可能的模式因而是不可能的。參見何包鋼，〈西方儒家民主研究評介〉，頁 247。

可稱為「民主轉型論」。亦即他們或者主張，儒學應更多地轉型為民主，方能與民主更好地相容，而那種更偏重儒學價值的立場，則可稱之為「儒學實用論」。亦即他們主張，只要能善用儒學的文化資源，那麼以儒學價值為主的政治形態，並不比民主的政治形態為差。在象限二中的「衝突論」則是指一種完全否定儒學價值，而僅肯定民主制度的立場。這種立場主張應揚棄儒學，才能使傳統中國現代化，他們因而可稱之為「儒學揚棄論」。第三象限也是一種「衝突論」的論述類型，只不過與第二象限恰好相反。他們完全肯定儒學的價值，而否定西方民主具有優越於儒家的價值。這種立場主張，應回復儒家禮教的政治傳統，以取代西方民主制度，他們可稱做「民主取代論」。而第四象限既否定儒學、亦否定民主，因而並不在我們討論華人民主政體的範圍之內。[11]

在上述三個象限中，論述儒家與民主關係的四種類型，除了「儒學揚棄論」外，其它三種立場分別代表當前亞洲三個華人民主政體的政治意識形態（如圖三所示）。如果在當代政治哲學中，社群主義的部分觀點是很有說服

11　就圖二有關儒學與民主關係的類型學區分，仍需稍加補充說明的是，就邏輯的可能性而言，第一象限做為同時肯定儒學與民主的立場，當然不一定只能容納「相容論」的立場。一種肯定兩者都有價值，但卻認為這兩者全然不相干的「無涉論」，或認為兩者雖然都有價值，但兩者實不可兼得的「擇一論」，也是可以主張的立場。這另外兩種可能的立場，基本上都預設儒學與民主是可以分別看待的兩種東西。但由於本文討論的是華人的民主政體發展問題，這個議題基本上就已經預設了，在人民共同生活的政治共同體中，民主制度的創建與固有的文化傳統之間，實有相互影響的關係，兩者無法脫鉤。本文因而未將在象限一仍有可能的「無涉論」與「擇一論」納入討論。在這兩種仍然可能的立場中，若「無涉論」或「擇一論」主張儒學與民主之間沒有必然的關係，因而不論我們肯定儒家多麼有價值，但我們仍可獨立於（或無視於）儒學，而發展（或選擇）民主體制，那麼此時的「無涉論」與「擇一論」即接近於主張「儒學揚棄論」的「衝突論」立場。而若兩者都主張，無論我們都多麼肯定民主的價值，但我們仍可獨立於（或無視於）民主之外，而發展（或選擇）儒家傳統的政治形態，那麼這兩者的立場即接近於主張「民主取代論」的「衝突論」立場。他們因而是象限二與象限三之強義衝突論的弱義形態。本文在此因而不將它們視為有獨立代表性的理論形態。

力的，亦即一個國家政體的穩定必須依賴其民族文化傳統的支持，[12]那麼完全否定儒學，抽象地引入一種沒有民族文化基礎的民主制度，這種全盤「西化論」的主張，的確沒有在華人民主政體的政治實踐中真正存在過。而更多地肯定民主、但也不否定儒學價值的「民主轉型論」，則代表華人民主政體中的「台灣模式」。民主轉型論的台灣模式，其實是由看來站在對立立場的自由主義學者與新儒家學者共同完成的。[13]自由主義學者高舉民主自由的價值，使台灣的政治文化傾向於肯定民主，而新儒家則致力於詮釋儒家與民主不相衝突的理念，這使得民主制度能在儒家文化圈中生根茁壯。此外，在同一象限中，但卻是更多地肯定儒學而較不強調民主的「儒學實用論」，則代表華人民主政體中的「新加坡模式」。新加坡有定期舉行的普遍選舉，它在「自由之家」的評比中，被列為「部分自由」而非「不自由」國家的等級，他們因而並不否定民主制度，也不是不自由的國家。然而新加坡基本上仍是一黨專政的國家，他們對於民主國家所應保障的人權經常刻意忽視、甚至於加以侵犯，因而可說是一種代表半民主半威權形態的華人民主政體。[14]

在第三象限中的「民主取代論」肯定儒家（特別是儒家非自由主義成分），而否定民主政治的優越位，他們代表的正是中國大陸現行的「中國模式」。這種模式反對主權在民的民主基本立場，他們即使在最小的限度上允許鄉鎮層級的選舉，但這種選舉對他們來說，也主要不是因為他們肯定民主，而是認為這是儒家固有之選賢舉能制度的延續。對於真正掌握國家政權的統治者，則不是人民能夠加以選擇決定的。這正如貝淡寧所說的：「賢能政治兼含諸如基層政府民主選舉、非選舉形式的政治參與協商、審議、抽籤

12　參見：金里卡（Will Kymlicka）著、劉莘譯，《當代政治哲學導論》（台北：聯經出版事業公司，2003），頁334-346。

13　關於自由主義與新儒家的交鋒，及其與台灣民主運動的關係，可以參見：李淑珍，〈自由主義、新儒家與一九五〇年代台灣自由民主運動：從徐復觀的視角出發〉，《思與言》，第49卷第2期。

14　參見：陳文政、單文婷，〈儒學與民主：中國大陸民主化脈絡下之挑戰與機遇〉，《哲學與文化》，第40卷，第9期，頁128。

和公民複決投票等民主價值觀和政治實踐，但是不包含高層領導人的競爭性選舉」、「當選舉民主與賢能政治產生衝突時，還是賢能政治比選舉民主更重要，尤其在高層領導的選拔上」[15]。貝淡寧認為高層領導人的產生不應透過選舉產生，而應依儒家尚賢的理念成立「賢士院」。以形成「基層民主、上層尚賢」的「民主尚賢制」，而用以取代西方的民主政治。[16]

　　大陸的新威權主義儒家蔣慶接受這種賢能政治的說法，從而反對西方民主政治之主權在民的基本觀點。他認為貝淡寧的賢能政治要成為可能，必須透過他的「儒教憲政」的制度架構做為基礎。亦即在基層的「民意合法性」之上，進一步訴諸「超越神聖的合法性」與「歷史文化的合法性」，從而建立包括「通儒院」、「國體院」與「庶民院」在內的三院制國會，以超越並吸納西方的民主憲政。[17]同樣的，康曉光認為儒家的王道政治就是仁政，仁政具有合法性，它能「要求被統治者服從的理由是：第一，作為執政者，我比你優秀。此之謂『選賢與能』或『賢人治國』。第二，我全心全意為你服務，而且我之所以要『為你服務』，不是出於自私的功利主義計算，而是出於對你無私的愛」。[18]他因而宣稱儒家的仁政就是一種「威權主義國家的合法性理論」。貝淡寧的《賢能政治——為什麼尚賢制比選舉民主更適合中國》，英文原著的書名是：*The China Model – Political Meritocracy and the Limits of Democracy*，直譯即是《中國模式——賢能政治與民主的限度》，可見，在此的「民主取代論」顯然即可代表在華人民主政體中的「中國模式」。

15　〔加〕貝淡寧，〈中國政治模式——賢能還是民主？〉，《中央社會主義學院學報》，2018 年第 4 期，頁 49, 51。

16　貝淡寧著、吳萬瑋譯，《賢能政治——為什麼尚賢制比選舉民主更適合中國》（北京：中信出版社，2016），頁 133-159。

17　蔣慶，〈「賢能政治」的制度框架——「儒教憲政」對民主憲政的超越與吸納〉，收錄於氏著，《廣論政治儒學》（北京：東方出版社，2014），頁 1-42。

18　康曉光，《仁政——中國政治發展的第三條道路》（新加坡：八方文化創作室，2005），頁 123。

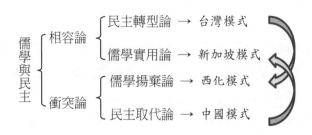

圖三：亞洲華人民主政體的三種模式及其未來走向

　　初步就當前這三種華人民主政體的比較來看，我們可以發現，主張回到儒教中國，像是許多中東地區的伊斯蘭國家，以「伊斯蘭律法」（sharia law）做為法律系統的依據、並設立「宗教警察」（muṭawwi‘）來監管人民做出道德行為，這種宗教國教化的基本教派義觀點，對於早已經處在現代化情境中的華人社會而言，一般公民大概很少會樂於接受這種神權政府「仁慈專制」的束縛。因而如同一般學者的預測，中國如果不走向極端的極權專制，那麼「中國模式」未來民主開放的方向，大概最多只會走向半民主、半威權體制的「新加坡模式」。然而有限民主的威權體制，不僅仍是不民主的政治體制，他們對於儒學的肯定，反而更會讓儒學持續揹上助長威權政治的黑鍋。中國模式對於儒學的肯定，無疑將會給儒學帶來災難。然而，台灣模式的民主轉型論，是否即可為華人民主政體建立起典範？目前對於這個問題的答案，可能還是否定的。台灣模式對於中國沒有吸引力，主要原因顯然在於台灣的民主轉型論，不僅尚未達到民主深化的地步，更大的問題在於，台灣模式在更多地肯定民主而要求傳統儒學應進行現代化轉型的訴求中，已經逐步在所謂的「去中國化」的過程中，放棄了儒家的價值，而快速地滑向主張全盤接受西方自由主義民主之「儒學揚棄論」的「西化模化」。台灣因而得同時概括與承受當代西方民主的種種病徵，而無法提出更令人期望的文化發展願景。因而在展望華人民主政體的未來發展之前，我們底下顯然應先分析，「中國模式」從賢能政治步入威權體制之歧途的主要原因所在，並同時也應指明當前台灣模式所潛藏的隱憂。如此我們才能進一步探討，華人民主政體的未來發展，其正確的方向究竟何在。

三、中國模式──從賢能政治到新威權主義的歧途

依圖二的說明我們可以看出，無論主張儒學與民主是彼此相容、或是相互衝突的，在肯定儒學價值的左邊這一側，從主張「儒學實用論」的「新加坡模式」到主張「民主取代論」的「中國模式」之間，一直存在著一種從「亞洲價值論」走向「賢能政治」並最終達到「新威權主義」的政治發展路線。肯定儒學的政治發展路線最後總是會走向威權，這是否正坐實了持「儒學揚棄論」之「西化模式」的自由主義知識份子，認為儒學始終是在助長威權政治發展的批評？還是我們可以看出，肯定儒學而全面（或部分）否定民主之所以會導致新威權政體的產生，正是因為他們既誤解西方民主的精神，更誤解了儒家文化的核心價值，從而使得民主的政治文化，根本無法在這些華人社會中生根茁壯所致？從理論內部的建構來看，持「民主取代論」之「中國模式」的學者，大都是透過批判西方自由民主制度陷於政黨惡鬥、操縱選舉之民粹主義的「亂象」中，取得他們堅守儒學基本教義派之非自由主義成份的理論正當性。西方自由民主制度的確有許多值得批判的地方，但問題是我們是否因為現行西方自由民主制度存在弊端，就認為用傳統儒教的威權政治來取代民主體制是正確的選擇？

對於儒學與民主的雙重誤解，可說是從新加坡模式的創建者李光耀開始的。[19]但賢能政治的提倡者貝淡寧卻盛讚李光耀的「亞洲價值論」，他指出：「在『好』的民主政體和『壞』的專制政體之間，新加坡的領導人摒棄了二分法。他們還是認為『賢能政治』的概念最為恰當地描述了新加坡的政治制度。」[20]他引述李光耀與李顯龍的兩段話，來為他的賢能政治做註腳。

---

[19] 關於李光耀的「亞洲價值論」，李明輝教授曾詳細地引述香港前總督彭定康的觀點來加以批判。對於新加坡國立大學社會系蔡明發教授試圖以社群主義為新加坡的威權主義辯護，李教授也提出他很有理據的質疑。參見：李明輝，〈儒家傳統與東亞的現代化──從李光耀與彭定康關於「亞洲價值」的爭論談起〉。收錄於氏著：《儒家視野下的政治思想》（台北：台灣大學出版中心，2005），頁181-222。

[20] 〔加〕貝淡寧撰、李揚眉譯，〈從「亞洲價值觀」到「賢能政治」〉，《文史哲》，2013年第3期，頁46。

李光耀說：

> 新加坡是一個建立在努力和品德，而不是取決於出身的財富或特權基
> 礎上的社會。〔精英提供了〕符合人們利益的〔國家〕權力的方向、
> 計劃和管理……現行計劃和政策執行的主要負擔，都落在三百位關鍵
> 人物的肩上……新加坡是一個賢能政治的社會。這些人是通過他們的
> 良好品質、辛勤工作和高績效來獲得提升的。[21]

而李顯龍則說：

> 許多儒家理念仍與我們密初相關。王道（government by honorable
> men）的概念便是一個例子。君子有責任做對人民正確的事情，並且
> 享有人們對他的信任與尊重。這比起西方那種認為政府應當被賦予盡
> 可能有限的權力，並且除非得到證實，否則便總是面臨著不信任的觀
> 念，要更適合我們。[22]

　　新加坡的經濟高度繁榮、政治治理極為廉潔，他們因而能為儒家的賢能
政治與王道政治在現代社會的實用性，提供在經驗上可實證的範例。新加坡
的學者因而也傾向於訴諸「實用主義」的民主理論與跟儒家重視共同體相接
近的「社群主義」政治哲學，來為持「儒學實用論」的「新加坡模式」提供
在儒學與民主方面的理論基礎。[23]

---

[21] 轉引自貝淡寧撰、李揚眉譯，〈從「亞洲價值觀」到「賢能政治」〉，頁 6-7。

[22] 轉引自貝淡寧撰、李揚眉譯，〈從「亞洲價值觀」到「賢能政治」〉，頁 6-7。

[23] 例如蔡明發教授即稱新加坡的政體是一種「非自由主義的社群主義民主」（non-liberal communitarian democracy），參見：Beng-Huat Chua, *Communitarian Ideology and Democracy in Singapore* (London: Routledge, 1997)，而新加坡國立大學哲學系教授陳素芬則透過杜威的實用主義來詮釋儒家的民主。參見：Sor-hoon Tan, *Confucian Democracy: A Deweyan Reconstruction* (New York: State University of New York Press, 2004)。

　　除了從當代的政治學理論來找到新加坡模式之賢能政治的理論正當性基礎外，中國的學者也從儒家傳統的重新詮釋，來說明賢能政治有其儒學自身的基礎。高猛指出這些學者的主要出發點在於：「從儒家賢人之治產生的歷史背景看，崇尚『賢能』無疑是對『親貴』的貴族政治的一種否定，這種否定的歷史動因來源於氏族貴族政治結構分化而產生的國民階級強烈的參政要求，他們希望能夠依據賢能程度而不是身份條件來取得政治地位和財產所有權。從這個意義上說，賢人之治比貴族政治更具有開放性、進步性與可選擇性。」[24]白彤東再進一步，從《孟子・滕文公上》：「有大人之事，有小人之事……或勞心或勞力；勞心者治人，勞力者治於人；治於人者食人，治人者食於人，天下之通義也。」來說明這種「孟子式的有限民主」也是一種賢能政治的主張。[25]而干春松則從《荀子・君子》：「尚賢使能，等貴賤，分親疏，序長幼，此先王之道也」，或《荀子・王制》：「請問為政？曰：賢能不待次而舉……」等儒家文獻，來說明荀子同樣也是主張賢能政治的儒家學者。[26]儒家政治哲學的核心，乃因而被看成是一種主張有限民主的賢能政治論。

　　此外，就政治現實層面而言，在新加坡模式與中國模式中，持儒學實用論與民主取代論的知識份子，之所以會傾向於接受精英統治的威權政體，很大一部分的理由，在於他們普遍對於當代西方施行自由民主制度的極度失望，與對人民之政治判斷力的高度不信任。支持賢能政治並因而明白反對平等主義的白彤東的一段話，[27]很能代表大陸知識份子的心態，他說：「由於多數選民的素質低下民選領袖經常是差強人意，或是善於玩弄民意的民粹份

---

[24] 高猛，〈從賢人之治走向民主治理——儒家治道學說的反思與價值重構〉，《江淮論壇》，2010 年，第 1 期，頁 65。

[25] 白彤東，〈一個儒家版本的有限民主〉，《思想與學術》，頁 207-216。

[26] 干春松，〈賢能政治：儒家政治哲學的一個面相——以《荀子》的論述為例〉，《哲學研究》，2013 年第 5 期，頁 50-57。

[27] Bai, Tongdong, *Against Political Equality: The Confucian Case* (New Jersey Princeton University Press,2019).

子。對這一現實的觀察和對大眾素質的判斷正是一些中國知識精英懷疑民主
在當今中國可行性與可取性的原因。但是我們應該注意到上述的民主國家的
問題歸根結底來源於一人一票的普選制及其隱含的文化觀念。」[28]這種觀點
顯然是在呼應貝淡寧所說的：「賢能政治與高層的多黨競爭不相容，也與一
人一票選舉最高決策者不相容。因此，中國的任務不是學習當今許多民主
主義者所認為的民主制度的核心內容，而是改善賢能政治，學習民主制度
的某些部分。」[29]在這些學者的理解中，西方民主的最主要特色就是一人一
票的選舉制度。王紹光即因而認為西方的政治制度根本不算是「民主制」
（Democracy），而最多只是一種以選舉為主的「選主制」（Electocracy），
他並藉此對西方的自由民主制度展開強烈的批判。[30]

　　在新加坡模式中，經濟的高度繁榮與政府的廉能，支持了儒家賢能政治
優越於西方民主政治的「亞洲價值」。但若一個國家其經濟開始下行，政府
官員貪污腐敗，那麼賢能政治還能是一個可行的制度嗎？針對中國模式現在
所面對的問題，貝淡寧也只能承認：「有道德的人不應營私舞弊，而在當今
中國，幾乎每個人都認為政治腐敗是個嚴重的問題」，這種會使賢能政治垮
台的現實問題如何能解決呢？令人訝異的是，貝淡寧給的建議之一卻是：
「如果給政治領袖半年的假期，專門去閱讀名著（尤其是更直接論述政治倫
理的儒家經典），長遠來看有助於增強其作出符合道義的政治決斷的能力。
同樣重要的是，在中小學階段更加注重儒家經典可能會改善未來中國領導人
的道德教育水平。」[31]中國過去的科舉考試，考試的內容都是儒家經典，傳
統中國的政府官員，無一不是從小就已經熟讀儒家的經典。因而若閱讀儒家
經典就能解決政治腐敗，那麼中國應該二千年來一直都是政治極為清明的盛
世，但事實卻顯然不是如此。威權政治的精英統治，若缺乏民意的監督與反

28　白彤東，〈一個儒家版本的有限民主〉，頁202。

29　〔加〕貝淡寧撰、李揚眉譯，〈從「亞洲價值觀」到「賢能政治」〉，頁11。

30　參見：王紹光（編），歐樹軍譯，《選主批判——對當代西方民主的反思》（北京：
　　北京大學出版社，2014）。

31　〔加〕貝淡寧撰、李揚眉譯，〈從「亞洲價值觀」到「賢能政治」〉，頁11。

對黨的批判，那麼賢能政治之繁盛，將很快成為明日黃花，而非千秋大業之計。

　　由此可見，若不把賢能政治與新威權主義完全建立在經濟成功的基礎上，那麼這兩者能廣泛獲得支持的另一個理由，就主要在於對當代民主（特別是選舉制度）的不信任。支持賢能政治的知識份子，普遍懷疑一般民眾的政治判斷能力。當代民主的多黨競爭與普選制度因而成為他們主要批評的對象。值得注意的是，這種「反民主」的潮流不僅出現在亞洲的華人文化圈，美國學者布倫南（Jason Brennan）的《反民主》一書，在川普當選美國總統與英國脫歐公投過關之前，就已經非常準確地預測了，透過「無知」的大多數民眾，一人一票的選舉民主將會造成何等的災難。[32]而許多研究中南美洲國家的政治學者，也都力圖證明，一個國家貿然實行民主制度，其代價往往是國家的解體與社會的崩潰。許多中國知識份子因而即在「四個自信」的民族主義氛圍下，[33]樂觀地相信「中國模式」不僅能促成中華民族的偉大復興，並且日後也能向國際輸出。但這種對於「中國模式」的「制度自信」與對於儒家「賢能政治」的「文化自信」，顯然存在兩個未經批判的前提，亦即他們大都接受：(1)西方的民主自由制度主要即等同於一人一票的選舉制度；(2)儒家的政治文化始終都是一種支持精英統治的賢能政治。然而，我們不禁想問：(1)西方的自由民主制度是否僅等同於一人一票的普選制？一般人民是否真的不具有政治判斷的能力？以致於必須改弦更張，採取賢能政治的精英統治模式？(2)儒家的賢能政治是否即是一種反民主（或有限民主）的精英統治論？

　　我們先從後一個問題來看。在《孟子・萬章上》孟子論述說，堯舜禪讓之間的政權轉移，並非是統治者之間的私相授受，因為「天子不能以天下與人」。政權的轉移應得到人民的同意，因而孟子也曾引《尚書・泰誓》說：

32　傑森・布倫南著，劉維人譯，《反民主》（新北：聯經出版事業公司，2018）。

33　「四個自信」，即指「中國特色社會主義道路自信、理論自信、制度自信、文化自信」。這是由中國共產黨中央委員會總書記習近平在「慶祝中國共產黨成立 95 周年大會」上所提出的說法。

「天視自我民視、天聽自我民聽」。孟子還說過：「左右皆曰賢，未可也；
諸大夫皆曰賢，未可也；國人皆曰賢，然後察之；見賢焉，然後用之。」
《孟子・梁惠王上》以及「齊宣王問曰：『湯放桀，武王伐紂，有諸？』孟
子對曰……『賊仁者謂之賊，賊義者謂之殘，殘賊之人謂之一夫。聞誅一夫
紂矣，未聞弒君也』。」《孟子・梁惠王下》等等。這些觀點通常被用來證
明，儒家在孟子就已經有主權在民、應尊重民意以及人民有權推翻不正義的
政權等民主的思想。但大衛・埃爾斯坦（David Elstein）等學者卻主張說：
「關於《孟子・萬章上》的那段話……孟子只是說人們被動接受了未經選擇
的統治者，『這難以說真正實踐了實質性的人民主權』。關於《孟子・梁惠
王上》的那段話，他強調孟子說的是統治者在聘用人們推薦的人選之前仍然
需要自己進行調查。關於孟子『人民革命』的觀點，埃爾斯坦強調孟子說的
是湯、武等貴族可以推翻壞政權而沒說人民可以這樣做。因此，埃爾斯坦認
為，不僅儒家是非民主的，而且『作為政治哲學，它是反民主的』，並且早
期儒家不可能產生民主。」[34]

　　支持賢能政治的學者，喜歡採用類似 David Elstein 的儒學詮釋，來說明
儒學並沒有像港台新儒家等「相容論」所說的，是一種與當代民主理論相近
的政治哲學。他們認為儒學是反民主的，但正因如此，儒家主張不平等的精
英統治之賢能政治，才是它能有貢獻於超克當代西方民主之弊端的良方。我
們都知道經典的詮釋，沒有哪一種詮釋才算是絕對客觀正確的。像是針對
《孟子》的那些語句，到底可以被詮釋成民主的理論或反民主的理論，的確
並不容易確定。但值得探討的是，在這兩種對立的詮釋中，這些詮釋者所抱
持的「前理解」或「前見」到底是什麼？如果「理解必然會受限於前理解」
這條詮釋學原則是有說服力的，那麼我們就應先在深層詮釋學的觀點上，考
察那些將儒家政治哲學詮釋為支持不平等的精英統治之反民主的賢能政治論
者的意識形態預設是什麼。

---

[34] David Elstein 的觀點，引述自黃勇的說明。黃勇，〈儒家政治哲學的若干前沿問
　　題〉，《華東師範大學學報》（哲學社會科學版），2020 年第 3 期，頁 44。

　　我們很可以想見，在古代中國，人民的識字率極低，他們的文化水平也一定非常不足，以致於連儒家都得承認「民可使由之，不可使知之」（《論語・泰伯》）。然而，即使在這種條件下，孟子都還是主張「天視自我民視，天聽自我民聽」。換言之，孟子並沒有因為人民普遍沒有充分的知識，就懷疑人民的政治判斷能力。支持賢能政治的學者之所以選擇將儒學理解為一種不平等的精英統治，並因而支持這種解釋才是發揮儒學當代意義的善解，那麼我們可以設想，作為他們這樣理解的前理解之意識形態，應當主要來自於他們的理論立場的另外一面，亦即在他們的生活世界中，他們對於當代民主的不信任（特別是對於一人一票的選舉制度與多元政黨競爭的陌生與排斥）。以致於從他們的觀點來解讀經典，就不會願意接受將儒學的主張解釋成一種與民主思想相近的觀點，因為這種具有民主涵義的儒學，並不是他們想要接受的儒學。

　　我們在這裏沒有辦法在深層詮釋學的層次，詳細對主張儒家政治哲學是一種反民主的賢能政治之理解觀點，進行其前理解之意識形態的病理學分析。但我們可以用川普當選美國總統這個最被知識份子批評的事件為例，來說明支持賢能政治者背後預設的威權主義意識形態。川普利用民主選舉操弄民粹，無疑需要接受嚴厲的批判。[35]但這些將票投給他的選民，是否就一定是無知、易被操弄的選民，以致於我們不應把選舉國家領導人的任務交到他們手上？從選舉結果看，川普的選民大都來自中西部所謂「鏽帶」的各州，他們大都因為製造業外移而失業。這些人原來都透過他們的工作表現，在社會的分工合作中，取得他們個人的成就感與群體團結的共同隸屬感。但現在卻因為華盛頓的政治精英與華爾街的經濟精英之極為合理的政策決定——將不具競爭力的產業外移到生產成本低廉的第三世界國家，以使資本家能獲得更多的利潤，並使國內的消費者能取得更加便宜的商品——而使得這些人成為只能靠社會救濟而生活的底層民眾（或所謂低端人口）。一旦他們沒有選

35　請參見：威爾納・穆勒著，林麗雪譯，《解讀民粹主義》（台北：時報文化出版企業公司，2018）。

舉的權力，那麼精英統治所造成的不正義，就根本就得不到任何反應。

　　精英對於不正義的無知，其實才是更可怕的無知，因為他們的無知所造成的不正義是完全可以合理化的，而這正是一種變相的慈悲專制的極權主義。當前法蘭克福學派批判理論最具代表性的學者霍耐特（Axel Honneth），就非常有洞見地主張，在政治哲學中，無論何種正義理論的構想，都不應該僅從應然的原則出發，以去建構一種有關良序社會的理想烏托邦。而是應從底層民眾的被蔑視感出發，這樣我們才能從他們發自內心對於不正義之社會制度的反彈，看出我們那些所謂正義或合理的制度，其實只是我們為了既得利益者的利益考量而加以合理化的。[36]霍耐特的這些想法，實係他對他的法蘭克福學派前輩的進一步思考。因為像馬庫色與哈伯瑪斯等人早已發現，當代資本主義係以科學技術的進步做為第一生產力。科技的進步帶動人民生活水準的不斷提高，在生產活動中以科學技術操控自然的宰制模式，因而取得做為統治之正當性的意識形態基礎，以致於我們會樂於支持全面管理的科層官僚制的國家統治，這使得極權主義在當代社會有了新的合理化藉口。對此馬庫色在《單向度的人》中說：

> 在發達工業文明裏，普遍存在一種舒適、順暢、合理且民主的不自由，這是技術進步的象徵……在一個似乎越來越能透過其組織方式滿足個人需求的社會中，思想獨立、自主以及政治上的反對權力已喪失基本的批判功能。這樣的社會，可以正當地要求人們接受其規則與制度，並且迫使反對力量在現狀內進行替代政策的討論和推動……當代工業社會組織其技術基礎的方式，使社會很容易變成集權主義式的社會。因為「集權主義」不僅對社會進行恐怖的政治協調，還是一種非恐怖式的經濟－技術協調，也就是由既得利益者來操縱需求。據此，

---

[36] 參見霍耐特著、胡繼華譯，《為承認而鬥爭》（上海：上海人民出版社，2005），頁167-176。

它使人無法有效地對抗整體社會。[37]

而哈伯瑪斯也接著說：

> 在先進的工業資本主義社會中，統治具有喪失其剝削和壓迫的性質並且變成「合理的」〔統治的〕趨勢，而政治統治並不因而消失：「統治僅僅是由維持和擴大作為整體的國家機器的能力和利益決定的。」統治的合理性以維護這樣一個〔社會〕系統為標準，這個系統允許把同科技進步聯繫在一起的生產力提高做為它的合法性基礎……〔這種〕統治的合法性具有一種新的性質，即「日益增長的生產率和對自然的控制，也可以使個人的生活愈加安逸和舒適。」……這種〔技術給人的〕不自由既不表現為不合理的，又不表現為政治的，而是表現為對擴大舒適生活和提高勞動生產率的技術設備的屈從。因此，技術的合理性是保護而不是取消統治的合法性，而理性的工具主義的視野展現出一個合理的極權社會。[38]

在先進資本主義中，以科學技術的操縱模式作為政治統治的意識形態基礎，以致於會在一種「合理的極權社會」中，相信惟有官僚技術統治的治理形態才是合理的。中國知識份子之所以會把儒學詮釋成一種反民主的賢能政治，其前理解的意識形態基礎，很可能就是這種在合理的極權社會中，對於官僚技術主義的極度崇尚所致。儒家賢能政治的主張，原本只涉及治道的合理化，但在中國模式中，卻被認為可以凌駕人民主權的地位，以代替民主選舉之主權在民的正當性。這其實是錯誤地想以行政權取代立法權，而以對官僚技術主義的信仰，實行行政的獨裁。且在各種結合賢能政治與德行倫理學之弱義版本的儒家威權主義中，儒家式的民主被認為是可以對公民的德行生

---

[37] 馬庫色著，劉繼譯，《單向度的人——發達工業社會的意識形態研究》（台北：麥田出版社，2015），頁 35-41。

[38] 哈貝馬斯著，李黎、郭官義譯，《做為「意識形態」的技術與科學》（上海：學林出版社，1999），頁 40-42。

活進行主動的干預與教育的規訓。³⁹這使得中國模式的民主取代論，甚至可以從威權主義發展到神權國家的地步。因為現在，中國不僅在合理的集權主義中，已經達到可以進行社會全面管理的專制，他還可以借助網路監控，建立一種足以操縱人民道德行為的數位集權主義國家，這正如《監控資本主義時代》的作者祖博夫（Shoshana Zuboff）所見的：

> 中國政府已經發展一套全面的「社會信用」系統……這個系統會追蹤「好」與「壞」的行為，範疇涵蓋各種財務與社會活動，自動指派懲罰與獎勵，果斷地塑造個人行為，在經濟、社會、政治生活中逐步「建立誠信文化」……中國的社會信用願景不約而同被稱為「數位極權主義」……〔這個〕系統的目標是實現社會自動化，藉由校準、驅趕、制約，讓民眾產生預先選擇好、國家想要的行為，如此一來就能「預先消除不穩定性」。換言之，目標是要運用機器控制主義的行為修正手段，來保證社會結果，而非市場結果；於是出現了這個系統，讓我們能一窺機器控制主義與國家權力全面融合所引發的一種未來。⁴⁰

中國現在無需宗教警察，只要靠社會信用系統就可以監控人民的道德行為。在一個民主的社會中，我們根本無法想像有人會主張應將儒學立為國教，以建立一種奠基在類似神權之上的國家。但卻有中國的知識份子認真地在建構這樣的理論。這種難以令人理解的、建立在極端非理性之上的合理性，恐怕惟有從意識形態扭曲的角度來加以分析，才有可能理解。當前部分中國知識份子對於賢能政治之精英統治的贊同，看來並不是真正來自於他們對於儒學的肯定，而是他們在科學進步主義（及其連帶的經濟生產力快速提高）的信仰下，不自覺地將官僚技術主義之全面管理的操控，視為是合乎理

---

³⁹ 關於「儒家美德政治論」的當前討論，請參見：黃勇，〈儒家政治哲學的若干前沿問題〉，頁 35-37。

⁴⁰ 肖莎娜・祖博夫著，溫澤元等譯，《監控資本主義時代》（台北：時報文化出版企業公司，2020），頁 650-651。

性的必要制度。以致於他們會反過來誤導儒學的詮釋，以求能與他們受扭曲的意識形態相一致，如果我們未來對於這種民主取代論的中國模式缺乏自覺地批判，那麼從合理化的現代性走向法西斯專制集權的啟蒙辯證之悲劇，將難免會在華人地區重演。

四、台灣民主轉型的成就與隱憂

在儒學與民主的關係模式中，持「民主轉型論」的「台灣模式」，相對於新加坡的儒學實用論與中國的民主取代論，似乎是最有可能為華人民主政體建立典範的一種民主發展模式。但台灣目前的民主轉型是卻是由兩種內在矛盾的文化力量共同促成的，它的轉型尚未成功。在相容論中的民主轉型論，既肯定儒學又肯定民主。但就台灣模式的表現來看，台灣內部肯定民主價值的提倡者主要來自於自由主義學者（與黨外運動的民主抗爭者），他們並不肯定儒學，且更多地是強烈反對來自傳統中國的儒學。台灣內部肯定儒學價值的，主要來自新儒家學者（以及當然還有總是想要利用儒學進行威權統治的執政者）。新儒家學者的「民主開出論」，試圖論證傳統儒學即涵有民主的種子，或儒學與民主的理念完全不矛盾。但新儒家論述民主開出論的意圖，的確仍主要在於想維護儒家作為華人文化主體性的地位。他們承繼的是清末民初有關「中學為體、西學為用」的格局。新儒家與其說是想借儒學革新西方的民主制度，還不如說他們更重在意圖重建民主背後的道德理想主義基礎。自由主義學者致力引入西方的民主制度，而新儒家學者則致力於論證西方的民主思想應可被以儒家文化為基礎的華人社會所接受，他們看起來相互對抗，但其實卻正是共同合作地推動了台灣的民主轉型。

但民主轉型論的台灣模式，在初步取得成功之後，卻似乎已經開始慢慢滑向全盤西化的立場。這顯然是因為，如果新儒家的民主開出論，開出的民主制度仍是西方的民主，那麼只要台灣已經建立起西式的民主制度，台灣社會日後還需不需要儒家，好像就已經是一個無所謂的問題了。何包鋼的觀察因而在某種意義上是正確的，從他的觀點來看，儒家的心性之學對於亞洲

民主政體之建立的貢獻，其實正在於儒學自身的退位，他說：

> 當代儒學在日本、韓國可以與民主和平共處的原因之一是儒學已經不
> 是一種公共的國家性質的指導原則，已從政治生活中撤出。在上個世
> 紀 80 年代的香港和臺灣地區發展了儒家的心學即證明了儒學已經變
> 成私人生活中的一個學說。當儒學的核心價值隱退，儒家的倫理道德
> 和習俗確實幫助了民主制度的建立。這樣，儒學與民主並未直接衝
> 突，儒學的轉型朝著民主政治的方向融合。[41]

新儒家主要是從心性之學的論述，來說明儒學與民主的相容。這使得當代新
儒家可謂腹背受敵。在台灣，自由主義學者批判新儒家對於台灣的民主化運
動，沒有實質的貢獻；而大陸的新威權主義儒家，則指責新儒家的心性儒學
對於建立以儒家學說為主的政治制度沒有貢獻。在民主轉型論的台灣模式
中，儒學既已退位，那麼民主轉型的結果，當然惟有走向全盤西化而已。自
由主義學者樂見台灣的民主轉型走向全面西化，而大陸威權主義新儒家則大
肆嘲弄在台灣已經逐漸變調的民主發展。的確，如果那種肯定西方的自由民
主制度、並且強烈否定儒學的西化模式，最終就只是接受西方現代的民主選
舉制度的話，那麼政黨惡鬥、派系分贓、政客操弄民粹，行政效率低落等將
在所難免。在企業併購國家的壓力下，政府的施政目標只剩下「拼經濟」，
而全然無視社會的公平正義等現象也得一併概括承受。[42]那麼這樣的民主轉
型，的確也沒有特別值得期待之處。

　　〈為中國文化敬告世界人士宣言：我們對中國學術研究及中國文化與世

---

[41] 何包鋼，〈儒學與民主關係的四種範式〉，頁 76。

[42] 跨國企業對民主國家的治理所產生的巨大壓力，已形同企業能併購國家一般，這方面
的批判可以參見：葉仁昌，〈「儒家與民主」議題的轉向──全球資本主義衝擊下的
呼籲〉，《政治科學論叢》，第 44 期，頁 11-20。

界文化前途之共同認識〉[43]這份文件，以及《政道與治道》[44]這本書所呈現的儒家政治哲學觀點，並沒有太大的問題。以最常被爭議的牟宗三觀點來說，他透過良知坎陷的觀點來論述他的民主開出論，就經常被質疑「開出」究竟是如何可能的。牟宗三在書中雖然是使用理性的「運用表現」與「架構表現」等術語來說明他的觀點，但他的良知坎陷說，其實主要受到他的佛學研究的影響。在大乘佛學中，所謂「佛不斷性惡」、「留惑潤生」、「即九法界而成佛」的說法，即指成佛的菩薩，並不會離棄眾生，只去追求自己的涅盤寂靜，而是要出於悲願，留在人間救度陷於無明的眾生。同樣的，良知的坎陷做為道德主體的自我否定，其實正是要在從實踐理性追求最高善的道德神學嚮往，重回到人間世的政治實踐，以進行人人自由的解放。因為惟當透過實踐理性的自我坎陷，我們的眼光才能從天國再度返回人間，從而得以確知人間並非天國所在。如此，那麼我們才不會想要透過宗教的基本教義，在人間建立如同天國一般的神權國家，但卻同時可以把道德實踐之無限可能的動力，轉移到人間世的政治行動領域。

　　現代的讀者或許已經很難熟悉新儒家這種心性形上學的語言，但它其實完全可以用黑格爾的《法哲學》或「對話倫理學」的語言來加以轉譯。用黑格爾法哲學的語言來說，透過良知坎陷以開出民主，這即是說，應揚棄僅侷限於良知之內省的道德性，以在倫理生活中透過正義制度的建構，使內在的自由能真實地在具體的社會現實中客觀地實現出來。而從對話倫理學的觀點，良知坎陷之所以能開出民主，這其實也只是說，我們在理想的言談情境中，透過溝通共識建構出來的正當性規範，惟當它能對處在系統強制中的個人也具有遵守的可期待性，那麼它才具有實踐的可能性與應用的可行性。對話倫理學正是出於正視生活世界存在系統宰制的實然性強制，才主張應揚棄僅具理想性的正當性規範，而賦予法律與政治領域具有在實踐上的必要性與

---

43 對這份文獻的分析，請參見：翟志成，〈港台新儒家對中國民主政制的批評與想像〉，《新亞學報》，2015 年第 32 卷，頁 131-185。

44 牟宗三，《政道與治道》（台北：台灣學生書局，1983）。

正當性，並從而得以進一步發展出他們的審議式民主理論。[45]因而嚴格說來，黑格爾的法哲學與批判理論的審議式民主理論，即使在用語上與牟宗三差距很大，但其實也都是一種透過良知坎陷以開出民主的政治哲學理論。

　　新儒家沒有參與民主化運動，以及新儒家的心性學說沒有建立儒教憲政以進行所謂政治儒學的討論。這反而是正確地謹守（民族）文化與（國家）政治的分際。對於一個民主社會而言，政治多元主義的價值的確不能放棄。沒有任何一個公民有義務要接受一種全面性的價值學說作為他遵奉不渝的信仰。個人只要是自由的，他當然有權利選擇要接受何種政治制度的自由。或反過來說，任何的政治制度都應建立在自由公民的同意之上。設若有一種儒家的政治哲學，那麼他最多也只能是一種儒家政治文化的建立，而不應介入民主法治國的政治運作。因為即使做為儒學的信徒，他也必須跟信仰其它宗教與文化價值的其他公民在最大的重疊共識中，共同支持一種使大家能自由相容地共同生活的政治制度。絕沒有不接受儒教，就不算是中國人這一回事。新儒家的政治哲學僅限於儒家政治文化的建立，而新威權主義儒家卻試圖建立一種儒教憲政，規定所有公民（不論是否接受儒學的理念），都得像一些伊斯蘭神權國家那樣，被強迫接受以儒學為國教的政治制度。兩者對於儒學與民主在文化與國家之不同定位的理解，相較之下，實有雲泥之別。所謂心性儒家與政治儒家之爭論，實未可相提而並論。

　　在此，我們要再次特別強調的是，在當前有關儒學與民主的討論中，經常會產生討論範疇誤置的主要原因之一，即在於混淆了民族文化與國家制度之間的分際。這種混淆不是僅如同上述自由主義所言，在價值多元的社會中，不應有全面性的價值學說的介入（這種觀點經常會被質疑，如果沒有一些共同的價值存在，那麼社會將如何能被整合在一起？）而是如同哈伯瑪斯所說的：

45　敬請參見：林遠澤，〈論規範遵循之可期待性的理性基礎——試從對話倫理學的應用問題論道德、法權與政治責任的規範效力差異與作用互補〉，《人文及社會科學集刊》，2012 年，第 24 卷第 3 期，頁 285-330。

民族有兩副面孔。由「公民」（staatsbürger）組成的民族是民族國家
民主正當性的來源，而由「民眾」（Volksgenossen）組成的天生的
民族則關切社會的整合。公民靠自身的力量建立自由而平等的政治共
同體；而天生同源同宗的人則置身於由共同的語言和歷史而模鑄的共
同體中。民族國家概念包含著普遍主義與特殊主義之間的緊張，即平
等主義的法律共同體與歷史命運共同體之間的緊張。[46]

從哈伯瑪斯這段話中我們可以理解，一個國家（特別是民族國家）必然同時
既是一個「平等主義的法律共同體」又是一個「歷史的命運共同體」。我們
作為在平等主義的法律共同體中的「公民」（staatsbürger）追求的是民主的
正當性，而作為在歷史命運共同體中的「民眾」（Volksgenossen），我們
追求的則是社會的團結整合。在華人民主政體的探討中，我們既要透過「民
主」的理念追求建構一種平等主義的法律共同體，但也要關切在「儒學」的
民族文化中追求社會的團結整合或一體化。惟當這兩者並行而不悖，儒學與
民主的相容論才能真正達成。而這在台灣，正需要自由主義學者在建構平等
主義的法律共同體時，能與新儒家對於儒學之民主政治文化的詮釋，進行相
輔相成的合作。

　　新儒家與自由主義學者在過去，共同推動完成台灣民主轉型第一階段的
工作。但面對自由民主制度的種種弊端，新儒學下一階段在二十一世紀的工
作，顯然應在於重新詮釋儒學，以使透過新反省而覺醒的新儒家政治文化，
能深化台灣的民主轉型。我們在二十一世紀，對於新儒家的學說因而不能只
是「照著講」，而應「接著講」。在這個意義下，我完全同意葉仁昌教授的
呼籲，他說：「從熊十力、張君勱、徐復觀、唐君毅和牟宗三等前輩所處的
時代背景來看，面對列強的壓迫與中國的積弱，更基於『德先生』被視為西

---

[46]　參見哈貝馬斯著，曹衛東譯，《包容他者》（上海：上海人民出版社，2002），頁
　　135。譯文稍有改動。對此的闡述，並請參見：翟志勇，〈哈貝馬斯論全球化時代的
　　國家建構——以後民族民主和憲法愛國主義作為考察重點〉，《環球法律論評》，
　　2008 年第 2 期，頁 51-58。

方富強的重大原因、以及傳統中國對民主政制的缺乏，因而，他們當然將關注的焦點放在儒家對於民主如何『從無到有』的開創問題。但如今，隨著全球資本主義的強勢支配，已經衍生出新的課題了。它不再只是如何開創，而是更涉及了既有的民主機制在動盪飄搖下該如何修補與重建。」[47]

在這裏我們因而也應同時看到以往自由主義學者的侷限。Brooke A. Ackerly 之所以提倡在比較政治學中，應重新探討儒學與民主的關係，即因他看出自由主義已經不是通向民主的惟一道路了。他說：「對自由民主主義的擁護者和批判者而言，民主與自由主義相伴而生……在西方歷史上，個體權利曾為共和政府不加考量的政治權威的濫用進行了把關。但是，資本主義和消費主義卻使自主變為對於威脅社會凝聚力的個人私利之追求的象徵。」[48]對於民主的追求不應僅停留在過去自由主義的階段，因為主張民主政治的自由主義，已經完全抵擋不住經濟全球化方面的新自由主義。對此葉仁昌教授說得更為清楚：

> 「新」自由主義要求以市場化的個人概念來代替公共。這種反對補助、主張自力更生的看似合理訴求，使得一種追求合作與奉獻、相互責任和彼此顧念的「共同體機制」消退了，取而代之的是競爭性的個人主義。公民社會於焉倒退萎縮，成為只是對抗專制與國家、捍衛個人利益和自由的訴求；而民主也只剩下熊彼得那種「最低假設」的內涵，失去了追求人道平等與分配正義的積極面向。市場化最直接的結果，通常就是財團寡佔了全民利益，而許多缺乏競爭條件的人們就被犧牲了。[49]

自由主義的民主理論強調對於個人權利的保障，但在重視個人主觀權利的民

47　葉仁昌，〈「儒家與民主」議題的轉向──全球資本主義衝擊下的呼籲〉，頁 21。

48　〔美〕布魯克・阿克利（Brooke A. Ackerly），孫慶娟譯，〈自由主義是通向民主的唯一途徑嗎──儒學與民主〉，《國學學刊》，2014 年第 2 期，頁 20。

49　葉仁昌，〈「儒家與民主」議題的轉向──全球資本主義衝擊下的呼籲〉，頁 20。

主社會中，強調自由放任的經濟自由主義，顯然已經衝破了公平正義的防線。我們的民主社會已經沒有辦法僅靠自由主義的個人主義意識形態來證成自己。

西方的自由民主制度逐漸喪失其自身的正當性，那麼它應當轉向何處？這如同葉仁昌引述 Wallerstein 的觀點所意識到的：「自由主義的意識形態日漸將社會主義轉化為自己的附屬物，他〔Wallerstein〕並稱此為『自由主義式的社會主義』」。此外，他又引用普特南（R. D. Putnam）的研究指出：「讓民主得以長期延續的，並不只是大眾對民主價值的信念，更重要的是『公民共同體』（civic community）的活力；而公民是否熱衷投入，則有賴於一種建立在信任上的『普遍化的互惠』（generalized reciprocity），這指的是一種社會理解，相信自己參與並保護共善的努力會得到其他人的回報。」[50]西方學者的這些觀點其實都是在說，我們應以「公民共同體」的「自由主義的社會主義」來取代以「競爭性的個人主義」為意識形態的「自由主義」。對於這個問題，我也曾透過在新冠肺炎中的基本權利爭論，說明哈伯瑪斯主張，當代的民主法治國已經不能只強調對於個人主觀自由的基本權利保障，而應當更重視社會的團結。[51]

這些學者的論點，其實反映出自由主義與社會主義已經不是那麼截然對立的政治體制觀點了。在西方的政治實驗中，自由主義與社會主義都是珍貴的人類智慧結晶，他們從不同的方面，致力於自由、平等與友愛等啟蒙理念的實現。[52]自由主義發展了「自由」與「平等」的理念，而社會主義則更重視「友愛」的價值。在近代史的發展中，資本主義的市場經濟與法律之前人

---

[50] 葉仁昌，〈「儒家與民主」議題的轉向——全球資本主義衝擊下的呼籲〉，頁 51，16。

[51] 參見林遠澤，〈後疫情時代民主自由與社會團結的疑難——基於儒家禮治國理念的初步回應〉，林遠澤（編），《危疑時代的儒學思考》（台北：政大出版社，2022年），頁 77-102。

[52] 法文的 Fraternité 一般被翻譯成「博愛」，但這個翻譯會產生一些誤導。因為 Frater 指的是兄弟，兄弟之愛是基於同胞的關係，不一定是廣博而無界限的。中國人稱兄弟之間的情感是一種兄友弟恭的關係，因而翻譯成「友愛」應比「博愛」為恰當。

人平等的法治國理念盛行，加之社會主義在共產主義之極端形式中的失敗，遂使得國家做為一種友愛共同體的涵義，在西方政治哲學中幾乎已經完全銷聲匿跡。然而在中國，即使古代也不乏有自由與平等的訴求（例如：「不患寡，而患不均」），但在傳統以家庭為核心的農業社會中，團結友愛的儒家政治文化才是真正深入人心，得到很好的保存（但當然相對的，在傳統中國自由與平等的理念的確遭到相當大的壓抑）。法國大革命的政治文化遺產與禮運大同篇的儒家政治文化遺產，現在應可以在「自由、平等、友愛」這三大理念以及「天下為公」的「大同」理念實現中相容。以西方民主強調的自由與平等，濟以儒家的友愛大同，則這種民主與儒學的相容，既不會有滑向全盤西化的問題，也不會轉向新威權的政治。儒家與民主的相容論，惟當進到這種儒學與民主相輔相成的相融論層次，對於未來華人民主政體的建構來說，才會是不滑轉、不歧出、真正穩固的模式。

　　台灣模式與這種理想之間，仍有相當的距離。在台灣當前的民主轉型中，自由主義學者對於社會主義的理解仍然相當陌生，然則在英美世界的政治自由主義之外，歐陸多數國家仍在採行社會主義制度。哈伯瑪斯等學者基於歐盟的政治實驗所提出的後民族的憲政愛國主義等構思，也相當值得我們進一步探討。[53]而儒學的研究也的確不能只停留在研究內聖的心性之學，或道德的形上學。而應跨向齊家、治國、平天下的外王理論。在這方面，黑格爾的法哲學或法蘭克福學派的批判理論，都能提供我們很好的理論資源。如同曾國祥教授在他對於儒家自由主義的研究中已經意識到的：「通過與新黑格爾主義之道德視域與政治地景的融通，從而對道德主體與民主理論提出更好的認識，似乎是儒家在當下最具歷史意義的可能發展方向之一……申言之，在最根本的意義上，當代社群主義的哲學走向，即是藉著回歸黑格爾的

---

[53]　在這方面的討論，可以參考應奇，〈從倫理生活的民主形式到民主的倫理生活形式——自由主義－社群主義之爭與新法蘭克福學派的轉型〉，《四川大學學報》（哲學社會科學版），2015 年第 4 期，頁 36-45。以及高鴻鈞，〈走向交往理性的政治哲學和法理學〉上、下，《政治論壇》，2008 年第 26 卷第 5 期，頁 3-21，第 26 卷第 6 期，頁 50-79。

『自我實現』倫理與『倫理生活』（Sittlichkeit; ethical life）觀念，來重新審視自我與社群的關係、道德與政治的關係、乃至於民主的未來前景。」[54]但如果在台灣，自由主義僅停留在個人主觀自由的追求，而新儒家只停留在道德主體性的內省自由中，那麼我們的確就沒有辦法超越抽象法與道德性而進入到家庭、市民社會與國家等團結整合的共同體生活中，以追求相互承認之社會自由的實現，並從而使得台灣的民主轉型，在缺乏理想性理念的支持下，只停留在僅追求經濟利益之逐漸缺乏政治正當性的社會亂象中。

五、結論

在華人社會中，儒家文化的存在形式不是靜態的，它的動態發展有賴於學者對於儒學所做的詮釋是否能夠激發人心、以帶動文化持續更故革新的發展。中國儒學自先秦以來，經由兩漢經學、宋明理學到清代樸學的發展，莫不如是。民初以來，在港台與中國大陸，都不斷有學者不畏政治權勢的壓迫，勇於面對西方文化的挑戰，在儒家心性之學的高度上，以傳承儒學做為「為天地立心、為生民立命」的使命。但我們發現，現今在大陸學者的儒學詮釋中，無論是支持儒學或批判儒學的立場，都出現了相當令人憂慮的偏差。這對大陸建立民主政體的發展方向，將會產生相當不利的影響。這兩種極為偏差的理解方向，一在於倫理學的層次上，將儒家「仁者愛人，施由親始」的關懷倫理，理解成一種強調道德偏私的「血親倫理」；一在法哲學的層次上，將儒家「勞心者治人，勞力者治於人」之角色認取的團結倫理，理解成精英威權統治的「賢能政治」。

對此，我們需要透過後習俗責任倫理學的觀點，以道德推擴的普遍主義與禮治國的團結原則加以批判。[55]在儒家的大同理想中，每一個人依其四端

---

[54]　參見曾國祥，〈牟宗三與黑格爾式自由主義：一個歷史的重新評價〉，《哲學與文化》，第 40 卷，第 9 期，頁 63-64、79。

[55]　參見林遠澤，《儒家後習俗責任倫理學的理念》（台北：聯經出版事業公司，2017年）。

本有的惻隱之心，先從週遭的重要他人開始，逐步推擴其愛人之心到一般化的他人，以終能達到一體同仁的忠恕之道。就此而言，儒家的愛人雖然是「仁者愛人，施由親始」，但在團結整合的大同世界中，透過人人都能「不獨親其親，不獨子其子」，我們即可為人類建構出一種追求「泛愛天下」之「友愛共同體」的政治文化。儒家的禮治不是法治，他們不會否定在愛親與事君的人性本然中，包涵關懷他人與尋求共同體之隸屬感的需求。他們因而絕不會將仁者愛人理解為偏私的血親倫理，而想在自私與恐懼死亡之性本惡的認定中，證成「以法為教，以吏為師」的法家式法治。

儒家不是法家，但也不是墨家。儒家的「禮運大同」是「和而不同」的「世界大同」。但現在中國崛起所追求的大同模式，卻是透過政治精英統治，並將意志集中於國家領導人的集權模式。這種賢能政治的模式，其實根本不是儒家的模式，而顯然是依據墨家尚同天志的模式。墨家無疑也主張尚賢的重要性，《墨子‧尚賢中》中說：「何以知尚賢之為政本，曰：自貴且智者為政乎，愚且賤者則治。自愚且賤者為政乎，貴且智者則亂。」就此而言，墨子同樣主張精英統治的賢能政治。在墨家尚同的國家中，不允許社會有「一人一義，十人十義」的不同意見，尚同的意見統一最終只能訴諸宗教性的天志。墨家因而設問，「然則天亦何欲何惡」，他們的回答是：「天欲義而惡不義」（《墨子‧天志上》）。但問題接著當然是：「然則義何從出？」他們記載墨子的回答是：「義不從愚且賤者出，必自貴且知者出……然則孰為貴孰為知？曰：天為貴天為知而已矣。然則義果自天出矣。」（《墨子‧天志中》）。這種尚同天志的觀點與大陸新威權主義儒家要訴諸「超越神聖的合法性」而建立「通儒院」的想法豈非不謀而合。可見中國模式背後的傳統中國哲學基礎，並不是儒家天下為公的大同，而是尚同天志之神權式極權主義的墨家觀點。莊子雖也讚揚墨家集團中的個人是「真天下之好」的「才士」，但對於墨家學派的政治構想卻直接給予「亂之上也，治之下也」的負評。墨家這種尚同天志的神權國家模式，在中國古代的確也很快就後繼無人。荀子批評墨子的理論是：「不知壹天下建國家之權稱，上功用，大儉約，而優差等，曾不足以容辨異，縣君臣；然而其持之有故，其言

之成理，足以欺惑愚眾」（《荀子・非十二子》），這樣的批評顯然應當仍
可適用於現今大陸的新威權主義儒家。

如果所謂的中國特色的社會主義，是指能結合儒學與民主，使政治自由
主義強調的自由與平等，能與社會主義強調的團結友愛，重新融合實現。亦
即若能使法國大革命的啟蒙理念與儒家禮治之天下為公的大同能共同實現的
話，那麼未來能在華人社會中出現的具中國特色的社會主義，應不會出現在
持民主取代論之新威權主義的中國，而反而有可能出現在持民主轉型論的台
灣。因為一種能修正西方自由民主制度之競爭性個人主義的弊端，轉而強調
社會團結之友愛共同體建構的自由主義式的社會主義。惟有如黑格爾法哲學
所論證的自由理念之發展實現的邏輯那樣，要先有抽象法之以財產權為基礎
的個人自由或主觀權利，並達到對於人格尊重與共善追求之道德性主體的建
立，那麼做為民主的倫理性的社會主義自由才有可能實現。但現在，中國模
式之賢能政治的新威權主義，既不承認私有財產作為實現個人自由的必要條
件，又排斥新儒家在心性之學中所建立起來的道德主體性。他要跳過抽象法
與道德性，而直接到達倫理性的自由法權是不可能的。

從我們上述對儒學與民主之四種關係的模式分析可見，持儒學揚棄論的
西化模式，雖然沒有意識到自由民主制度自身可能有的流弊，但它仍有助於
我們對儒學淪為儒教之威權主義的批判。持儒學實用論的新加坡模式，雖然
沒有意識到賢能政治難免流於人治的危機，但它仍有助於我們理解儒家的政
治主張在當代實用的可能性何在。而持民主取代論的中國模式，則從亞洲價
值論、賢能政治論，一路走向建立威權政體的歧途。華人民主政體的未來希
望，看來仍是在持民主轉型論的台灣模式上。台灣的確至少已經經歷了抽象
法與道德性的發展階段，只要他不放棄儒學，回退到僅剩資本主義之經濟自
由的抽象法階段，那麼台灣未來的確也可能可以達到黑格爾在倫理性學說中
所論述的自由發展階段。為此之故，在台灣民主的深化中，自由主義學者與
新儒家應當真正地共同合作。自由民主的制度，應透過羅爾斯與德沃金的平
等主義，走出僅以經濟自由為訴求的新自由主義的侷限，而在採納社群主義
的部分洞見上，形塑出重視社會團結的民主法治國。而新儒家則應從關懷倫

理的道德推擴主義，走向建構禮治之大同世界的外王實踐。如此一來，台灣的民主轉型模式才能為未來的華人民主政體，提供值得效法的發展典範。乃至於它終可擴大到以儒家文化圈為基礎之東亞同盟的論述，而為二十一世紀的民主發展貢獻儒學的智慧。

積極自由與致善論自由主義 ：格林與新儒家的對話[*]

曾國祥[**]

一、前言

由於受到柏林（Isaiah Berlin）的〈自由的兩種概念〉（"Two Concepts of Freedom," 1958）和張佛泉的《自由與人權》（1954）等論著的深遠影響，在華文學界中，認為儒家與自由主義不相容的一個常見觀點，涉及消極自由（negative freedom）和積極自由（positive freedom）的不對稱關係。[1]根據這種「標準觀點」的陳述，自由主義在政治上的具體主張，是藉著約束國家權力，來保障個人權利，而所謂的個人權利，實即消極自由，因此消極自由代表了自由主義捍衛個人自由與權利的核心精神；至於積極自由，例如儒家思想對於「真正自由」（true freedom）的不懈追求，只會導致一個高

---

[*] 本文改寫自作者英文專書（Roy Tseng, *Confucian Liberalism: Mou Zongsan and Hegelian Liberalism*, State University of New York Press, 2023）第八章的部分內容。

[**] 中央研究院人文社會科學研究中心研究員

[1] 蕭高彥以系譜學的分析取向，討論張佛泉《自由與人權》一書的成書過程，並扣住1950 年代臺灣自由主義者與新儒家對於自由概念的爭辯，消除了「自由主義者主張消極自由、新儒家主張積極自由」的定見。參閱：蕭高彥，〈五〇年代臺灣自由觀念的系譜：張佛泉、《自由中國》與新儒家〉，《人文及社會科學集刊》26（3）（2014）：387–425。

度壓迫的社會，與自由主義之間存在著深層的衝突。換言之，在反儒家的自由主義者（anti-Confucian liberals）看來，儒家的「泛道德主義」（pan-moralism）[2] 是我們實現自由民主的路障，因為儒家標榜「仁政」的政治理想，呈現出致善論（perfectionism）的特色，然而構成現代民主社會的人性論基礎，引用張灝的著名觀點來說，是根植於某種「幽暗意識」。[3]

消極自由與積極自由的二元性，反映著冷戰自由主義對於國家權力集中可能帶來專制獨裁的深層隱憂。確實，防止專制獨裁等政治邪惡的發生，乃是自由主義在其源遠流長的歷史發展過程中一脈相承的政治信念。然而，值得我們進一步思考的問題是，有關自由的兩種概念之析論，實際上牽涉到西方自由主義家族（family of liberalisms）內部的路線之爭。對此，李明輝在《儒家視野下的政治思想》中有一段鞭辟入裡的陳述如下引：

> 當代新儒學與中國自由主義間的差異基本上便反映了歐陸傳統與英美傳統間的差異。眾所周知，在論戰中代表自由主義的殷海光先生是邏輯經驗論的信徒，而在新儒家這方面，唐君毅、牟宗三、徐復觀等人深受近代德國哲學（尤其是德國理念論）之影響。由英、美的民主傳統出發，中國的自由主義者將民主制度理解為政治契約之產物，契約的內容表現為人權清單。張佛泉先生所謂「自由即諸權利」即代表這種想法。對他們而言，「自由」與「民主」並不需要形上學基礎，因而政治自由也不需要以意志自由（道德意義的自由）為基礎。他們認為：讓意志自由之類的形上學問題涉入政治理論中，會模糊道德與政

---

[2] 有關泛道德主義的進一步討論，參閱：李明輝，《儒學與現代意識》（臺北：文津出版社，1991），67–133; John Makeham, *Lost Soul: "Confucianism" in Contemporary Chinese Academic Discourse* (Cambridge: Harvard University Asia Center, 2008), 235–236; Jason Clower, "Introduction," in Mou Zongsan, *Late Works of Mou Zongsan: Selected Essays on Chinese Philosophy*, ed. and trans. Jason Clower (Leiden and Boston: Brill, 2014), 11–12; Roy Tseng, *Confucian Liberalism: Mou Zongsan and Hegelian Liberalism* (Albany: State University of New York Press, 2023), 23, 204, 213, 218, 222, 250。

[3] 張灝，《幽暗意識與民主傳統》（臺北：聯經，1989）。

冶間的界線，使極權主義有可乘之機。反之，新儒家從歐陸的民主傳
統出發，認為民主政治是道德價值之體現，故堅持政治自由必須以意
志自由為基礎，否則便是無源之水、無根之木。[4]

李明輝的見解可謂深刻透徹，切中要害。然而值得注意的是：其文中所
稱的歐洲自由主義，其實曾經打著「新自由主義」或「黑格爾自由主義」的
旗號，於十九世紀末到二十世紀初，在英倫思想界掀起一波浪潮，成為當代
自由主義與致善論遇合的濫觴；由於這群英倫哲人的思想深受康德、黑格爾
與費希特等德國觀念論的影響，因此他們也時常被泛稱為英國觀念論者
（British idealists），其著名的代表人物包括：格林（T. H. Green, 1836-
1882）、布拉德雷（F. H. Bradley, 1846-1924）與鮑桑葵（Bernard Bosanquet,
1848-1923）等人。[5] 對華文讀者來說，這是一段相對受到忽視的自由主義
發展歷程，其中格林的政治思想尤具研究意義。[6] 這不僅是因為柏林和張佛

---

[4] 李明輝，《儒家視野下的政治思想》（臺北：臺灣大學出版中心，2008），35。

[5] 其他重要的英國觀念作家包括：凱爾德（Edward Caird, 1835-1908）、瓊斯（Henry
Jones, 1852-1922）、李奇（D. G. Ritchie, 1853-1903）、霍爾丹（Richard Burdon
Haldane, 1856-1928）、繆爾黑德（John Henry Muirhead, 1855-1940）、賽斯兄弟
（Andrew Seth, 1856-1931; James Seth, 1860-1924）、麥克坎茲（John Stuart Mackenzie,
1860-1935）、韋布（Clement C. J. Webb, 1865-1954）、麥克塔格（J. M. E. McTaggart,
1866-1925）與海瑟靈頓（Hector J. W. Hetherington, 1888-1965）等人。較寬鬆地說，
後期英國觀念論的代表人物，亦可涵蓋柯靈烏（R. G. Collingwood, 1889-1943）、繆
爾（G. R. G. Mure, 1893-1979）、艾溫（A. C. Ewing, 1899-1973）與歐克秀（Michael
Oakeshott, 1901-1990）。

[6] 有關格林政治思想的中文研究文獻，參閱：劉佳昊，〈論格林的共善概念及其倫理政
治思想〉，《政治與社會哲學評論》55（2015）：107–161；劉佳昊，〈倫理國家的
開展：格林對古典自由主義的哲學改造及其民主實踐意涵〉，《政治學報》62
（2016）：79–101；劉佳昊，〈道德潛能抑或社會成就？格林與鮑桑葵論權利的倫理
根源〉，《臺灣民主季刊》15（3）（2016）：39–74；劉佳昊，〈契約自由、民主政
治與國家責任：格林對 19 世紀英國勞動立法過程中的階級代表課題之反思〉，《人
文及社會科學集刊》32（3）（2020）：451–487；劉佳昊，〈湯瑪斯・格林的公民哲
學（一）：道德存有論〉，吳彥編，《法哲學與政治哲學評論：菲尼斯與新自然法理

泉的前揭論著，不約而同地引述了格林有關消極自由與積極自由的原創性討論；更重要的是，格林對於積極自由的辯護，非但沒有違背自由主義反對專制獨裁、保障個人自由的基本信念，甚且從「自我實現倫理」（the ethics of self-realization）的致善論視界，豐富了我們對於自由價值、個人主義和共同人性的理解。換言之，格林的自由理論揭示出了某種黑格爾式的「致善論自由主義」（perfectionist liberalism）的可能性與可欲性。

　　基於此，本文準備探訪格林的自由理論，並藉以彰顯其思想資產對於我們反思儒家與「自由主義家族」之關係，所可能帶來的哲學啟發。更明確地說，本文主要的研究目標有三項。首先，柏林與張佛泉在討論消極自由與積極自由時，之所以都提到了格林，實非偶然，因為在英文語境中「格林時常被描述成此一區分的創始者」；[7] 就此而言，介紹格林以致善論為基礎的自由理論，將有助於我們澄清「標準觀點」——儒家與自由主義格格不入——的若干偏失。其次，儘管格林所提倡的「自我實現倫理」及其思想中的「具體個人主義」（embodied individualism）思維，基本上乃是對黑格爾的「實現原則」（the principle of realization）的闡發，也就是強調人類的道德理性與潛能只有在具體的脈絡中才能獲得充分的實現，但依循英國觀念論志在調解康德與黑格爾的論述主線，格林的道德思想依然保持康德的自主性（autonomy）原則，其有關國家職權的討論，基本上也遵循著自由主義重視個體價值與個人自由的哲學原則。因此，誠如後文所將指出的，格林從共同善（the common good）來辯護積極自由的作法，並不會導致政治極權主義的後果，因為格林在政治領域中所尋求的，是一種「非宰制性的共同善觀

論》，第 5 輯（北京：商務印書館，2020），109–195；劉佳昊，〈現代性與倫理政治：湯瑪斯格林和東方的交會〉，黃濤編，《政治思想評論》，第 1 輯（北京：商務印書館，2020），146–165；劉佳昊，〈湯瑪斯‧格林的公民哲學（二）：倫理政治論〉，吳彥編，《法哲學與政治哲學評論》，第 6 輯（北京：商務印書館，2020），349–421。

7　Avital Simhony, "Beyond Negative and Positive Freedom: T. H. Green's View of Freedom," *Political Theory* 21(1) (1993): 28–54.

念」（a nondominant conception of the common good），[8] 這因而允許他在自由主義的框架中，闡述個人的道德能力及其具體體現（家庭、市民社會和國家），進而完成有關「致善論自由主義」一個極具原創性的哲學方案。持平而論，格林「關注的是自由主義傳統的內部變革；他的目標並不是要在自由主義中創造一個裂痕」。[9] 最後，基於以上的討論，作者將試著從格林的自由理論所呈現的、與「標準觀點」截然不同的視域，來重新評估當代新儒家以仁為「真正自由」的政治思想與「致善論自由主義」的相容性。

二、重訪自由的兩個概念

現在，就讓我們從柏林和張佛泉有關自由的兩個概念廣為流傳的敘述框架，來展開本文的討論。

(一)、柏林的觀點

在極富盛名的〈自由的兩種概念〉中，柏林對於消極自由和積極自由做出了明確的區分。在柏林看來，消極自由的核心意義「在於障礙的消除（the absence of obstacles），這不僅限於我實際的選擇，也涉及我的潛在選擇——我可以按照自己的選擇去行動」，而「政治自由（political liberty）在這個意義上，僅僅是一個人可以在不受他人阻礙的情況下行動的領域」。[10] 為了闡明其論點，柏林透過分析英國哲人如霍布斯、洛克、邊沁和彌爾，以及法國作家如康士坦和托克維爾等人的著作，追溯了消極自由在政治思想史上的起源與發展。

相比之下，柏林將積極自由定義為「成為自己的主人」（being one's

---

[8]　有關格林共同善理念的進一步討論，參閱：Tseng, *Confucian Liberalism*, 235–243。

[9]　Andrew Vincent and Raymond Plant, *Philosophy, Politics and Citizenship* (Oxford: Basil Blackwell, 1984), 42.

[10]　Isaiah Berlin, *Four Essays on Liberty* (Oxford: Oxford University Press, 1969), xl, 122.

own master）。[11] 在柏林的界定中，包括康德「撤退到內部城堡」以追求自我決定（self-determination）或道德自主性的觀點，黑格爾藉著自我實現（self-realization）的道德理想所表徵的「真實自我」，以及馬克思所謂的脫離奴役狀態的理性解放，都屬於積極自由的議論範疇。[12] 而在本文中，作者的關注焦點，將放在康德與黑格爾的英國追隨者格林身上。[13] 依柏林之見，格林認為「真正的自由是人類社會所有成員都能同享極大化的權力（the maximum of power）以充分發揮自己能力」的說法，「除了混淆自由與平等之外」，還蘊藏著一種貶抑個人選擇與自我享有的整體主義論述趨向（a holistic tendency）。然而有趣的是，柏林實際上並不否認，「格林是一個真正的自由主義者：只是很多暴君都可以借用這個公式來辯護其最惡劣的壓迫行為」。[14]

柏林有關自由的二分法，在學界引發很多批評，其重點不一而足，包括：概念的誤導，[15] 歷史的限制，[16] 哲學的偏頗，[17] 以及實踐的流弊[18] 等

---

[11] 同上，131。

[12] 同上，135–144。

[13] 同上，150。

[14] 同上，131 註 1。

[15] 麥卡勒姆（Gerald MacCallum）主張柏林的二元區分不成立，他認為自由是一個三元概念：首先，有一名「行動者」，他「免於」某種限制，並因此得以「實踐」某事。Gerald MacCallum, "Negative and Positive Freedom," in *Liberty: Oxford Readings in Politics and Government*, ed. David Miller (Oxford: Oxford University Press, 1991), 100–122.

[16] 史金納（Quentin Skinner）和佩迪特（Philip Pettit）等學者，以「共和自由」為名，嘗試在柏林較具局限性的兩種自由論述外尋找第三種可能性。Quentin Skinner, "The Paradoxes of Political Liberty," in *Liberty*, 183–205; Philip Pettit, *Republicanism: A Theory of Freedom and Government* (Oxford: Claredon Press, 1997), 17–27, and "Republican Political Theory," in *Political Theory: Tradition and Diversity*, ed. Andrew Vincent (Cambridge: Cambridge University Press, 1997), 112–131.

[17] 法蘭柯（Paul Franco）認為柏林的分析「彰顯某種經驗主義的偏見，（或說是）英國人認知自由的典型模式，僅將自由作消極的理解。」Paul Franco, *Hegel's Philosophy of Freedom* (New Haven: Yale University Press, 1999), 180.

[18] 泰勒（Charles Taylor）試圖將消極自由消解為一種「機會概念」並重新定義積極自由

等。基於本文的寫作目的，作者在此僅擬點出兩項關鍵問題。首先，柏林偏好消極自由的主要原因，在於維護政治與道德間應該存在一個界限，以確保個人自由選擇的自由主義立場。其次，柏林對於積極自由的摒棄，則是來自於他對極權暴政所帶來的、摧毀人性的政治邪惡的戒慎恐懼：當虛幻的「人性完美國家」的期望被應用到政治領域中，社會上便極有可能發生因為權力的集中與濫用而破壞個人自由選擇的惡果。換言之，對柏林而言，在哲學整體主義（philosophical holism）與政治極權主義（political totalitarianism）之間存在著必然聯繫。在後文中，作者將以格林的論著為例，釐清此二問題。

(二)、張佛泉的觀點

在柏林以〈自由的兩種概念〉為題發表就職演講的約莫四年之前，張佛泉出版了華文學界自由主義的扛鼎之作《自由與人權》，並對自由的意義提出了影響廣大的界說。[19] 就像柏林一樣，張佛泉也認為，我們有必要區分自由的兩種概念。在評述拉斯基（Harold Laski）《反思我們時代的革命》（1943）一書時，張佛泉寫到：「英美各國只有『消極的自由』（"negative freedom"），蘇聯纔有『真實自由』（"real freedom"）。在『計畫的民主政體中』最需要的乃是積極的自由（"positive freedom"）」。[20] 接著，他又說：「對於自由之意義經過一番推敲之後，我認為人們所謂自由，實可分析為兩種『指稱』或『指謂』（designations）：一種指政治方面的保障，一種指人之內心生活的某種狀態」。[21] 張佛泉還引用了林德賽（A. D. Lindsay）、麻瑞（John C. Murray）、寇爾溫（Edward Corwin）等人的論著，進一步揭示

為一種更可行的「實踐概念」。Charles Taylor, "What's Wrong with Negative Liberty," in *The Idea of Freedom: Essays in Honour of Isaiah Berlin*, ed. Alan Ryan (Oxford: Oxford University Press, 1979), 175–193.

[19] 關於張佛泉自由主義思想的進一步討論，參閱：蕭高彥，〈張佛泉自由主義中的憲政與民主〉，《政治與社會哲學評論》42（2012）：1–38。

[20] 張佛泉，《自由與人權》（臺北：臺灣商務印書館，1993），5。

[21] 同上，12。

自由一詞在政治和法律上的適當用法，便是權利之謂：「從十七、八世紀時始，直至現在，『自由』一詞常常被用為『權利』同義字，或被用以概括一切有保障的權利」。[22] 與此相較，他舉了孔子在《論語》中的名言「七十而從心所欲，不踰矩」為例，以突顯儒家思想傳統對於積極自由的道德和精神層面的強調。[23]

在張佛泉看來，消極自由和積極自由有三個關鍵的區別，不可混淆：首先，前者的保護需要有強制力（coercion），而後者的行使則涉及自主性（autonomy）；其次，前者的定義是普遍、確定和形式主義的，而後者的內涵卻會因人們不同的生活方式而異；第三，前者處理人與人之間的外在關係，而後者則指向一個人的內在生活。[24] 總之，和柏林如出一轍，張佛泉區分消極自由和積極自由的理由，同樣是基於政治與道德應予分開對待的自由主義原則。

於此，必須特別強調的是，張佛泉也注意到了，格林在〈論「自由」一

---

[22] 同上，15–16。參閱：A. D. Lindsay, *The Modern Democratic State*, vol. 1 (Oxford: Oxford University Press, 1943), 87, 247; John C. Murray, "The Natural Law," in *Great Expressions of Human Rights*, ed. R. M. MacIver (New York: The Institute for Religious and Social Studies, 1950), 88; Edward S. Corwin, *The Constitution and What It Means Today* (Princeton, NJ: Princeton University Press, 1938)。

[23] 張佛泉，《自由與人權》，23–24。參閱：《論語・為政》。

[24] 引述張佛泉自己的話來說：「（一）權利之有效的保證（第一種指稱下的自由）只是一種外在的力量對於人之某些外表行動的一般保證。所謂內心生活則指人之自發的個人生活（例如思想及心理情緒等）及『非強制的』社會組合的生活（例如家庭、工會、教會等生活）。前者最特殊處就是強制力之必須藉重。後者最特殊處便是絕不藉重『赤裸裸的強迫』。（二）前者因帶有強制性，其意義必須是確鑿的、具體的、有窮盡的、一般的、一致的、固定的、『形式的』。後者雖不『必』與此相反（道德亦正有『律』），但『可以』與此相反，且無寧說，以與此相反為宜。人之思想不同、信仰不同、興趣不同，在能互相容忍之下，便正是自由生活的本色。（三）人之外表行動的自由，係指一人不受他人任意侵害或橫加控制而言，係指人與人之間的外在關係的一種狀態。這是西文中『自由』一詞之最初的意義。至於所謂內心『自由』之『自由』實在只是借用『自由』之初義，將之應用到內心生活。」同上，21–22。參閱：172–173，189–196。

詞在意志和人的道德進展中的不同意義〉（"On the Different Senses of 'Freedom' as Applied to Will and the Moral Progress of Man"，以下簡稱〈自由的不同意義〉）一文中，其實已經著手澄清了自由的兩層意涵：自由的「初義」或「外在或法制自由」，處理的是我們的「社會和政治關係」，而自由的「反思意義」或「真正自由」，則是觸及我們的「內在生活」。引述張佛泉的說法如下：

> 牛津哲學家格林（T. H. Green）早已見到「自由」兩種用法的區別。他在 "On the Different Senses of 'Freedom' as applied to Will and to the Moral Progress of Man" 一文中（此文轉載於 *Lectures on the Principles of Political Obligation* 一書之首部）首先指出以政治生活中所謂「自由」，應用到人之內心生活（"inner life"），不過是一「譬喻」（"a metaphor" 見§2）。格林遂稱表示人與他人在「社會及政治關係」（"social and political relation" 見§2）中的自由為「外在的或法制自由」（"outward or juristic freedom" 見§8），他亦有時稱此為自由之「初義」（"primary meaning" 見§7，17）。但格林的哲學立場不能容他開展這「法制的」與「精神的」自由（"juristic" and "spiritual" freedom）之區別。[25]

　　格林的此一區別，誠如張佛泉接著指出的，實際上呼應著他對「義務」和「人義」的分辨：

> 「阿不立格心」（obligation）有「強制」或「制裁」之義，亦即當作而必須作之事；此時如不依應作的去作，便將有法律的（當然也可能是社會的）制裁隨之。…略…。「阿不立格心」因而應以現在已成為法律名詞的「義務」譯之。「德優替」（duty）雖有「應為」或

---

[25]　張佛泉，《自由與人權》，31 註 21。

「當為」之義，但重在「自發」，而不重在「制裁」。「德優替」主要乃一道德名詞。適當譯名應作「人義」。…略…。凡此均可見，「人義」乃事之宜者，乃發自內心的動作，毫無勉強，更無強制成分在內。[26]

　　張佛泉關於〈自由的不同意義〉的這兩段陳述，精確地傳達了格林討論自由的兩種概念以及區辨「義務」與「人義」的要義。事實上，張佛泉有關政治和法律上的自由的經典定義——「自由即權利」、「諸自由即諸權利」——在很大程度上便是受到了格林的影響。[27] 但何以張佛泉會認為，「格林的哲學立場不能容他開展『法制的』與『精神的』自由之區別」？何以在捍衛自由主義時，張佛泉並不支持英國觀念論的倡導立場？

　　概略而言，這是因為在張佛泉看來，格林替政治義務所訂立的道德基礎——關於公民為何應該服從國家法律的理由——終究涉及「真正自由」，而根據「自我實現倫理」，格林有關「真正自由」的討論又聯繫著社群整體的共同善。此外，他批評格林捍衛一種超越性的、容易令人心生混淆的「永恆意識」（eternal consciousness）理念，並承認國家的道德意義。然而在《自由與人權》一書中，張佛泉批評最烈的英國觀念論作品，首推鮑桑葵的《國家哲學理論》（*The Philosophical Theory of the State*）。和柏林一樣，張佛泉認為，英國觀念論者所犯下的一個極大錯誤，就是讓國家擁有高於個人的最終權威。換言之，張佛泉亦擔憂哲學整體主義有將社會推向政治極權主義之虞。

　　相對於積極自由，張佛泉嚴正指出，消極自由的合理性在於其確認個人自由的最高價值，也就是「人之尊嚴」。他說：

　　　裴因曾謂，「人」（man）即人之高貴的與惟一的名義；可能加予人

---

[26]　同上，239–240。
[27]　《自由與人權》一書所列的參考書目，涵蓋了英國觀念論者的主要著作。

的名義，無比此再高者。是的，就人而言人，無人比人更高！今日《聯合國憲章》及《普遍人權宣言》中所用「人之尊嚴」，其意義即正在此。無人比「人」再高，故人盡尊嚴之極，而互無遜色。[28]

在最根本的意義上，張佛泉的自由主義思想充分展露出了個人主義信念，強調社會是為了個人而存在，「諸個人乃一切組合中唯一的最終單位及一切價值的泉源」，唯有個人，而非團體或國家，才能合法成為「權利主體」。

> 故「諸個人」係社會及政治生活之最後實在單位，乃屬絕無可疑之事。個人之「最終性」（finality）為不可否認或破壞，亦為絕無可疑之事。個人有此「最終性」乃得為社會生活之最終單位。個人有此「最終性」，方得有「個人價值」（individual worth）可言。個人有此「最終性」始得為「整個的人」（total man）。個人乃知情欲的總主體，而不可分割。故欲尋求「整體」於國或社會者，結果只有於「個人」方真能得之。唯有人人均為整體，他人增減不得，「人當人」和「一人當一人」的權利觀念方能確立。[29]

(三)、自由即權利

綜上所述，張佛泉與柏林這兩位中外馳名的思想家對於自由的討論，之所以會有許多共同之處，一方面是因為他們同時參照格林與英國觀念論的論著來開展其自由學說，二方面則是因為他們同樣主張道德與政治間應有清晰的分界。用今天政治哲學的術語來說，他們都傾向於接受「中立性自由主義」的論點，而反對「致善論自由主義」。[30]

28　張佛泉，《自由與人權》，128、244、294。

29　同上，130、142、150。

30　另一種常見的陳述方式是「自由主義中立論」（liberal neutralism）與「自由主義致善

此外，從歷史背景來看，他們對於積極自由、共同善和國家道德特徵的厭惡，強烈反映了冷戰時期自由主義的基調。因此，我們並不意外發現，柏林向來是反儒家的自由主義者用以批評新儒家「民主開出說」的重要思想資源，[31] 而張佛泉有關「自由即權利」的聲言，至今仍被視為華文世界討論自由主義的「標準觀點」。無可否認，在儒家的思想傳統中，並不存在法律規範與自主良心，或外在政治行動與內在道德行為之間的明確區分。相較之下，張佛泉則堅持「就道德範圍言，人之被尊在德性；就政治範圍言，人之被尊，即唯有在基本權利」。[32] 嚴格地講，張佛泉的說法有些含糊，因為對中立性自由主義者而言，與其說政治完全脫離於道德之外，毋寧說政治涉及某種特殊的道德，亦即以人性尊嚴和基本人權等普遍價值為底線的「政治道德」，而在「整體道德」和「政治道德」之間應該劃出一條涇渭分明的界限。

不管如何，張佛泉嚴格區分政治與道德的思維，與建構「標準觀點」的另一靈魂人物殷海光的論點，有異曲同工之處。殷海光說：

> 如果以道德作民主政治底基礎，便與黑格爾底泛邏輯主義（panlogism）合流。泛邏輯主義則是泛政治主義（panpoliticism）底理論基礎之一。而泛政治主義則是極權制度底骨架。在現代技術底影響甚或決定之下，過程比目標更為重要。因為人所親身接觸者為實際的過程，從未嘗是理想目標。此點自古已然，於今為烈。實現道德目標的過程如不為道德的，則理想的道德適足以造成現實的災害。古代的宗教迫

論」（liberal perfectionism），這方面的相關討論，參閱：Jonathan Quong, *Liberalism without Perfection* (Oxford: Oxford University Press, 2011); Matthew H. Kramer, *Liberalism with Excellence* (Oxford: Oxford University Press, 2017)。

[31] 參閱：劉曉，《現代新儒家政治哲學》（北京：線裝書局，2001）；湯忠鋼，《德性與政治：牟宗三新儒家政治哲學研究》（北京：中國言實出版社，2008）。關於新儒家對此議題的辯護，參閱：李明輝，《儒家視野下的政治思想》，第2章、第10章。

[32] 張佛泉，《自由與人權》，164。

害，東方的「大義覺迷錄」式的思想所造成的悲劇，以及現代極權統
治之形成，都是植根於此。道德本身並沒有防止不道德的行為出現之
器用。所以，道德絲毫不能作民主政治底基礎。退一步說，即令沒有
這些災害，道德是在倫理界。它是制度以外的東西，因此與政治制度
仍是兩橛。[33]

就此而言，李明輝筆下的「中國自由主義」反對新儒家的民主開出說與
自由理論的主要理由，恰恰可以援用殷海光的這句話加以總結：「泛道德主
義之演為泛政治主義，可謂乃是必然的結論」。[34] 套用柏林的語法，此即
「哲學整體主義之演為政治極權主義，可謂乃是必然的結論」。對張佛泉來
說，「這就是政治與倫理必須劃開，政治手段與倫理理想不能羼雜在一起，
『內聖外王』不能當為民主理想的緣故」。[35]

然而，從本文所強調的自由主義的多元性觀點來看，問題的關鍵在於：
如果說自由主義的道德目的在於實現人類尊嚴、自我決定和自由選擇等價
值，那麼「中立性自由主義」有關道德與政治的劃分方式，嚴格來說，只是
這其中的一種可能；主流的自由主義者似乎忽略了，在政治思想史上其實還
存在著申述個體價值的其他範式，從而賦予我們豐富的理論視域，來理解共
同人性的普遍意義。更重要的是，從晚近學界對於英國觀念論，特別是格林
的研究成果來看，真正自由或積極自由所涉及的哲學整體主義論述，並不必
然會導致政治極權主義。事實上，在格林的個案中，哲學整體主義就被成功
地用來重新評估自由主義的道德基礎，進而擴大了我們理解自由主義、個人
主義和共同人性的深度與廣度。

---

[33] 殷海光，《政治與社會》，收於林政弘編，《殷海光全集》，第 11 冊（臺北：桂冠
圖書，1990），360。

[34] 同上。

[35] 張佛泉，《自由與人權》，183–184。

三、擴展自由的四個概念

基於此，在本節中，作者將嘗試重構格林引人深思的自由理論。

(一)、關於人性的一個致善論理解

除了兩本知名的專書《倫理學緒論》（*Prolegomena to Ethics*）和《政治義務原理講義》（*Lectures on the Principles of Political Obligations*）外，格林還撰寫了兩篇關於自由的重要論文，分別是前文提及的〈自由的不同意義〉以及〈自由立法和契約自由講義〉（"Lectures on Liberal Legislation and Freedom of Contract"，以下簡稱〈自由立法〉）。從論文標題可知，〈自由的不同意義〉主要是扣住個人層面，亦即意志和人的道德進展，來討論「法制的」與「精神的」自由或「法律自由」和「真正自由」的差別，而〈自由立法〉則是轉從政治層面，來分析自由在「消極意義」與「積極意義」上的不同。就此而言，這兩篇論文基本上是彼此交織、相互引證的，也就是說「自由一詞在使用上的雙重意涵，先是在個人領域中被確立下來，然後才被用來支撐消極和積極自由這組概念在政治領域中的使用」。[36] 不僅如此，在格林的理論架構中，積極自由和「真正自由」原則上與道德行動（moral action）有關，而消極自由和「法律自由」則僅涉及一般行動（ordinary action）。所以，嚴格地講，格林的政治思想中存在著自由的四種概念，它們分別是：消極自由、積極自由、「法律自由」和「真正自由」。關於這點，我們可以藉助著名的格林哲學研究者迪莫娃－庫克森（Maria Dimova-Cookson）所繪製的簡表予以說明：[37]

	一般行動	道德行動
政治脈絡	消極自由	積極自由
個人脈絡	「法律自由」	「真正自由」

---

[36] Maria Dimova-Cookson, "A New Scheme of Positive and Negative Freedom: Reconstructing T. H. Green on Freedom," *Political Theory* 31(4) (2003): 509.

[37] 同上，511。

　　而由於格林的自由理論為其道德哲學的延伸，因此為了更清楚地說明自由的四種概念之間的相互關係，我們必須先扼要闡述格林道德理論的幾項重點：提倡「自我實現倫理」的致善論立場、視自由為道德能力（moral ability or moral capability）或道德力量（moral power）的發展，以及延續黑格爾對於康德「自我決定道德」或道德自主性的內部批判。首先，格林在〈自由的不同意義〉中對於「真正自由」的辯護，主要是立足於其帶著濃厚致善論色彩的「自我實現倫理」，而「自我實現倫理」恰恰是貫穿《倫理學緒論》的主軸。該書的論證線索大致如下：由於人的行動是由充滿各種欲望的意志所啟動，因此我們必須承認一個擁有意志的認識主體的存在。然而，格林筆下的意志，並不是一個先驗的設準（a transcendental postulate），相反，意志的作用是驅使人透過實際行動以追求欲望的理性滿足（rational satisfaction）。對格林而言，欲望的理性滿足，即是「善」（goodness）的實現，也就是自我在社群中透過持續活動，所具體展現的道德能力和發展潛力。故此，如果說意志是尋求欲望和希望之自我滿足的努力，那麼理性便是引導意志達到更高、更好的自我滿足狀態的能力和潛力。也因此，格林所謂的「自我實現」，即是指主體的理性能力的充分體現，也就是道德能動性的不斷提升。

　　在「自我實現倫理」的討論脈絡中，「自我」因而永遠被視為一個目的——最高的目的。換言之，「自我實現」意味著人類道德生活的意義，不在於「自我」之外，而在於「自我」本身透過與社群其他成員的互動，以不停息地闡發良善的概念，並逐步趨向於一個更完善的「自我」。以此言之，「自我」的行動所達成的善良程度（the degree of goodness），取決於該行動所發揮的理性能力；一個行動所實現的理性能力愈高，其所達成的良善程度也就愈高。一言以蔽之，「自我實現」就是「人類靈魂的能力的實現」或「人的完美化」；[38] 在「自我實現」的道德理想中，意志和理性終將歸於

---

[38] T. H. Green, *Prolegomena to Ethics*, ed. David O. Brink (Oxford: Clarendon Press, 2003), 336, §283.

統一。

格林將「自我實現」界定為意志和理性的統一，基本上是追隨著黑格爾的步伐，反對將意志從思考中獨立出來。[39] 由於「意志構成自由（willing constitutes freedom）」，所謂的「自由意志」（free will）即是「自由的自由」（free freedom），[40] 因此，自由的目的和意志的目的並無二致，也就是努力實現「自我」的欲望和希望的理性滿足。事實上，當泰勒（Charles Taylor）說：「自由對我們而言是重要的，因為我們是目的性的存在者（purposive beings）」時，[41] 他所揭櫫的正是黑格爾思想遺產中，關於自由的理性目標導向、「自我實現」的理論維度。誠如格林所言，「人受其存在法則的支配，一方面會尋求自我滿足，另一方面又無法在他實際渴望且習慣尋求的對象中找到滿足」，[42] 所以人必須透過理性來駕馭意志，以克服困難與挑戰，使得欲望可以獲得更高程度的理性滿足，此即自由之具體實現。就此而言，格林的「真正自由」所指涉的，正是黑格爾所謂的「理性意志」（rational will），亦即「完全在其自身的意志（the will completely within

---

[39] 正如黑格爾所言，意志「不過是特殊的思維方式，即把自己轉變為定在的那種思維，作為達到定在的衝動的那種思維」；「關於意志的自由，最好通過同物理的自然界的比較，來加以說明。可以說，自由是意志的根本規定，正如重量是物體的根本規定一樣。」G. W. F. Hegel, *Elements of the Philosophy of Right*, ed. Allen W. Wood, trans. H. B. Nisbet (Cambridge: Cambridge University Press, 1991), 35, §4A. 以上譯文摘自范揚‧張企泰譯，《法哲學原理》（臺北：里仁書局，1985）。

[40] 如格林所說，「在所有意志行為中，人轉為自己的客體，行為透過客體而確立，所以意志總是自由的——或更正確地說，一個人在意志行為中必然是自由的，因為意志構成了自由，而『自由意志』是個贅述＝『自由的自由』。」T. H. Green, "On the Different Senses of 'Freedom' as Applied to Will and the Moral Progress of Man" (hereafter cited as "Freedom"), in T. H. Green, *Lectures on the Principles of Political Obligation and Other Writings*, ed. Paul Harris and John Morrow (Cambridge: Cambridge University Press, 1986), 228.

[41] Charles Taylor, *Philosophy and the Human Sciences: Philosophical Papers 2* (Cambridge: Cambridge University Press, 1985), 219.

[42] Green, *Lectures on the Principles of Political Obligation and Other Writings*, 242.

itself），因為它僅指涉及自身，一切依賴他者的關係因此都被解消了」。[43]

　　依此，格林奠基於「自我實現倫理」的自由學說的第二項重點，便是將自由與能力（ability）或權力（power）相提並論。在這點上，格林與柏林的看法，可謂大相逕庭。根據柏林的說法，「自由必須謹慎且堅定地與權力和能力做出區別」，「在處於自由狀態（being free）和擁有從事能力（being able to）之間存在著差異」。[44] 與此不同，對格林來說，自由即是在追求慾望的滿足，而這必然涉及個人的理性能力在具體脈絡中的實現；順此推導，「法律自由」與「真正自由」的區別僅只在於，前者是「自我享有（自我滿足）的初階形式（the first form of self-enjoyment）——自我意識精神在其自身的喜悅」（the joy of the self-conscious spirit in itself），[45] 而後者則是自我對於「自我享有的初階形式」所啟動的進一步的**理性反思**。這即是說，自由的兩個**概念**，實際上代表著個人的理性與道德能力在自我實現過程中所呈顯出來的兩個不同階段：只要「法律自由」的行使不再能帶來適當的自我滿足時，一個更高層級的「真正自由」就會出現，並等待著行動者透過進一步的理性反思予以實現。

　　對於理性與自由的實現問題的重視，揭示出了格林的道德哲學及其自由理論的第三項特點，也就是承襲黑格爾對於康德的道德自主性的內部批判。這是一種內在批判，因為黑格爾並未棄置康德的道德主體及其自主性理念，而是試圖藉著「實現原則」或「體現原則」（the principle of realization or embodiment），來擴展自主性的實踐意義。[46] 關於此，我們不妨分成三點來做說明。第一，如一般所知，黑格爾批評康德的無上律令（categorical

---

[43] Hegel, *Elements of the Philosophy of Right*, 54, §23.

[44] 引自 Simhony, "Beyond Negative and Positive Freedom," 42。

[45] Green, "Freedom," 241.

[46] 誠如李明輝在其英文專書中所提及的，「康德的道德主體欠缺自我實現的力量，這意味著道德主體的自我立法存在著對於自主性的某種限縮」。Lee Ming-huei, *Confucianism: Its Roots and Global Significance*, ed. David Jones (Honolulu: University of Hawai'i Press, 2017), 15.

imperatives）是空洞且自相矛盾的。在《法哲學原理》中，黑格爾將人類道德意識的發展區分抽象權利（*das abstrakte Recht*）、形式道德（*die Moralität*）與倫理生活（*die Sittlichkeit*）三個階段。在黑格爾看來，抽象權利和康德的無上律令所表徵的形式道德「都是抽象的，其真理唯有在倫理生活中才能達成。因此，倫理生活是概念意義上的意志和個體意志的統一，即主體的統一」。[47] 換言之，「主體與在其自身且為其自身存在的客觀之善的統一，就是倫理生活」。[48] 在相當程度上，正是黑格爾的倫理生活概念提供了英國觀念論者倡議「自我實現倫理」的思想泉源。所以，相應於布拉德雷的格言：「我的崗位及其責任」（"my station and its duties"），格林在《倫理學緒論》一書中亦主張，人的理性與自由的實現，必須在「有相應的法律、習俗和制度」[49] 的社會關係系統中完成。換句話說，格林及其英國觀念論同道，基本上接受黑格爾的「實現原則」，認為人類意識不是孤立的，而總是與他者相互遭逢、彼此相遇，並在各種差異與激烈衝突中尋求相互承認。因此，對格林而言，「自我若要發展成為具體的或真實的，個體──用黑格爾的術語來說──就必須 [在社會現實中] 外在化（externalize）其能力」。[50]

　　第二，關於個體和社群之間的關係，黑格爾的倫理生活概念，再次引述泰勒的說法，蘊含著「具體主體性」（embodied subjectivity）的哲學視野。相對於康德的「抽離主體性」（disengaged subjectivity），主張道德行為應當「出自義務」，通過「理性指引」，而不涉及任何欲望和傾向，也不受任何文化與歷史的影響，黑格爾哲學傳統下的「自我實現倫理」提供了「發展具體主體性的理論視野某種極其深刻與廣泛的嘗試，此即思想與自由是從生活的流動中產生，並在社會存在的形式中找到表達，進而通過與歷史和自然

---

[47] Hegel, *Elements of the Philosophy of Right*, 64, §33A.

[48] 同上，186, §141A。

[49] Green, "Freedom," 232.

[50] Simhony, "Beyond Negative and Positive Freedom," 39.

產生聯繫發現他們自己的存在」。[51] 從這個角度切入，正如格林所指出的，黑格爾認為康德的道德學說尚且無法令人完全滿意之處，就在於他「似乎使自由成為一種未能實現和無法實現的狀態（make freedom an unrealized and unrealizable state）」；相比之下，在黑格爾那裡，自由作為人類歷史發展的動力，將於國家的理性制度之中獲得實現。[52]

第三，對於黑格爾力圖克服康德哲學的二元性，包括主體和客體、現象和物自身，以及道德和自然之間的對立，格林亦深表認同。依循黑格爾的思維理路，格林同時反對休謨和康德的自我觀點。希馮妮（Avital Simhony）的這段詮釋，清晰地勾勒出了格林的道德自我理念的黑格爾面貌：

> [康德和休謨] 都捍衛一種分裂的自我觀，這是由於他們將理性和欲望分開所致。對休謨而言，理性是無實踐力的（impractical）：既不能設定行動的目的，也無法提供任何行動的動機。對格林來說，休謨的名言「理性只是激情的俘虜」明白地說明了這點。儘管康德承認理性的建構性角色，這是休謨所忽略的，但康德卻排除了理性構建行動所需的唯一材料：亦即欲望。然而，如果理性缺乏欲望，它就失去了實踐力。[53]

(二)、關於積極自由的一種整體主義辯護

前文已經指出，在格林針對個人脈絡的分析中，「法律自由」之所以不同於「真正自由」，並不是因為「自由」和「能力」是兩個互不相容的範疇，而是因為它們代表著我們理性反思的不同程度。同樣的邏輯也適用於政

---

[51] Charles Taylor, *Hegel* (Cambridge: Cambridge University Press, 1975), 571; Charles Taylor: *Hegel and Modern Society* (Cambridge: Cambridge University Press, 1979), 168.

[52] Green, "Freedom," 231. Cf. Hegel, *Elements of the Philosophy of Right*, 49, 63, 162, §15, §33, §135.

[53] Simhony,"Beyond Negative and Positive Freedom," 35.

治脈絡下有關消極自由和積極自由的區別；唯一的差別是，格林認為，在政治生活中我們的理性反思將不可避免地涉及對共同善的持續思辨與評價。故此，如果說消極自由是指在法律保障的範圍內，以自己希望的方式行為，那麼在格林的定義中，「積極意義上的自由」（freedom in the positive sense），便是指「解放所有人的權力，以平等地為共同善做出貢獻」。[54]

綜觀格林的哲學著作，共同善並不是指一個由國家預先設定好的實質的良善觀念，而是指**所有公民追求其自我實現的平等的道德力量或能力**（the equal moral power or capacity for all citizens to pursue their own self-realization）。在格林的語境中，當自由不僅僅是指「免受限制或強制的自由」，或「只要我們喜歡就去做而完全不必理會我們喜歡的東西是什麼的那種自由」時，我們所談論的自由通常就是指「一種積極的力量或能力」（a positive power or capacity），藉此我們因而可以「去做或享受**值得**我們 [與他人共同] 去做或享受的事情」。[55] 在此理解下，格林的共同善理念因而顯現出人與人之間相互承認的狀態，其中我自己的欲望和希望的實現，並不排除和我擁有同樣道德力量的其他人，去追求他們自己的自我實現的可能性。在這個問題上，我十分同意希馮妮的解讀：與其說格林的致善論傾向於具體化共同善的實質內容，不如說他所關切的，是為追求自我實現的個體，設定避免個人獨占或社會宰制的兩項道德界限：「非自私原則」（the principle of nonselfishness）和「非剝削原則」（the principle of nonexploitation）。前者要求行動者應該避免尋求「只能由他個人私自占有而無法與他人分享的宰制性利益（dominant interests）」，後者則是重申康德的無上律令格言：「每個人的人性應該永遠被看成是目的，而非僅僅是手段」。[56]

於此，允讓作者再度重申，鋪陳本文的一個基本前提是：如果說自由主義的道德核心在於維護個體性、個人自由與人性尊嚴等基本價值，那麼在西

---

[54] T. H. Green, "Lectures on Liberal Legislation and Freedom of Contract" (hereafter cited as "Liberal Legislation"), in Green, *Lectures*, 200.

[55] 同上，199。

[56] Simhony, "Beyond Negative and Positive Freedom," 31–32.

方政治思想傳統中實際上存在著複數的理論範式，來評價這些基本價值，就此而言，對於這些理論範式的梳理，將有助於我們重新辨識個人主義和自由主義的多元性。基於此，作者傾向於將黑格爾的「具體主體性」，看成是對康德的「抽離主體性」的內在批判，而不是對個體價值的全盤否定。誠如英國觀念論另一核心人物鮑桑葵所指出的，「康德、黑格爾與費希特的整個政治哲學是奠基在以自由作為人之本質的基礎上」。[57] 雖然黑格爾的政治哲學在二戰後急速衰退，而在冷戰時期更是飽受批評，但英美學界從 1970 年代起開始，即已出現了關於黑格爾的自由主義思想資產的再詮釋。[58] 當代黑格爾哲學的著名研究者法蘭柯（Paul Franco）甚至認為，黑格爾的政治哲學代表著「從盧梭開始，通過康德和費希特，所形成的那股反思自由和政治之傳統的高潮」。[59] 即使當代自由主義最重要的哲學領航者羅爾斯在《道德哲學史講稿》中也直言，黑格爾其實是「處於自由主義傳統之中」，他既是一位「溫和進步具有改革心靈的自由主義者」，同時也是「現代憲政國家的辯護者」。[60]

　　總而言之，黑格爾的哲學取向，基本上修正而非完全捨棄了康德的道德自主性理念。在一個更深的層次上，黑格爾的「自我實現倫理」甚至可以被視為是康德的「自我決定道德」的真正和充分實現。這不僅是因為黑格爾考慮到了人類的渴望和倫理生活，更是因為其倫理學說旨在確保我自己（myself）的實現，不會與其他自我（other selves）的實現相互矛盾。基於同樣的道理，黑格爾對於格林思想的影響，並不意味著格林置康德的道德自主性

---

[57] Bernard Bosanquet, *The Philosophical Theory of the State* (London: Macmillan, 1899), 221.

[58] See, for example, Z. A. Pełczyński, "The Hegelian Conception of the State," in *Hegel's Political Philosophy: Problems and Perspectives*, ed. Z. A. Pełczyński (Cambridge: Cambridge University Press, 1971), chapter 1; and Shlomo Avineri, *Hegel's Theory of the Modern State* (Cambridge: Cambridge University Press, 1972).

[59] Franco, *Hegel's Philosophy of Freedom*, 32.

[60] John Rawls, *Lectures on the History of Moral Philosophy*, ed. Barbara Herman (Cambridge: Harvard University Press, 2000), 330, 352.

理念於不顧。[61] 儘管格林沿著黑格爾的哲學路標，將政治領域中的積極自由與個人領域中的「真正自由」予以扣合，但康德強調個人判斷、選擇和決策的「自我決定」思維——或者用《倫理學緒論》的術語來說，認識主體及其構思欲望的意志的存在——在格林的自由理論中仍然發揮著不可或缺的作用。事實上，當格林說「沒有人可以把良好的品格轉移給另一個人」，「每個人都必須為他自己塑造他的品格」時，[62] 他所指涉的就是康德的自我決定觀念。因此，持平而論，雖然格林的積極自由觀點涉及共同善的存在，但這並不等於說他的倫理學預設了單一的最高生命形式；相反，格林所謂的共同善，可以合理地被理解成是「一個關於自主性的共同概念，也就是每個人都可以根據自己最高（即為人類特有）的能力來行動的習慣傾向（habitual tendency）」。[63]

　　既然積極自由與消極自由的區別，就如同「法律自由」和「真正自由」，主要維繫於理性反思的不同程度，而積極自由所指涉的共同善，實際上指向所有公民追求自我實現的平等的道德力量或理性能力，因此，對格林來說，消極自由與積極自由不但同時存在於政治領域中，而且正是公民藉著積極自由的運用，對共同善進行進一步的理性反思，提供了消極自由存在的理由。也就是說，格林支持積極自由的用意，並不是要消解消極自由的重要性；恰恰相反，他的真實意圖，是想要訴諸共同善，亦即「一個關於自主性

---

[61] 黑格爾政治哲學近來的發展實際上在許多方面肯定了格林的見解。例如，根據寇特拉（Lucio Cortella）的說法，「（後傳統倫理生活）作為個體自主性建立的基礎，開創了個體自我實現路途上探尋的條件。」寇特拉更引用霍耐特（Axel Honneth）的論點，指出：「主體只在民法賦予其做決策的（消極）自由的範圍內，能不受外部影響，平等地訂定生活目標。」簡而言之，自我實現取決於自主性受法律保障的社會前提，只有在這樣的情況下，主體才能逐漸發覺自己對欲望審思的能力。因此，寇特拉認為「自我實現與自主性不但不相衝突，更是自主性的展現。」Lucio Cortella, *The Ethics of Democracy: A Contemporary Reading of Hegel's Philosophy of Right*, trans. Giacomo Donis (Albany: State University of New York Press, 2011), 168.

[62] Green, *Prolegomena to Ethics*, 401, §323.

[63] Colin Tyler, *The Metaphysics of Self-Realization and Freedom, Part 1 of the Liberal Socialism of Thomas Hill Green* (Exeter: Imprint Academic, 2010), 115.

的共同概念」，來論證自由與政治社群之間的倫理聯繫關係。從積極自由的角度來看，消極自由的價值在於其意味著生活於民主社會中的公民，可以透過立法的機會，持續對共同善做出貢獻。事實上，對格林而言，存在於政治領域中的消極自由，正相當於他在《政治義務原理講義》中所陳述的權利觀念。如果說自由即是道德力量的理性實現，那麼政治上的「**權利可稱為是此種權力的消極實現**」（the negative realization of this power）；民主公民必須享有平等的權利，俾利他們在「確保人與人之間平等自由對待」的前提下，一起為共同善之實現貢獻心力。[64]

　　綜上所述，我們可以整理出四項論點。首先，對格林來說，消極自由和積極自由之間並不存在著範疇的差異；其次，對積極自由的提倡是合理的，只要能夠符合「解放所有人的權力，以平等地為共同善做出貢獻」的要求；再則，消極自由有其不可缺的政治價值，因為它是實現「為共同善做出貢獻」的先決條件，格林質疑的從來不是權利的重要性，而是主張權利先於社群而存在的契約論觀點；最後，格林以「自我實現倫理」為基礎的共同善觀念，非常接近於一個「關於自主性的共同概念」，用今天政治哲學的術語來說，其所提倡者，實為一「單薄的共同善觀念」（a thin conception of the common good）。

　　若將這些論點綜合起來，我們似乎可以斷言，格林從共同善對積極自由所開展的整體主義辯護，並不會帶來極權主義的惡果；相反，格林所建立的自由理論，類似於一套重新分配公民權利義務的「正義原則」。對格林而言，政治的真正目的，是對社會現實與公共議題，進行共同理解、民主討論與集體判斷，也就是在具體情境下針對涉及全體福祉的政策法案，正確使用「公共理性」，以維護並實現共同善。故此，與其說我們從格林身上看到了將「自由與平等混為一談」[65] 的哲學疏漏，不如說我們從他身上所學到的寶貴一課是：追求政治社群的共同善，是「我們的民主，為了實現真正自

---

[64] Green, *Lectures on the Principles of Political Obligation and Other Writings*, 26.

[65] Berlin, *Four Essays on Liberty*, 133 note 1.

由，所必須克服的下一個重大挑戰」。[66]

(三)、關於國家干預的一個自由主義版本

格林對於解決社會弊端的現實關切，促使他摒棄了原先自由主義所採取的國家中立（state neutrality）立場，轉而基於共同善的理念，提倡一種適度允許國家干預（state intervention）的新型態自由主義，亦即本文所稱的「致善論自由主義」。從前文討論可知，格林的「致善論自由主義」並未偏離自由主義重視個體價值與個人自由的思想理路，尤其是康德傳統所強調的道德自主性，因為格林筆下的共同善，實際上是一個「關於自主性的共同概念」。因此，格林再三強調，國家不應該、也不可能透過外力脅迫，致使公民成為一位善良的人，因為自我實現端視個人的道德能力在具體處境中的自主發揮。依循自主性的原則，格林明確表示，「國家的職責，不是直接促進道德良善，因為從道德良善的本質上看，它不能這樣做，而是要去維護那些一旦失去則人類能力的自由行使就會落空的條件」。[67]

換言之，國家干預的目的，不是為了集中與擴大其自身的權力，而是要藉著提供公民必要且充足的「條件與激勵」（conditions and encouragements），[68]來「解放所有人的權力，以平等地為共同善做出貢獻」。所以，呼應前文提及的「正義原則」，格林明確指出，國家的實際任務就是藉著排除妨礙自我實現的阻礙（to remove obstacles to self-realization），以維護與調節一套公平的權利義務體系，允許公民可以享有平等的機會，追求自己的人生目標的實現。[69] 這再次印證，格林對於國家干預所採取的哲學辯護方式，並不是基

---

[66] Green, "Liberal Legislation," 212.

[67] 同上，202。

[68] Douglas B. Rasmussen and Douglas J. Den Uyl, *Norms of Liberty: A Perfectionist Basis for Non-Perfectionist Politics* (University Park: Pennsylvania State University Press, 2005), 49.

[69] 這也就是張佛泉在討論格林自由思想時所稱的「除礙原則」。關於張佛泉的相關討論及「除礙原則」與康德哲學的關聯，參閱：蕭高彥，〈五〇年代臺灣自由觀念的系譜：張佛泉、《自由中國》與新儒家〉，401–405。

於「任何一種 [在社會中占有] 全面優勢的原則」；[70] 恰恰相反，對格林來說，即使國家的職責是在維護共同善，只要不違反前述的「非自私原則」和「非剝削原則」，每位公民都有權利追求自己的生命慾望與生活期望的「理性滿足」。

在此，我們不妨回到格林的年代，看他如何挑戰原先自由主義所提倡的國家中立思想。例如，在面對英國 1880 年代所出現的雇主責任問題時，採取國家中立學說的主流自由主義者認為，「國家沒有立場介入」勞資問題，因為「工人應該根據他與雇主的協議條款自行照顧自己」。[71] 與此不同，我們發現格林主張國家干預的理由，並不是因為個人的自願協議不重要，而是因為它非常重要，所以國家應該確保社會生活條件，以維持每位公民都有同等機會行使他們平等道德力量的環境。同樣地，在捍衛公共衛生和教育的必要時，格林寫道，「法律或國家的職責，就是要盡力為年輕公民提供最好的保障，直到社會生活達到這樣的狀態，即他們可以在這樣的健康狀況和所需的教育中成長，以實現他們的真正自由」。[72]

四、超越消極自由的侷限

在介紹了格林的自由理論以及他所提倡的「致善論自由主義」後，本文接下來的討論重點，是揭示港臺新儒學和英國觀念論在共同人性、個人主義和自由主義等方面，所存在的一些類似理解。

(一)、仁作為真正自由

在一開始，值得注意的是，新儒家的代表人物實際上也意識到了，自由作為個人自主的道德行動和法律保障的社會行為有著不同的意涵，雖然他們並沒有像格林那樣，進一步將自由的兩種概念放在個人脈絡與政治脈絡中加

---

[70] Berlin, *Four Essays on Liberty*, lviii.

[71] Green, "Liberal Legislation," 194.

[72] 同上，203。

以探討。例如，徐復觀（1904-1982）便明白指出，支撐自由主義的「生活精神狀態」是「自我意識」，即「自作主宰」，[73] 而法律上的自由，則代表人「合法存在的權利」，也就是一個不受政治權力所任意干預的活動範圍。[74] 對徐復觀而言，重建自由主義的「生活精神狀態」意義重大，因為：

> 現實談自由主義的，尚多停滯於現實的個人主義的階段，現實的個人主義是消極的，功利性的自由；這誠不足以負擔當前時代的使命。……此種型態的自由，自社會觀點而論，必須到拆散現實而與以重建後，才能向理想主義的自由，向人格主義的自由前進。[75]

牟宗三則是以更親暱於黑格爾主義的口吻表示：[76]「自由必通著道德理性與人的自覺，**各種權利只是它的客觀化的成果**而在民主政體中由憲法以保障之」（黑體部分為作者所加）。[77] 在此脈絡下，「道德理性與人的自覺」明顯指稱著前述的真正自由或積極自由，而憲法保障的權利，則是法律自由或消極自由。據此，牟宗三緊接著說：

---

[73] 徐復觀，《新版學術與政治之間》（臺北：臺灣學生書局，1980），459–460。

[74] 同上，503。

[75] 同上，37。

[76] 誠如何信全所言，「牟宗三的自由觀念，基本上繫屬於黑格爾自由哲學的脈絡。」何信全，《儒學與現代民主：當代新儒家政治哲學研究》（臺北：中央研究院中國文哲研究所籌備處，1996），186。

[77] 牟宗三，《政道與治道》，收於《牟宗三先生全集》，第 10 冊（臺北：聯經，2003），66。由此可見，牟宗三也和格林一樣，將權利或消極自由，看成是真正自由或積極自由在政治領域中的**客觀化**。在牟宗三的政治哲學架構中，這意味著權利並不存在於傳統儒家思想中，而是隨著「民主開出」以及（享有主體自由的）的政治主體出現，方才成為民主社會中受到憲法與法律所保障的思想與行動領域。從這個角度切入，格林著名的「權利承認」理論，亦即反對權利先於社會而存在，主張權利是社群成員基於共同善而相互承認的道德力量的論點，對於我們從儒家政治哲學的角度來反思權利的證成問題，頗具啟發性。參閱：Tseng, *Confucian Liberalism*, 264–274。

權利之取得與享有，從事實講，顯然不是現成的。「人生而自由平等」，黑格爾把它提煉凝斂而為「人性之理念」，即「人性之本質的所以然」。人，如其為一人，依其本質之定然之性是自由的。此所謂「自由」是指人本質上有自覺的主動的創發力以實現其定然之性而言。[78]

　　沿此線索，我們並不意外發現，一如格林等英國觀念論作家，牟宗三同樣認為，對於自由一個更合理的理解，必須同時涵蓋真正自由與法律自由或積極自由與消極自由兩個方面。因為自由如果失去「道德理性與人的自覺」的依託，也就是欠缺格林所強調的理性反思能力，那麼即便是自由民主社會，仍然可能出現個人私慾瀰漫、工具理性當道、公共意義淪喪等病徵。引用牟宗三的話來說，今天的自由主義對於「自由的呈現是消極和輕率的」，並因此失去了其「道德理想」或「道德精神性」，[79] 但自由主義「理想」的原意，即真正的自由，實乃根於「道德的心」。[80]

　　在試圖重拾自由主義的「道德精神」時，牟宗三明確表示，他所指的「精神」即是仁的精神，或是「主客體在理性中的統一」，也就是黑格爾定義下的自由，而不是今天主流自由主義所談論的自由。他說：「惟精神透露，自由主義始能恢復其精神性，變為可實踐者。精神（即吾人所說之心理合一之理性或仁）之本質曰『自由』（此黑格爾所說之自由）。惟此『自由』得其呈露，現實之自由，即自由主義所函攝之自由，方能得到」。[81] 無疑地，牟宗三將「真正」的自由界定成「道德理性與人的自覺」的方式，著實反映出新儒學的「人文精神」。誠如牟宗三引用《孟子・盡心篇》所指出的，「仁者，人也。合而言之，道也」。

---

[78]　牟宗三，《政道與治道》，170–171。

[79]　牟宗三，《生命的學問》（臺北：三民書局，1970），234。

[80]　牟宗三，《道德的理想主義》，收於《牟宗三先生全集》，第 9-1 冊（臺北：聯經，2003），17。

[81]　同上，15。

根據唐君毅的看法，自由的終極意義正是在於實現「人文精神」，也就是對於人的生命意義——「人性、人際關係、人道、人格和人類文化和歷史的存在和價值」[82]——的高度肯定和無盡求索。從這個角度來看，「最高形式的自由」或「自我的最終意義」已經在孔子「為仁由己」（《論語·顏淵》）的陳述中，得到了透徹的表達：「仁心」是自由和人性最完整的實現。[83]

由此可見，新儒家普遍認為，儒家的仁的精神適可類比於真正自由，亦即個人道德潛能最完備、最充分的實現，這也就是著名的《為中國文化敬告世界人士宣言》（1958）所欲彰顯的「成德」和「成己」的至高性。依循本文所採取的詮釋路徑，我們因而可以說，新儒家對於真正自由的討論，實際上也是奠基在「自我實現倫理」的基礎上。[84] 以此言之，孔子的卓絕貢獻就是為中華文化設定了倫理人格的標竿；孔子最終所實現的，正是「聖人最完善的風範」。[85]

故此，儘管儒家在道德形上學、天人合德、道德實踐功夫等方面和西方哲學存在著重要差異，但就自由觀念而言，儒家思想傳統顯然和康德、黑格爾、費希特等哲人所代表的理想主義或觀念論傳統更加親近，[86] 因為這些西方思想家同樣強調真正自由的重要性。事實上，深受德國觀念論影響的張君勱，在早年的《立國之道》中便已清楚指出，「自由學說之最大價值，在其能培養獨立人格和健全公民。這一點不可磨滅之價值，可以垂諸千百年而不變」。[87] 而唐君毅在探索英國政治思想史的發展歷程後，更是得出了此

---

[82] 唐君毅，《中國人文精神之發展》，收於《唐君毅全集》，第 6 卷（臺北：臺灣學生書局，1991），10。關於唐君毅對於自由的觀念的詳細分析，參閱：何信全，《儒學與現代民主》，第 5 章。

[83] 唐君毅，《人文精神之重建》，收於《唐君毅全集》，第 5 卷（臺北：臺灣學生書局，1991），346。

[84] 關於這個問題的進一步討論，參閱：Tseng, *Confucian Liberalism*, Part I。

[85] 唐君毅，《人文精神之重建》，232–241。

[86] 同上，357–362。

[87] 張君勱，《立國之道》（臺北：臺灣商務印書館，1971），145。

一重要結論：英國主流自由主義（從洛克到密爾）所建立的自由觀念，實際上並沒有足夠嚴肅地對待自由的人文深度和人生的終極意義；一種更符合儒家精神的自由理論，唐君毅明白地告訴他的讀者，反而可以在英國觀念論者的著述中尋獲，其核心作家包括：格林、布拉德雷和鮑桑葵。[88]

(二)、批判性的個人主義

對本文論旨而言，唐君毅的這段陳述非常重要，因為這立即提醒我們，新儒家的代表人物實際上熟悉英國觀念論的作品。事實上，在面對反儒家的自由主義者批評鮑桑葵時，牟宗三曾提出如下的回應：

> 非批判的個人主義只有現實的自私的特殊性，而無理性上的正義上的普遍性，故個體性亦無真實的意義。黑氏派關於此問題顯然是想經由對於個人主義的批判而透露普遍性，一方救住個性，使個體有其真實的意義，成為一真實的存在，一方救住普遍性，使理性、理想、正義、組織、全體等，為可能，即亦有其真實的意義，成為一真實的整全或統一，而不只是虛浮無根的，或貧乏無內容的，只是武力硬壓下來的整全或統一。此無論如何，不能歪曲，說此種理論是抹殺個性自由，助長極權。[89]

以上引言清楚地呈現出了牟宗三看待個體性的基本立場：若從黑格爾主義的角度切入，則儒家思想的主調，非但沒有貶低個體性的價值，甚至是達到了「個人主義的極致」。牟宗三說：

> 此是全幅敞開，純從「存在的生命個體當身」說話之極致。主觀敞開，服從客觀，則客觀方面即全散開而落在「存在的生命個體」之

---

[88] 唐君毅，《人文精神之重建》，354–357。

[89] 牟宗三，《生命的學問》，172。

「各適其性，各逐其生」之「各正性命」上。無騷擾、無矯揉、無懸
隔、無設計，個體落實地還其為個體，此為儒者「理性之內容的表
現」之德治之極致。此種全幅讓開散開的德治亦可以說是內容表現上
如實如理的個體主義之極致。（個體主義是重個體，不是唯是個
體）。[90]

　　如此甚明，與「非批判性的個人主義」相比，牟宗三所倡議的個人主義
型態，實即前文一再論及的「具體個人主義」或「具體主體性」，也就是從
仁的精神的具體展現，來彰顯個體在倫理生活中的道德行動能力。換言之，
雖然牟宗三一再強調，自由主義的基本精神是個人主義，然而他也清楚注意
到了，在哲學史上「個人主義」一詞的用法其實是多義的。從儒家所遵循的
仁的精神、真正自由與「自我實現倫理」的觀點來看，新儒家的民主開出說
所要實現的，顯然不是僅有「現實的自私的特殊性」的個人價值，而是關乎
「理性上的正義上的普遍性」的個人價值。正如牟宗三所言，誠然「個體主
義所重視的『個體』，在政治的意義上是由權利義務來規定的」，[91] 而保
障公民的權利義務則是憲政民主的要旨，然而我們對於個人主義和自由主義
的理解，如果完全抹殺理性制度、倫理生活、共同規範、治理和公民美德，
以及共享的生活形式，則其後果，便可能是演變成對於「泛自由主義」
（pan-liberalism）的教條式追求。

(三)、導向致善論自由主義（代結論）

　　從這個角度來看，黑格爾的自由學說深具啟發意義。因為雖然古代中國
沒有當前盛行的個人主義和自由主義類型所闡發的「主觀自由」概念，但從
黑格爾的哲學架構來看，「主觀自由」並不是自由理念之歷史旅程的終點；
相反，除非我們進一步考慮國家和法律所代表的「客觀自由」問題，我們對

---

[90] 牟宗三，《政道與治道》，132。
[91] 牟宗三，《時代與感受續篇》，收於《牟宗三先生全集》，第 24 冊（臺北：聯經，
2003），264。

於自由的哲學理解，用黑格爾的話來說，便是不完整的（incomplete）。沿著黑格爾的哲學思緒，牟宗三指出，我們若要恢復個人主義和自由主義的道德理想，則其訣竅在於通過「個體的自覺」，回歸儒家的「自我實現倫理」。他說：

> 黑格爾認為中國文化停留在「兒童期」的理由，是因為中國沒有「主觀的自由」（subjective freedom）。所謂「主觀的自由」是相對於「客觀的自由」而言（objective freedom）。「客觀的自由」代表的是國家、法律、政治各方面的自由等等。黑格爾認為「客觀的自由」要靠「個體的自覺」來實現，沒有「個體的自覺」，國家、法律、政治等所謂「客觀的自由」就無法實現。[92]

在此語境中，「所謂自覺的，意即：他須把這些信念加以反省，正面而視，看出它們的原理與客觀的意義、文化的意義」。[93] 換句話說，我們對於自由一個更完整的理解與實現，涉及如何將個人的主觀自由與文化、傳統和歷史的客觀意義予以聯繫。

就此而言，「個性與價值，是**自由主義的靈魂**，也是自由民主學術文化的源泉」（黑體部分為作者所加）。[94] 從這個角度切入，個性或個體性此一概念所涵蓋的意義，就不再僅僅是享有一套權利清單，而是「具體個人主義」所強調的個體在社群中的自我實現。換言之，個性或個體性作為道德實踐概念，意指生活於特定處境的個體，得以依據自身價值與信仰而自由行動。引用牟宗三的話：

> 「個性」就是人性之在具體而現實的個人中之獨特的表現。你尊人

---

[92] 同上，270。

[93] 同上，52，79。

[94] 同上，52。

性，就必須尊個性。尊個性，方能言文化創造、精神表現。[95]

　　無疑地，牟宗三所指的「文化」，即是「透過修養達成仁德之道」，也就是所謂的人文化成：「文化就是『人文化成』中的那個文化。人性、人道、個性、價值，就是『文化』的根源」。[96] 這再次表明，儒家的「自我實現倫理」涉及個體在文化涵養中不斷追求自我實現的永恆旅程。就此而言，牟宗三嘗試結合自由主義的憲政民主「形式」與儒家倫理「內容」的政治哲學，實際上為我們指出了某種黑格爾式的「致善論自由主義」的論述方向，並因而在華文世界的「自由主義家族」中，開創出了一個不同於殷海光、張佛泉、乃至於羅爾斯與德沃金的支持者所提倡的「中立性自由主義」的思想系譜。

　　如前所述，即便新儒家普遍認為仁的精神代表著真正自由，而儒家人文精神，則是推動自由主義的「道德精神性」的思想泉源，但他們並沒有因此而誤將作為真正自由的仁，理解成一種權利，或法律上的自由。相反，他們基本上採取著和格林相似的立場，認為自由的兩種概念雖然在道德的意義上相互關涉，但這並不表示它們可以被混同為一。順著這層意義來說，如果格林的自由理論給予我們的最大啟示，就是說明了從哲學整體主義的立場來推展共同善或積極自由，並不必然會導致政治極權主義，那麼其帶著黑格爾主義色彩的「致善論自由主義」，將有助於我們重新定位新儒家的政治思想。綜上，基於格林與牟宗三在「自我實現倫理」、共同善、倫理公民、國家職責、積極自由、「具體個人主義」等議題上俱有相似之處，透過格林與牟宗三的哲學對話，當可提供我們一個跨文化平台，從某種黑格爾式的「致善論自由主義」框架，來反思「儒家自由主義」的可能性與合理性。[97]

---

[95] 同上，35–36。

[96] 同上，59。

[97] 有關「儒家自由主義」更完整的開展，參閱：Tseng, *Confucian Liberalism*, Part II and Part III。

天道觀是否蘊涵「決定論兩難」？

張子立[*]

一、引言

對勞思光而言，凡是藉由貫通道德與存在的進路建構道德形上學，都必須面對不可克服之困難。從其相關說明來看，其中的理論困難主要有兩個：決定論問題，以及生與生之破壞的背反問題。有關勞氏對道德形上學之整體批評，筆者另有專文進行探討。[1]本文則將聚焦於決定論問題，從事進一步分析。

勞思光認為宋儒周敦頤、張載等人之天道觀，以天理、天道為存有論基

---

[*] 復旦大學哲學學院研究員

[1] 牟宗三視儒學，特別是宋明儒學為一種「道德的形上學」，其特色在於嫁接道德與存在，形上學與倫理學。勞思光判定此揉合價值與存在的思路乃一種理論混淆，並衍生出「決定論兩難」，以及「生與生之破壞的背反」問題。所以應該回歸陸王心性論，而此種心性論只專注於道德問題，不對「價值」做一種「存有論意義之解釋」，是最成熟的理論型態。牟宗三同樣肯定陸王心學，但強調陸王心學仍具備形上學面向，因而亦屬「道德的形上學」之範疇。質言之，貫通道德與存在合乎良知「生天生地，成鬼成帝」之界定。牟氏採取「形上解讀」，對「生生」等概念之詮釋符合相關文本脈絡，並可避免勞氏「實然解讀」引發的決定論以及生與生之破壞兩理論問題。基於以上理由，以「道德的形上學」表述宋明儒學之特色可行。但勞思光點出「道德的形上學」隱含「天道」無實有性之空名問題，亦有其理論貢獻。關此詳情可參見拙文：〈論「道德的形上學」：牟宗三與勞思光宋明儒學詮釋之分歧〉《國立台灣大學哲學論評》，第64期（2022年10月），頁45-82。

礎，並兼具價值根源之角色，亦即：天理、天道既實際運行於世界中，決定萬物之一切活動，復為吾人之價值方向，行為準則。如此一來，將形成一種難解之矛盾：既然萬物一切活動已被天道所決定，則人之一切行為亦被決定，那麼人之自主性何在？將道德責任加諸於人身上，道理又何在？進而言之，若以天理人欲之分解釋人之自主性，這又衍生了另一個問題：若人得以違背天道，豈非又與天道決定萬物一切活動之設定有所牴觸？勞氏對天道觀提出的此種質疑，可以稱為「決定論兩難」。

　　以下本文嘗試先對勞思光「決定論兩難」相關論述進行分析，說明其如何界定天道觀、決定論與自主性等概念；繼而借助西方哲學對於決定論，自由意志與道德責任的相關探討，特別是影響深遠的「相容論」（compatibilism）與「不相容論」（incompatibilism）之論爭，以釐清決定論之確切意涵，以及其與自由意志，道德責任究竟是否相容？若答案是肯定的，則又如何能夠相容？

　　以上述研究為基礎，我們可以回過頭來，就「天道是否與自由意志相容」此問題，重新進行審視。本文將對以下重點進行檢證：勞思光對天道之理解是否真正相應？天道觀若是一種決定論，其內涵又為何？天道觀能否是一種「相容論」，使得天道之決定與人之自由意志，道德責任得以並行不悖。而不必陷入勞思光「決定論兩難」之理論困境？本文的結論是：天道觀可以作為一種「相容論」，在理論上避免「決定論兩難」。牟宗三對宋明儒學之詮釋亦與此思路一致。至於「區隔存在與動機之隱憂」，乃包括天道觀與心性論在內的宋明儒學整體所必須面對之問題。如何對此做出適當回應，不論對於儒學或是中西形上學相關研究皆具重大意義。

二、天道觀之「決定論兩難」與自主性概念

　　勞思光指出，依「存有論」立場肯定世界時，其主要特徵在於斷定當前之實際世界即由一最高之「理」決定其存有；換言之，此當前世界乃由此「理」而生出，亦循此「理」而演變運行；因之，「事」與「理」互不相

離。[2]但此立場既是視「理」（或「天道」）乃世界本來依循之規律，又不能不肯定此世界中人有應作之努力，於是，第一步困難即是：如何解釋「人之活動」與「理」之關係。因「人」若視為「世界」之一部份，則「人」之一切活動亦皆應是已受「理」或「道」決定者，如此，則「人」之「活動」一面，亦不能有作任何努力之餘地，如此，則一切價值選擇或價值判斷皆無從說起。[3]由此可見，周敦頤與張載之天道觀首先要面臨的問題，就是如何處理決定論。因為天道觀斷定有一形上共同原理，實際運行於萬有中，而為存有界之總方向，即就此方向建立價值觀念。但天道既實際運行於萬有中，則萬有一切行為皆由天道決定，而無自主性；若謂萬有具備自主性，則又違反天道決定一切萬有之定義。

依勞氏之見，宋儒對此問題則以立道德生活中之二元性解決之。以禮記樂記中所提出的天理與人欲一對觀念為道德之二元性。人有情緒，而情緒之活動可以合乎或不合乎天道之方向，故必在情緒上有所節制，方能合乎天理或天道。如此一來，惡就只是一形式概念，而非實質存在。因情緒本身並非另一惡之存有，只在有節或無節上說善惡之別，萬有之中，並無一種存有是惡。[4]但勞氏認為此二元性並不能解決問題。因倘若天道實際決定萬有，則何以人之情緒獨能悖乎天道，仍是一待解決之問題，此處即隱隱通至自由意志或主體自由等問題，持天道觀者，於此並無確定解說。[5]如此一來，兼具價值與存有論意義的天道或天理所產生的第一個問題，即是落入了決定論：

> 當存有原則與價值原則合一時，是否即認定一切所謂「好」或「善」終將自己實現？倘是如此，則一切自覺努力是否亦皆已被此原則決定而不能不符合此原則？抑或是自覺努力可能符合亦可能不符合此原則？如不能不符合此原則，則一切努力是否皆屬已被決定者？如可能

---

2 勞思光：《中國哲學史》（三上）（臺北：三民書局，1993 年），頁 80。
3 勞思光：《中國哲學史》（三上），頁 81。
4 勞思光：《中國哲學史》（三上），頁 53-54。
5 勞思光：《中國哲學史》（三上），頁 54。

不符合，則此原則是否仍可說是決定一切存有？凡此種種問題，皆指
向一根本問題，此即：當吾人說一同時有價值意義及存有意義之原則
（即如「天道」）時，此原則本身之存有地位為何？[6]

以上這段話，可謂是勞思光對天道觀必須處理之「決定論兩難」最言簡意賅
之陳述。其重點在於：就天道觀而言，世界既已被看成本來符合最高之
「理」者，則一切「違理」之可能，人之所以違反「理」的錯誤，即不能不
推到第二序之某種因素，亦即人欲上，因此有「天理」與「人欲」之對立。
但這種說法「實是預認人之意識或自覺活動在『世界』之外，與其所立之
『天道決定萬有』之觀念有內在衝突」。[7]

　　若將焦點轉向本性論，問題亦未能順利解決。本性論把「『理』作為實
有而肯定時，並不同時肯定當前之世界已受『理』之決定。在此理論中，一
切價值問題均化為一『理』之『實現』問題；而此『實現』並不假定為『已
有』，而只作為『應有』。[8]就本性論而言，「理」在「氣」中實現，即
為價值實現之歷程。萬有之違理處皆可以從「氣」解釋。但勞思光認為這樣
就無法解釋「理」之實現於「氣」中的動力何在。因為此動力不能來自氣，
若說來自氣，不啻又將「此實現視為『已完成者』，即與天道觀無別」。[9]
勞氏此說之意應是，氣若可以實現理，代表理已經可以透過氣實現於萬有，
萬有於是仍然實際為天道所決定。那麼「決定論兩難」不僅可以應用於天道
觀，也同樣適用於本性論。可以說，就勞思光而言，天道觀與本性論實面臨
一個共同問題：無法說明人之自由或自主性。

　　在勞思光看來，若聚焦在「道德實踐」，而以人之自覺活動或意志方
向，亦即天理人欲之分，則似可以說明此自主性。但勞氏強調，就「形上實

6　勞思光：《中國哲學史》（三上），頁69。
7　勞思光：《中國哲學史》（三上），頁82。
8　勞思光：《中國哲學史》（三上），頁84。
9　勞思光：《中國哲學史》（三上），頁85。

有義」之「理」與「氣」而言，此兩種「實有」皆無「主體性」。[10]因之亦無法說有自主性，因此欲解決此困難，必須在「理」、「氣」兩觀念外，另設定一能決定「理之實現」的力量，這就需要心性論所認定的「最高自由」或「究竟意義之主宰性」的「最高主體」。[11]勞氏並以「未定性」與「未定項」兩個概念作為此「最高主體」之論述主軸。

依陳士誠的分析，勞思光對「未定性」與「未定項」兩語的用法與意涵其實並不相同。分別表示兩種自主觀念。「未定性」乃指涉犯錯的自由，要在不被強迫的自由上理解人在道德上的善惡。此原表示人若沒有自由而被強迫違逆天道，則人對此違逆也根本無責任可言；若無此自由，人只能被視為產生行為之原因，而不能被視為惡行之承責者，這是決意自主之概念最原初的意思。「未定項」則是指涉最高自由，涉及主體自主決定出善並實行之；然在其概念中並不能分析出上述犯錯的自由，而只表示主體實現道德之自我決定與實現其中的動機，決定自己道德方向之絕對主宰性。若這主宰性亦稱自由，則不是以抉擇之可能性為內容的主宰性，而是勞氏所謂人最高的道德主體性，它決定了善惡，並於為善去惡提供動機。[12]

---

[10] 勞思光：《中國哲學史》（三上），頁 86。關於勞氏「理」與「氣」兩種「實有」皆無「主體性」之論斷，若以朱子理論為例，「理」無主體性自是成立，至於「氣」無主體性之論斷，必須從兩方面予以檢視。首先，如果從陸王心學，或是牟宗三發揮康德自律倫理學的心性情合一道德主體來看，朱子之「心」由於與「理」或「性」不一，而無法自定自發道德律則，的確難以被視為具有自主性，也不能算是合格的道德主體；但若跨出陸王心學與康德哲學框架之外，將「心」界定為具有認知與意志選擇能力，以此為主體之特性，朱子論心則合乎主體性之要求。事實上，勞思光在探討朱子理論時也曾明確指出朱子之心具有自主性或善惡二元性，而界定朱子之心可以是善或不善，此有善惡的心本身非超驗主體，故本身不含規範，心之活動合於理即善，不合於理即惡；故「心有善惡」。相關分析參見拙文：〈論「道德的形上學」：牟宗三與勞思光宋明儒學詮釋之分歧〉《臺大哲學論評》，第 64 期（2022 年 10 月），頁 67-70。

[11] 勞思光：《中國哲學史》（三上），頁 87。

[12] 陳士誠：〈宋明儒論人之善惡——對其存在條件及意識條件之倫理學研究〉《清華學報》，50 卷第 3 期（2010 年 9 月），頁 446。

就「未定性」概念而言，此為勞思光藉以說明道家如何處理決定論問題時所提出。指出道家給予人之意識活動某種「未定性」；換言之，萬有皆已受「道」之決定，但人之意識則可以「明」或「不明」——即與「道」相應或不相應。此種「未定性」倘說為一種「自由」，則真是笛卡爾所說之「錯誤之自由」，蓋此種「未定性」之主要作用，只在於使人能有錯誤之追求，而老莊所肯定之價值，亦正在於取消此種追求也。[13]就此而言，將「未定性」詮釋為犯錯之可能性或自由，合乎勞思光之用法。

至於「未定項」之意涵，則應同時涵蓋犯錯之自由與實現理之道德自由。因為勞氏強調，若專落在「道德實踐」上，「未定項」就可以完全收歸人之自覺活動上，而視為一意志方向問題。如此一來，「未定項」既可以指犯錯之可能，也涉及理可實現而又未實現之狀態，最後指向一道德上之最高主體性。[14]若以天理人欲之分來看，顯然是偏向講犯錯之自由。[15]但「未定項」的另一個意涵，就是設定一能決定「理之實現」的力量，亦即心性論所認定的「最高自由」或「究竟意義之主宰性」的「最高主體」。[16]依勞氏之見，倘立一「主體」，涵有「最高自由」及「主宰性」，則「理」可視作「主體」正面活動之規律，而「世界」可視為「主體」反面活動之產物；此「正面」與「反面」之可能即直接由最高自由推出。既有「正」、「反」兩種可能，則「未定項」即可得安頓。[17]此處即是以最高主體作為道德與文化兩個層面創造活動之基礎，申論「未定項」之意義。其次，世界中之「違理」成分，亦成為一當然之事，蓋「世界」本依反面活動而有，則「世界」不是「本來合於理」；而「主體」既可作「正面活動」，則未合於「理」者又可由主體之活動變為合「理」。[18]勞氏所謂「世界本依反面活動而有，則

13　勞思光：《中國哲學史》（三上），頁81。

14　勞思光：《中國哲學史》（三上），頁85-87。

15　勞思光：《中國哲學史》（三上），頁86。

16　勞思光：《中國哲學史》（三上），頁87。

17　勞思光：《中國哲學史》（三上），頁89。

18　勞思光：《中國哲學史》（三上），頁89。

世界不是本來合於理」，應非指「世界」之產生即是「違理」，如此則違背
儒家對現實世界之肯定態度。而是指「世界」並非直接順理而成之產物，其
中有合於理者，也有不合於理者，所以不合於理者，恰可由主體之正面活動
使之合理。反面活動在此正表示一種犯錯之可能，而非違理之必然性。如此
一來，最高主體概念既能涵有自主性，也能獲得違理時撥亂反正之保證。

三、自由意志與決定論是否相容？

（一）決定論、因果性與自由意志

　　依勞思光之見，既然天道觀蘊涵了決定論，就會扼殺了人之自主性，無
法解釋世上為何出現惡之現象。因為天道既然實際運行於世界而決定一切，
人就無犯錯之可能，為何還會產生惡？但若承認人有為惡之自由，不啻否定
了天道已實際決定世上一切之論點。此即為天道觀必須面對之「決定論兩
難」。接下來我們要處理的問題就是：天道觀是否如勞氏所說，蘊涵了「決
定論兩難」？

　　承上述，勞思光分析決定論，乃與自主性問題合而觀之。其所謂決定
論，意指天道或天理作為天地萬物之形上根源，既決定了萬物之存在，也決
定了萬物之動機與行為，遂而導致人無自主性的理論後果，而必須訴諸建立
一最高道德主體之心性論，如陸王所提倡者，方能重新保障自主性。至於自
主性，依照其未定性與未定項之說明，則包括犯錯之可能，以及從道德自由
發出的道德行為與文化建構，後者或許可借用勞氏慣用的「化成世界」一語
稱之。「化成世界」相關論述乃儒家之特色，並非本文探討之主題。以下將
專門針對*犯錯之可能，亦即可為善或為惡之可能性*此理論問題進行探討。此
可為善或為惡之意志自由問題，事實上也正是西方倫理學或道德心理學探討
自由與決定論之核心，藉由爬梳這方面的相關論點，將可作為處理天道觀是
否涉及決定論兩難之參考。

　　首先，探討決定論實須區隔形上因果性與經驗因果性。形上因果性乃從

形上必然性說明決定論，所界定的是形上終極實在本身之特性。像是「神學決定論」（theological determinism）訴諸上帝概念，指出上帝意欲某事物發生，即是作為原因決定了該事物之發生。在任何時候，上帝作為事物存在之原因，必決定了事物之是其所是，而不可能有其它不同狀況發生。因為上帝意志乃暢行無阻而必然如此。此為上帝完美性的一部份。[19]可以說，形上因果性旨在解釋宇宙萬物得以存在之終極原因或原理，並為此形上之終極原理提供說明，而不涉及被創造之存在物的性質界定，亦即並未對存在物之經驗特性，不論是物理或是心理特性，做出任何具體描述。

至於倫理學與道德心理學對於決定論之界定，通常是指人類行為被先前存在之事實（the pre-existing facts），以及自然法則（the laws of nature）所決定。例如將「因果決定論」（causal determinism）解釋為每個事物存在之決定因素，來自於先前的事件與自然法則。[20]或是以「遙遠過去的事實與自然法則之結合，蘊涵了只有一個獨特的未來」[21]詮釋決定論，幾乎皆鎖定在經驗因果性，因此都強調自然法則。此乃適用於經驗世界之因果性。如此一來，若從經驗因果性解釋決定論的話，在某種意義上也可以與道德責任相容。因為如果我們將行動看作是由我們的動機或意志狀態所引發，這與經驗因果性先前事件決定後來事件之意義一致，只要此動機或意志出於自願，那麼決定論與自由意志就沒有牴觸。這在後續討論「相容論」與「不相容論」時會有進一步說明。

除了區分形上因果性與經驗因果性之外，另一個備受關注之議題是：談論意志自由與道德責任，是否一定要涉及決定論與形上問題？不少哲學家對此表達反對意見，強調意志自由與道德責任乃屬於規範性問題（normative question），無須牽扯形上學。具代表性者如 Strawson 即認為，就算決定論

---

[19] Michael Mckenna & Derk Pereboom. *Free Will: A Contemporary Introduction* (New York: Routledge, 2016), p.17.

[20] Valerie Tiberius. *Moral Psychology: A Contemporary Introduction* (New York: Routledge, 2015), p.149.

[21] Michael Mckenna & Derk Pereboom. *Free Will: A Contemporary Introduction*, p.19.

為真，也無礙意志自由與道德責任之肯定。道德責任之歸屬有其自身規範，與形上學無關。因此他提出了「反應態度」理論（the reactive attitudes）。[22]「反應態度」包括我們對於為惡者所感到的道德厭惡或憤慨，也包括對於為善者的感謝等正面情緒；亦涵蓋對自身行為的罪惡感，羞恥或引以為傲等情緒。[23] Strawson 強調，即使人類行為在因果關係上被先前事件與自然法則所決定，我們在正常情況下也應該以「反應態度」待人。由此可見，Strawson 完全是以人們內在的實際道德心理狀態為出發點。無論決定論是否為真，無礙於我們討論自由意志與道德責任。有鑑於「反應態度」理論主張道德責任或意志自由可以與決定論並存，所以是一種「相容論」（compatibilism）觀點。

　　就決定論與自由意志的關係而言，與勞思光論自主性關係最密切的乃是自由主義（libertarianism）論點。勞氏強調人之自主性與天道實際運行於世界，因而決定事物之一切的論點有矛盾之處；自由主義者則認為人有不被決定之選擇能力，換言之，自由的行為，一定不可以由行為者控制之外的因素所決定。所以就自由主義而言，決定論與自由意志是不相容的，而屬於所謂「不相容論」（incompatibilism）之立場。一般而言，有三種類型的自由主義版本：「事件因果」（the event-causal）、「行動者因果」（the agent-causal）

---

[22] P. F. Strawson. *Freedom and Resentment and Other Essays* (New York: Routledge, 2008), pp. 1-27.

[23] 所謂「反應態度」，是指我們對其他人的一種情緒反應。此情緒反應之發生，在於我們對他人有所期待，而且視他人能滿足我們的期待，而非只是無關緊要的觀察對象。這些情緒是基於他人對我們的善意或惡意之反應，而意志之善惡特性乃藉由行為表現出來。但我們並非對每個人的所作所為都有「反應態度」，有些情況下我們具備的是「客觀態度」（an objective attitude）。此時其他人的行為中所表現的善意或惡意，對我們而言不具重要性。我們不會想與其對話，講道理或來往，而是將其視為管理、掌握、治療、訓練或避開之對象。我們通常會對寵物，小孩或有心理疾病者抱持「客觀態度」，「反應態度」則是與一般人相處之準繩。相關論點亦參見 P. F. Strawson. *Freedom and Resentment and Other Essays*, pp. 1-27.

與「非因果」（the non-causal）型態。[24]其中最值得注意的是「行動者因
果」型態，因為其雖被歸類為自由主義，卻可以調和「相容論」與「不相容
論」。原因在於：此理論型態認定引發行動的是行動者，而非任何事件。因
為行動者乃是以實體的身分作為其行動之原因，行動者之決定直接引發了行
動，因而也具有道德責任。有鑒於此，「行動者因果」可謂具有雙重性：一
方面由於承認行動者之意志或情感等內在狀態引發了行動，因此可以兼容決
定論，在此亦可視為一種「相容論」；另一方面，就其認定行動者作為一種
實體，而不受任何外在力量所決定來看，則仍是一種「不相容論」。[25]「行
動者因果」可謂是與勞思光從最高道德主體談自由意志最接近的論點。心性
論所談之道德主體，乃是一種獨立於他物而有其自主性之普遍道德能力，既
可以從事道德判斷，也能提供道德動機，顯然符合上述「行動者因果」之實
體條件。從這個角度來看，其所代表的是一種「不相容論」；此主體具備
「有善有惡意之動」的特性，而能作為動機引發相應之行為，亦包含「行動
者因果」兼容決定論之「相容論」面向。以上兩點可謂是雙方的類似之處。

---

[24] Derk Pereboom. *Free Will, Agency, and Meaning in LIFE*. (New York: Oxford University
Press, 2014), pp. 31-39. 自由主義的「非因果」版本完全排除吾人行動之因果性。指出
行動雖發生於時間與空間場域中，將這些物理概念應用於有意識的行動能力上，充其
量只是一種比喻性的（metaphorical）用法。心靈乃獨樹一幟（*sui generis*），無法藉
由科學理論或是因果性予以說明。「事件因果」的自由主義觀點則將事件與行動者兩
個概念加入討論。將行動視為由先前事件所決定，這些事件涉及行動者，但並非由行
動者引發，而且在行動產生過程中必涉及某種非決定性。「事件因果」型態最常遭受
的一種批評是所謂「運氣異議」（luck objection）。此種異議認為，若按照「事件因
果」自由主義的解釋，則道德責任無法成立。因為某個行動之產生，並非直接由行動
者所引起，而是來自先前發生之事件。雖然行動者亦牽涉其中，卻非真正的主導力
量。於是某個決定或行動是否發生，就成為一種偶然事件，相同的事件也可能產生截
然不同的結果，而這並非行動者所能左右，道德責任也就無從談起。上述問題即為
「行動者因果」自由主義型態出現之原因。此理論型態認定引發行動的是行動者，而
非任何事件。因為行動者乃是以實體的身分作為其行動之原因，行動者之決定直接引
發了行動，因而也具有道德責任。

[25] Ned Markosian. 1999. "A Compatibilist Version of the Theory of Agent Causation" *Pacific
Philosophical Quarterly*, 80: 257-277.

經由以上分析，可知從勞思光本身對心性論之最高道德主體的說明來看，決定論與自由意志或道德責任不見得必然牴觸。以下本文將藉由分析「相容論」與「不相容論」之論爭，進一步釐清決定論、自由意志與道德責任之間錯綜複雜的關係。

（二）「相容論」（compatibilism）
Vs.「不相容論」（Incompatibilism）

將決定論與自由意志予以對立而無法兩全，是「不相容論」之特色。「相容論」則以「經驗因果性」解釋決定論，聲稱可以將決定論解釋為在某些特定心理狀態下引發之行為，那麼決定論與自由意志則無矛盾存在。前述「反應態度」理論正是「相容論」之例子。「相容論」也有種種不同型態，像是「真實自我理論」（the real self theories）將與決定論相容之心理狀態，定義為我們全心全意贊同的第二序慾望（second-order desires）。[26]還有一種觀點認為是一個人的意志性質（the quality of a person's will），所謂意志，包括人的慾望與情感。具有善良意志者值得讚賞，而帶著邪惡意志者應被譴責。此類論點被稱為「完整自我觀點」（the whole-self view）。[27]另外，「規範勝任」理論（Normative Competence theories）則強調主體之「理由反應」（reasons responsiveness）能力引發了道德責任。此為一種認同與掌握理由，並依以行之的能力。「理由反應」能力可以掌握行事之正確理由，並受正確理由驅使而行動。[28]以上各種「相容論」的共通點是：保留了常識中所謂自由選擇之意識狀態或心理要素，也排除了任何決定性或強迫性因素，因此得出決定論與自由意志可以相容之結論。

---

[26] Harry Frankfurt. "Identification and Wholeheartedness" In *The Importance of What We Care about: Philosophical Essays* (New York: Cambridge University Press, 1998), pp. 159-176.

[27] Nomy Arpaly. *Unprincipled Virtue: An Inquiry into Moral Agency* (New York: Oxford University Press, 2003), pp. 149-177.

[28] John Martin Fischer, and Mark Ravizza. *Responsibility and Control: A Theory of Moral Responsibility* (New York: Cambridge University Press, 1998), pp. 28-91.

不過，從「不相容論」的角度來看，無論何種「相容論」型態皆未真正理解自由意志。例如「操縱論證」（the Manipulation Argument）提出「被操縱下之選擇」（manipulated into choosing to do something）與「個人控制之外的決定性因素下之選擇」（choices made by deterministic causes beyond one's control）的區分，批評「相容論」無法分辨此兩者。若決定論為真，那麼選擇就是由超出自己控制範圍之外的力量（例如先前事件與自然法則）所導致，與被操縱者一樣都不是基於自由意志下的選擇。[29]針對此種批評，「相容論」者的回應是，他們對此可以做出明顯區分。像是「被操縱下之選擇」的行為並非是由我們全心全意贊同的第二序慾望所驅使，或者並非是由吾人的慾望與情感所發出的行為；被操縱的行為亦非是基於正確理由之推動而產生的行為。對「相容論」而言，由個人特定心理特徵所引發的行為才具有道德責任，而被操縱的行為不具備這些特徵。

另一種頗具影響力的批評觀點，乃所謂「無分叉路論證」（the No Forking Paths argument）。該論證重點為：真正的自由選擇，蘊涵了在做選擇時可以有不同選項，就像旅行者在行走時遇到了岔路，可以選擇到底要往哪一條路走。也就是說，自由選擇預設了：除了已經做出的行為之外，我們也可以有「不那麼做的自由」（freedom to do otherwise）。[30]接下來的問題就是：講自由意志或道德責任一定要接受「不那麼做的自由」嗎？如果是，那我們應該如何理解此「不那麼做的自由」呢？

在「相容論」與「不相容論」彼此相持不下的情況下，求助於「實驗哲學」是許多哲學家的選項。[31]舉例來說，有幾位實驗哲學家進行了著名的

---

[29] 「操縱論證」有多種形式而論述豐富，以上所述乃其共通點。代表性著作可參見 Derk Pereboom. "Problems for Compatibilism." In *Living Without Free Will* (New York: Cambridge University Press, 2001), chapter 4.

[30] John Martin Fischer, Robert Kane, Derk Pereboom, and Manuel Vargas. 2007. *Four Views on Free Will* (Malden, MA: Blackwell Publishers, 2007), pp. 44-84.

[31] 哲學討論常常會發生的一個現象是：有些議題事實上在日常生活中已經有一套廣被接受的處理方式，但經過哲學論辯之加工，卻產生了許多疑問與糾結，決定論與自由意志問題正是一例。在這種情況之下，除了訴諸哲學家們相持不下的判斷與論述之外，

"Fred and Barney" 實驗。[32]試想，在一個*決定論*的世界中，人的信念與價值觀皆由其*基因與生長環境*所決定。一對雙胞胎兄弟 Fred and Barney 被親生母親送給不同的兩個家庭收養。Fred 生長的家庭，其價值觀乃金錢至上，而可以想盡一切辦法獲得錢財。Barney 的家庭背景則正好相反，以誠實為最上策，並充分尊重他人的財產權。有一天兩人都撿到了 1000 元美金，Fred 選擇了佔為己有，Barney 則誠實地歸還給失主。受相同基因決定的兩個人，由於生長環境的不同，做出了不同的行為。現在問題來了，他們兩人應該為其行為負起責任，而接受讚美或譴責嗎？

經由對完全沒學習或研究過意志自由論辯者進行調查，絕大多數人認為 Fred and Barney 都應該為其行為承擔責任。從這個實驗來看，其結果支持相容論者的觀點，「不那麼做的自由」看來並非道德責任之必要條件。

不過另外一項有關「A 宇宙」的實驗結果，卻呈現出較複雜的現象。研究者將參與實驗者分成具體與抽象兩組，並設想了一個稱為「A 宇宙」的決定論世界。再對兩組人詢問有關「A 宇宙」的不同問題。具體組分配到的問題是：

在「A 宇宙」中，一位名叫 Bill 的男人被他的秘書深深吸引。為了和她在一起，Bill 放火燒了房子，將妻子和 3 個子女活活燒死。請問 Bill 必須為家人慘死負起完全的道德責任嗎？

抽象組作答的問題則是：

在「A 宇宙」中，人有可能為自己行為負起完全責任嗎？

實驗結果顯示，在具體組中有 72% 的人認為 Bill 必須為家人慘死負起完全的道德責任。有鑑於 Bill 身處決定論的世界中，其行為是被決定的，這個結果代表的是「相容論」觀點；至於抽象組中則有86%的受測試者認為在受決定的「A 宇宙」中，人不可能為自己行為負起完全責任。基於這種回答

是否能通過無理論擔負（theory-laden），因而也無既定立場的一般人理性判斷之檢證，也是論點是否成立的一項指標。

[32] Eddy Nahmias, Steven G. Morris, Thomas Nadelhoffer and Jason Turner. 2007. "Is Incompatibilism Intuitive?" *Philosophy and Phenomenological Research* 73 (1): 38-39.

與決定論牴觸，因而是一種「不相容論」的表現。不相容論者對此矛盾現象的解讀是：具體組的測試結果，是因為小組成員受到對 Bill 惡劣行為的情感反應之影響；抽象組由於進行抽象思考與深思熟慮，反而對於決定論與道德責任的關係有較正確的認識。也就是說，人們之所以直覺上支持「相容論」，乃是受到情感反應之歪曲所致；若是我們進行深入、謹慎的思考，則會抱持「不相容論」觀點。[33]

對於以上論斷，相容論者亦仍予以回應：在決定論的宇宙中，人們的情感與慾望仍然是導致行為的因果鏈之組成要素，遂而須在決定論與「繞過」（bypassing）二者間做出區分。決定論是指每個事物都由因果關係引發，「繞過」則可定義為每個事物都由一系列原因所引發，這些原因繞過諸如慾望與選擇等心理狀態而發生作用。也就是說，「一切皆由因果關係引發」與「行為是以繞過慾望、情感、意志等心理能力的方式被決定」是不一樣的命題，而真正對自由意志與道德責任造成威脅的應該是後者。[34]依筆者之見，如果決定論指的是行為之發生必受先前原因所決定，而其原因正是人的動機，慾望與信念等等，則「相容論」並不反對決定論；「相容論」反對的是「繞過」，因為「繞過」意味著省略或消除了個人基於自身動機、慾望與情感的選擇過程，而這正是一般意義下所謂的自由意志，「無分叉路論證」中所謂「不那麼做」的自由也可以理解為此種選擇過程。以此為論據，「A 宇宙」中兩個問題的實驗結果，就可以得到合理的解釋。一方面，我們會認為 Bill 必須為自己殺害家人之罪刑負責，因為當他決定縱火時，他很清楚自己在做什麼，而可以選擇做或不做。另一方面，我們會斷定在「A 宇宙」中，人無法為自己行為負起完全責任。這是由於在這個問題的描述中，我們無從

---

[33] Shaun Nichols, and Joshua Knobe. 2007. "Moral Responsibility and Determinism: The Cognitive Science of Folk Intuitions." *Nous* 41 (4): 663-685.

[34] Eddy Nahmias, and Dylan Murray. "Experimental Philosophy on Free Will: An Error Theory for Incompatibilist Intuitions" In *New Waves in Philosophy of Action*. (New York: Palgrave-Macmillan, 2010), pp. 189-215.

得知行為者是否經歷了一種基於道德判斷、情感與價值觀而作出選擇的心理過程，於是態度才有所保留。

質言之，「相容論」與「不相容論」之爭論焦點，皆集中於「經驗因果性」，而可以將決定論解釋為個人之情感、慾望決定了相應的行為。雙方差異在於，「不相容論」認為除此之外，自由意志還須包括「不那麼做」的能力或自由（the ability or freedom to do otherwise）。經由實驗哲學的研究結果顯示，道德責任之歸屬若需預設「不那麼做」的能力或自由，則如何解釋此自由才是重點所在。對自由意志的最大威脅並非決定論，而是「繞過」的情況。「不那麼做」的自由可以解釋為基於自身價值觀、慾望與情感而做出選擇。如果將慾望與情感等心理狀態視作行為的原因，這與決定論並無矛盾，同時也滿足「不那麼做」的自由之條件，如此一來，「相容論」即可成立。但若是在「繞過」的情況下，選擇的心理過程即被抹殺或消除，自由意志亦隨之消失。

四、天道與自由意志是否相容？

質言之，自由主義的「行動者因果」理論型態與「相容論」有一個共識：道德責任必涉及一種內在心理狀態，一種基於慾望、情感與價值觀的選擇過程。「相容論」將此選擇過程視為一種因果關係，因此與決定論相容；「不相容論」則拒絕承認此種內在心理狀態可以解釋因果律，所以不在決定論範疇之內。如此一來，雙方之差異可以歸結為定義之不同，並非在實質觀點上有何基本矛盾。舉例來說，在第三部份的分析中，本文指出已有研究者點出「行動者因果」雖被歸類為「不相容論」，但深究其論點，其實一半是「相容論」（主張行動者之意志或情感等內在狀態引發了行動）；另一半才是「不相容論」（強調行動者乃不受決定而獨立自存之實體），而有調和二者之潛力。依前述，由於勞思光所主張之心性論可視為一種「行動者因果」理論型態，所以也具備此雙重性。現在的問題是：天道觀是否也包含可以兼容決定論與自由意志之面相，而免於「決定論兩難」之糾纏？

　　前已述及，因果性之討論涉及形上與經驗兩個範疇。形上因果性須給予形上的解讀，亦即：此種因果性之論述只適用於形上學之終極實在，而不能應用於經驗界。「神學決定論」即是一例。因為是由上帝意志決定一切，因而一切事物有其是此非彼之必然性。若要用在表述經驗界之決定關係，則是經驗因果性之範圍。質言之，天道、天理與上帝雖為不同概念，並且存在如「人格」（person；或譯為「位格」）等種種差異，但在存有論之定位上有相同之處，皆表述存在之終極根源或原因。所以若要談天道之創造，亦須鎖定在形上因果性，對天道觀之特性描述，我們就必須予以形上地解讀，而非實然地解讀。若應用此雙重因果性詮釋天道，則就形上因果性而言，天道作為創造萬物之形上根據，決定了萬物之存在；就經驗因果性而言，不論是吾人之道德實踐，或是意志為善或為惡之雙重可能性，都涉及動機或意志引發行為之狀態，因此與經驗因果性亦無牴觸。也就是說，可以將天道觀視為一種形上因果性與經驗因果性並存的理論型態。就天道本身獨立自存而為天地萬物之所以存在之根據而言，天道不能被任何其他事物所決定，而能形上地決定萬物之存在；就天理與人欲之分，亦即人之意志具有為善或為惡之傾向，而導致善行或惡行，則可以是一種動機決定行為之經驗因果說明，此為「相容論」。如此一來，天道觀以天理、天道作為價值與存有之雙重原則，就不一定須依照勞思光之解讀，將其詮釋為天道實際運行於萬有中，以致除了存在之外，也一併決定人的情感、慾望與動機。牟宗三即是從形上因果性出發，而對天道進行形上地解讀。以下將分別從存在與道德兩方面對其論點進行解析。

　　就存在層面而論，勞氏對天道觀作為存有原則的說法，採取實然地解讀方式，以天道實際決定宇宙萬物的一切。如此一來，一切事物，包括存在、思想與行為皆已被預先決定，而無其它發展或自由取決之空間；有別於此，牟宗三則採取形上地或本然地解讀方式，天道、天理是所有存在物之所以存在之最後原理或實現原理，並非實然地決定了萬物的一切樣貌與發展軌跡。他指出「天道、仁體、乃至虛體、神體皆實現原理也，皆使存在者得以有存

在之理也。」[35]在此，牟宗三只從形上因果性切入，說明天道作為使存在者得以存在之理，並未涉及人之思想、動機等內在心理層面之經驗因果性。若依照其形上解讀立場，則創生存在歸諸天道之作用，而人實際上之意志與念慮等活動，既然屬於實然層面之決定，自應與形上層面之創生存在有所區隔，而屬於經驗因果性之範圍。可以說：天道決定的是天地萬物是否得以存在，這是形上因果性層面；至於天地萬物之思想、動機與行為，則屬於內在心理層面之經驗因果性，並非天理天道所直接決定之因果關係。所以牟宗三指出，客觀地、本體宇宙論地自天命實體而言，萬物皆以此為體。正是指出天地萬物皆因天道而得以存在。然而，從自覺地作道德實踐的角度來看，則只有人能以此為性，宋明儒即由此言人物之別。[36]天地萬物之動機與行為不一定合乎天道，甚至只有人能自覺地從事道德實踐。如此一來，就存在層面而言，人之意識或自覺活動乃因天道而存在（因天道乃其得以存在之原理或依據），但人之意志方向則不一定與天道一致（因其思想、動機與行為可依、也可不依天理）。

　　至於道德層面，依照牟宗三的詮釋，天道也不被認定為已實際決定萬物一切活動，並非所有的活動都算合乎天道。人能依據自身道德意識而行為，才算是合乎天道的活動，並非將一切實然活動皆視為天道所決定。此思路也可用來解釋《中庸》第一章中「道也者，不可須臾離也，可離非道也」之命題。勞思光對於這句話同樣採用實然地解讀，所以指出其中亦蘊涵「決定論兩難」：若「道」為實際決定萬象之規律，則萬象（原文中誤植為「眾」，今改之）即應無違離此規律之可能，但如此說，則情緒作為萬象之一，亦不能不「中節」。又若萬象可以合道或不合道，則此道只是規範而非規律，只表應然而不表必然。但如此說，則何以謂「道」乃「不可須臾離」？[37]

　　事實上，從《中庸》第一章的上下文來看，此處所謂「道也者，不可須

35　牟宗三：《心體與性體（一）》（臺北：正中書局，1968 年），頁 460-461。
36　牟宗三：《心體與性體（一）》，頁 40。
37　勞思光：《中國哲學史》（二）（臺北：三民書局，1996 年），頁 53-54。

與離也，可離非道也」，乃聚焦於成德工夫，應用於道德實踐層面，而非存在層面。所謂「道」，是指「率性之謂道」中的「道」，並非「天道」。此處之「道」是工夫義，指出要率天命之善性而行，才算是「道」。所以「道」在此脈絡中是正確方向或正道之意。「道也者，不可須臾離也，可離非道也」就應該解釋為必須時時刻刻要求自己依照天命之善性而行，若有不依以行之的情況，就不是人生的正確方向。這就是為何在這句話之後，《中庸》作者隨即凸顯「慎獨」的工夫，並強調「是故君子戒慎乎其所不睹，恐懼乎其所不聞。莫見乎隱，莫顯乎微。故君子慎其獨也」。就是特別提醒須時時刻刻順善性而行，依照道德意識行事，尤其是在獨處之際，或是腦中出現邪念但未付諸行動之前，都得要戒慎恐懼。因此「道也者，不可須臾離也，可離非道也」這句話，不是強調天道實際決定萬物一切活動，而是提醒吾人須隨時隨地鍛鍊成德工夫，藉由道德行為體現天命之善性。

　　職是之故，人在道德層面展現的自由是：人能自覺地從事道德實踐，反觀天道，則不會迫使人從事道德實踐。牟宗三在解釋張載「心能盡性，人能弘道也。性不知檢其心，非道弘人也」這段話時，強調就道德實踐而言，應是「以心為決定因素也。人能弘道，道自弘人。人不能弘道，則道雖不為堯存，不為桀亡，亦不能彰顯也。不能彰顯，即不能起作用。故自道德實踐言，以人之弘為主。」[38]按照宋明儒的說法，天道發揮創生作用而落實於個別存在物，即為其「性」。依牟宗三之見，「性不知檢其心，非道弘人」的意思是：「性」在道德層面無法具有決定作用。因為性需要人的道德意識之彰顯，才能具體化為吾人之道德行為，而成為可觀察之事實。如果行為者無心於道德，天道或性就無具體落實處，而成為抽象空洞之道德原理。換言之，從道德實踐的角度來看，「人能弘道」反而可以解釋為：人決定了天道是否得以彰顯。人若依照道德意識之指示而行為，不算是被動地被天理所「決定」，而是主動地體現天理；人若背天理而行，則不是由天道，而是被人欲私心所「決定」。人有此二元性，就可以被視為具有自由或自主性。

38　牟宗三：《心體與性體（一）》，頁533。

　　行筆至此，我們可以對天道觀是否蘊涵勞思光所謂「決定論兩難」做出結論。首先，「決定論兩難」之重點為，天道既然實際運行於萬有中，則一切事物即應接受天道之決定，不會有不順天道方向之可能；但若一切事物必定順應天道，則人之所有作為皆是必然如此，自由意志與道德責任就難以成立。就天道觀而言，天道確實有決定論之面向，但這是形上地決定萬有之存在，而不涉及存在物經驗性質之界定，並非涵蓋一切實然活動，將萬有之思想，動機與行為等等亦包括在內。所以就萬有之存在受天道決定而言，這是一種形上因果性之決定論；但就經驗因果性來看，人不但具備由意志與動機引發行為之實際經驗，而不會「繞過」此內在心理過程；人的思想與動機又保有不被決定之自主性，而呈現一種「相容論」之理論型態。也就是說，天道決定了萬物之存在，卻不干涉人之思想，動機與行為。基於上述說明，則天道觀不會陷入「決定論兩難」。

五、試論「區隔存在與動機之隱憂」

　　儘管天道決定了萬物之存在，卻不干涉人之思想，動機與行為，遂而不必面對「決定論兩難」。但我們仍可從中引申如下問題：若天道決定的是天地萬物是否得以存在，而非天地萬物之思想、動機與行為。這種形上創生原則是否理論效力有所不足？此問題可以稱為「區隔存在與動機之隱憂」。區隔存在與動機固然可免於「決定論兩難」之困擾，但仍無法說明惡之來源問題。若是惡的行為歸諸人的自由意志，而不在天道之形上學原理規定的範圍，那麼惡的行為有什麼形上學根據？如果有，這個原則和天道的原則關係如何？如果沒有，如何可能有形而下的事物沒有形而上原則做基礎？在此，天道概念面臨與西方神學中如何解釋惡的起源之類似問題。上帝既然創造一切，那麼惡之產生亦須歸咎於上帝。但上帝若創造了惡，又怎能稱之為全善之上帝？再來，若惡之創造是人之自由意志導致，不啻意味著仍有事物是在上帝能力之外，又與上帝之全能定義牴觸。

　　首先必須作出澄清的是，若「區隔存在與動機之隱憂」適用於天道觀，

那也會是心性論必須處理的問題。因為天道與本心或良知雖概念內涵不同，但在存有位階上，卻與上帝同為終極實在，而為天地萬物之所以存在之最終根據。既為存在之最終根據，則存在物產生之一切問題，皆可能指向此創生存在物之根源，作為出現種種問題之最後原因。儘管勞思光強調心性論只專注於道德問題，不對「價值」做一種「存有論意義之解釋」，反對將形上學與道德哲學予以連結。卻仍不免在討論陸王心性論時，透露出其中形上學之面向。例如勞氏在解釋象山「心之體甚大。若能盡我之心，便與天同」這句話時，指出所謂與天同大，即超越經驗存在之意。是故象山之「心」即可以涵蓋萬有。[39]又如勞思光在探討「良知」之意涵時，以王陽明所謂「心即道，道即天」一句為例，界定其既為最高主體性，亦為最高實有。[40]進一步來看，如果我們參考王陽明在《傳習錄》中的說法，更可確定其理論中具有濃厚形上學成分。所謂「良知即天理」的義涵，代表良知即是形上的創生原理，因此陽明才有「亦是天地間活潑潑地無非此理。便是吾良知的流行不息」[41]的說法。其形上意涵從以下這段話來看更至為明顯：

> 良知是造化的精靈。這些精靈，生天生地，成鬼成帝，皆從此出。真是與物無對。人若復得它，完完全全，無少虧欠，自不覺手舞足蹈。不知天地間更有何樂可代？[42]

這段話明確表現出良知通存在與道德而一之的特性。首先，「良知」為創生天地萬物的本源，所以有「良知生天生地，成鬼成帝」一語。顯而易見，良知自身是運作在宇宙中的形上創生力量，這是其存在義。接下來，王陽明強調「人若復得它」，將是人間至樂。這讓我們想到孟子「禮義之悅我心，猶芻豢之悅我口」的境界。表明人可藉由道德修養工夫而復其存在本源之良

39　勞思光：《中國哲學史》（三上），頁 383。

40　勞思光：《中國哲學史》（三上），頁 440。

41　陳榮捷：《王陽明傳習錄詳註集評》（臺北：臺灣學生書局，1998 年），頁 378。

42　陳榮捷：《王陽明傳習錄詳註集評》，頁 323。

知，達致儒家的天人合一境界。此為藉由道德通往終極實在之工夫義，兩者可貫通而無隔。

　　類似的說法還可證諸其四句教的內容。所謂「無善無惡是心之體，有善有惡是意之動，知善知惡是良知，為善去惡是格物。」[43]此名句清楚區分出「良知」的兩個面向：一是超越善惡二元對立之形上創生動力；另一個是明辨善惡的道德良能。陽明所謂「良知只是箇是非之心」，雖將「良知」與「心」等同起來，重點則在解釋「明辨善惡的道德良能」之第二個面向。至於第一個面向，則需先解釋良知作為「心之本體」究何所指。在王陽明的學說中，「心即理」意指心正是所有存在物的終極基礎。因此心自然也不須要任何事物作為其存在根據。此外，心也是對一個人的意識狀態的統稱，它既可以作為良知，也可以作為意：「心者身之主也。而心之虛靈明覺，即所謂本然之良知也。其虛靈明覺之良知應感而動者謂之意。」[44]由此看來，王陽明「良知者心之本體」的說法，是指良知和心最終可以是同一個事物，而良知是心虛靈明覺之本然或原初狀態，不是心的原初實體。若解釋良知為心的實體，則心就以良知為存在根據，「心即理」即成為不可解。良知或心作為形上的創生動力是所有存在物的存在基礎。有鑑於其形上地位，經驗相對層次的善惡二分並不適用於描述存在根據之良知。對於陽明以良知為性之本體，而有「性之本體，原是無善無惡的」之語，陳榮捷引佐藤一齋之言而解釋為「性之本體，無善無惡者，指形而上而言。至于善惡可言，則已落于形而下。」[45]此確為的論。至於當良知分殊為人之道德良能而具體化之際，就顯現為道德感以明辨善惡，此時即為知善知惡之良知。可見王陽明確實是主張心性天為一，欲通道德與存在而一之。這也說明了何以牟宗三雖然將周濂溪與張橫渠視為五峰蕺山系「以心著性」型態之先驅，而有別於象山陽明系訴諸一心伸展之進路，還是將陸王二人同樣納入道德形上學「即存有即活

---

[43] 陳榮捷：《王陽明傳習錄詳註集評》，頁 359。

[44] 陳榮捷：《王陽明傳習錄詳註集評》，頁 176。

[45] 陳榮捷：《王陽明傳習錄詳註集評》，頁 353。

動」之縱貫系統。[46]如此一來，「區隔存在與動機之隱憂」就同時適用於天道觀與心性論，而為雙方皆須處理之問題。

那該如何對此問題做出回應呢？參照西方神學對此問題的解決方式，典型代表者如萊布尼茲（G. W. Leibniz, 1642-1716）的論點是：區分形上的、物理的與道德的三種惡，形上的惡為不完美，物理的惡在遭受苦難，至於道德的惡則是罪過。物理與道德的惡皆來自形上的惡，因為受造物不完美，所以才會有苦難，才會做錯或犯罪。所以道德的惡可說是由人的缺陷（privation）所衍生之後果。但上帝為何要創造有缺陷的存在物呢？答案是：存在比不存在好。受造物的不完美並非取決於神的選擇，受造物若是完美，豈非成為另一個上帝？所以上帝不得不選擇創造不完美的存在物。但無論如何，祂總是選擇創造最好的可能世界。[47]不論上述說法是否令人滿意，不可否認的是，相較於西方神學，宋明儒學對此並未提出相應之理論解釋，可謂是其遺漏的一個論述環節。

值得一提的是，我們可以在當代新儒家劉述先關於「理一分殊」之新釋中，找到與萊布尼茲方向類似的論證。「理一分殊」一詞乃由程伊川首創，欲明由仁心（理一）之普遍原則落實為各種具體規範（分殊）的問題。主張仁雖為愛人之心，但此仁心落實在行為中，則是有等差的愛，仍須分親疏遠近，不能如墨子般提倡無差別的愛。朱子則為「理一分殊」之集大成者，以其作為形上學與工夫論之立論綱要，而在理與氣，超越與經驗，頓教與漸教的二元對立中尋求平衡並重之道。劉述先則以「理一」表述儒家之天理，本心，良知等概念；「分殊」則為經驗界之具體事物與人之行為活動，將平衡並重之論述範圍再擴大，應用到有限與無限，現實與理想，一元與多元，超越與內在的關係中。其要點為，「理一」一定要創造有限之「分殊」才能具

---

[46] 有關牟宗三「道德的形上學」所涵蓋的宋明儒者，以及此種理論型態之特色，可參閱拙文：〈論「道德的形上學」：牟宗三與勞思光宋明儒學詮釋之分歧〉《臺大哲學論評》，第 64 期（2022 年 10 月），頁 45-82。

[47] G. W. Leibniz,. *Theodicy: Essays on the Goodness of God, the Freedom of Man and the Origin of Evil* (La Salle, Illinois: Open Court Publishing, 1985), pp. 90-136.

體實現而非憑空之抽象，但一在「分殊」中表現，就不再是無限之「理
一」，他並藉《中庸》之「致曲」說明這種辯證關係：

> 「至誠無息」是可以嚮往而不可以企及的超越境界（理一），要具體
> 實現就必須通過致曲的過程（分殊）。生生不已的天道要表現它的創
> 造的力量，就必須具現在特殊的材質以內而有它的局限性。未來的創
> 造自必須超越這樣的局限性，但當下的創造性卻必須通過當下的時空
> 條件來表現。這樣，有限（內在）與無限（超越）有著一種互相對立
> 而又統一的辯證關係。[48]

上述說法與萊布尼茲的共識為：若欲創造存在物，因為存在物並非終極實
在，則存在物必定不完美；但有所增加的部分是：天道若無創造活動，則流
於抽象而無法落實，吾人就無以證實天道之真實性，這某種程度上解釋了創
造活動之必要性。可視為儒家處理「區隔存在與動機之隱憂」的初步嘗試。

六、結語

　　勞思光針對天道觀所提出的「決定論兩難」，是從天道已實際運行於世
界，而決定了萬有之一切此核心觀點出發，指出若是如此，則人之一切行為
皆已被決定，就失去承擔責任之理由。就算訴諸天理人欲二元性之主張，也
必須解釋此主張若可成立，則因人欲在天道範圍之外，亦有違天道決定一切
之設定。

　　經由探討西方哲學「相容論」與「不相容論」的對立觀點，首先可以發
現決定論之意涵頗為複雜，同時涉及形上因果性與經驗因果性。形上因果性

---

[48] 劉述先：〈「理一分殊」的現代解釋〉，《理想與現實的糾結》（臺北：臺灣學生書局，1993 年），頁 172。

適用於說明創生萬物之終極實在，而不涉及經驗事物。經驗因果性著重於先前事件引發後來事件之因果關係，並與自然法則相關。人的情感、慾望引發相應之行為，正是一種經驗因果性之體現。以此為前提，「相容論」主張決定論與自由意志或道德責任可以相容。因為道德責任須以自由選擇為前提，而基於情感，慾望或價值觀做出的選擇與行為，雖是一種經驗因果之決定，只要在不受控制或脅迫的情況下，則符合自願，自主之要求。「不相容論」認為如此解釋自由意志仍嫌不足，必須加上「不那麼做」的能力或自由。質言之，若藉由不「繞過」行為者的心理選擇過程，界定「不那麼做」的能力或自由，則「相容論」與「不相容論」之間未必存在對立，決定論也就可以解釋為動機與意志引發相應之行為，而與自主性並存。

牟宗三對天道進行形上地解讀，指出天道決定萬物之存在，正是從形上因果性來看天道觀。這不蘊涵天道亦決定人之思想與動機，因為此乃屬於經驗因果性之範疇。分別從這兩種因果性來看天道觀，「決定論兩難」即可迎刃而解。因為這代表天道並非實際運行於世界而決定吾人一切作為。天道決定了天地萬物之存在，但不決定人之思想與動機，於是決定論與自由意志、道德責任即可兼容無礙。

但進一步來看，以上論點具有「區隔存在與動機之隱憂」。為何天道只決定人之存在，而不決定人之思想與動機？人又何以獨能悖於天道？在此天道觀與西方上帝觀同樣面臨「惡之歸屬」問題。一種可能的解釋是：若欲創造存在物，因為存在物並非終極實在，則存在物必定不完美。若繼續追問：為何創造不完美又具自由意志的存在物？則可以回答：天道若無創造活動，則流於抽象而無法落實，吾人就無以證實天道之存在。不可否認，上述解釋只是點出一種思路，尚有待充實與補強。例如下述問題也尚待釐清：為何賦予不完美的受造物以自由意志？既然明知不完美而有缺陷，又給予自由意志之能力，不啻為道德的惡開啟方便之門，這麼做的理由又為何？儒家處理惡的問題對此似有說明之必要。

最後，本文的分析也點出「行動者」概念之理論潛力，而可做為儒家與

西方道德心理學、倫理學會通之樞紐。[49]若聚焦於「行動者因果」自由主義型態，「行動者」不被決定之實體特性，符合本心或良知作為最高道德主體之設定；「有善有惡意之動」引發相應之行為，正是行動者心理選擇過程之呈現。「行動者因果」可以調和「相容論」與「不相容論」之特性，於是也可以在本心良知中找到。以「行動者」概念為媒介，儒家亦可參與西方當前決定論與自由意志之理論探討，進而做出應有的貢獻。

---

[49] 事實上，非僅限於決定論與自由意志問題，在倫理學與心靈哲學中備受關注之「化約論」（reductionism）與「非化約論」（non-reductionism）之爭，儒家亦可藉由行動者概念之嫁接，參與其中的理論交鋒。像是美國著名哲學家 Christine Korsgaard 以道德行動者（moral agent）概念詮釋康德倫理學，以此為論據反駁化約論者（reductionist）如 Derek Parfit 不存在自我同一性（personal identity）的觀點。Korsgaard 發揮康德以理論與實踐理性雙重立場看人的論點，指出從理論面來看，行為只是經驗，注重的是對人的自然面之解釋與預測；在實踐層面上，行動必須有行動者，所謂同一性，正是人身為道德行動者之行動能力與選擇自由，以作為責任之載體，同時自我建構為某種人格表現。且無須涉及任何形上學事實之肯定。可以說，肯定人作為道德行動者乃儒家與 Korsgaard 之共識。就王陽明而言，良知即是真己、即是道德自我、人的道德選擇與行動能力。此道德良能不但能明辨善惡，對吾人之妄念、私欲具有省察之作用，更是事親與仁民愛物等道德行為之推動力。相關論述參見拙文：〈同一性、道德動能與良知：中西倫理學對話之一例〉，《哲學與文化》，第507 期（2016 年 8 月），頁 175-196。此文亦收入拙著：《儒學之現代解讀：詮釋，對比與開展》（臺北：臺灣學生書局，2021 年），頁 137-166。但值得在此強調的是，Korsgaard 與王陽明雙方存在一項差異：王陽明所謂良知，具有普遍道德實體之特性，所以雖然同樣能夠藉以解釋道德責任，卻與 Korsgaard 特意避免涉入形上學之探討有所不同，反而與本文討論的「行動者因果」自由主義型態性質較接近。

國家圖書館出版品預行編目資料

康德、儒家與中西融通：李明輝教授榮退誌慶論文集

彭國翔、張子立合編. – 初版. – 臺北市：臺灣學生，
2023.12
面；公分

ISBN 978-957-15-1927-2 (精裝)
ISBN 978-957-15-1928-9 (平裝)

1. 東方哲學 2. 西洋哲學 3. 儒學 4.文集

107   112018792

康德、儒家與中西融通：李明輝教授榮退誌慶論文集

合　編　者	彭國翔、張子立	
出　版　者	臺灣學生書局有限公司	
發　行　人	楊雲龍	
發　行　所	臺灣學生書局有限公司	
地　　　址	臺北市和平東路一段 75 巷 11 號	
劃　撥　帳　號	00024668	
電　　　話	(02)23928185	
傳　　　眞	(02)23928105	
E - m a i l	student.book@msa.hinet.net	
網　　　址	www.studentbook.com.tw	
登記證字號	行政院新聞局局版北市業字第玖捌壹號	
定　　　價	精裝新臺幣九○○元 平裝新臺幣六○○元	
出　版　日　期	二○二三年十二月初版	

10705　　　　　有著作權‧侵害必究